AF224826

LE
MOYEN AGE
ET
SES INSTITUTIONS

PAR

OSCAR HAVARD

RÉDACTEUR DU JOURNAL *LE MONDE*

TOURS
ALFRED MAME ET FILS
ÉDITEURS

LE
MOYEN AGE

ET

SES INSTITUTIONS

G

6016

Froissart ayant fait la rencontre de messire Espaing du Lion,
tire de lui des renseignements pour sa chronique.

LE
MOYEN AGE

ET

SES INSTITUTIONS

PAR

OSCAR HAVARD

RÉDACTEUR DU JOURNAL *LE MONDE*

TOURS

ALFRED MAME ET FILS, ÉDITEURS

M DCCC LXXVI

· D · JOANNI · FRANCISCO · PAVLO · HAVARD ·

· CHRISTI · SACERDOTI ·

· OB · INFORMATAM ·

· HVMANIS · DIVINISQVE · DISCIPLINIS ·

· ANIMAM ·

· AVVNCVLO · SVO · KAI · ΚΑΘΗΓΗΤΗι ·

· GRATISSIMVS · NEPOS ·

D. D. D.

CHAPITRE PREMIER

—

L'ÉGLISE

I

ROLE DE LA PAPAUTÉ

Sur la mosaïque à fond d'or qui constellait jadis la tribune voisine de l'ancien palais de Latran, l'artiste anonyme avait représenté deux scènes du plus saisissant effet. D'un côté, le Christ remettait les clefs à saint Pierre et le *labarum* à Constantin; de l'autre, Charlemagne et Léon III, agenouillés devant l'Apôtre, recevaient, l'un le laticlave des empereurs, l'autre, le *pallium* des pontifes.

Eh bien, ce tableau est la traduction lumineuse de l'idéal, non-seulement conçu, mais réalisé par le moyen âge. Il symbolise avec une remarquable fidélité la gravitation harmonieuse de la chrétienté d'alors autour de deux foyers, le Pape et l'Empereur, délégués par Dieu même pour gouverner les choses du ciel et de la terre. « La sagesse de la divine Providence, écrivait en 1310 Clément V, répandant sur les fidèles les dons de sa grâce, a institué sur la terre les deux dignités supérieures du Sacerdoce et de l'Empire, en leur donnant plein pouvoir pour le bon gouvernement de ces mêmes fidèles. Elle a voulu que, pour l'accomplissement de leur auguste ministère, l'une et l'autre puissance, fortifiées de leur mutuel appui, agissant dans une parfaite unité de vues et dans une concorde favorable au genre humain, accomplissent plus librement leurs œuvres de justice, et fissent plus aisément parvenir le peuple chrétien dans le port de la sécurité (1). »

(1) Raynaldi, *Ann. ecclesiast.*, an. 1310, § XIII.

Nous dirons plus loin comment la Royauté s'acquitta de cette mission : nos lecteurs jugeront par l'exposé suivant si la Papauté fut fidèle au rôle que lui avait assigné la Providence.

Pour faire apprécier le caractère et la puissance morale des pontifes qui traversèrent les âges féodaux, nous n'en prendrons qu'un, le pape Innocent III. Dans cet illustre successeur de Pierre s'incarnent et se résument toutes les vertus des grands papes. On peut dire qu'il est, avec saint Grégoire VII et Alexandre III, une des plus glorieuses figures de l'histoire.

Issu de la famille des comtes de Segni, Innocent était cardinal à vingt-neuf ans, et, rare exemple d'une singulière maturité intellectuelle et morale, à l'âge de trente-cinq ans, il recevait la tiare. Chez le nouveau chef de l'Église, la science était à la hauteur du génie, l'homme d'État égalait le saint, et le théologien l'administrateur. Dans ses rapports particuliers avec les laïques et les prêtres, il se faisait remarquer par l'atticisme et la courtoisie de son langage, sans que cette urbanité exclût toutefois l'énergie chrétienne; aimé des honnêtes gens, il était redouté des pervers. Aussi le peuple, meilleur juge qu'on ne le croit communément des qualités de ceux qui le gouvernent, conçut-il de bonne heure pour cet illustre pontife une estime qui ne se démentit jamais.

A peine en possession du suprême magistère de l'Église, Innocent introduisit dans la cour pontificale les habitudes d'économie et de simplicité auxquelles il s'était astreint dans la vie privée. Une multitude de places qui lui paraissaient superflues furent abolies, et la procédure des affaires soumises au Saint-Siége, débarrassée de mille formalités aussi inutiles qu'onéreuses. En un mot, Innocent III prit à tâche d'accomplir les réformes que saint Bernard, dans son fameux traité *de la Considération*, avait recommandées à son disciple Eugène III, et dont celui-ci n'avait pu surveiller l'exécution. D'une activité sans bornes, il avait l'œil ouvert sur tous les procès en souffrance, et pour supprimer un abus ou promouvoir une bonne œuvre, il ne ménageait ni son temps, ni ses forces. Trois fois par semaine il réunissait le sacré collége, et, non content de présider chaque consistoire, il se réservait encore l'examen et le contrôle des affaires les plus importantes, abandonnant aux cardinaux le jugement des questions moins complexes. S'il est vrai qu'en général les papes du moyen âge embrassaient d'un regard circulaire l'Orient et l'Occident, la pensée d'Innocent III allait plus loin encore : il ne se commettait pas de crimes dans le monde sans que son âme en fût atteinte, et pas un droit n'était violé sans que sa voix fît aussitôt entendre une réclamation vigoureuse. Comme tous les grands hommes, Innocent aimait la solitude, et s'assujettissait volontiers aux exercices de la vie religieuse; mais, du fond de sa cellule, il ne perdait jamais de vue l'humanité, et la suivait dans toutes ses évolutions politiques et morales.

Mais laissons ces généralités pour entrer dans quelques détails. Innocent III inaugura son règne en établissant la souveraineté entière des papes sur les États de l'Église. A Rome, le préfet de l'Empereur reçut de l'éminent pontife l'investiture de sa charge; à Spolète, dans la Marche d'Ancône et dans le comté d'Assise, les gouverneurs impériaux durent se retirer devant les légats du pape : il en fut de même en Toscane, d'où le peuple, devançant la pensée d'Innocent III, avait déjà chassé les autorités impériales.

La constitution de la monarchie sicilienne, fondée pendant le règne d'Urbain II, conférait au roi le titre de « légat du pape, » et l'autorisait à décider, en dernière instance, toutes les affaires ecclésiastiques; Innocent III supprima cette prérogative, et sacra le fils d'Henri VI, Frédéric, roi de Sicile. La reine Constance, en mourant, avait transmis au souverain pontife, comme à son suzerain, la tutelle du jeune prince. Innocent III, fidèle à cette mission, consacra la plus grande attention aux affaires de la monarchie et aux intérêts de son pupille. Un seigneur sicilien, Markwold, prétendait gouverner le royaume pendant la minorité de Frédéric; il essaya même de provoquer une levée de boucliers contre Innocent III. Cette révolte fut bientôt étouffée. Le pape excommunia l'usurpateur, souleva toute la Basse-Italie contre lui, et le chassa de la Sicile, après une campagne aussi courte que glorieuse.

Mais ce n'est pas seulement dans la Péninsule italienne que l'illustre pontife sut faire reconnaître son influence et respecter la papauté. Un jour, nous le voyons jeter l'interdit sur le royaume de France, pour le soumettre à la loi de l'Église, que Philippe-Auguste avait foulée aux pieds. Un autre jour, il lance ses foudres contre le roi de Léon, Alphonse, et contre don Sanche Ier, roi de Portugal. Néanmoins, tout en rappelant à leurs devoirs les princes qui s'en écartent, il n'oublie pas les adversaires du « dehors ». C'est ainsi qu'il organise dans toute l'Europe une croisade contre les Maures. Grâce à son appel, les efforts réunis des armes catholiques aboutissent à la décisive victoire de Navas de Tolosa (1212), victoire qui brise la puissance des infidèles, et soustrait pour toujours l'Espagne à leur joug.

Sur quel coin de l'Europe son regard ne rayonne-t-il pas? Ottokar de Bohême est sacré par un de ses légats. Rentré dans le giron de l'Église, le roi des Bulgares et des Valaques reçoit la couronne des mains d'un autre légat. Innocent III réconcilie Hemeric, roi de Hongrie, avec André, son frère, et lui fait entreprendre une campagne contre les Turcs. La discipline ecclésiastique était fort déchue en Pologne; Innocent la rétablit par l'entremise de l'archevêque de Gnesen, et soutient ce courageux prélat contre ses détracteurs. En Norvége, il tâche de rendre à l'Église la paix que les violences du roi Swerrer avaient compromise. Après la mort de ce prince, la guerre civile avait éclaté dans le royaume; les deux partis en lutte avaient élu chacun un roi; ceux-ci Philippe, ceux-là Inge.

Le premier en appelle à la décision du pape, qui ne répond qu'après avoir été fidèlement renseigné par l'archevêque de Drontheim. D'un autre côté, voulant seconder Waldemar II, roi de Danemark, dans les efforts que fait ce roi pour conquérir les peuples païens du littoral de la mer du Nord, Innocent prononce l'anathème contre toute puissance qui, pendant cette croisade, attaquerait le Danemark, en troublerait l'ordre ou léserait les droits du roi et de ses héritiers. En Écosse, le religieux roi Guillaume avait convoqué les grands du royaume, et les avait invités à prêter serment de fidélité à son fils, âgé de trois ans. Afin de rehausser l'éclat de cette solennité, Innocent fait donner au monarque écossais une épée de prix, et transmet en même temps sa bénédiction à l'Écosse.

Passons en Angleterre. Richard Cœur-de-Lion sollicite l'intervention du grand pontife, pour recouvrer la dot de sa femme, que retient le roi de Navarre; il le prie de négocier la restitution du territoire normand, sur lequel Philippe-Auguste a fait main basse pendant le séjour du roi d'Angleterre en Terre-Sainte. Innocent III défère à la prière du roi, et, non content de ces pourparlers, il écrit à Henri VI, et lui réclame l'exorbitante rançon que ce monarque avait exigée de Richard.

Arrêtons-nous ici. Nous pourrions citer d'autres exemples de l'intervention aussi salutaire que puissante d'Innocent III. Mais ce que nous en avons dit suffit pour donner une idée exacte du rôle prépondérant que jouaient les papes. Si nous examinions la vie des autres pontifes, une étude attentive nous les montrerait investis de la même influence et entourés du même respect.

Lorsque Hildebrand, acclamé pontife suprême par l'unanimité du clergé et du peuple, prit le nom de Grégoire VII, l'avertissement donné par saint Grégoire le Grand à l'empereur Phocas (1), avait déjà fait son chemin dans l'âme des princes, avec le sentiment de leur subordination au pape-roi. Nous voyons, en effet (1075,76 et 77), Ysiaslaf, Démétrius et Michel, chefs des Russes, des Hongrois et des Slaves polonais, demander humblement au pape la consécration de leur titre royal, et Canut, roi des Danois, renouveler le don de son royaume à saint Pierre. Le langage tenu par ces barbares d'hier vaut la peine qu'on le reproduise : « Moi, Démétrius, roi par la grâce de Dieu, après l'élection unanime du peuple et du clergé, investi de la majesté royale par Notre-Seigneur le pape Grégoire, je m'engage à accomplir tout ce que m'enjoint Sa Sainteté; je règnerai en servant Dieu; je rendrai la justice; j'interdirai la vente des hommes; je

(1) Voici un passage de cette lettre : « ... Ils ne méritent pas le nom de rois, ceux-là
« qui, factieux contre Dieu même, réduisent en captivité l'Épouse du Christ et tendent
« à rendre inutile la passion du Sauveur... Souvenez-vous que vous êtes de même nature
« que vos sujets; tenez-vous bien à Jésus-Christ, et ne vous glorifiez pas tant de régner
« sur les hommes que de faire régner Jésus-Christ sur vous. »

protégerai les pauvres, les veuves, les orphelins; j'observerai en tout l'équité et la droiture. »

Le droit divin de la République chrétienne est, dans ce document historique, résumé tout entier. Dieu, souveraine Providence, le peuple élisant son chef, le chef recevant l'investiture du Vicaire de Jésus-Christ, et le pouvoir n'ayant d'autre objectif que la gloire de Dieu et le service de l'humanité, n'est-ce pas là tout le drame éternel?

Mais comment les Souverains Pontifes s'acquittèrent-ils de leur magistère suprême? Nous n'invoquerons pas ici le témoignage des écrivains catholiques; nous nous contenterons de citer quelques lignes d'un philosophe libre penseur de l'Italie nouvelle : « Machiavel, dit M. Ferrari, Machiavel, nouveau Titan, ayant proposé de détrôner Dieu et de le remplacer par Satan, dans le gouvernement du monde, la théocratie est détrônée par le traité de Westphalie. »

Ainsi donc, aux yeux de la libre pensée, le règne des papes, pendant les mille ans du moyen âge, n'aurait été que le règne même du Christ. Cet aveu est bon à recueillir. Il prouve que nos adversaires savent apprécier exactement, quand ils le veulent, le rôle exercé par les chefs de l'Église. Et, du reste, comment, dans leurs rares accès de franchise, pourraient-ils s'empêcher de rendre hommage à la bienfaisante influence du pontificat suprême? L'histoire des nations est d'un bout à l'autre l'apologie des papes. C'est à eux que l'humanité doit toutes ses conquêtes morales. Ils ont vaincu la barbarie, refoulé l'ignorance, aboli l'esclavage, relevé la dignité humaine, flétri la guerre, désarmé les despotes, protégé les faibles, tenu tête aux forts. Sur quelque point de la terre où l'homme souffre ou pleure, le Vicaire du Christ accourt : on le trouve partout où le droit réclame un défenseur, l'iniquité un juge, et le malheur un père.

Les papes ont, disons-nous, aboli l'esclavage. Cette question mériterait, à elle seule, un chapitre à part. Mais, ne pouvant, faute d'espace, la traiter *ex professo*, nous nous contenterons de quelques indications sommaires.

Commençons par dire qu'on chercherait en vain, dans le Bullaire des papes et dans la collection des Conciles, un décret qui supprime violemment l'esclavage. L'Église, en mère prudente, n'a pas cru devoir lancer les esclaves contre leurs maîtres, et livrer le monde à une lutte fratricide. Au lieu d'affranchir *ex abrupto* ces malheureux, elle préféra les préparer à la liberté par une émancipation sagement graduée. Elle les réhabilita, elle cultiva leur intelligence et leur âme; elle adoucit leur sort, elle leur ouvrit son sanctuaire et ses rangs, et deux siècles ne s'étaient pas écoulés depuis l'inauguration de ce régime, qu'un esclave, s'élevant au faîte des grandeurs de ce monde, s'installait dans la chaire de saint Pierre. C'était saint Callixte, le serviteur de Carpophore, le nom le plus illustre peut-être que nous offre, après celui de saint Clément, la liste des premiers papes.

En favorisant l'affranchissement des esclaves, les chefs de l'Église ne firent que s'inspirer de l'Évangile et des Pères. Saint Paul n'avait-il pas dit le premier : « Il n'y a plus de Juif ni de Grec, il n'y a plus d'*esclave ni de libre*, il n'y a plus d'homme ni de femme, vous êtes tous *un* en Jésus-Christ (1). »

Si l'on ouvre saint Jean Chrysostome, n'y trouve-t-on pas, d'un autre côté, les déclarations suivantes : « Que l'un ne prenne pas rang parmi les esclaves, et l'autre parmi les libres. Les lois du monde connaissent la différence des deux races, mais la loi commune de Dieu ne l'admet pas. » Et, dans une autre de ses lettres, parlant d'une esclave à son maître : « Si elle est chrétienne, elle est ta sœur. N'a-t-elle pas la même âme que toi? N'a-t-elle pas la même noblesse d'origine? »

Et saint Grégoire de Nysse, allant plus loin encore que saint Jean Chrysostome, ne s'est-il pas écrié dans un élan d'indignation généreuse : « Quoi! vous condamnez à l'esclavage l'homme qui, par sa nature, est libre, est son maître! Vous faites une loi contre Dieu en détruisant sa loi naturelle! Celui que le Créateur a fait maître de la terre, et qu'il a établi pour commander, vous le soumettez au joug de l'esclavage, et ainsi vous résistez, vous vous attaquez au précepte divin. Celui qui a été créé à l'image de Dieu, qui commande à tout l'univers, qui a reçu du Seigneur le pouvoir sur tout ce qui est en ce monde, à qui donc, dites-le-moi, à qui appartient-il de l'acheter? Dieu seul le peut, ou plutôt si j'ose ainsi parler, il ne le peut pas lui-même, car il nous dit : « Je ne me repens pas des dons que j'ai accordés. » Donc, lorsque l'on va vendre un homme, celui que l'on mène au marché, c'est tout simplement le maître de la terre. Quoi! un morceau de parchemin, un écrit de quelques lignes, un chiffre, ont-ils pu vous faire illusion au point que vous vous soyez crus les possesseurs de l'image de Dieu? Sachez-le bien : vous ne différez de votre esclave que par le nom. Mais vous, dont cet homme est en tout l'égal, quel titre de supériorité, je vous le demande, avez-vous à invoquer pour vous considérer comme son maître? »

Relisez les bulles de tous les papes, vous y retrouverez l'expression des mêmes sentiments, et la proclamation des mêmes doctrines. Il n'est pas un pontife qui n'ait serré sur sa poitrine une poitrine d'esclave. La première charte d'affranchissement que nous fournit l'histoire de la papauté émane de Grégoire le Grand. En voici le préambule : « Puisque notre Rédempteur, créateur de toutes choses, a daigné dans sa bonté racheter la chair de l'homme, afin de nous rendre notre liberté première, en brisant par la grâce de sa divinité le lien de la servitude qui nous faisait

____

(1) Galat., iii, 28.

captifs, c'est une action salutaire de rendre aux hommes, par l'affranchissement, leur liberté native.... Car, au commencement, la nature les a
créés tous libres. C'est pourquoi, vous, Montanus et Thomas, serviteurs
de la sainte Église romaine que nous servons aussi, nous vous faisons
libres à partir de ce jour, et citoyens romains. » Quel magnifique langage!
comme il est irradié des lumières surnaturelles !

Traversons cinq siècles, et venons au pontificat d'un autre Grégoire,
de Grégoire VII. Lorsque le roi de Dalmatie va lui rendre hommage,
quels engagements Grégoire VII lui demande-t-il? Il arrache au roi
barbare la promesse d'interdire la vente des hommes.

Au XII⁰ siècle, le concile de Toulouse, présidé par Callixte II, fulmine
sous son inspiration le canon suivant : *Aucune puissance ecclésiastique
ou séculière ne mettra en servitude des hommes libres, clercs ou laïques.*
A la fin de ce même siècle, Alexandre III, animé du même esprit que ses
prédécesseurs, se fait le défenseur des serfs avec une ardeur que Voltaire
lui-même ne peut s'empêcher d'admirer : « L'homme, dit-il, qui au moyen
âge mérita le plus du genre humain, fut le pape Alexandre III. Ce
fut lui qui, dans un concile, abolit la servitude. Avant ce temps, toute
l'Europe, excepté un petit nombre de villes, était partagée entre deux
sortes d'hommes : les seigneurs des terres... et les esclaves... Si les
hommes sont rentrés dans leurs droits, c'est principalement au pape
Alexandre III qu'ils en sont redevables. » Dans un autre endroit, nous
lisons : « Enfin, en 1167, le pape Alexandre III déclara, au nom du
concile, que tous les chrétiens devaient être exempts de la servitude.
C'est en vertu de cette loi que, longtemps après, Louis le Hutin déclara
que tous les serfs qui restaient encore en France devaient être affranchis (1). »

Au XIII⁰ siècle, Grégoire IX ne s'en prend pas seulement aux possesseurs
d'esclaves. Sa sollicitude s'étend sur les serfs : dans une lettre adressée
aux seigneurs polonais, il se fait le protecteur de leurs vassaux et s'indigne de voir ravaler au métier de fauconniers des hommes que le sang du
Christ a rachetés.

Un acte d'affranchissement célèbre est celui que signa quelques années
plus tard Alexandre IV, lorsque les sujets d'Eccelin et d'Albéric firent
appel à sa justice : « Attendu, répond-il, que les hommes, égaux par
nature, sont asservis par l'esclavage du péché, il paraît juste que ceux
qui abusent du pouvoir à eux accordé par Celui d'où dérive toute puissance soient privés de toute autorité sur leurs serviteurs. C'est pourquoi
nous déclarons libres les serfs et serves qui se soustrairont à l'obéissance
d'Eccelin et d'Albéric, *lesquels pourront jouir de la liberté comme s'ils
étaient nés chrétiens libres.* »

____

(1) Voltaire, *Essai sur les mœurs*, p. 83.

L'orsque, de nos jours, la question de la traite des nègres fut agitée, l'illustre Grégoire XVI, prenant la parole à son tour, rappela dans une encyclique célèbre, que les papes Pie II, Paul III et Urbain VIII s'étaient prononcés avec énergie contre le rétablissement de l'esclavage, aboli par Alexandre III. Armé d'un saint zèle pour « la cause de l'humanité et de la justice », il reproduisit les paroles d'Urbain VIII, défendant non-seulement de garder, de vendre, d'acheter, d'échanger des esclaves, mais encore de « *prêcher et d'enseigner que ce trafic est licite* (1). »

Telle est l'attitude des papes vis-à-vis de l'esclavage. Tant que dure le moyen âge, les souverains pontifes militent pour faire disparaître cette triste conséquence du péché originel qui, plaçant les âmes dans un état inférieur, mettait en péril leurs intérêts spirituels (2), et lorsque les descendants dégénérés de Colomb violent les tutélaires prohibitions des Alexandre III et des Urbain VIII, c'est encore eux qui élèvent les premiers la voix pour rappeler les oppresseurs au respect de la loi divine.

II

LES CONCILES DU MOYEN AGE

Les conciles généraux et particuliers du moyen âge furent, après les papes, les principaux organes de l'Église. Indépendants des gouvernements temporels, ils décident toutes les questions de doctrine, promulguent des lois qui frappent les têtes couronnées elles-mêmes, sanctionnent par des peines les canons disciplinaires, tracent des règles pour la trans-

---

(1) Voir l'encyclique en date du 3 novembre 1839. Les lettres apostoliques citées par Grégoire XVI sont datées : celles de Pie II, du 7 octobre 1462; celles de Paul III, du 20 mai 1537; celles d'Urbain VIII, du 22 avril 1639. Grégoire XVI mentionne, en outre, les lettres apostoliques adressées par Benoît XIV aux évêques du Brésil, en date du 20 novembre 1741. Cf. *Le Pape et la Liberté*, par le R. P. Constant, dominicain; Paris, Palmé, 1873.

(2) Sans doute l'esclavage a pu, dans une certaine mesure, rentrer dans le plan second de la création; mais, ainsi que saint Thomas le déclare, il n'en est pas moins contraire au plan premier. Or, l'effet de l'Évangile et le but de la loi de la grâce, c'est, comme le savant dominicain que nous citions tout à l'heure le fait remarquer, « de relever et de rapprocher l'homme du plan premier. » En travaillant à l'émancipation des esclaves, les papes continuaient par conséquent l'œuvre de la Rédemption.

Ce que nous venons de dire de l'esclavage peut s'appliquer également à la guerre. Bien qu'en principe la guerre ne soit nullement illicite, la théologie et l'Église en désirent plutôt la suppression que le maintien. C'est dans ce sens que le magnanime Pie IX a dit un jour : « Il faut que la guerre disparaisse et soit chassée de la face de la terre. »

mission du ministère sacerdotal, l'organisation de la hiérarchie, l'administration des biens ecclésiastiques ; en un mot, exercent sur les personnes et sur les choses tous les droits inhérents à une société autonome.

Mais, est-ce là tout le rôle des assemblées conciliaires ? Leur influence ne dépasse-t-elle pas le cercle de la société religieuse ?

Franchissons les Pyrénées : là, nous verrons les conciles présider à l'émancipation des classes inférieures, à la renaissance des communes et à la revendication des franchises nationales. C'est à Tolède surtout que les conciles attestent leur puissance en fondant la nationalité espagnole, et c'est là qu'ils imprimèrent à la législation civile et religieuse de la péninsule un caractère d'indépendance et de vigueur qui ne permet pas de la confondre avec les autres constitutions européennes. Application aussi rigide que sincère des principes du gouvernement représentatif, la législation promulguée à Tolède renferme tous les *desiderata* que les peuples modernes attendent et réclament encore. Au sommet de la nation, véritable assemblée constituante, domine le concile. Élus par lui, les rois visigoths sont tenus d'obtempérer à ses canons, et, lorsqu'ils reçoivent l'investiture suprême, jurent fidélité, sur les Évangiles, au pacte fondamental. Une transgression les voue à l'anathème et provoque leur déchéance. Voilà, résumée en deux mots, la charte qui sortit des délibérations de l'épiscopat goth.

Nos lecteurs nous sauront gré de reproduire le discours des Pères de Tolède au roi Sisénand ; il est plein de grandeur : « Vous, prince ici présent, lui dirent les Pères, nous vous conjurons, et les rois des âges à venir, avec tout le respect que nous vous devons, de vous montrer doux et modéré envers vos sujets, de gouverner avec justice et piété les peuples que Dieu vous a confiés, et de vous acquitter ainsi envers Jésus-Christ, qui vous a faits rois. *Que nul d'entre vous ne prononce seul dans les causes qui intéressent la vie ou la propriété ;* mais que le crime des accusés soit constaté dans une séance publique, en présence des gouverneurs. Gardez la modération dans les peines que vous infligez, et que l'indulgence plutôt que la sévérité dicte vos arrêts, afin que sous votre heureuse administration les rois soient contents des peuples, les peuples des rois, et Dieu content des uns et des autres. Quant aux rois futurs, voici la sentence que nous prononçons : Si quelqu'un d'entre eux, s'élevant au-dessus des lois par l'orgueil d'un despote souillé de sang et d'infamie, exerce sur les peuples une puissance tyrannique, qu'il soit frappé d'anathème par Notre-Seigneur Jésus-Christ, séparé et réprouvé de Dieu. »

Les Cortès espagnoles, créées par les conciles de Tolède, ne furent pas indignes de ces nobles maîtres. Elles gouvernèrent l'Espagne, pendant le moyen âge, avec une énergie et une vigueur qui dictèrent au froid Montesquieu ces paroles d'admiration : « La liberté civile des peuples, les prérogatives de la noblesse et du clergé, la puissance des rois, se trouvaient dans un tel concert, que je ne crois pas qu'il y ait eu sur la terre de gouvernement si bien tempéré que ne le fut chaque partie de l'Espagne dans le temps qu'il y subsista (1) ». Veut-on un autre témoignage, celui de l'Anglais Robertson ? A son avis, « les Espagnols avaient plus d'idées libérales et plus de respect pour leurs propres droits, leurs immunités et leurs opinions sur la forme du gouvernement municipal et provincial que généralement toutes les autres nations, de même que leurs vues politiques avaient une étendue à laquelle les Anglais eux-mêmes ne parvinrent que plus d'un demi-siècle après. »

L'aversion de l'arbitraire a toujours, du reste, caractérisé les canons des conciles. C'est ce qui faisait dire à M. Edgar Quinet que « ceux qui veulent extirper le principe du christianisme n'y réussiront point, car il a fondé la grandeur et l'indépendance de la personne. » Il n'est donc pas étonnant que l'Espagne, fondée par les Pères de Tolède, n'ait jamais laissé prescrire leurs traditions généreuses. Les assemblées de Tolède elles-mêmes, en respectant les formes représentatives, restaient dans le courant traditionnel.

Les apôtres, en effet, tinrent sept conciles. Un exemple, parti de si haut, exerça la plus grande influence sur l'avenir. Il faut voir avec quelle insistance les Pères du cinquième concile général font ressortir la sagesse et la modération de cette conduite, et montrent quels devoirs ce précédent impose à leurs successeurs (2).

Et lorsque les conciles délibèrent, quelle délicatesse, quelle mansuétude, quels sages tempéraments ! Des égarés se révoltent-ils contre quelques dogmes ? l'Église prend toutes sortes de précautions avant de les condamner. Elle appelle à sa barre Photius, Paul de Samosate, Roscelin, Abélard, Gilbert de la Porrée. Elle les fait interroger par leurs évêques, par leurs amis, par ceux-là mêmes qui sont les plus capables de connaître toutes les circonstances atténuantes et de les faire intervenir dans la cause. Rien n'est touchant comme ce respect des consciences, comme cette délicate sollicitude. L'Église, même avec les plus coupables, n'oublie jamais qu'elle est mère ! Mère, en effet, ne l'est-elle pas, au moyen âge, dans la plus noble acception du mot, lorsqu'elle se courbe sur toutes les douleurs, et qu'elle se plie à toutes les misères ?

Voyons-la d'abord imprimer le plus énergique élan à l'émancipation des esclaves et à l'affranchissement des serfs.

L'esclavage, considéré dans son essence intime, est, comme le dit le

____

(1) *Esprit des lois.* — Tout le monde sait par cœur les fières paroles que le grand justicier du royaume d'Aragon adressait au roi au jour de son avènement : « Nous qui, seuls, valons autant que toi, et qui, réunis, valons davantage, nous te faisons roi et seigneur, à condition que tu gardes nos libertés et priviléges; sinon, non. »

(2) Ce qui précède serait mal interprété si l'on y découvrait l'intention d'assimiler le gouvernement de l'Église au régime représentatif civil. Nous ne sommes pas de ceux qui veulent faire de l'Église une sorte de monarchie constitutionnelle.

concile d'Aix-la-Chapelle de 816, « né du péché originel ; il est un effet de
la tyrannie, de l'avarice et de la cruauté comme le fratricide de Caïn. »
Aussi l'Église cherche-t-elle, dès les premiers jours, à détruire cette institution païenne. Le premier exemple d'affranchissement en grand est donné
sous l'empereur Trajan par un converti, le préfet de Rome Hermès. En
recevant le baptême, le jour de Pâques, Hermès affranchit douze cent
cinquante esclaves, et les gratifie de riches présents. Un autre préfet de
Rome, Chromatius, baptisé par saint Sébastien, rend la liberté à quatorze cents esclaves, et, se conformant à l'exemple de son prédécesseur,
leur accorde de précieux témoignages de sa munificence. Mais l'époque
où les affranchissements affectent un caractère collectif, c'est, au VIᵉ siècle, lorsque la conversion des empereurs lève toutes les entraves appor-
tées à l'exercice du culte catholique, et permet aux familles pieuses de
donner un libre cours à leurs sentiments généreux.

Les changements opérés par le christianisme dans les relations sociales
vinrent favoriser, d'ailleurs, ces émancipations. Autrefois, un Romain de
distinction possédait plusieurs milliers d'esclaves, et, fier de cette richesse,
l'étalait avec un faste insolent ; une dame romaine occupait parfois plus de
deux cents Syriennes au service de sa toilette. Aussitôt que le christianisme
pénètre dans les mœurs, ces milliers de serviteurs deviennent naturellement superflus. A peine convertie, sainte Mélanie la Jeune, d'accord avec
Pinius son mari, licencie huit mille esclaves, et fait don à son gendre
Sévère d'une centaine d'autres qui refusent la liberté.

Le moyen âge sortira-t-il de la voie tracée par les chrétiens des premiers
siècles ? Repoussera-t-il les enseignements que suggèrent ces grands
exemples ? L'histoire répond avec nous que l'émancipation des esclaves
ne subit aucun arrêt et ne connut aucune trêve. Pour que l'œuvre de l'affranchissement s'arrêtât, il eût fallu que le christianisme cessât de gouverner les âmes. Or, à peine les barbares ont-ils achevé leur mission pro-
videntielle et brûlé leurs idoles, qu'on les voit rompre avec l'esclavage.

Ce sont d'abord les couvents grecs qui ne veulent plus tolérer d'esclaves
sur leurs terres ; plus tard, Théodore de Cantorbéry introduit la même
prohibition dans les abbayes occidentales. A la même époque, saint
Platon et son neveu, Théodose Studite, répandent dans l'Église grecque
ce principe, qu'un couvent ne peut avoir d'esclaves, et, grâce à l'autorité
de ces saints moines, l'institution s'écroule de toutes parts, en Orient
comme en Europe.

Si les moines, comme nous le verrons plus tard, prirent une part
immense à l'abolition de l'esclavage, les conciles ne s'associèrent pas
moins énergiquement à ce prosélytisme. Les actes des conciles d'Elvire
(IVᵉ siècle), d'Abbon (517), d'Irlande (451, 456), de Tolède (589, 633, 649,
674), de Colchyte (816) et de Coblentz (952), témoignent d'une lutte opiniâtre pour arracher toutes les créatures de Dieu à la tyrannie d'un maître.

Pour être brefs, négligeons tous les conciles étrangers ; n'invoquons ni les synodes de Carthage, ni les vastes assemblées de l'Orient. Bornons-nous à la France. Dès l'an 650, quarante-quatre évêques réunis à Châlons défendent de vendre et de transporter des esclaves chrétiens hors du royaume. La crainte de voir ces malheureux tomber sous le joug des Juifs, et le souci de leur salut éternel, inspirent et provoquent des dispositions qui adoucissent le sort des serfs. Le concile de Mâcon renouvelle cette prescription salutaire, et ajoute que « tout chrétien a la faculté de racheter « au prix de douze *solidi* tout esclave qui se trouve entre les mains des « Juifs, soit que l'acheteur chrétien donne la liberté à l'esclave ou le con- « serve comme tel. » — « Que si le Juif veut entraîner son esclave à « l'apostasie, l'esclave devient libre *ipso facto*, et le Juif encourt une puni- « tion déterminée. » En 845, le canon que nous venons de citer, ainsi que d'autres statuts concernant les Juifs et leur commerce d'esclaves, sont re-produits par le concile de Meaux. Mais, non contents de cette mitigation apportée au sort d'une classe aussi digne d'intérêt, les Pères du concile remettent en vigueur une ancienne ordonnance de Tolède, en vertu de la-quelle les esclaves païens ne peuvent être vendus aux infidèles, mais seule-ment aux chrétiens. Un siècle auparavant, un concile de Rome, tenu sous le pape Zacharie, avait défendu de vendre aucun esclave, homme ou femme, à un Juif. Obéissant à la même pensée, Charlemagne prohiba la vente des esclaves en dehors du marché public, et défendit toute vente se-crète. Non moins ingénieux, le synode de Berghamsteda décréta que « si « quelqu'un donnait à manger de la viande à un esclave un jour de jeûne, « cet esclave serait libre. »

Que résulta-t-il de tous ces efforts ? Il en résulta que, vers la fin du xe siècle, le trafic de la chair humaine avait presque entièrement disparu de notre sol. Moins favorisée, l'Angleterre était encore un siècle plus tard le théâtre de cet abominable commerce. Une chronique du xie siècle nous montre Wulstan, évêque de Worcester, prêchant avec une apostolique ardeur contre les marchands d'esclaves. Peu de temps après, un concile de Londres (1102) défendit toute industrie de ce genre sans réussir néan-moins à l'extirper, et ce fut seulement en 1171 que le synode d'Armagh obtint la libération de tous les serfs de l'Irlande et débarrassa les îles Bri-tanniques de ce fléau. La Bohême en avait été délivrée à la fin du xe siècle, et la Suède ne le fut qu'au xiiie seulement.

Divers décrets des conciles avaient préalablement adouci le sort des mal-heureux nés dans la servitude. Si l'on ouvre, en effet, le P. Labbe, on y trouve des canons qui défendent de faire travailler l'esclave depuis le samedi soir jusqu'au dimanche soir, et déclarent que, si cette interdiction n'est pas respectée, l'esclave devient aussitôt libre. L'Église lançait ses foudres contre le meurtrier d'un serf, et offrait l'abri de ses asiles aux esclaves fugitifs. Libres d'affranchir les esclaves des terres ecclésiastiques

sans prendre l'avis de leur clergé, les évêques faisaient un fréquent usage
de ce droit. De nombreuses chartes prouvent que l'affranchissement était
toujours inspiré par un motif chrétien et pieux; la cérémonie se passait
ordinairement dans le temple, où l'Église, par la voix du prêtre, prenait
solennellement le nouveau citoyen sous sa tutelle.

Un écrivain libre penseur, frappé de tous ces faits, a fort doctement
établi, dans une étude spéciale, cette vérité : que l'Église, en réprou-
vant l'esclavage, lui a, dès la monarchie franque, substitué le colonat.
Le droit canon décrété par les conciles combattit de la manière la plus
efficace la législation impériale, et si la France semble prédestinée à
diriger les peuples, elle l'a dû non-seulement aux généreuses impulsions
de son caractère, mais surtout à la suprématie plus assurée de l'Église.

Ce que l'Église a fait pour l'esclave, elle l'a fait pour le citoyen et pour
les peuples. La paroisse, cette molécule du diocèse, engendra la commune. L'intervention des évêques et des moines porte de terribles coups
à la féodalité, brise les despotismes locaux, et initie l'Europe au régime
municipal. Dès la fin du x⁰ siècle, les conciles provinciaux de France
abritent sous la protection de leurs décrets le patrimoine des pauvres, et
fulminent des anathèmes contre les rapines des gens de guerre. Les premières associations datent de cette époque. Pour se défendre contre le
brigandage des grands, les villes organisent, sous le patronage du clergé,
des syndicats défensifs d'où sortiront plus tard les corps municipaux
actuels. Les citoyens se rendent à la grande église du lieu, et là, sur les
Évangiles et les reliques des saints, jurent de maintenir leurs franchises
et de résister aux violences des seigneurs.

Synchronisme remarquable et qui n'a pas été suffisamment signalé ! La
date du concile œcuménique de Latran (1123) coïncide surtout avec celle
des premières fondations communales. Mais, loin d'être fortuite, cette
coïncidence s'explique et se justifie par le travail antérieur des synodes
provinciaux et la salutaire influence de leurs lois.

Expliquons-nous.

Sous le régime de la féodalité, les guerres privées de seigneur à seigneur étaient un droit reconnu, un moyen légal de redresser les torts dont
l'auteur refusait la réparation. Aussi la France, mal constituée et presque
démembrée, n'était plus, au x⁰ siècle, qu'une vaste arène où les passions
politiques s'entrelaçaient d'une convulsive étreinte. Les évêques essayèrent
de remédier à cette anarchie chronique. Le signal partit, dès l'an 989, du
concile de Poitiers, où délibéraient les prélats d'Aquitaine. « Que celui,
dirent les Pères, qui fait effraction dans l'église et en emporte quelque
chose soit anathème ! Anathème soit encore celui qui dérobe aux cultivateurs et aux pauvres leurs moutons, leurs bœufs, leurs ustensiles ! » Un
demi-siècle plus tard, un concile rassemblé à Limoges maudit les che-

valiers violateurs de la trêve, et, avec eux, leurs auxiliaires. Sans désemparer, le clergé, profitant de l'émotion générale, réunit dans une église les prêtres, les seigneurs et le peuple, et toute l'assistance ébranlée jure solennellement d'abdiquer ses haines et, si quelque dissidence éclate, de ne recourir qu'aux voies pacifiques du droit. Un évêque, électrisé par l'enthousiasme, va plus loin : il engage la population, par serment, à ne plus porter d'armes, à consentir l'abandon des objets volés, à recevoir les insultes sans colère, à laisser les outrages sans vengeance.

On fait plus encore : ne pouvant désarmer les seigneurs, on arme contre eux de pieuses confréries qui jurent de guerroyer contre les ennemis de la paix. Cette croisade aboutit malheureusement à un échec : sept cents ligueurs de la paix restent sur le champ de bataille.

De française la trêve de Dieu se fit européenne. Mais, à cette époque, pour qu'une institution devînt universelle, il lui fallait le baptême de la Papauté. C'est Urbain II qui le lui donne, au concile de Clermont. Il arrache la guerre du sol chrétien, pour la diriger contre la barbarie orientale. Dès lors, la trêve a ses règlements inflexibles : tout le monde les a lus dans du Cange. Une lettre d'Yves de Chartres nous parle d'un tribunal spécial chargé de juger les infractions à la paix. Les Actes des conciles désignent les juges sous le nom de *paciarii*. Un synode de Montpellier menaça d'excommunication tout homme qui refuse d'ester devant le tribunal. Enfin, à Rodez, les mêmes inspirations suscitèrent une corporation d'un nouveau genre. C'était, en propres termes, une assurance mutuelle contre la guerre. Les fidèles, enflammés d'un saint zèle, créèrent une caisse commune pour rechercher les déprédateurs et indemniser leurs victimes.

L'élan était donné ; les germes de la commune sommeillaient au fond de ces associations urbaines. Qui les dispersa dans le monde et les fit éclore ? Un concile œcuménique présidé par un pape.

En 1123, le concile de Latran vint, sous le pape Calixte II, confirmer en ces termes l'œuvre de pacification entreprise par les synodes : « Tout ce qui a été établi par nos prédécesseurs les pontifes romains, sur la paix et la trêve de Dieu, nous le confirmons par l'autorité du Saint-Esprit. » Dès que l'œuvre eut reçu une sanction aussi haute et aussi solennelle, le mouvement communal, jusqu'alors limité, fit aussitôt explosion. Les seigneurs n'osèrent plus braver les anathèmes ; leurs vassaux, désormais fortement protégés, invoquèrent des droits nouveaux ; les évêques établirent entre les bourgeois un concert et une solidarité qui posèrent les bases de leur autonomie. D'accidentelles les associations de la paix devinrent permanentes. Instituées pour la sauvegarde des pauvres et des petits, elles se transforment plus tard en associations communales, dont chaque membre s'oblige à maintenir les coutumes et les droits. La commune, issue

des conciles, engendre à son tour les grandes assemblées délibérantes,
diètes en Allemagne, états généraux en France, parlements en Angleterre.
Les gouvernements empruntent à l'Église son mécanisme, et en transportent les rouages, plus ou moins altérés, dans leurs constitutions
politiques.

Mais là ne devait pas se borner le rôle des conciles. Propager la science
fut également une des missions que s'imposèrent les assemblées syno-
dales. Partout, durant cette période tourmentée, fermentent les intelligences, partout s'épanouissent les différentes cultures de l'esprit humain.
Du viiie au xiiie siècle, mille systèmes s'élaborent et s'entrelacent, systèmes
incomplets, défectueux, mais qui préparent l'avénement de la science.
Les premières écoles surgissent à l'ombre des cathédrales et des cloîtres.
Charlemagne publie sa fameuse *Constitution des études scolaires*, dont le
premier article ordonne qu'une école s'adosse à chaque cathédrale. D'abord
exclusivement ouverts au clergé, les établissements scolaires ne tardent
pas à recevoir la société laïque. Nous ne sommes encore qu'au ixe siècle,
et déjà les conciles et les papes encouragent ce mouvement progressif des
études. Ainsi, le concile d'Aix-la-Chapelle, en 816, enjoint aux chanoines
de s'instruire dans toutes les branches de la science, et confie au plus
savant et au plus pieux la surveillance des enfants qui fréquentent l'école
cathédrale. En 825, le concile de Rome édicte l'ordre suivant : « Il faut
qu'on mette une extrême diligence à installer auprès de chaque église
épiscopale, dans les paroisses et ailleurs, des professeurs et des maîtres
qui enseigneront assidûment les lettres, les arts libéraux et les dogmes
divins. » En 826, le pape Eugène II recommande aux évêques et aux
curés « d'instituer des écoles où l'on instruise gratuitement dans les sciences
divines et humaines ». De tous côtés, au nord comme au sud de l'Europe,
les conciles fortifient ces recommandations salutaires. Le synode de Valence, en 855, attribue à la longue interruption des études l'absence de foi
et de doctrine qu'il constate dans les lieux saints. Le dixième canon du
concile de Meaux (859) demande qu'il s'élève partout des écoles pour faire
germer partout les fruits de la science divine et humaine.

Toutes ces généreuses tentatives furent couronnées de succès. Hors de
la France, Saint-Gall, Corbie, Mayence, Liége, Parme, Bamberg, Cologne, Hirsfeld, Trèves, Brême, Brague, Palenza, Valence, et plusieurs
autres villes s'illustrent par leurs écoles publiques. Mais si l'on se contente
de jeter un coup d'œil rapide sur la carte scientifique de la Gaule, on y
trouve surabondamment réalisés les vœux des conciles et des papes. Partout notre pays apparaît, on peut le dire, comme le principal foyer de la
science européenne. On voit presque simultanément sortir de terre l'école
de Reims, digne d'avoir eu pour maître Hincmar, Gerbert et saint Bruno;
celle de Chartres, où brille Fulbert; celle de Tours, dont Amalarius de

Trèves, Raban de Mayence, Hetto de Fulde, etc., consacrent la renommée ;
celles d'Auxerre, de Poitiers, d'Orléans, celle d'Avranches, inaugurée par
Lanfranc ; celles de Lyon, de Blois, de Toul, de Sens, de Dôle, de Metz ;
celle de Dijon, où, disent les Bénédictins, on admet « tous ceux qui se
présentent, de quelque condition qu'ils soient, hommes libres ou serfs,
pauvres ou riches » ; celle de Jumiége, celle du Bec, théâtre des méditations de saint Anselme, et d'où part le signal du mouvement intellectuel qui agitera le xiie siècle ; enfin, à Paris, les écoles de la cathédrale
de Sainte-Geneviève et de Saint-Germain-des-Prés.

L'enseignement est-il libre ? Cette question peut sembler de prime abord
épineuse. Dans les écoles épiscopales ou monastiques, il faut, pour obtenir une chaire, s'assurer l'agrément du délégué, soit de l'évêque, soit de
l'abbé, c'est-à-dire de l'écolâtre ; mais à quoi se réduit l'autorisation épiscopale ? Lorsque, dans le cours du xiie siècle, nous apprend M. L. Maître,
l'Église créa des officiers spécialement chargés de conférer l'investiture du
professorat, les hérétiques seuls eurent à souffrir de cette surveillance. Tout
professeur qui alliait la probité à la science était sûr d'obtenir un diplôme.

Que nos lecteurs ne voient pas dans cette assertion une donnée vague
et dépourvue de preuves. Les annales de l'Université parisienne nous
attestent que, dès le xe siècle, Anselme de Laon, et Remi d'Auxerre,
ouvrent des écoles libres. Les femmes elles-mêmes profitent de la liberté
de l'enseignement : la femme de Manegold, aidée de ses filles, enseigne
la philosophie aux personnes de son sexe, et la célèbre abbesse de Paraclet, Héloïse, s'attire les éloges de Pierre le Vénérable, par l'ardeur avec
laquelle elle enseigne la théologie, le grec et l'hébreu. La liberté de l'enseignement ne sera néanmoins victorieusement affirmée qu'au concile œcuménique de Latran (1179) : « L'Église de Dieu, étant obligée, comme une bonne
et tendre mère, de pourvoir aux besoins corporels et spirituels des indigents,
désireuse de procurer aux enfants pauvres dépourvus de ressources pécuniaires la facilité d'apprendre à lire et de s'avancer dans l'étude des lettres,
ordonne que chaque église cathédrale ait un maître chargé d'instruire gratuitement les clercs de cette église et les écoliers pauvres, et qu'on lui
assigne un bénéfice qui, suffisant à sa subsistance, ouvre ainsi la porte de
l'école à la jeunesse studieuse. La charge d'écolâtre sera rétablie dans les
autres églises et dans les monastères où des fonds étaient autrefois affec-
tés à cette destination. Personne n'exigera de rétribution ni pour la permission d'enseigner, ni pour l'exercice de l'enseignement, appuyât-il son
droit sur la coutume ; et la licence de tenir école ne sera pas refusée à qui
justifiera d'une capacité notoire. Les contrevenants seront privés de leur
bénéfice ecclésiastique ; car c'est justice que, dans l'Église de Dieu, une
rémunération soit ôtée à l'homme bassement intéressé qui, par la vente
du diplôme d'instituteur, entrave le progrès des Églises. »

La lettre d'Alexandre III à l'abbé de Saint-Pierre-des-Monts et à l'écolâtre de Châlons-sur-Marne n'est pas moins expresse : « Nous voulons
qu'aucune exaction n'empêche un homme probe et instruit d'ouvrir une
école dans la ville, dans le faubourg ou dans un lieu quelconque ; car on
ne doit pas vendre ce qu'on tient de la munificence du Ciel, mais le dispenser à tous gratuitement. »

Telle fut l'influence des conciles sur l'enseignement ; nous allons voir
maintenant quelle portée eurent leurs décisions dans une sphère non
moins haute, la législation civile.

Le quatrième concile de Latran s'était préoccupé de la discipline morale
de l'Église, et il avait introduit les réformes les plus urgentes dans toutes
les branches de l'administration ecclésiastique : cette initiative ne lui suffit
pas. Il voulut réorganiser la procédure criminelle de l'Église, et en faire
le type de la procédure criminelle séculière. Les Pères stipulèrent que
l'enquête serait contradictoire, c'est-à-dire opérée en présence du prévenu. Ce dernier put recevoir communication des griefs dirigés contre
lui, et connaître les noms et les dépositions des témoins ; on lui permit de leur répondre, et de discuter les motifs qui portaient certains
témoins à les charger. Des greffiers, adjoints à tous les tribunaux,
reçurent mission de rédiger les actes des procès, et d'en donner lecture ou copie aux intéressés. Le concile défendit aux parties d'évoquer
leurs causes au tribunal supérieur avant que le tribunal saisi n'eût statué. Ces principes semblent élémentaires aujourd'hui ; alors ils étaient
un immense bienfait et mettaient un terme à l'anarchie judiciaire, au
milieu de laquelle se débattait la société féodale. Enfin le droit civil fut
également l'objet des préoccupations du concile. La prescription fut régle-
mentée, et la bonne foi en fut déclarée l'élément nécessaire ; le vice de la
violence et de la fraude fut étendu de l'usurpateur originaire à ses successeurs.

Les deux conciles de Lyon (1245 et 1274) et celui de Vienne (1311)
s'associèrent aux efforts des Pères de Latran. Nous n'avons pas l'intention
d'entrer dans le détail des points de discipline qu'ils réglèrent, ni de faire
mention de tous les canons qui aboutirent à la réforme du droit civil.
Contentons-nous de rappeler que les assemblées conciliaires eurent l'honneur de préparer l'unité législative dans l'État comme dans l'Église. Six
cents ans avant la Révolution française, l'Église sentit la nécessité d'une
loi codifiée. Cette codification, les conciles la préparèrent, les papes l'ac-
complirent, et le *Corpus juris canonici* en fut l'expression scientifique.
Pie IV, au concile de Trente, compléta cette œuvre en proclamant le
grand principe de droit moderne, à savoir que « la coutume ne prévaut
pas contre la loi écrite. »

Loi écrite, codifiée, déclarée supérieure aux coutumes, tribunal perpétuel chargé d'en assurer le maintien, tels sont les grands principes sur lesquels repose l'organisation de nos États modernes. La Révolution de 1789 se fait gloire de les avoir donnés à la France. Il y a trois à quatre cents ans qu'ils sont appliqués dans l'Église (1).

III

DU CLERGE

Lorsque les peuples barbares eurent renversé l'empire romain, leur premier mouvement fut de s'en partager les terres. Les uns exproprièrent complétement les populations autochthones ; les autres, moins implacables, leur laissèrent un lambeau du sol conquis. Odoacre, par exemple, ne s'appropria que le tiers des biens-fonds de l'Italie. La même répartition suffit également aux Ostrogoths, qui vinrent s'établir auprès d'Odoacre. Les Visigoths furent plus exigeants : en France comme en Espagne, ils se firent attribuer les deux tiers du territoire et firent l'abandon du reste aux regnicoles. Mais de toutes les hordes qui appliquèrent avec le plus de sévérité les principes annexionistes les Lombards furent assurément les plus rigoureux : non-seulement ils firent main basse sur toutes les terres, mais ils bannirent presque tous les possesseurs du sol.

Ainsi occupé, le territoire constitua le bien de l'État, « le fisc ». Chez nous, les Francs nobles furent gratifiés d'une portion de territoire en harmonie avec l'importance de leur mérite ou l'éclat de leur dignité. Cette portion de territoire qu'on appelait fief, ou selon le terme latin *beneficium*, était inaliénable (2) : le titulaire n'en avait que la jouissance viagère ; après sa mort, le fief retournait à l'État. Lorsque les Francs se convertirent à la religion chrétienne, les évêques et les abbés reçurent du roi des bénéfices : par là les chefs de la hiérarchie ecclésiastique devinrent les vassaux du roi, ses « fidèles », et, comme les autres feudataires, ils durent lui prêter le serment d'hommage.

C'est en cette qualité que les clercs (sous ce nom générique nous comprenons les évêques et les abbés) firent partie des conseils du roi, assistèrent aux plaids, siégèrent dans les assemblées générales de la nation, et furent chargés des ambassades.

---

(1) Voir une remarquable *Étude* de M. Armand Ravelet, directeur du journal *le Monde*, *sur les Conciles. Revue du Monde catholique* du 25 mai 1868.

(2) Nous verrons plus loin, dans un chapitre à part, ce qu'était « le fief ».

Dans les conseils du roi, la voix la plus écoutée était toujours celle des dignitaires ecclésiastiques : à l'autorité que leur conférait la charge dont ils étaient revêtus se surajoutaient l'influence de leur savoir et le prestige de leurs vertus. Si nous jetons les yeux, par exemple, sur la période carlovingienne, nous voyons les clercs inspirer à Charlemagne ses actes les plus glorieux. C'est ainsi que, dans les circonstances les plus graves, le moine Alcuin et Catulphe n'hésitent pas à tenir à leur maître un langage aussi ferme que respectueux, et ne cessent de tenir en haleine son zèle apostolique. Qu'on parcoure surtout les lettres de l'illustre Hincmar, et, entre autres, celle que l'archevêque de Reims adresse aux grands du royaume, lorsqu'en l'absence de Charles le Chauve Louis, son frère, roi de Germanie, veut usurper le pouvoir; qu'on lise aussi ses conseils à Louis le Bègue sur la nécessité de maintenir la paix ; ses instructions sur le genre de pénitence qu'il convient d'imposer au jeune Pépin, roi d'Austrasie; ses admonitions à Charles le Gros, et le règlement de vie qu'il rédigea pour Carloman. Dans tous ces écrits respire une sainte hardiesse; on sent que leur auteur, tout entier à son ministère, n'a qu'un but, celui d'éclairer les princes sur leur mission et de leur en tracer au besoin les devoirs.

Les plaids (*placita, conventus*) étaient de deux espèces : les uns généraux, les autres particuliers. Les premiers peuvent être assimilés aux sessions de nos assemblées nationales; les seconds étaient des parlements provinciaux. Aux plaids comme aux conseils du roi, le rôle des clercs était prépondérant. Aussi les lois promulguées par ces assemblées, et connues dans l'histoire sous le nom de « Capitulaires de Charlemagne », sont-elles en grande partie l'œuvre des représentants de l'Église. C'est là, du moins, ce que fait surabondamment ressortir le témoignage du diacre Benoît, de l'Église de Mayence. C'était ordinairement aux plus habiles membres du clergé que revenait le soin de recueillir les livres de l'Écriture, les anciens canons, les autres lois les plus autorisées de l'Église, et tous les textes profanes ou sacrés qui faisaient jurisprudence pour le gouvernement de l'État. De ces extraits on formait les Capitulaires, divisés par chapitres ou articles, et l'on y faisait entrer tout ce qui concernait non-seulement la religion et les bonnes mœurs, mais l'exercice de la justice ecclésiastique et séculière.

Le principe qui domine la législation des capitulaires, c'est le principe féodal, principe en vertu duquel les grands feudataires sont subordonnés au roi, les seigneurs aux grands feudataires, et l'homme libre aux seigneurs. Cette organisation hiérarchique n'impliquait pas, comme on pourrait le croire, la suprématie absolue du supérieur sur l'inférieur : la coutume circonscrit étroitement le domaine de l'autorité. Non-seulement, en effet, aux termes du droit coutumier, le seigneur local n'est pas complétement autonome, mais, au point de vue légal, l'arbitraire lui est interdit. Soumis à la juridiction royale, il est obligé de s'incliner devant l'autorité tutélaire des *missi dominici*, ou envoyés du roi. Or à quels personnages sont confiées ces fonctions augustes? Aux clercs, nous répond l'histoire, qui nous apprend, en outre, que l'empereur leur adjoignait quelquefois un seigneur laïque ou un comte. L'autorité des *missi* était fort étendue : le respect dû aux églises, les immunités des clercs, les causes des veuves et des religieuses relevaient de leur compétence; ils devaient entreprendre des enquêtes sur les vols et déférer le serment aux individus soupçonnés de recéler les coupables (1). Tout homme qui se montrait réfractaire à leurs ordres devait être conduit devant le roi, soit par les hommes du roi, soit par son propre seigneur. Mais les classes inférieures n'étaient pas seulement soumises à la juridiction des *missi*. Ces fonctionnaires avaient aussi mission de surveiller (*subtiliter et veraciter investiget*) la conduite des seigneurs et des antrustions. Ceux-ci commettaient-ils des déprédations, des rapines; offensaient-ils Dieu ou opprimaient-ils le peuple; les *missi* avertissaient immédiatement le roi, qui se chargeait de la punition des criminels.

Agents supérieurs du pouvoir exécutif, les *missi* portaient les capitulaires à la connaissance du public, et c'est aux plaids qu'ils promulguaient les lois.

Un mot, en passant, sur les plaids.

Convoquées dans chaque diocèse, et dans chaque comté, par l'évêque, les *missi* et le comte, ces assemblées n'étaient ouvertes qu'aux personnages qui justifiaient d'un certain rang dans la hiérarchie féodale. Mais si les grands propriétaires terriens étaient membres de droit des plaids, ils étaient tenus, en revanche, de siéger à toutes les assises : « *Illa placita omnis homo, qui placitum custodire debet, sine exceptione et excusatione custodiat.* Aussitôt que les titres de chaque membre étaient vérifiés, les *missi* lisaient les capitulaires, et, de concert avec les évêques, signalaient les châtiments qu'encourrait tout violateur de ces lois, aussi bien devant le for ecclésiastique que devant les tribunaux séculiers. » Grâce à la dignité de leurs mœurs et à la maturité de leur esprit, les clercs étaient investis d'un rôle encore plus délicat et plus auguste. En Espagne, par exemple, nous voyons le roi des Visigoths, Recarède, ordonner aux juges de paraître devant les synodes des évêques, pour en recevoir des leçons sur les devoirs de leur charge et l'administration de la justice. Chez les peuples d'origine germanique, les évêques exercent le même ministère. Ils surveillent les juges, contrôlent leurs sentences, transmettent leurs observations au seigneur roi, et fulminent l'anathème contre les juges prévaricateurs. Sans ce concours des prélats, l'autorité royale aurait été trop souvent désarmée contre les fonctionnaires indignes.

---

(1) Il a paru en 1867 une importante Étude de M. l'abbé Jaugey sur les clercs du palais de Charlemagne. Nous lui devons des éclaircissements importants sur cette institution peu connue.

C'était là, du reste, la conviction des rois. Les Carlovingiens tenaient tellement, pour leur part, à cette intervention des évêques, qu'ils provoquèrent la réunion de plusieurs conciles pour placer les pauvres, les innocents et les orphelins, sous la protection spéciale des prélats. Une constitution de Clothaire II va plus loin; elle dispose que, pendant son absence, les sentences définitives émaneront exclusivement des évêques; tous les pouvoirs du roi leur sont tacitement délégués. Nous avons de Charlemagne un édit dans lequel le grand empereur ordonne que toute affaire civile, fût-elle déjà pendante, soit soumise au jugement de l'évêque.

Écartez un moment par la pensée cette immixtion des clercs dans l'administration de la justice, et demandez-vous ce que serait alors devenu le monde : la force aurait irrésistiblement primé le droit. Sur toute la surface de l'empire, les tribunaux auraient été les instruments de la violence, et les âmes les jouets du glaive. Le clergé rendit donc sur ce point des services immenses à la société civile, dont il protégea non-seulement les intérêts, mais chez laquelle il développa, — bienfait autrement grand, — la notion du juste et de l'injuste.

Les clercs rendaient encore d'autres services comme ambassadeurs : c'est ainsi que nous voyons constamment figurer un évêque à la tête des députations qui furent envoyées par Charlemagne à Constantinople. En 802, c'est l'évêque Jessé avec le comte Heingaude; en 811, l'évêque de Bâle, Hasson, avec Hugues, comte de Tours; en 813, c'est Matthieu, évêque de Metz, avec Pierre, abbé du monastère de Nonantule. Si ces ambassades avaient le privilége d'éblouir les monarques barbares et d'entourer de prestige le nom du seigneur roi de France, elles avaient un autre avantage encore. Les clercs augmentaient le capital de leurs connaissances en visitant les cours étrangères; ils se mettaient en relation avec les savants et les artistes de toute l'Europe, et s'initiaient, au besoin, à leurs découvertes. Tout ce qui les frappait était l'objet d'une étude réfléchie, et, lorsqu'ils revenaient dans leurs monastères, ils y propageaient les principes de science physique ou les notions d'histoire et de géographie dont ils avaient çà et là recueilli les éléments.

Les fonctions d'ambassadeurs et de *missi dominici* étaient certes des plus importantes; mais les clercs remplissaient dans l'administration une charge encore plus élevée. Électeurs et consécrateurs du roi, les évêques faisaient du prince un mandataire de l'autorité divine, et lui apprenaient à considérer ses sujets, non comme des esclaves, mais comme les membres de Jésus-Christ. Cette cérémonie du sacre ne faisait pas du roi un César devant lequel devaient se courber toutes les têtes et fléchir toutes les consciences, mais un ministre de Dieu chargé d'orienter les hommes vers leur fin. L'Église disait au monarque : « Le peuple n'est pas fait pour vous, mais vous êtes fait pour le peuple; le royaume n'est pas votre propriété, et vos sujets ne sont pas vos serviteurs, mais vos frères. Procurer

leur bonheur dans ce monde et dans l'autre, telle est la mission que le
Seigneur vous assigne, et dont vous aurez à rendre compte un jour devant
le tribunal du souverain Juge. »

Lorsque le roi recevait le serment de fidélité des grands feudataires,
il jurait, en retour, de conserver à chacun ses droits, et de régner en
prince chrétien. Le trône devenait-il vacant, les évêques, unis aux grands
feudataires, choisissaient le roi au nom de la nation ; mais, avant de le
consacrer, ils exigeaient du récipiendaire les engagements les plus ras-
surants. L'élection du roi Bozon nous fournit un exemple frappant de ce
contrat bilatéral. « Nous voulons savoir, lui écrivirent les évêques, comment
vous gouvernerez,... si vous exalterez la sainte Église de Dieu ,... si vous
pratiquerez les vertus chrétiennes, la justice, l'humilité, la sobriété,...
si vous accorderez à chacun la protection à laquelle il a droit,... si vous
serez fidèle à la loi évangélique et à la loi humaine... » Bozon répondit :
« Je m'attache à la foi catholique, et je suis prêt à me sacrifier pour
elle... J'accorderai à chacun la justice à laquelle il a droit.... Si je pèche,
avertissez-moi, je me corrigerai... »

Dans toute l'histoire du moyen âge , nous rencontrons cette doctrine de
la subordination du pouvoir civil au pouvoir ecclésiastique : elle fait partie
du *credo* politique de l'époque. Si des critiques s'élèvent çà et là, voici
dans quels termes leur répond un prédicateur du XIIIe siècle, Humbert de
Romans : « Quelques personnes ont coutume de trouver mauvais cet acte
d'autorité, et paraissent étonnées que l'Église se le permette ; quelques-unes
même refusent d'y acquiescer. On doit leur faire comprendre qu'il est
parfois opportun : la puissance aux mains d'un maître inique est pareille
au glaive dans les mains d'un furibond... Il est reconnu que les petits
seigneurs peuvent être, à juste titre, privés de leurs fiefs par leur suzerain :
à plus forte raison les plus grands, qui tiennent tout du Seigneur des
seigneurs. Ensuite l'Église ne fait qu'user de son droit : l'esprit est au-
dessus du corps et le gouverne ; donc tout roi peut être déposé par le
pape. Autrement Dieu n'aurait pas donné à ses représentants un pouvoir
suffisant pour remplir leur mission. » Cette participation des évêques aux
affaires politiques ne les empêche pas de remplir avec zèle les devoirs
de leur ministère. Ils gouvernent avec une autorité patriarcale qui s'é-
tend à tout : rétablissement de la discipline ecclésiastique, réforme des
couvents et des chapitres, réveil de la vie religieuse dans le clergé ; c'est
dans ces vastes domaines que s'exercent les efforts de leur ardent prosélytisme. Mais en même temps, n'oubliant pas qu'ils sont seigneurs
séculiers, les évêques s'acquittent scrupuleusement des devoirs attachés
à leur charge temporelle : on les voit entourer les villes de remparts, y
fonder des foires et leur obtenir le droit de battre monnaie, étendre le
commerce et développer les transactions, cultiver les landes désertes,
défricher les forêts, perfectionner la législation et codifier les coutumes.

Dans tous leurs actes se manifeste, en un mot, le désir de soulager l'humaine misère, et ce faisant, de servir aussi bien Dieu que les hommes.

L'Église a canonisé plusieurs de ces évêques, et l'histoire a immortalisé leurs noms. Quels hommages furent plus mérités? Protecteurs de la classe opprimée, ils favorisaient le progrès des arts, propageaient les meilleurs procédés agricoles et donnaient au génie national de chaque pays une direction qui l'ennoblissait. Veillant, de leur siége épiscopal, sur tous les intérêts de la nation, ils embrassaient, dans leur sollicitude, toutes les faiblesses et toutes les infortunes. Voyageaient-ils, ils prenaient note des abus qu'ils rencontraient en chemin, et s'appliquaient à substituer à l'arbitraire et à l'anarchie l'ordre et la discipline. On peut affirmer hardiment que les grandes et fortes maximes de politique nationale ont été surtout accréditées par ces éminents pontifes, investis d'une autorité plus durable que tel ou tel souverain, dont les réformes ne dépassaient jamais qu'un rayon fort limité de son État.

Un exemple entre mille nous montrera sous leur vrai jour le caractère et le rôle de l'évêque. Prenons cet exemple dans les temps mérovingiens. A cette époque, l'évêque est plus que tout autre le *defensor civitatis*, le tribun du peuple : il en incarne le patriotisme et l'indépendance. Dernier représentant de la période gallo-franque, il a ramassé dans sa main les débris des libertés municipales, et alors, non-seulement prêtre de Dieu, mais encore homme du peuple, il parle au nom de ses compatriotes, avec une autorité devant laquelle les rois sont eux-mêmes obligés de fléchir (1).

En 580, Frédégonde résolut de mettre une bonne fois en coupe réglée tout le royaume de Neustrie. Elle chargea de cette tâche périlleuse un nommé Marcus, Gaulois d'origine, homme fort expert à faire les affaires du fisc en même temps que les siennes. Vers le mois de février, il se trouvait à Limoges. Il portait avec lui les rôles du cadastre, et devait les compléter par une enquête sur les biens situés dans chaque circonscription.

Le 1er mars était jour d'assemblée solennelle pour la curie de Limoges : les magistrats municipaux, les sénateurs ou décurions siégeaient au tribunal; les habitants de la campagne, propriétaires ou colons, venaient en grand nombre à la ville pour leurs affaires. Ce fut ce jour-là que Marcus choisit pour mettre ses ordres à exécution.

Dès le matin, les magistrats, les décurions, l'évêque, le haut clergé de

---

(1) Deux auteurs peu favorables au catholicisme, MM. S. Lacroix et V. Guyot, ne peuvent s'empêcher, en citant ce fait, de rendre hommage à l'épiscopat. (Voyez *Hist. des Prolét.*)

la ville, prennent place sur les siéges et les bancs du sénat : autour se
presse une foule énorme que la nouvelle de l'arrivée du collecteur avait
épouvantée. Au milieu de la consternation générale, Marcus arrive dans
l'assemblée suivi d'une escorte d'honneur et de gens qui portaient ses
livres de cadastre et ses rôles d'impositions. Il présente sa commission,
scellée de l'anneau royal, et déclare le taux et la nature des taxes décrétées
par le roi.

Alors se lève l'évêque Ferreolus. Il se place en face du commissaire
royal et lui dit :

« La ville a été recensée au temps du roi Clothaire; il y a prescription
contre les droits du fisc, car ce recensement fait loi. Est-ce qu'après la
mort de Clothaire, le roi Chilpéric n'a pas juré de n'imposer aux habitants
de Limoges, en échange de leur serment, ni lois ni coutumes nouvelles,
de ne faire aucune ordonnance qui tendît à les dépouiller, mais de les
maintenir dans l'état où ils ont vécu sous la domination de son père? »

Aussitôt des applaudissements éclatent dans la foule, qui se redresse
et prend conscience d'elle-même, de son droit, en entendant son défenseur.

« Oui, oui, crient-ils, cela est juste, cela est vrai, c'est l'avis de tous!
oui, de tous! »

Marcus se lève, furieux de cette opposition à laquelle il ne s'attendait
pas. Représentant du roi, il trouve que sa majesté est insultée par cette
résistance. « Venu pour agir, non pour disputer, dit-il, je somme la ville
d'obéir au décret du roi. » Il ne se borne pas à cela; et au milieu des murmures, il ajoute : « Malheur aux rebelles! Malheur!... »

Mais sa voix est étouffée sous un cri d'indignation. La foule se précipite
dans la curie. En vain l'évêque essaie-t-il d'intervenir pour la maintenir
dans l'opposition légale et calme qu'il avait commencée; la foule, au lieu
d'écouter l'évêque, se déchaîne et devient furieuse.

« A mort l'exacteur! Point de recensement! A mort le spoliateur!
Marcus à mort! »

Ferreolus s'était assis auprès de Marcus. Voyant que les cris allaient se
transformer en actes, il se lève, prend Marcus par la main, et, le cou-
vrant de son corps, l'enveloppant du respect qu'imposait son caractère
sacré, il fend les flots du peuple, gagne une des portes de la salle et
conduit Marcus à la plus proche église.

Le fait de Ferreolus n'est point isolé, tous les récits du temps sont pleins
d'exemples semblables. Grégoire de Tours nous raconte comment il ne
cesse de lutter en faveur de sa ville contre le roi, contre le comte Leudaste.
Austrégésile protége Bourges contre l'impôt; son successeur, Sulpice,
fait de même. Voici en quels termes la *Vie des Saints* parle de ces actes :

« Le démon poussa un prince des Gaules à frapper d'un horrible tribut tout le peuple de Bourges et les prêtres du sanctuaire. C'est pourquoi le prince envoya un de ses familiers, c'est-à-dire une bête féroce, qui rendait d'affreux sifflements, et répandait partout le venin des enfers dont elle était remplie, avec la mission d'épouvanter ce pauvre peuple. Mais la puissance et la grâce de Dieu n'abandonnent jamais les siens dans le péril... Il se trouva là un saint, juste à point nommé, pour détourner l'horrible fléau. »

Le saint, l'évêque, le prêtre, combat l'impôt, comme il combat les monstres et les dragons. Comment le peuple ne se serait-il point attaché à lui ? Quand un Ferreolus se lève, sa parole a un profond retentissement. Quoi donc ! se disent les faibles, les petits, dans notre détresse nous avons un protecteur ; dans notre misère il y a quelqu'un avec nous, qui nous tend la main, qui ose se placer en face du roi pour nous protéger ! Serrons-nous ; groupons-nous autour de lui ; grandissons-le de notre amour, de notre reconnaissance : nous sommes tous à lui, corps et âme !

L'influence du prêtre et du pontife, à cette époque, était donc aussi grande que méritée. On se serrait, on se groupait autour de ces avocats du pauvre, et une estime universelle environnait leur nom.

La vérité nous force à dire que tous les évêques du moyen âge ne réalisèrent pas l'idéal de l'apôtre et du pontife. A la fin du ixe siècle, et dans le cours du dixième, la plupart des princes accaparèrent les élections épiscopales, et en firent un si criant abus qu'on est tenté de croire qu'ils avaient conspiré la ruine complète de l'Église. On vit, à cette époque, des enfants de cinq ans porter la crosse et l'anneau. De grands feudataires, replongés dans la barbarie et dépourvus de tout sentiment religieux, élevaient à l'épiscopat leurs jeunes fils, afin de jouir des revenus attachés au siége épiscopal dont ils les gratifiaient. Le comte Herbert de Vermandois, par exemple, obligea l'Église de Reims à recevoir pour évêque son fils Hugues, âgé de cinq ans. Ce trait, hélas ! n'est pas isolé : un écrivain contemporain, Alton, évêque de Verceil, nous raconte plusieurs faits qui témoignent d'une profonde méconnaissance de la dignité sacerdotale. Quand les princes ne gardent pas les évêchés pour leur usage, ils les octroient à d'indignes favoris, ou bien ils les vendent à des hommes aussi dépourvus de science que de sens moral. Certains curés, souvent, n'ont pas une conduite plus édifiante que leurs pasteurs. A partir du ve siècle, l'Église avait permis à tout seigneur qui bâtirait une église d'en nommer le recteur. Les barons et les comtes, investis de ce droit de patronage, choisissent quelquefois parmi les moines gyrovagues ou les clercs errants, les sujets dont ils peuvent attendre soit de l'argent, soit tout autre service. Dans ces conditions, nous n'avons pas besoin de dire si la discipline ecclésiastique est respectée ; la loi du célibat reste une lettre morte pour un assez grand nombre de prélats et d'évêques, et de cette violation naissent tous les scandales. L'attitude actuelle du clergé vieux catholique nous fournit, du reste, un témoignage curieux de ce phénomène psychologique.

De grands efforts furent faits par de saints évêques pour remédier à cette situation lamentable. Saint Bruno, archevêque de Cologne ; saint Wolfgang, évêque de Ratisbonne ; saint Dunstan, archevêque de Cantorbéry ; Fulbert, évêque de Chartres; Alton, évêque de Verceil, s'emploient tour à tour avec ardeur, et souvent avec succès, à rétablir la vie régulière. Un des pontifes qui s'occupèrent le plus de cette tâche fut saint Ulrich, évêque d'Augsbourg, et le récit de son apostolat est trop instructif pour qu'on ne s'y arrête pas quelque temps. Saint Ulrich, nous dit son historien, conserva sur le siége épiscopal les habitudes monastiques qu'il avait contractées à Saint-Gall. Il portait constamment un cilice, couchait sur la paille et ne mangeait jamais de viande. Avec le fruit de ses économies, l'évêque d'Augsbourg exerçait une hospitalité généreuse, et, ne trouvant pas dans son diocèse un champ assez vaste à son zèle, il allait chez ses voisins porter les lumières de l'Évangile. L'éducation des ecclésiastiques était une de ses œuvres de prédilection ; aussi se faisait-il remarquer par la correction de ses mœurs. Saint Ulrich prêchait fort souvent, et visitait avec soin toutes ses paroisses. N'ayant pour tout véhicule qu'un chariot traîné par deux bœufs, il allait d'église en église, sans pompe et sans cortége, accompagné seulement d'un ecclésiastique qui, chemin faisant, lui lisait la sainte Écriture. A peine était-il arrivé dans une paroisse, qu'il s'enquérait avec sollicitude de la conduite du curé et de ses aides : s'acquittaient-ils honnêtement de leurs fonctions, punissaient-ils les coupables, apaisaient-ils les différends, réconciliaient-ils les ennemis ? Telles étaient les premières paroles qui s'échappaient de ses lèvres, telles étaient les préoccupations de son cœur sacerdotal. Quand le prélat quittait le village, le peuple l'accompagnait très-loin sur la route, et souvent il l'escortait avec des flambeaux fort avant dans la nuit ; chacun était heureux d'ouvrir son cœur au vénéré pontife, et de lui demander quelques-uns de ces conseils que les saints savent si bien appliquer à nos misères.

Malgré les efforts d'Ulrich et le concours des nombreux évêques qui, comme lui, se dévouaient aux besoins spirituels de leurs ouailles, les désordres s'aggravaient de plus en plus au sein de la société cléricale. La contagion, loin de se circonscrire, s'étendait avec une rapidité désolante, et les puissances séculières, au lieu de refréner le mal, l'encourageaient. C'est alors que Dieu, prenant l'Église en pitié, suscita l'illustre Hildebrand, le pape Grégoire VII. Cet éminent pontife brisa la double chaîne qui asservissait le clergé : la famille et l'autorité temporelle. Grâce à leur droit d'investiture, les grands feudataires disposaient arbitrairement, comme nous l'avons dit, des évêchés et des abbayes ; les élections n'étaient plus qu'un vain simulacre ou qu'une formalité illusoire. Libres de se procurer à prix d'or les menses épiscopales, les ambitieux n'étaient pas plutôt en possession de la crosse et de l'anneau, qu'ils ne songeaient qu'à tirer le meilleur parti possible de leurs prébendes. Aussi le droit du clergé et du peuple était-il sans cesse violé ; le sanctuaire abritait des prêtres indignes, et la législation ecclésiastique périclitait de toutes parts.

L'heure était solennelle et le moment des hésitations passé : il fallait ou supprimer les investitures, ou périr.

En donnant l'investiture, les seigneurs accréditaient cette croyance, que l'autorité épiscopale est une émanation de la puissance civile. Pour couper court à une aussi condamnable interprétation, le pape saint Grégoire aurait pu s'attaquer immédiatement aux investitures ; il aima mieux s'en prendre d'abord aux désordres qu'elles avaient enfantés, et ce ne fut qu'après avoir échoué qu'il résolut d'aborder de front la question. Un concile de Rome défendit bientôt (1075) « à toute personne séculière, quelle que fût sa dignité, empereur, marquis, etc., de donner, et à tout clerc, évêque, prêtre, de recevoir l'investiture d'un évêché ou de toute autre dignité ecclésiastique, et cela sous peine d'encourir *ipso facto* l'anathème ».

Ce ne fut pas tout. Une pareille mesure ne pouvait sortir son effet avant d'avoir pour connexe une autre mesure non moins nécessaire : l'interdiction du mariage. Un second synode fut donc bien vite convoqué, et les Pères, d'accord avec le pape, frappèrent d'excommunication tout fidèle qui recourrait au ministère sacerdotal des prêtres mariés. Ce dernier trait caractérise à lui seul toute la législation de Grégoire VII. Ses prédécesseurs, en interdisant le mariage, n'avaient visé que les ecclésiastiques. Grégoire alla plus loin : il défendit aux fidèles toute relation spirituelle avec les violateurs du célibat. Ces deux décrets sauvèrent la société et l'Église. Le clergé cessa de scandaliser les âmes, et redonna l'exemple de toutes les vertus apostoliques.

IV

LE MILIEU SOCIAL

Fondé en Orient, le monachisme fut transplanté en Italie par saint Athanase, en Gaule par saint Martin, et en Irlande par saint Patrice. Sous la direction de ces grands saints, de nombreux couvents s'élevèrent sur tout le sol de l'Europe ; mais l'institution monastique ne reçut une organisation définitive qu'au vɪe siècle, lorsque saint Benoît vint établir sa règle au mont Cassin. La charte bénédictine remplaça bientôt celle de saint Colomban. Jusqu'à saint Benoît, les moines avaient vécu sans législation uniforme ; en général, ils recherchaient la solitude et s'enfonçaient dans les forêts. Les plus importantes fondations n'avaient pour origine qu'une simple cellule, ce qu'on appelait alors une *laure*, où deux ou trois moines vivaient en commun. Chaque maison avait son règlement spécial, qu'elle modifiait souvent. Pour mettre un terme à cette anarchie, Benoît s'appropria ce qu'il y avait de mieux dans les règles antérieures des moines gaulois. Son but fut de rédiger une charte cénobitique en harmonie avec les aspirations et les facultés de l'âme, et marquée du plus parfait esprit de mesure et de tendresse. Il voulait que ses disciples, tout en travaillant à leur salut, fussent à même de fournir à leurs semblables non-seulement les secours de la charité, mais les lumières de la science. Telle est, en deux mots, la mission de l'institut bénédictin. Les autres ordres qui furent fondés dans la suite puisèrent plus ou moins dans la règle de saint Benoît ; quelques-uns en élargirent le cadre, aucun ne la surpassa. Les Dominicains, par exemple, eurent plus particulièrement pour objectif de veiller à la pureté de la foi, et les Franciscains de prêcher le détachement des choses de ce monde ; mais, dans aucun ordre religieux, le type du moine ne fut mieux réalisé que dans celui de Saint-Benoît.

Voici, en quelques mots, les principaux traits de la règle bénédictine. A trois heures du matin, les religieux se lèvent pour chanter les louanges de Dieu. L'office divin et le travail manuel partagent la journée en deux parties à peu près égales. Huit heures sont consacrées au travail ; saint Benoît veut que chaque moine gagne lui-même sa subsistance. Dès qu'un novice franchit le seuil du cloître, il doit exercer une industrie, et, s'il n'en connaît pas, un moine l'initie à l'un des métiers pratiqués dans la maison. Tous les travaux nécessaires à l'entretien du monastère sont exécutés par les cénobites. La nourriture est très-simple ; on sert deux sortes de mets (*pulmentaria*), entre lesquels chaque religieux peut choisir. Le *pulmentarium* est une marmelade de fèves ou de lentilles. On sert en même temps des fruits, puis une livre de pain et une *hémine* de vin. La viande des animaux à quatre pieds est complétement interdite ; il est défendu de prendre aucune nourriture hors du couvent. Le vêtement se compose d'une tunique, d'un capuchon et d'un scapulaire. Ces deux dernières pièces sont destinées, dans la pensée de saint Benoît, à ménager la tunique pendant le travail. Chaque moine possède deux tuniques, qui, d'abord de couleur blanche, furent ensuite de couleur noire. C'est le costume des habitants pauvres de la campagne. Le lit est une paillasse. L'abbé commande, mais il est toujours soumis à la règle. S'il gouverne, c'est pour se dévouer à l'association, dont il est plutôt le serviteur que le supérieur. Dans les affaires particulièrement graves, il est tenu de consulter tous les moines, mais la décision suprême n'appartient qu'à lui. Sous son autorité fonctionnent le *præpositus* et les doyens, qui commandent chacun à dix moines. Le cellérier s'occupe des malades, des étrangers et pourvoit à l'alimentation du monastère. Avant d'entrer, le postulant subit pendant une année l'épreuve du noviciat. Une fois admis parmi les novices, il est placé sous la direction d'un moine âgé, qui l'instruit de ses devoirs et ne lui dissimule aucune des aspérités de la vie religieuse. Pendant douze mois, loin de le solliciter, l'abbé le met en garde contre les faux entraînements d'une vocation mal définie, et l'éclaire sur la gravité de sa décision. A trois reprises différentes, on lit au novice tous les chapitres de la règle, et chaque fois l'abbé lui dit : « Voilà la loi sous laquelle tu veux combattre ; si tu peux l'observer, entre ; si tes forces s'y refusent, pars en liberté. »

Grâce à son caractère et à son esprit aussi conforme à l'esprit évangélique qu'aux tendances de la nature humaine, la législation bénédictine se propagea rapidement dans le monde. Descendant du mont Cassin, saint Maur, le plus cher disciple de saint Benoît, franchit les Alpes, pénétra dans le Jura et fonda sur les bords de la Loire le monastère de Glanfeuil, qui compta bientôt cent quarante disciples. Saint Augustin accrédita la règle en Angleterre ; en Allemagne, saint Boniface convoqua des conciles pour la faire adopter. Les synodes tenus sous Charlemagne décidèrent qu'elle serait seule en vigueur ; partout elle remplaça les règles de Colomban d'Irlande et de Césaire d'Arles, tombées en désuétude.

Avant d'énumérer les services rendus par les moines à la société barbare, parlons d'abord du milieu où s'épanouit le monachisme ; cette digression fera mieux comprendre à nos lecteurs les difficultés contre lesquelles il eut à lutter. Quelques traits empruntés aux écrivains contemporains nous mettront à même d'apprécier l'héroïsme des disciples de saint Benoît.

Ouvrons, par exemple, l'histoire de saint Grégoire de Tours : qu'y voyons-nous ? Des enfants qu'on pend par un pied et qu'on frappe contre une pierre jusqu'à ce que leur cervelle jaillisse ; une Brunehaut qu'on attache par les cheveux, un bras et une jambe à la queue d'un cheval emporté ; un duc de Gozon-Bozon qui, à la nouvelle de la mort d'un de ses parents, court à l'église, déterre le cadavre de ses propres mains et le dépouille de ses bijoux. Non moins violente est l'avidité des barbares. Clothaire vient à peine de rendre le dernier soupir, lorsque Chilpéric s'empare du trésor paternel ; surviennent alors ses trois frères, ils se jettent sur le spoliateur : « Tu n'auras pas plus que moi ! Guerre ! » Et guerre par tous les moyens : surprises, embûches, parjures, meurtres, assassinats ; et, comme les Comanches de Cooper, à la férocité ils unissent la perfidie du renard ; c'est un assaut de ruses, de dols et de trahisons : ils tâchent de se tromper mutuellement, ils s'épient, ils se ten-

dent des piéges, ils s'envoient des ambassadeurs, ne ménageant ni les
serments, ni les promesses, ni les protestations d'amitié et d'alliance :
« Je n'ai nulle envie de te nuire; conférons ensemble, nous arrangerons
nos affaires. » Si l'un des adversaires est plus naïf que l'autre, il vient avec
une suite convenue : il doit être accompagné de mille hommes ; tout d'un
coup il est entouré de vingt mille ; son escorte s'enfuit, il est prisonnier ;
ou, dès qu'il est entré, la porte se referme sur lui, de tous côtés on l'as-
saille, on le frappe, et le roi le premier. Car tuer est si habituel, que les
rois ne délèguent pas cette œuvre à leurs gardes, ils tuent eux-mêmes ;
après une bataille où deux princes avaient été vaincus, leurs propres
soldats les prennent et les amènent au vainqueur. Clovis — c'étaient ses
parents — les contemple les mains attachées derrière le dos, en ricanant :
« Quoi! misérable, tu déshonores notre race, notre famille, en te laissant
lier! mieux vaut mourir! » et les derniers mots ne sont pas achevés que
d'un coup de hache il fend la tête du malheureux. « Et toi, dit le roi en se
retournant vers l'autre, tu n'as pas pris la défense de ton frère! » et d'un
second coup il l'étend mort à côté de son frère (1). Voilà ce qu'étaient les
Francs avant leur conversion.

Et qu'on ne voie pas là des violences exceptionnelles; ces mœurs sont
celles de toute l'Europe et sont communes à toutes les classes. Les hommes
de ce temps portent toujours un couteau sur eux, et sont prêts à tuer frère,
oncle, neveu, etc. Childebert écrit à Lothaire : « Rends-toi à Paris sans
retard pour nous entendre; les enfants vont hériter de leur père, nous
verrons ce qui vaut mieux, les cloîtrer ou les tuer, et leur royaume est à
nous. » Les fils de Clodomir sont tués par leur oncle à coups de couteau.
Hoël, duc de Bretagne, tue trois de ses frères, empoisonne le quatrième, etc. Avançons un peu. Le XIIᵉ siècle nous offre un sire de Coucy,
Thomas de Marle, féroce entre les féroces, et Robert de Bellême qu'on
appelait *Éveille-chiens*, parce que, quand il sortait, la nuit, pour voler,
les chiens des environs poussaient de sinistres hurlements à son approche (2).

La France n'a pas seule le privilége de posséder ces monstres. En Allemagne, le seigneur Othon de Wittelsbach, ne sort qu'avec des cordes
attachées à sa ceinture, afin d'exécuter immédiatement les voleurs; c'est
le type des barons germaniques. L'empereur Henri VI, après avoir
triomphé de ses adversaires, leur fait subir tous les tourments qu'enfante
son imagination raffinée; il empale les uns, enterre vivants les autres,
écorche vifs ceux-ci, crève les yeux à ceux-là. Un autre empereur, Frédéric II, assiégeant Rome, fait fendre en quatre la tête de ses prisonniers

____

(1) V. une remarquable étude de M. Eugène Loudun sur *les Barbares du Moyen Age.*
(2) Plusieurs de ces exemples sont empruntés au travail de M. E. Loudun sur *les Bar-*
bares du Moyen Age. (V. *Revue du Monde Catholique,* 1867.)

et leur marque le front d'une croix rouge, etc. Passons-nous en Angleterre;
partout débordent les mêmes instincts féroces et sanguinaires. C'est
Édouard II qui fait pendre et éventrer en une fois vingt-huit gentilshommes, et qu'on tuera quelques années après en lui enfonçant un fer
rouge dans les entrailles. C'est Jean-sans-Terre qui fait mourir de faim
vingt-trois otages, dans une prison, et dont on dira plus tard, après sa·
mort : « Le roi Jean souille l'enfer. » C'est Henri II qui, pris de colère
contre un page, saute sur le pauvre diable pour lui arracher les yeux. Un
poëte contemporain dit de Richard Cœur-de-Lion qu'il fut « le meilleur
roi qu'on pût trouver en aucun geste ». Or, veut-on connaître un trait de
la vie de Richard? Un jour, sortant de maladie, à Saint-Jean-d'Acre, il
veut à toute force manger du porc. Le cuisinier royal n'en a point. Tout
à coup, pendant qu'il se morfond et gémit sur sa détresse, voilà qu'un
jeune Sarrazin, frais et joufflu, côtoie la tente de son maître ; une idée
diabolique s'empare du cuisinier; il le saigne, le cuit et le sert. Richard
mange le mets qu'on lui offre, et le trouve si bon, qu'il demande la tête.
Le cuisinier l'apporte en tremblant. Richard s'indigne-t-il? Nullement ;
il se met à rire, et déclare que l'armée n'a plus à craindre la famine.
Saint-Jean-d'Acre pris, il fait décapiter trente captifs des plus nobles,
ordonne à son cuisinier d'en faire bouillir les têtes, en mange une de bon
appétit, et fait servir les autres aux envoyés de Saladin, qui viennent lui
demander grâce pour ces victimes. Le repas terminé, les soixante mille
prisonniers sont conduits dans une plaine et massacrés sous les yeux de
Richard (1).

L'Italie nous offre absolument le même spectacle. Jetons seulement un
coup d'œil sur la malheureuse Péninsule, pendant la guerre des Guelfes
et des Gibelins : les populations se bloquent, s'obstruent, s'étouffent mutuellement; les prétentions s'entrechoquent sur tous les points. Ces hostilités locales, attisées par les plus viles passions, se signalent par un
caractère de cruauté primitive et de bouffonnerie féroce. Les moyens les
plus usités consistent à égorger les prisonniers, à brûler les moissons et
les villages, à massacrer les habitants désarmés, sans distinction d'âge
ou de sexe, à briser la tête des enfants contre les pierres. Une histoire de
ce temps est un registre de boucherie. A Forli, on ferre les prisonniers
comme des ânes; à Milan, on les met sur les chemins les mains liées der-·
rière le dos, avec de la paille allumée; à Mantoue, on coupe le nez à trois
mille Véronais à la fois. A Terni, trois cents tours émergeaient au-dessus
des maisons; d'en haut, les combattants s'accablent à coups de béliers,
de pierres, de flèches et de traits; les rues sont coupées par de grosses
et longues chaînes attachées d'une tour à l'autre, pour arrêter les incur-

____

(1) Ce trait est malheureusement trop authentique. Il a été emprunté à l'*Histoire des
croisades* de Michaud et Poujoulat. M. Léon Gautier en cite de plus effrayants.

sions et construire des barricades. A Vérone, onze mille Padouans sont égorgés à la fois dans les prisons de Saint-Georges. C'est encore à Vérone qu'Eccelino III de Romano fait dresser sur la place de vastes bûchers, où vaincus, suspects, accusés, innocents, sont entassés par familles et par classes. Souvent, au commencement de la bataille, un parti se croyant victorieux incendie les maisons de ses adversaires ; vaincu, il voit, en fuyant, ses propres maisons incendiées à leur tour, et le sac tourné en sens inverse. Les villes, dit un chroniqueur, restent encombrées de ruines, comme si quelque tremblement de terre les avait secouées.

Le combat n'a plus rien de fortuit ni d'accidentel ; il est permanent, réfléchi et organisé. On proscrit ses ennemis par milliers, on rase les maisons par centaines. La moitié des villes est dépeuplée et abattue ; on procède par extermination. Il ne s'agit pas de vaincre, mais d'extirper et d'abolir. La commune n'est plus, le parti est tout. *Credenza, grand conseil, podestat,* tout est englouti dans le parti victorieux. Chaque faction a son chef, sa discipline, ses assemblées, son trésor, ses diplomates ; on vit sous les armes, l'œil au guet, l'oreille tendue vers la campagne, d'où peuvent revenir tout à coup les proscrits, renforcés de leurs partisans des villes voisines. L'Italie se couvre de sociétés *pareilles,* aux deux couleurs. Toutes s'associent et se fondent en deux vastes ligues. On fraternise sur les champs de bataille, à la lueur des incendies, au milieu des carnages, et parmi ces combattants aucun n'est sûr de se coucher dans une maison qui reste debout jusqu'au lendemain matin. La contradiction universelle pénètre dans les mœurs, dans l'intimité de la vie, dans les moindres détails des actions journalières ; une moitié de l'Italie agit au rebours de l'autre. Les drapeaux, les couleurs, les fruits de la terre, la manière de se promener, de claquer les doigts, de bâiller, tout devient signe de parti. Les Gibelins mettent leurs plumes à gauche, les Guelfes les mettent à droite ; les Gibelins prêtent serment en levant l'index, les Guelfes lèvent le pouce ; les Gibelins coupent les pommes de travers, les Guelfes les coupent perpendiculairement. Les habitants de Bergame reçoivent, un jour, une députation de Calabrais : à la manière de couper l'ail, ils s'aperçoivent que leurs hôtes sont du parti contraire, ils les égorgent pendant la nuit (1).

Mais ce ne sont pas seulement les seigneurs qui donnent l'exemple de ces débordements. Chez le peuple et la bourgeoisie percent les mêmes instincts féroces : en même temps que le baron s'arroge le droit de vie et de mort sur ses vassaux, le vilain prétend battre sa femme comme il l'entend, et se fait justice lui-même par le fer et par le feu, par la ruine et par le meurtre. Au xiie siècle, les bourgeois de Laon, irrités contre leur

(1) Voyez *les Révolutions d'Italie,* par J. Ferrari.

évêque Gaudri, qui vient d'abolir leurs franchises, se soulèvent au cri de : *Commune! Commune!* Armés d'épées, d'arcs, de cognées, de haches, de massues et de lances, ils traversent la cathédrale et courent sus au prélat, qui, voyant que la défense est inutile, se réfugie dans le cellier de l'église, et se cache dans un tonneau ; mais un de ses serviteurs l'aperçoit et le dénonce. Alors les bourgeois l'entraînent ; le malheureux évêque a beau faire mille promesses, on ne l'écoute pas ; un des assaillants lève sa cognée et lui fend la tête, un autre lui mutile le visage, un troisième lui coupe les jambes et les mains, et quand le prélat est bien mort, la bande le dépouille et le jette dans la rue. Pendant qu'une partie de ces forcenés s'acharnent sur le cadavre et l'assomment à coups de pierres, le reste met le feu à la maison épiscopale, à la cathédrale et à douze abbayes de religieuses (1).

<h2 style="text-align:center">V</h2>

<h3 style="text-align:center">ROLE DES MOINES</h3>

Voilà les hommes, nous pourrions dire voilà les bêtes fauves que les moines se chargent d'apprivoiser. Tâche difficile. Mais comment les disciples de saint Benoît ne remporteraient-ils pas la victoire ? N'ont-ils pas Dieu pour eux ? Grâce à l'austérité de leur vie, les moines gagnent d'abord tous les cœurs. Leur désintéressement visible à tous prouve assez qu'il s'agit pour eux d'une œuvre sérieuse. Malgré leurs travaux apostoliques, ces rigides ascètes ne laissent pas de vivre du travail de leurs mains. Ils fondent des couvents, dans lesquels ils installent à la fois des séminaires, des écoles savantes et des institutions agricoles. A la vue de ces œuvres multiples, les Barbares comprennent qu'en travaillant au bien de leur âme, les moines se préoccupent avec non moins de zèle de leurs intérêts temporels ; cette sollicitude les touche et favorise leur conversion. Pour gagner le cœur de ces populations primitives, les missionnaires recourent, au besoin, à une stratégie savante. C'est ainsi que saint Grégoire le Grand, consulté par le moine Augustin, le futur apôtre de l'Angleterre, lui conseille de ne point abattre les temples des idoles,

---

(1) Nous nous sommes étendu à dessein sur ce côté horrible du moyen âge afin de mieux faire ressortir, dans un chapitre subséquent, les actes héroïques dont cette grande époque fut le témoin. Si nous n'offrions, en effet, à nos lecteurs qu'un pareil tableau, ils auraient le droit de crier à l'injustice.

mais de les faire servir au culte chrétien. « Le peuple, disait ce grand
pape, le peuple habitué depuis longtemps à fréquenter ces temples, con-
tinuera de s'y rendre plus volontiers qu'à des églises nouvelles. » Docile à
ces instructions, le moine Augustin n'abolit pas certains usages païens,
tels que les repas qui se font en l'honneur des faux dieux ; mais il substi-
tue les saints martyrs aux idoles, et christianise ainsi ces festins. A des
hommes aussi grossiers il est impossible de tout enlever à la fois. Il faut
épurer leurs affections, et, lorsque cela est possible, conférer, pour ainsi dire,
le baptême aux objets qui reçoivent leur culte. L'histoire nous a conservé
de magnifiques paroles de saint Grégoire sur cette stratégie apostolique :
« Pour monter au sommet d'une échelle, il faut monter d'échelon en échelon. Qui voudrait d'un seul bond s'élancer du degré inférieur au degré supérieur tomberait infailliblement et se donnerait la mort. De même, dans
les choses spirituelles, il faut avancer pas à pas, initier graduellement ces
barbares au véritable esprit du christianisme et de l'Église, et ne travailler que peu à peu à extirper l'idolâtrie (1) ».

Mais cette tolérance n'est pas exclusive d'une sage fermeté, témoin
l'histoire suivante.

Thierry II, roi de Bourgogne, attiré par la réputation de saint Colomban,
allait le visiter quelquefois dans son monastère de Luxeuil. Le moine
irlandais profitait de ces entrevues pour reprocher au roi chevelu les
désordres qui contaminaient sa vie. Le roi promettait de s'amender ; mais,
arrêté dans la voie du bien par son aïeule Brunehaut, il retombait bientôt
dans ses égarements. Or il arriva, dit le moine Jonas, historien de saint
Colomban (2), que l'homme de Dieu alla trouver un jour Brunehaut dans
son manoir de Bourcheresse. A la vue du moine irlandais, la reine s'empressa d'accourir à sa rencontre et de lui présenter les quatre fils de
Thierry. Mais saint Colomban, qui prévoyait quelque piége : « Que veulent ces enfants ? » s'écria-t-il. — Ce sont les enfants du roi, dit Brunehaut ;
fortifie-les par tes bénédictions. — Les enfants du roi ? répondit Colomban, sache bien que leurs mains ne porteront jamais le sceptre ! » Violemment irritée de cette réponse, Brunehaut invective le saint, et lui jure une
guerre à mort. Elle défend d'abord à tous les religieux de quitter leurs
monastères, et, non contente de cette interdiction, elle menace de sa vengeance tous ceux qui recevraient les moines ou leur porteraient secours.
Pendant que Brunehaut souffle la colère dans l'âme du roi, Colomban
s'efforce d'éclairer Thierry. Ce moine se rendait à la *villa* royale d'E-

---

(1) Saint Grégoire ne veut pas dire qu'un homme qui n'abjure pas l'idolâtrie peut être
admis au baptême. Les paroles de ce grand pontife signifient simplement que l'instruction
doit être graduelle, afin d'imprimer plus profondément les notions chrétiennes dans l'esprit
des néophytes.

(2) Nous modifions légèrement la traduction donnée par M. L.-M.-F. Martin dans
son beau livre des *Moines*.

poisses. Le soleil fardait l'horizon de ses clartés crépusculaires lorsque
l'homme de Dieu parvint à la porte du palais : le roi lui offre l'hospitalité,
mais, sur le refus de Colomban, Thierry, sans songer à s'offenser de cette
rudesse monastique, envoie à l'Irlandais quelques mets de sa table. C'était
tout un somptueux repas. Le moine demande ce que ces raffinements culi-
naires signifient : « C'est un présent du roi, » répondent les serviteurs.
Colomban repousse les mets avec horreur : — « Il est écrit, dit le véné-
« rable cénobite, il est écrit que le Très-Haut réprouve les dons des im-
« pies ; les lèvres des serviteurs de Dieu ne doivent pas se souiller de ce
« qui vient de la main de ceux qui interdisent à ses serviteurs l'accès et
« la demeure des autres hommes. » A peine a-t-il achevé de prononcer ces
paroles, que les vases qui contiennent les mets sont miraculeusement brisés.

Voilà comment saint Colomban et tous les moines mérovingiens revendiquaient les droits de la conscience proclamés par le christianisme.

Autre trait de cette sévérité évangélique.

Le successeur du premier roi chrétien de Kent, Eadbald, s'était uni par
les liens du mariage à sa belle-mère, veuve de son père. Malgré les observations des moines, il refuse de rompre cette union. Aussitôt, les missionnaires déclarent que leur devoir est de se séparer du prince, et d'abandonner le pays. Toutefois, avant de partir, ils veulent tenter une dernière
démarche, dans l'espérance que le roi changera peut-être de sentiment.
Les plus anciens vont trouver le roi et lui reprochent son crime. Changement
ment complet dans l'esprit du monarque. Eadbald, repentant, fait rompre
son union et se sépare de sa belle-mère.

De tels exemples sont fréquents à cette époque.

Une des premières préoccupations des moines fut de flétrir la guerre,
distraction sanguinaire de l'homme libre, et de réhabiliter le travail.
« L'ordre de Saint-Benoît, dit Michelet, donna au monde ancien, usé par
l'esclavage, le premier exemple de travail accompli par des mains libres.
Pour la première fois, le citoyen, humilié par la ruine de la cité, abaisse
ses regards sur cette terre qu'il avait méprisée. Il se souvient du travail
ordonné au commencement du monde dans l'arrêt porté sur Adam.
Cette innovation du travail libre et volontaire sera la base de l'existence
moderne. »

Les campagnes de la Gaule et de la Germanie, de l'Irlande et de l'Espagne, délaissées par les aborigènes, dont la fiscalité romaine usurpait
les ressources, étaient transformées en déserts. D'épaisses forêts avaient
repris possession des plaines que le blé jaunissait jadis. Les cités étaient
séparées par d'immenses fourrés, au milieu desquels on ne pouvait s'aven-
turer sans se déchirer le corps aux ronces, et sans courir le risque d'être
dévoré par les bêtes fauves ou dépouillé par les bandits qui peuplaient les

halliers. Alors apparaissent les moines. Ils s'engagent à travers ces forêts, abattant avec elles « la superstition, qui, comme le dit Ozanam, en faisait à la fois le prestige et l'horreur », s'abritant sous les arceaux des grands chênes, ou bien adossant leurs moutiers aux flancs de quelque mont buissonneux. Du littoral de la Méditerranée jusqu'aux rives du Rhin et du Danube d'abord, puis, après le ixᵉ siècle, jusqu'au fond de la Scandinavie et du Groenland, le défrichement des forêts s'opère sous la hache de ces intrépides bûcherons. Les moines éventrent les montagnes, percent des routes, assainissent les marais, peuplent les déserts de communautés florissantes, et des garrigues et des landes font de luxuriantes prairies et des champs nourriciers.

En ce qui concerne la France, on a calculé que le tiers de notre territoire avait été mis en culture par les moines, et que les trois huitièmes de ses villes et de ses villages leur doivent leur origine. M. de Montalembert a dressé la liste des chefs-lieux de diocèse, de département ou d'arrondissement, auxquels un monastère a servi de berceau. En laissant de côté les localités moins importantes, telles que Cluny, Tournus, Mouzon, Paray-le-Monial, la Chaise-Dieu, Aigues-Mortes, etc., voici quelques noms qu'on nous permettra de citer :

Saint-Brieuc, Saint-Malo, Saint-Léonard, Saint-Yrieix, Saint-Junien, Saint-Calais, Saint-Maixent, Saint-Sever, Saint-Valery, Saint-Riquier, Saint-Omer, Saint-Pol, Saint-Amand, Saint-Quentin, Saint-Venant, Bergues-Saint-Vinox, Saint-Germain, Saint-Pourçain, Saint-Pardoux, Saint-Dié, Saint-Avold, Saint-Servan, etc. D'autres, sans porter leur origine écrite dans leur nom, n'en sont pas moins nés à l'ombre du cloître : Guéret, Pamiers, Perpignan, Aurillac, Luçon, Tulle, Saint-Pons, Saint-Papoul, Saint-Girons, Saint-Liziers, Lescar, Saint-Denis, Redon, la Réole, Sarlat, Abbeville, Domfront, Altkirch, Remiremont, Uzerches, Brives, Saint-Jean-d'Angely, Gaillac, Mauriac, Brioude, Saint-Amand, Nantua, Chérery, Saint-Rambert, Saint-Trivier, Ambronay; dans la seule Franche-Comté, Lure, Luxeuil, les deux Baume, Faverney, Château-Châlon, Salins, Morteau, Mouthe, Montbenoît et Saint-Claude, tous fondés par les moines, qui ont peuplé le Jura et ses versants; et que de noms encore à ajouter !

Si nous sortons de France, nous trouvons :

En Belgique : Gand, Bruges, Maubeuge, Nivelle, Stavelo, Malmedy, Malines, Saint-Trond, Soignies, Ninove, Renaix, Liége, etc.

En Allemagne : Fulde, Fritzlard, Wissembourg, Saint-Goar, Verden, Honter, Gondersheim, Quedlimbourg, Nordhausen, Lindau, Kempten, Munster, etc.

En Angleterre : Westminster, Bath, Reading, Dorchester, Whitby, Beverley, Ripon, Boston, Hexham, Evesham, Saint-Edmunds-Bury, Saint-Yves, Saint-Albans, etc. etc.

D'après quelques savants, le climat s'est ressenti lui-même de ce travail des moines. Quand le sol était recouvert d'épaisses forêts, nos ancêtres vivaient sous ce ciel gris et brumeux dont parle Jules César, et jouissaient à peu près de la même température que la Pologne actuelle. En transformant le sol, les moines en élevèrent la moyenne de la chaleur climatérique à un degré supérieur à ce qu'elle est demeurée de nos jours (1). Observons, toutefois, que nos vaillants défricheurs surent conserver avec un soin jaloux les vieilles et hautes futaies : sachant quel important rôle jouent les forêts dans les phénomènes physiques, ils ne livrèrent à la cognée que les fourrés dont le maintien était considéré comme superflu.

Mais là ne se borna pas le travail des moines : vêtus de l'habit du pauvre et du paysan, ils s'adonnèrent aux fonctions les plus humbles. La fille et la sœur de Clovis, Arboflède et Théodechilde; Ingoberde, veuve de Caribert, et Radegonde, femme de Clothaire, et tant d'autres qui, dans les premiers siècles de la monarchie, échangèrent la pourpre royale contre la bure monastique, battent le blé, traient les brebis, dirigent la charrue et pétrissent le pain. Autour des monastères, on cultive des jardins, on amende les terres, on greffe les arbres sauvages, et, par des procédés aujourd'hui perdus, ces arboriculteurs méconnus créent d'admirables variétés de fruits; ils construisent de vastes métairies, canalisent les rivières, défoncent les collines, drainent les prairies et dessèchent les marais. « Le monastère lui-même est, comme le dit M. l'abbé Martin, un vaste atelier; » les religieux travaillent le fer et le bois, ils tissent le chanvre et le lin, ils préparent les cuirs et les parchemins, ils taillent le marbre, forgent le fer, martèlent le cuivre et commencent à peindre la pierre; ils enseignent même les éléments de la navigation aux marins, se reposant des labeurs du jour dans les extases de la musique ou dans la transcription nocturne des chefs-d'œuvre de l'antiquité (2). Le monastère est à la fois un centre de travail manuel et de labeur intellectuel. A Saint-Asaph, trois cents moines cultivent les champs, trois cents copient les manuscrits, et trois cent soixante-cinq entretiennent le chant perpétuel. Il en est de même, proportion gardée, dans tous les monastères du moyen âge. Dire ce que le monachisme a·fait pour les lettres nous serait impossible : un volume in-folio n'y suffirait pas. L'exiguïté de notre cadre ne nous permet que quelques indications sommaires.

Dès les premiers temps du christianisme, on voit se fonder en Palestine des monastères de lettrés « où, dit M. de Montalembert, on ne peut entrer sans savoir lire et écrire. » Plus tard, saint Grégoire le Grand rend l'instruction obligatoire pour les clercs, et l'historien de l'abbaye de Cluny, M. P. Lorain, nous apprend que certains ordres monastiques furent fermés

(1) Mémoire présenté à l'Académie des sciences en 1844.
(2) Montalembert, *Moines d'Occident.*

aux ignorants et ouverts à ceux-là seuls qui étaient capables de transcrire les manuscrits. Et pourtant, ainsi que le dit le pieux et docte Mabillon, « les communautés monastiques n'ont pas été établies pour être des académies de science, mais de vertu, et l'on n'y faisait cas des sciences qu'autant qu'elles pouvaient contribuer à la perfection religieuse. » Les moines avaient donc d'autant plus de mérite à cultiver les lettres. Leur désintéressement et leur modestie vont même si loin, qu'ils embrassent la partie la plus laborieuse et la plus humble de la littérature : la transcription des manuscrits. Moins préoccupés de leur renommée que de la gloire des autres, ils copient non-seulement les livres d'église, les Pères, les docteurs, mais les historiens, les poëtes profanes et tous les auteurs de l'antiquité. Bède le Vénérable passe ses derniers jours dans ce travail ; saint Colomban, la dernière heure de son existence. Parmi les plus habiles copistes, on cite Goutbert de Sithieu, Regimbert de Richemont, Radulphe de Saint-Waast d'Arras, Bernard d'Hildesheim, etc.

Les religieuses se livrent avec la même ardeur à ce travail ingrat : sainte Césarie et ses compagnes du couvent d'Arles, sainte Mélanie, sainte Arnilde et sainte Renilde montrent une dextérité que les Annales monastiques ont préconisée. Pendant ses voyages apostoliques en Allemagne, saint Boniface prie une abbesse d'Irlande de lui écrire en lettres d'or les Épîtres de saint Pierre.

Les religieuses anglo-saxonnes sont, du reste, tellement versées dans la littérature ancienne, qu'elles écrivent à l'apôtre de la Germanie dans la langue de Virgile et d'Homère. Non moins savantes, sainte Leoba, sainte Radegonde, sainte Baudonivie, sainte Bertille de Celle, sainte Aldegonde de Maubeuge, entretiennent un commerce épistolaire qui révèle l'instruction la plus variée : quelques-unes de ces doctes moniales font venir à grands frais des livres, et, à l'exemple de sainte Gertrude, les envoient quelquefois chercher jusqu'à Rome. L'activité est générale. C'est dans les cellules des moutiers bénédictins que s'élaborent et s'accumulent les matériaux de notre histoire nationale ; Bède, le Religieux de Saint-Denis, Raoul Glaber, Ordéric Vital écrivent la généalogie de la France et de l'Europe, racontent les « gestes » de nos pères, nous font assister à leurs exploits et nous décrivent leurs coutumes et leurs mœurs. Marculfe compulse les premiers formulaires du droit ; Angésine et Benoît Lévite coordonnent les capitulaires ; Lanfranc et saint Anselme fondent la scolastique ; saint Thomas d'Aquin définit, discute et résout toutes les questions théologiques et philosophiques. Les moines, suivant le conseil de l'Évangile, ne gardent pas jalousement pour eux seuls le trésor de connaissances qui leur est confié. Pendant que les uns, comme Ulphilas, vont au loin transmettre les sciences aux barbares, les autres ouvrent des écoles au peuple : partout, à l'ombre des moutiers, s'élèvent des écoles sur les bancs desquelles l'indigène et l'étranger, le clerc et le laïc peuvent gratuitement s'asseoir.

Partout on semble pénétré de ce principe que devait formuler plus tard
le pape Benoît XIII dans la bulle d'approbation des Frères des Écoles
chrétiennes : *Ignorantia omnium origo malorum*, l'ignorance est l'origine de tous les maux.

Si les monastères s'ouvrent à l'ignorance, ils ne se ferment pas à la pauvreté : chaque couvent sert d'asile aux malheureux, qui ont même, dit
M. de Montalembert, un droit primordial sur les biens monastiques. Dans
beaucoup d'abbayes, on trouve, comme dans la Rome chrétienne, le gre-
nier des pauvres. Quelques maisons, comme Whitby, l'île du fanal,
servent de port et de refuge aux naufragés ; toutes les abbayes donnent
l'hospitalité aux voyageurs ou aux proscrits, à tous ceux que les invasions
ou les guerres chassent de leurs foyers. Afin de garantir les faibles contre
les violences des barons, les monastères se fortifient au besoin comme des
citadelles, et les abbés négocient avec les ducs et les comtes.

Les moines, en leur qualité de tuteurs nés des peuples, ne pouvaient
naturellement se dispenser de veiller à l'émancipation des esclaves. Aussi,
pendant que les conciles combattent la servitude et en flétrissent les abus,
les religieux encouragent partout les affranchissements. Les iniquités commises à la faveur de l'esclavage sont d'ailleurs telles, qu'on voit des païens
ne pouvoir recevoir le baptême, et des pécheurs l'absolution, qu'après avoir
congédié les serfs qui leur font cortége (1). Fortunat raconte que tous les
esclaves espagnols, scots, bretons, gascons, burgondes, accourent en
foule auprès de saint Germain, « bien sûrs qu'il les affranchirait. » Chaque
fois que le pieux évêque reçoit une aumône, son premier mouvement est
de s'écrier : « Rendons grâces à la divine clémence, car nous pourrons racheter un esclave (2). » Justinien avait autorisé les esclaves à se faire
moines, malgré leurs maîtres, sauf à procurer à ces derniers une indemnité. Grégoire le Grand prescrit même de racheter aux frais de l'Église tout
esclave qui voudrait se faire chrétien. Plus tard l'Église décrète l'affranchissement des esclaves auxquels on avait imposé un travail exagéré (3).

Les actes de manumission sont enregistrés sur les missels, en regard du
texte évangélique dont ils sont l'application. Les monastères consacrent
plus tard à la rédemption des captifs les revenus de leurs biens, les aumônes des fidèles ou le produit de leurs propres travaux. De nouveaux
instituts se forment même pour cette mission spéciale, et si nos lecteurs
veulent savoir combien de captifs ont été rachetés par les ordres monastiques, qu'ils méditent les chiffres suivants :

Les serfs : soixante millions d'attachés à la glèbe furent rendus à la
liberté. Les captifs : l'ordre des Trinitaires en délivra neuf cent mille ;

(1) Montalembert, tome V.
(2) Cochin, tome II, page 412.
(3) Montalembert, *Moines d'Occident*, tome V, page 82.

l'ordre de la Merci, cinq cent mille. Total, un million quatre cent mille. Et au prix de quels sacrifices héroïques ! Il y eut des rachats, entre autres celui de l'auteur de *Don Quichotte*, Cervantès, qui coûtèrent jusqu'à 25,000 livres aux Pères de la Merci. Mgr Pavy, évêque d'Alger, calcule que la délivrance de ce million et demi d'esclaves a dû s'élever à la somme énorme de *huit milliards quatre cents millions*.

Tuteurs des pauvres et des opprimés, les moines font subir même aux rois l'ascendant de leurs vertus ; ils ont dans leur parole un accent de franchise qui émeut les plus farouches et paralyse les plus cruels. Ferme-t-on l'oreille à leurs protestations, ils subissent la mort avec la joie des premiers martyrs.

Aredius brûle les registres du fisc où Chilpéric avait fait inscrire de nouvelles exactions ; saint Germain de Paris, « qui avoit plus chière la voix du peuple que le don des rois, » exerce sur les Mérovingiens la plus salutaire influence ; saint Patrice proteste contre la traite des hommes ; saint Germain de Grandval se fait égorger en protégeant la maison et la moisson du pauvre ; Faron attendrit le cœur d'un Clothaire en faveur des malheureux ; saint Valéry arrache au supplice les condamnés ; Riquier fait la leçon à Dagobert ; saint Basile, saint Ambroise, saint Léon, saint Télémaque, saint Séverin, saint Nizier, saint Colomban, fléchissent les empereurs dans leur courroux ou les punissent dans leur crime, arrêtent les conquérants dans leurs dévastations, affranchissent les esclaves, secourent les pauvres, suppriment les hécatombes humaines du cirque, amnistient les condamnés, protégent les villes contre les barbares et les peuples contre les despotes ; en un mot, déploient les plus grands efforts qui aient jamais été tentés sur la terre pour y faire régner, avec la *trêve de Dieu*, la Paix et la Justice (1).

C'est de la même époque que date la *messe contre les tyrans*, dont on retrouve encore le texte dans quelques vieux missels. En Angleterre, le palladium des libertés britanniques, la *magna charta*, sort de la poussière d'une bibliothèque conventuelle, et celui qui l'a retrouvée, le cardinal Stephen Langton, est aussi celui-là même qui la revêt le premier de sa signature. Et lorsque, plus tard, Jean-sans-Terre veut violer le pacte juré, Langton prend encore sur lui de convoquer les seigneurs, et se met à leur tête pour faire rentrer dans le devoir le roi parjure. Mais, si l'on veut étudier de près le rôle politique des moines, il faut surtout parcourir l'histoire de l'Italie. Là, les religieux sont vraiment les *leaders* de la cité. A Bologne, c'est un moine qui remplit les fonctions de scrutateur au conseil général de la commune. Le tyran de la marche de Vérone, et la terreur des villes lombardes, Eccelin le Féroce, n'a peur que des Franciscains, et surtout de saint Antoine de Padoue. Un jour, l'éminent disciple de Fran-

____

(1) Voir une étude de M. F. Fabrège sur *les Moines*.

Saint Antoine de Padoue reproche à Eccelin ses crimes
et ses spoliations.

çois entre dans le palais d'Eccelin, et, traversant les rangs des soldats, interpelle le despote en ces termes : « Je vois peser sur ta tête, tyran sans pitié, chien plein de rage, je vois peser sur ta tête l'effroyable sentence de Dieu ! Quand donc seras-tu las de répandre le sang des innocents ? » Puis il lui reproche, avec l'audace de la sainteté, les dilapidations, les assassinats juridiques ou non juridiques que le tyran a fait commettre par ses satellites, les spoliations dont il s'est rendu coupable, les droits dont il a spolié les peuples libres de l'Italie, le joug qu'il fait peser sur la péninsule.

Frémissant et atterré, Eccelin écoute ces reproches vengeurs; il lui semble voir, comme il le dit lui-même, dans les yeux du franciscain un rayon de la majesté divine. A la stupéfaction de tous, le disciple de saint François sort sain et sauf du palais.

Mais le patriarche d'Assise n'avait-il pas donné le même exemple? Lorsque Otto de Brunswick, se rendant à Rome, passe près du monastère de Sainte-Marie, François refuse d'aller déposer ses hommages aux pieds du César apostat, et défend à ses frères de faire la haie sur le passage du despote. Plus tard, quand Frédéric II, jeune·encore, traverse l'Italie, prodiguant mille promesses de dévouement à la cause catholique, le saint ne se fait pas illusion sur ces protestations hypocrites, et lui envoie dire par un frère que « l'empereur d'Allemagne ne tardera pas à être dépouillé de sa puissance et de sa gloire ».

Les Franciscains jouent encore un autre rôle : ils sont les *pacificateurs* de l'Italie. Ils vont sur les places, dans les plaines, sur le penchant des collines, dans les prairies, au bord des fleuves, et là, devant la foule accumulée, ils tonnent contre les dissensions civiles. De Pise à Florence, de Venise à Ferrare, de Milan à Ravenne, quand on est prêt à s'entr'égorger, il suffit que l'habit de bure du moine paraisse pour que les armes tombent, et que les hommes apprennent à ne pas se détester parce qu'une montagne ou qu'une rivière les sépare.

Tel fut le rôle des moines ; les disciples de saint Colomban et de saint Benoît ont non-seulement défriché le sol de l'Europe et adouci les mœurs, mais ils ont encore assaini les intelligences et agrandi les âmes. Tous les trésors de l'antiquité profane et chrétienne, ce sont eux qui nous les ont transmis ; nos premières écoles, ce sont eux qui les ont fondées ; nos industries, c'est encore à eux que nous les devons. On retrouve leur nom à l'origine de toutes les grandes choses, et leur intervention à toutes les périodes glorieuses de notre histoire.

CHAPITRE DEUXIÈME

L'ORGANISATION GOUVERNEMENTALE

I

LA ROYAUTÉ MÉROVINGIENNE

Après le Pontife suprême, c'est le Roi qui joue le plus grand rôle dans la société féodale. Son influence prédomine dans toutes les institutions et s'exerce sur tous les événements. A quelque page de l'histoire que l'on s'arrête, on trouve le nom d'un prince ; s'agit-il d'une bataille, d'un traité de paix, d'une déclaration de guerre, d'un acte de justice, etc., l'initiative appartient au pouvoir royal. Le roi apparaît à toutes les heures et intervient dans tous les faits. Ministre, tantôt conscient, tantôt inconscient, des volontés providentielles, le roi dirige les hommes dans les voies que Dieu détermine ; il leur impose ses idées, les plie à ses lois, et les identifie tellement avec lui-même, qu'après plusieurs siècles, le gouvernant et les gouvernés ne faisant plus qu'un, il peut s'écrier sans invraisemblance : « L'État, c'est moi. »

Nous disons « après plusieurs siècles » ; ce ne fut du premier coup, en effet, que l'autorité royale jouit de cette prépondérance et de ce prestige. Avant de conquérir le rang que lui donna saint Louis, la royauté dut traverser plusieurs phases et vaincre bon nombre d'obstacles.

La monarchie romaine reposait sur la théorie du droit absolu du souverain entre les mains duquel le peuple avait abdiqué tous ses pouvoirs. Une vaste hiérarchie de fonctions s'étendait d'une extrémité à l'autre de l'empire, y faisait pénétrer la volonté du chef de l'État, et en pompait toutes les ressources. Le territoire et les sujets appartenaient au monarque, qui pouvait aliéner le premier et dépouiller les seconds, sans que les jurisconsultes vissent dans ces actes un exercice abusif de l'autorité royale.

Tout autre était la royauté barbare. Ainsi que le dit M. Cheruel (1), les Mérovingiens n'étaient d'abord que des chefs de guerre choisis par les Francs. Proclamés avec un appareil tout militaire, placés sur un pavois, et promenés trois fois autour du camp au milieu des acclamations de la tribu, ils n'étaient guère que les égaux de leurs leudes (2). Bien loin de posséder une autorité illimitée, ils étaient obligés de se conformer à l'avis des Francs dans toutes les questions importantes, et de ne prendre du butin que ce que le caprice du sort leur attribuait. On les vit quelquefois même entraînés, malgré leurs répugnances, à des guerres lointaines. Grégoire de Tours raconte que les leudes de Clotaire Ier envahirent un jour la tente du roi, et, le fer à la main, la menace à la bouche, lui ordonnèrent de les mener contre les Saxons. Les attributions de la dynastie mérovingienne se bornèrent donc, pour ainsi dire, au commandement militaire. Les leudes étaient les véritables souverains. Ils refusaient de se soumettre à l'impôt et, dans leurs domaines, s'arrogeaient les droits régaliens. La royauté mérovingienne tenta de faire échec à leur puissance, ou du moins de la contenir dans de justes limites. Également opprimés par les leudes, les évêques s'associèrent aux efforts des rois, et le pape Grégoire le Grand, embrassant le parti des Carlovingiens, écrivit à l'un d'eux, Childebert II, la lettre suivante, où respire une satisfaction qui confine à l'enthousiasme : « Autant la dignité royale s'élève au-dessus du reste des hommes, autant la majesté de votre royaume dépasse celle des autres rois de la terre. Et pourtant la merveille n'est point que vous soyez roi, puisqu'il y en a d'autres ; mais la gloire sans égale est que, seul de tous les rois, vous ayez mérité la grâce d'être catholique. Car, de même qu'une vaste lampe, allumée soudain au milieu d'une nuit profonde, chasse les ténèbres à l'éclat de sa lumière, ainsi l'éclat de votre foi brille et resplendit au milieu

(1) *Dictionnaire des Institutions*, par Cheruel, *passim*.

(2) Les leudes, dont le nom signifie *compagnons*, étaient les anciens *comites* de la Germanie, qui suivaient le chef de guerre. Ils étaient quelquefois désignés sous le nom de *fidèles* ou *antrustions*. Ce dernier nom désignait spécialement ceux qui étaient placés sous la protection du roi. La classe des leudes s'accrut considérablement à partir du vi^e siècle. ils pouvaient passer du service d'un roi à celui d'un autre, comme le prouve le traité d'Andelot (587). Les rois Gontran et Childebert se promettent, dans ce traité, qu'ils ne chercheront pas à s'attribuer réciproquement leurs leudes, et ne recevront point à leur service ceux qui auraient abandonné l'un d'eux. On comprend parfaitement qu'au milieu d'une société bouleversée par des guerres perpétuelles et où la violence seule prévalait, on ait cherché à se mettre sous la protection d'un seigneur, et à devenir son leude ou compagnon. Aussi un grand nombre d'hommes libres ou *ahrimans* renoncèrent-ils à leur indépendance pour se faire les fidèles du roi. Il y eut même des Gallo-Romains qui entrèrent dans la classe des leudes sous le nom de *convives du roi*. (V. Cheruel, au mot *Leudes*.)

de l'aveuglement et des ténébreuses erreurs des autres nations. Tout ce
que les autres rois se flattent de posséder, vous l'avez comme eux ; mais il
est un point dans lequel vous l'emportez de beaucoup, c'est qu'ils ne sont
point en possession du bien inappréciable dont vous jouissez. Et, afin que
cette supériorité éclate également dans votre foi et dans votre conduite,
que Votre Excellence se montre toujours clémente envers son peuple ; et,
si elle vient à éprouver quelque sujet de peine, qu'elle cherche à s'éclairer
avant de sévir, persuadée qu'elle sera d'autant plus agréable au Roi des
rois, c'est-à-dire au Dieu tout-puissant, qu'elle saura mettre des bornes à
son pouvoir, et qu'elle croira que sa volonté doit en avoir de plus étroites
que sa puissance. »

L'aristocratie des leudes résista vigoureusement aux Mérovingiens. Dispersés dans de vastes domaines, entourés d'hommes de guerre qui leur
étaient tout dévoués, les leudes se rendaient chaque jour plus indépendants et usurpaient dans leurs domaines les droits de la souveraineté. La
lutte qui s'engagea entre les rois et les leudes dura plus d'un siècle et
entraîna la ruine de la dynastie mérovingienne. Dès la fin du vi^e siècle,
l'opposition des leudes se manifeste par des conspirations ; le Gallo-Romain
Mummolus s'unit avec Gontram-Boson pour attaquer la puissance des
Mérovingiens. Les conspirateurs sont vaincus ; mais leurs menées éclairent
la royauté sur le danger qui la menace. Les rois d'Austrasie et de Burgondie s'unissent par le traité d'Andelot, font quelques concessions aux
leudes et s'efforcent, par la réunion des deux royaumes, d'organiser une
puissance capable de résister à l'aristocratie militaire. L'édit de 615,
rendu à la suite d'une assemblée tenue à Paris, fut une concession encore
plus importante. Les grands ne se bornent pas à posséder de vastes domaines, mais déjà ils exercent les droits régaliens et font rendre la justice
en leur nom. A partir de cette époque, la royauté mérovingienne est frap-
pée d'une décadence à laquelle les efforts de Dagobert ne peuvent la soustraire. La longue série des rois fainéants marque le dernier terme de cette
décadence. Vrais monarques constitutionnels (638-752), ces souverains
régnèrent sans gouverner. L'autorité fut concentrée tout entière entre les
mains d'un maire du palais, dont quelques-uns, et surtout Ebroïn,
montrent, il faut l'avouer, une énergie peu commune. Enfin la bataille de
Textry (687) achève de discréditer les Mérovingiens et prépare l'avénement de la dynastie carlovingienne. Le dernier Mérovingien, Childéric III,
est rasé et enfermé dans un monastère (1).

Le royaume des Mérovingiens était divisé en un certain nombre de provinces, gouvernées chacune par un comte ; ce nom, familier aux sujets
romains, désignait, dans la langue courante, le *graf* des Germains. L'au-

____

(1) V. Cheruel, *Dictionnaire historique des institutions, passim.*

torité de cet officier s'étendait sur tous les habitants, sur les Francs comme sur les indigènes. Ses fonctions l'appelaient à rendre la justice, à maintenir la tranquillité publique, à recueillir les revenus du roi, et pendant la guerre à commander, quand il en était requis, les propriétaires libres. La dignité ducale conférait une autorité plus haute; le duc avait ordinairement la suprématie sur plusieurs comtés limitrophes.

Investi des pouvoirs civils et militaires, il centralisait toutes les forces des pays menacés pour garder les frontières et repousser les insurrections des rebelles et les invasions des étrangers. Le duc n'avait pas de commandement territorial, mais il était le chef suprême des troupes formées par les comtés compris dans les régions où il avait mission d'opérer Il portait indifféremment le titre de *duc* (*dux*), que justifiait la prééminence de son grade militaire, ou le titre de *marquis* (*marchio*), qui désignait la charge spéciale de protéger et de défendre les marches ou frontières.

Les écrivains contemporains mentionnent spécialement les duchés d'Aquitaine, de Poitiers, de Gascogne, de Marseille, des contrées transjuranes (Franche-Comté et Suisse), de Champagne, de Tours; les principaux comtés sont ceux de Bourges, de Clermont, d'Alby, de Cahors, de Limoges, de Vélay, de Bordeaux, de Saintes, d'Aix, de Nîmes, de Carcassonne, de Vienne, d'Avignon, de Lyon, d'Autun, de Châlon-sur-Saône, de Rouen, de Coutances, de Reims, de Cambrai, de Tournai, d'Amiens, de Laon, de Noyon, d'Auxerre, d'Orléans, de Troyes, de Paris, de Meaux, de Rennes, d'Angers et de Nantes. Les comtés se subdivisent en *pagi*.

Ces charges furent d'abord, du VIIIe au Xe siècle, amissibles et révocables; lorsqu'elles étaient transférées du père au fils, ce n'était pas par droit héréditaire; le souverain intervenait à chaque transmission, et conservait toujours le droit de priver le titulaire des honneurs dont il était revêtu par concession royale. Mais, dans la suite, la prétention d'un fils de succéder à son père se trouvait souvent trop plausible ou trop redoutable pour être rejetée; aussi la plupart des historiens n'hésitent-ils pas à croire que, du temps même de la dynastie mérovingienne, les gouverneurs de province jetèrent les fondements de cette autonomie qui devait changer la face de l'Europe. Les comtes lombards, et en particulier les ducs de Spolète et de Bénévent, furent probablement les premiers qui s'émancipèrent de l'autorité royale.

Aux termes de la constitution franque, le trône de France était héréditairement dévolu à la dynastie mérovingienne. Quelque étendus que fussent les droits électoraux des Francs, il est incontestable qu'une loi fondamentale les restreignait à cette famille. Telle, en effet, avait été la monarchie des Germains, leurs ancêtres; telles ont été, pendant longtemps, les monarchies d'Espagne, d'Angleterre, et peut-être de toute l'Europe. La famille régnante était inamovible; mais, à chaque vacance, l'élection du peuple, soit qu'elle fût un privilége réel ou seulement une

simple formalité, devait sanctionner les droits de l'héritier. A moins que
ce dernier, soit à cause de sa jeunesse, soit pour un motif quelconque, ne
fût considéré comme incapable de gouverner un peuple d'hommes libres,
la loi successorale était généralement respectée et ne souffrait que de très-
rares et de très-discrètes exceptions.

Ce fut sous les rois de la première race que les Francs se convertirent
au christianisme. Il nous est donc impossible de ne pas parler de l'Église
mérovingienne et du rôle que jouèrent les évêques et les clercs sous nos
premiers rois.

La plupart des historiens modernes accumulent contre les nouveaux
convertis les accusations les plus graves ; ils leur reprochent surtout d'être
demeurés ce qu'ils étaient avant leur baptême, c'est-à-dire des barbares
perfides, cruels, corrompus, dont la religion se résumait en quelques
formes et cérémonies extérieures ; du reste, rien n'est plus facile que de
trouver matière à réquisitoire et de représenter le règne des Mérovingiens
comme une époque qu'on ne peut envisager sans horreur, comme une ère
de sang et de pillage, où les rois s'entre-tuent, où tous les rangs n'offrent
que des exemples de sensualité, de brigandage et d'orgueil.

Toutefois, si l'on ne se contente pas d'un examen superficiel des faits,
si l'on jette un regard philosophique sur cette phase trop peu connue de l'histoire, et trop souvent calomniée, on n'hésitera pas à reconnaître avec nous
que c'est à cette période de fermentation générale qu'il faut chercher le point
de départ de tout ce qui se développe de beau, de grand et d'utile dans les
siècles postérieurs. Ce fut dans ce temps de violences que furent semés
les germes du christianisme, c'est-à-dire de la civilisation et de la justice ;
ce fut dans ce temps de luttes permanentes entre la religion nouvelle et la
puissance indomptée et toujours renaissante du paganisme que le christianisme fit entrer les barbares subjugués dans la voie de l'ordre, du droit
et de l'humanité. Oui, ne craignons pas de le dire, l'Église catholique des
Gaules, après avoir, seule, victorieusement résisté à l'invasion des peuples
et à la décomposition de l'empire, seule aussi, durant les siècles mérovingiens, forte de sa céleste mission, de sa constitution divine, de son unité,
de sa hiérarchie, de sa civilisation, de sa sagesse et du zèle de la plupart
de ses membres, conserva la force et l'élément qui pouvait sauver le pays
au milieu des guerres civiles de la royauté mérovingienne, troublée par
les conflits de la Neustrie, de l'Austrasie et de la Bourgogne, par la perpétuelle mutation des propriétés et des bénéfices, par la translation des
pouvoirs des rois aux maires du palais et par la chute de toutes les relations sociales.

Mille témoignages attestent ce rôle de l'Église. Les évêques la maintinrent parmi les Francs telle qu'elle s'était développée sur sa base divine, et
avec elle toutes les institutions capables de civiliser les barbares. Sans
doute, l'invasion des Allemands dans les Gaules imposa de cruelles

épreuves à l'Église ; alors, il n'y eut que trop de ces chrétiens superficiels contre lesquels s'exerça la véhémente éloquence de Salvien, et le clergé gaulois ne resta pas à l'abri des reproches que cet écrivain fulmina contre son siècle. Et pourtant, supérieur au reste de la population, malgré la dégénération de quelques-uns de ses membres, ce clergé formait encore la partie intellectuelle et morale la plus éminente et la plus saine de la nation. On le voit, jeune et ardent, combattre avec énergie le paganisme, et, malgré l'attachement opiniâtre des Germains à leurs traditions, implanter le christianisme parmi le peuple vainqueur.

Si les nombreux synodes qui furent tenus dans la gaule franque, pendant le vi⁰ siècle, fournissent la preuve de maintes violations des lois divines et humaines, ils démontrent en même temps l'ardeur vivante et sage avec laquelle les évêques guérirent ces maux, et ils nous édifient sur le succès de leur apostolat. Ces synodes furent sans pitié pour les injustices, les oppressions, les crimes des princes et des grands, et ne cessèrent de rappeler le clergé aux saintes obligations de son ministère. La célébration du culte, l'administration des sacrements, les devoirs du ministère pastoral, la lecture et les études sacrées, tous ces points firent l'objet d'une législation spéciale. Mais, non contents d'avoir les yeux ouverts sur leur troupeau, les évêques se préoccupèrent de l'attitude de la société civile en face des lois morales. Ils veillèrent au sort des pauvres, des malades, des lépreux, des prisonniers ; ils recommandèrent la visite des prisons, favorisèrent la libération des esclaves et des captifs, excommunièrent les oppresseurs des pauvres et les juges iniques, protégèrent les serfs contre l'injustice de leurs maîtres, prirent sous leur sauvegarde particulière les affranchis, les veuves et les orphelins, enjoignirent aux princes de gouverner selon la justice, édictèrent des peines ecclésiastiques contre les faux témoignages, le parjure et le meurtre. Une foule de faits, d'une incontestable authenticité, établissent le grand nombre d'évêques, de prêtres et de moines qui se conformèrent à ces lois ou provoquèrent des décrets synodaux analogues. Dès le temps de Clovis, saint Rémi, dans son testament, laisse une grande partie de ses biens aux pauvres, et ordonne l'affranchissement de ses serviteurs. Mais il n'est pas le seul ; avant et après lui, beaucoup d'évêques gaulois disposent de leur fortune en faveur des malheureux. En 490, saint Perpetuus, évêque de Tours, émancipe ses esclaves, annule toutes ses créances, laisse sa fortune aux pauvres qu'il appelle « ses entrailles, ses frères bien-aimés, sa couronne, sa joie, ses maîtres, ses fils ». Pendant le siége de Verdun, le prêtre Euscipius implore l'indulgence de Clovis en faveur de la ville révoltée, et obtient la grâce des rebelles ; le prêtre Eparchius sauve la vie d'un voleur condamné à mort ; une foule de prêtres, de moines et d'évêques obtiennent également ment l'adoucissement des sentences prononcées contre des sujets réfractaires ou des malfaiteurs ; très-souvent les arrêts de mort sont commués à leurs prières. Saint Faron, évêque de Meaux, va trouver Clothaire II, lui arrache les envoyés saxons dont le bourreau allait trancher la tête, et les baptise. Césaire, évêque d'Arles, Præjectus, évêque de Clermont, Hadoindus, évêque du Mans, et beaucoup d'autres, bâtissent des hôpitaux pour les malades, des hospices pour les étrangers. En 610, l'évêque Didier affranchit deux mille serfs; l'évêque de Verdun, Désiré, prie le roi Théodebert de prêter sept mille pièces d'or à sa ville épiscopale; Nicetius, évêque de Trèves, construit, près de la Moselle, une redoutable forteresse et plusieurs églises, tandis que Sidoine, évêque de Mayence, élève des temples et des aqueducs. En somme, on peut appliquer à la plupart des membres du clergé mérovingien l'éloge que saint Grégoire de Tours adresse à saint Avit, évêque de Clermont. « Il se montra partout grand évêque, faisant justice aux gens, secourant les pauvres, les veuves, les orphelins. L'étranger qui entrait chez lui trouvait un père et une patrie; sa vertu le mit en grande considération; il fut l'ennemi du vice et le protecteur de la chasteté. »

Il ne manqua pas non plus d'évêques, pendant cette période, qui osèrent mettre sous les yeux des princes le registre de leurs méfaits ou les rappeler au respect des lois de l'Église. Nicetius excommunie Clothaire II; Germain, évêque de Paris, agit de même à l'égard de Caribert; saint Grégoire de Tours résiste au roi Chilpéric dans l'affaire de l'évêque Prétextat; Prétextat, évêque de Rouen, reproche à Frédégonde tous ses crimes; saint Amand reprend hardiment Dagobert de ses débordements, etc. etc.

On comprend maintenant la place que les évêques occupaient dans le conseil des rois : ce qu'ils n'avaient d'abord acquis que par la confiance des princes et leur autorité sur le peuple leur fut ensuite assuré par la possession ecclésiastique. A la fois délégués de Dieu et représentants des idées de civilisation et de progrès, ils conquirent bientôt la première place dans les conseils royaux. Aussi les voit-on de bonne heure former un corps de l'État, obtenir siége et voix dans les diètes, et, comme personne ne les égalait en valeur intellectuelle, remplir les fonctions de chanceliers, d'ambassadeurs et de plénipotentiaires. Supposez, un moment, les évêques éliminés du haut conseil qui seul limitait l'omnipotence royale, le peuple alors n'avait plus ni représentants ni défenseurs, plus d'intermédiaires entre les grands et les vassaux, et personne pour refréner les instincts barbares des princes. Ce fut un prélat, l'évêque de Metz Arnoul, qui, dans le différend entre Brunehaut et Clothaire II, donna raison à ce dernier, c'est-à-dire au plus digne; ce fut le même évêque qui éleva si bien Dagobert Ier, que ce prince devint le roi le plus ferme de la race de Clovis. Ce fut enfin aux évêques des trois royaumes réunis dans l'assemblée de Paris (615) qu'on dut le rétablissement de l'ordre social, qui rendit pour de longues années la paix au pays et devint le principe d'une organisation meilleure.

II

LES CARLOVINGIENS

Avec la chute de la dynastie mérovingienne coïncide l'avénement d'une ère nouvelle dans l'histoire de l'Europe. Sourds à la voix de saint Avit de Vienne, les Mérovingiens n'avaient pas su donner à l'Occident un empereur. Le pape Étienne III, pressentant, pour ainsi dire, la mission héroïque et surnaturelle de la nouvelle dynastie, non-seulement couronna Pépin, mais encore défendit aux Francs de prendre un roi d'une autre race, et, pour prévenir toute espèce de révolte, étendit l'onction sur les fils du nouveau monarque.

A la mort de Carloman, Charles fut reconnu par les Francs pour leur souverain unique; mais à peine le jeune prince était-il monté sur le trône qu'il inaugurait son règne par une vigoureuse campagne contre les Saxons. Comme il s'agissait pour lui non-seulement de vaincre un peuple barbare, et jusqu'alors indomptable, mais encore de faire triompher le christianisme, d'abolir les mœurs et les coutumes païennes, la guerre devint une lutte à outrance qui ne finit que par la conversion des vaincus. D'autres guerres, non moins longues, occupèrent le règne de ce grand homme. Mais, quelque nombreuses que furent ces expéditions guerrières, Charlemagne eut moins pour but de s'annexer de nouveaux territoires que de consolider son vaste empire. En sa qualité de patrice de l'Église romaine et de roi de la puissante nation germano-chrétienne, il reçut une sorte d'apostolat, auquel le titre d'empereur vint donner une consécration auguste. Il n'était encore que roi qu'il se sentait déjà le « guide du peuple chrétien », *rector christiani populi.*

Cette idée, du reste, était soigneusement entretenue chez le futur empereur par le savant Alcuin, qui voulait que son élève travaillât à la conversion des Saxons non par la violence, mais par la douceur et la patience. La même pensée inspirait les papes Adrien Ier et Léon III lorsqu'ils mirent la couronne impériale sur la tête du fils de Pépin; ils savaient que le nom d'empereur n'était pas un vain titre, et qu'il imposait le devoir de défendre l'Église, de rendre justice à tous, de maintenir la paix, et d'avoir surtout en vue non l'agrandissement de l'empire, mais la conquête du monde au christianisme. Non moins convaincu que les pontifes romains de la grandeur de sa mission, Charlemagne ne cesse de travailler à mettre les lois de l'empire en harmonie avec celles de l'Église. Aussi son règne fut-il exempt de ces déplorables conflits que suscitèrent plus tard les empereurs, en prenant à tâche de se soustraire aux lois communes du christianisme, et d'usurper un pouvoir illicite sur les consciences. « La paix, l'union, l'harmonie, écrivait Charlemagne dès 789, doivent régner parmi le peuple chrétien, parmi les évêques, les abbés, les comtes, les juges, parmi tous et partout, parce que rien ne plaît à Dieu sans la paix, et que c'est par la loi de la paix que les enfants de Dieu se distinguent des enfants du diable. » En même temps qu'il dispensait les évêques de l'obligation de porter les armes, il défendait de les inquiéter, rappelant aux siens combien de royaumes (d'origine germanique) s'étaient perdus pour avoir spolié les églises. « Il vengerait, disait-il, le meurtre avec une rigueur de fer ; » mais en même temps il ordonnait aux parents de la victime de recevoir l'indemnité du meurtre, pour mettre un terme à la coutume païenne des vengeances sanglantes. Il se nommait lui-même le défenseur dévoué de la sainte Église, l'auxiliaire permanent du Siége apostolique. Tel était le but qu'il assignait à ses efforts, et telle aussi était l'œuvre à laquelle il croyait pouvoir demander la gloire. Heureusement affranchi de la manie de centralisation qui égara tant de souverains et leur fit violer les droits des peuples, Charlemagne permit à toutes les nations soumises à son sceptre de conserver leur législation particulière. C'est ainsi qu'aux Bavarois et aux Lombards il laissa leurs codes, et aux Saxons leurs franchises et leurs libertés. Il se contenta de relier les éléments de son empire par un gouvernement commun, et d'inspirer à chacun le dévouement pour tous et à tous le dévouement pour chacun. L'unité qu'il fonda n'eut ainsi d'autres bases que la foi et l'autorité ; mais cette unité suffit pour maintenir les nationalités les plus opposées dans une étroite dépendance vis-à-vis du pouvoir central.

En même temps qu'il respectait les traditions et le caractère de chaque peuple, Charlemagne ne ménageait pas ses leçons aux princes qui, jaloux de l'autorité spirituelle, ne voyaient dans l'accomplissement des fonctions épiscopales qu'un empiétement sur l'autorité temporelle, et n'hésitaient pas à fonder leur omnipotence sur les ruines des droits d'autrui. Il favorisa de tout son pouvoir les évêques, leur donna les charges de sa cour les plus nobles et les plus relevées ; bref, Charlemagne se conduisit à leur égard comme doit le faire un monarque chrétien.

Lorsque des hérésies éclatèrent, au lieu de les juger seul, à la façon des empereurs de Byzance, Charlemagne laissa ce soin aux conciles, et maintint en Occident la séparation du pouvoir spirituel et du pouvoir temporel. C'est cette séparation, disons-le en passant, qui fut, grâce à Charlemagne, le caractère distinctif de l'Église occidentale, et c'est ce respect des attributions et du droit des évêques qui permit aux États franco-germains d'accomplir tout ce qui, plus tard, se fit de stable et de grand.

L'empereur maintint soigneusement l'unité de la foi et de la discipline, surveilla l'exécution des canons que frappait une regrettable désuétude, entretint le culte des sciences, et, malgré l'élévation de son rang et l'immensité de son pouvoir, il ne crut pas que ses fonctions, si hautes qu'elles fussent, l'exonérassent de la subordination spirituelle. La prescription suivante d'un Capitulaire peint bien le caractère de ce grand homme : « Il faut, dit-il, respecter le Siége apostolique et observer à son égard autant d'humilité que de douceur. Fît-il peser sur les rois et sur les peuples un joug presque intolérable, que je le supporterais encore avec une pieuse et joyeuse condescendance. »

La civilisation, dont le christianisme était aux yeux de Karl l'instrument le plus énergique, devait toujours, d'après ses plans, féconder le sol conquis ; sur toute la surface du sol qu'ombrageait sa bannière il fallait que la Croix fût plantée.

La grande âme de l'empereur embrassait à la fois les intérêts de l'humanité et les détails minutieux de la vie d'un simple chrétien. Il aimait les savants, recherchait leur commerce, les installait dans son palais ; et, plus heureux que beaucoup de rois, la reconnaissance des savants le récompensa de sa sollicitude. Il n'eut qu'à se louer du concours qu'apportèrent à son œuvre les hommes pieux et lettrés auxquels il confia la mission de restaurer les études. S'ils ne réussirent pas complétement, comme ils se l'étaient promis, « à faire fleurir en France une nouvelle Athènes, laquelle s'élèverait au-dessus de l'ancienne autant que la sagesse du Christ dépasse la science de Platon, » l'histoire rend néanmoins hommage à leur zèle, et la France salue en eux ses premiers pionniers scientifiques.

Pendant que, sous la toute-puissante protection de ses armes, les missionnaires chrétiens allaient porter l'Évangile chez les Germains, les Scandinaves et les Slaves ; pendant qu'il veillait avec une paternelle sollicitude au salut des nations les plus lointaines, son vaste génie ne dédaignait pas de s'intéresser à ces questions secondaires dont les rois abandonnent ordinairement l'examen à leurs familiers. Aussi préoccupé de la prospérité de ses États que du succès de ses campagnes, Karl ne confiait à personne le soin de gérer les domaines royaux, et statuait lui-même sur toutes les questions relatives au commerce, aux monnaies et aux marchés. Il ne se contentait pas d'être, comme Alexandre ou César, un conquérant et un guerrier, il voulait être un législateur. Aussi, non-seulement les princes chrétiens, frappés de la supériorité de ce grand prince, l'écoutaient-ils comme un oracle ; mais les infidèles eux-mêmes s'inclinaient devant son génie. C'est ainsi qu'on vit le calife Aroun-al-Raschid, jaloux de témoigner à Charlemagne son admiration et son estime, lui faire libéralement l'abandon du Saint-Sépulcre. Parlerons-nous maintenant des souverains pontifes ? Qu'il nous suffise de dire que le pape Léon III le nommait dans ses lettres « le fils bien-aimé de l'Église de Jésus-Christ ».

Ne nous étonnons donc pas si tout prospéra sous le règne de ce grand homme, et si la Providence bénit toutes ses entreprises. Mais, hélas ! pourquoi Charlemagne n'eut-il pas un successeur digne de lui ? Ce fut là son seul malheur, mais aussi ce malheur fut-il irrémédiable. Comme il avait été l'âme de l'empire, dès que sa pensée cessa d'en animer et d'en vivifier toutes les parties, l'édifice se lézarda, et l'on put bientôt prévoir le jour où la terre serait jonchée de ses ruines. Si le fils de Karl échoua, nous devons avouer néanmoins que cet échec s'explique quand on envisage les embarras avec lesquels ce malheureux prince se trouva tout à coup aux prises. Obligé tout à la fois de tenir compte du caractère belliqueux des Francs et de la nécessité des réformes, Louis le Débonnaire ne put accomplir une tâche qui réclamait des qualités dont il était complétement dépourvu. Tel fut son crime. Quand on reproche à ce prince d'avoir failli à sa mission, il faut, par conséquent, moins incriminer ses intentions que ses aptitudes. On en peut dire de même des autres successeurs du grand Karl : ils entrevirent la grandeur de leur rôle, mais le génie leur manqua pour le remplir.

Si les fils de Charlemagne n'héritèrent pas des aptitudes de leur père, rendons-leur cette justice, qu'ils furent presque tous fidèles sur un point aux traditions de leur immortel aïeul. Ainsi que l'ami de Léon III, ils considérèrent la royauté, non comme un pouvoir autonome, mais comme une autorité subordonnée à l'autorité ecclésiastique. Tel est le trait qui caractérise la dynastie carlovingienne, et de pareilles tendances se rencontrent trop rarement dans nos annales pour que l'historien impartial n'en tienne pas compte.

Tout sembla se liguer contre Louis le Débonnaire. Pendant son règne, la stérilité des terres détermina une immense famine, que vint aggraver la peste. A ces fléaux se joignirent bientôt des perturbations politiques, qui achevèrent de compliquer une situation déjà compromise. Les Sarrazins appuyèrent les rebelles et leur fournirent toutes sortes d'armes. Quelles mesures fallait-il prendre pour remédier à tant de désastres ? « Ces calamités, dit Louis le Débonnaire, sont des châtiments que Dieu nous envoie ; l'unique moyen de les conjurer est de changer complétement de conduite. » Vers 828, il convoque à Aix une cour plénière, où l'on cherche ce qu'il convient de faire pour affranchir le pays des fléaux que la Providence lui inflige. Les évêques et les seigneurs consultés décident aussitôt que quatre synodes seront chargés d'indiquer les moyens de régénérer l'empire et d'en corriger les mœurs.

Ces synodes furent tenus, en 829, à Paris, Lyon, Toulouse et Mayence. Afin de leur fournir les éléments d'appréciation nécessaires, et pour les mettre en état de prendre des mesures conformes aux malheurs des temps, les *missi dominici*, dépêchés par tout le royaume, s'empressèrent d'ouvrir une enquête sur l'administration de la justice, et la gestion des affaires civiles. Les intérêts religieux ne furent pas négligés : on visita tous les évêchés pour s'informer de vie des évêques; s'ils prêchent et de quelle manière; s'ils administrent avec soin les sacrements; si leurs auxiliaires sont dignes et capables; et enfin s'ils gouvernent leurs diocèses d'accord avec l'esprit de l'Église. Dès que l'enquête fut terminée, les résultats furent communiqués aux évêques, et ceux-ci puisèrent aussitôt dans les conclusions des rapports les considérants des canons qu'ils édictèrent plus tard sur tous les points de la discipline.

Des quatre synodes de 829, il ne reste que les actes du concile de Paris. Les canons se divisent en trois livres. Le premier, sur la réforme du clergé, renferme une multitude de statuts qui tracent la règle de la vie des clercs, depuis l'évêque jusqu'au clerc minoré. La discipline ecclésiastique est rétablie dans son antique sévérité; quelques abus particulièrement graves sont sévèrement réprimés. Le second livre rappelle les devoirs des laïques, des princes et des rois, et reproduit en grande partie l'ouvrage d'un évêque contemporain, Jonas d'Orléans. Enfin, dans le troisième, les prélats analysent les renseignements recueillis par l'enquête sur le corps épiscopal, afin de permettre au roi de les embrasser d'un seul coup d'œil. Nous y remarquons que les devoirs religieux sont alors considérés comme inséparables des fonctions politiques, et les dépositaires de la puissance temporelle explicitement assujettis à la loi chrétienne : partout se manifeste cette opinion, que le seul moyen d'assurer le bonheur d'un pays, c'est de faire du Décalogue la loi de l'État.

Salutaire et politique maxime qu'abjurèrent trop tôt les rois, hélas! pour le malheur des peuples! Si les princes s'étaient montrés plus fidèles aux prescriptions du concile de Paris, la France n'aurait pas été ballottée de révolutions en révolutions, de catastrophes en catastrophes, et aujourd'hui nous jetterions vers l'avenir un regard plus hardi et plus confiant.

La vie de Louis le Débonnaire témoigne d'une irréprochable orthodoxie politique. Pendant son règne s'épanouit librement cette idée chrétienne, que le pouvoir civil est soumis au pouvoir ecclésiastique, et l'épiscopat investi du droit d'instituer et de déposer les rois. Là-dessus tous les contemporains sont unanimes, les laïques aussi bien que les clercs. Sous Louis le Débonnaire, ces principes reçurent une application des plus strictes, et il suffit d'en suivre les développements pour s'expliquer tout ce qui s'est fait dans cette direction pendant le moyen âge.

Louis était un roi perspicace, pieux et animé des meilleures intentions; mais l'extrême faiblesse de sa volonté l'asservissait complétement aux suggestions d'un entourage trop souvent dépourvu de tact et livré aux plus déplorables passions. Il commit d'énormes bévues politiques, et, de ces fautes, la principale fut le partage réitéré du royaume entre ses fils. De là d'interminables conflits : Lothaire, Pépin et Louis le Germanique, divisés entre eux, s'unirent pour guerroyer contre leur père. Rendu responsable de tous les maux que son impéritie avait attirés sur l'État, et jugé indigne de porter le glaive au nom du Seigneur, le roi fut déclaré déchu de ses droits. En 833, sur la demande de ses trois fils aînés, d'une grande partie des seigneurs, des évêques, notamment Ebbon, de Rheims, et Agobard, de Lyon, des ducs et des comtes, Louis dut abdiquer la couronne. En présence des principaux représentants de l'épiscopat et de toute la cour, il fit publiquement pénitence, déposa ses insignes, mit son épée sur l'autel, et prit l'habit des pénitents. Selon les idées de l'époque, Louis était incapable de remonter jamais sur le trône.

C'est là un exemple remarquable de l'extension qu'on donnait alors à l'exercice du pouvoir de lier et de délier. Tout le ix⁰ siècle, du reste, partageait ces idées, et l'histoire est là pour attester qu'une pareille manière d'agir était légitime, salutaire, et d'accord avec les mœurs du temps. Cette destinée de Louis le Débonnaire avait, en effet, un précédent célèbre dans les annales de l'époque chrétienne : deux siècles auparavant, le concile de Tolède n'avait-il pas déposé le roi Wamba (1)?

III

LES CAPÉTIENS

Les Carlovingiens firent tomber les unes après les autres toutes les pièces de l'édifice élevé par leur père. Sous leur règne, l'empire se décompose, les lois cessent d'obtenir l'adhésion des grands vassaux, et non-seulement les délégués de souverains, ducs et comtes, se perpétuent dans leurs fonctions et s'arrogent les droits régaliens, mais un décret impérial, le capitulaire de Kiersy-sur-Oise (877), vient homologuer ces empiétements, et leur donner une sanction légale. Au gouvernement unitaire créé par les efforts combinés de Charlemagne et du clergé succèdent une multitude de souverainetés locales ; la forme oligarchique prévaut, et la monarchie subit une éclipse. On perd peu à peu l'idée d'un pouvoir central étendant ses ramifications sur tous les points du territoire, veillant sur tous les intérêts, imposant ses ordres à tous, et ne

____

(1) Cf. Mœhler, *Histoire de l'Église*, t. I⁰ʳ ; — *Dictionnaire de théologie catholique*, t. IX ; — *Dictionnaire historique des institutions, mœurs et coutumes de la France*, par Cheruel, *passim*.

laissant nulle part impunis les excès de la force ou les artifices de la ruse.

A partir de cette époque, la puissance est considérée comme un attribut essentiel de la propriété ; les biens patrimoniaux forment des principautés indépendantes. Les Carlovingiens, dépouillés peu à peu de tous leurs domaines, à l'exception de la ville de Laon, deviennent les premières victimes de ce nouveau principe : ils voient diminuer parallèlement l'étendue de leurs territoires et le nombre de leurs fidèles. En perdant leur patrimoine, ils perdent d'abord leur prestige, puis bientôt c'est le tour de leur autorité. Aussi, lorsque le futur fondateur de la troisième race, Hugues Capet réunit, en 987, une diète à Senlis, personne ne s'étonne, dans le royaume franc, qu'on procède à l'élection d'un roi. Louis IV, dit le Fainéant, ne se trouvant plus investi que d'un pouvoir nominal, il semble naturel qu'un des plus puissants dignitaires de l'empire, le maire du palais, en quelque sorte, devienne le chef d'une nouvelle dynastie. Oncle du feu roi, le Carlovingien Charles, duc de la Basse-Lorraine, essaie en vain de revendiquer les droits de la race agonisante, son appel ne trouve pas d'écho, et les vassaux qui veulent s'attacher résolument à sa fortune sont aussi clairsemés qu'impuissants. La descendance de Charlemagne est d'ailleurs marquée d'un caractère d'illégitimité qui n'est guère propre à lui rallier des partisans. Charles le Simple, en effet, était issu de l'union de Louis le Bègue et d'Adélaïde, union illicite, puisque Anigarde, épouse de l'empereur, vivait encore. L'assemblée de Reims conféra, il est vrai, la dignité impériale au fils d'Adélaïde ; mais comme cette collation n'eut lieu que sur le certificat de légitimité délivré par l'archevêque Foulques et Héribert de Vermandois, la décision de l'assemblée de Reims était par là même entachée de nullité.

Hugues Capet avait, du reste, d'autres avantages sur les descendants de l'épique empereur. Sa famille avait déjà conquis par de hauts faits d'armes une illustration qui balançait la gloire des Carlovingiens, et qui le recommandait puissamment à l'estime des hauts feudataires.

Rappelons en peu de mots l'origine de cette maison. S'il faut en croire le moine Richer, le fondateur de la troisième race serait un chef teuton, nommé Witikind (1). Mais M. de Foncemagne, au xviiie siècle, et M. Anatole de Barthélemy, en 1874, appuyés l'un et l'autre sur les pièces les plus probantes, ont battu en brèche le système de Richer qui, sacrifiant la vérité historique à la glorification de la dynastie carlovingienne, transforma perfidement les descendants de Robert le Fort en étrangers, comme le Dante, poussé par la haine, devait, plus tard, faire de Hugues Capet le fils d'un boucher de Paris. Contrairement à la déclaration suspecte du moine de Saint-Remi, Abbon considère Eude, fils de Robert le Fort,

_____

(1) *Witichinum, advenam Germanum.* Richer, lib. I, cap. v.

comme un Neustrien. Ce témoignage d'un contemporain des descendants de Robert mérite la plus grande confiance, et nous paraît le seul sérieux.

La Neustrie comprenait à cette époque la France occidentale et notamment la région située entre la Loire et la Seine. Aucun trait de la vie de Robert et de ses fils ne nous autorise à penser que la troisième dynastie ait eu des relations, ou même des liens, avec les Saxons établis en Normandie et dans l'ouest de la France. Si Richer donne pour père à Robert un Allemand du nom de Witikind, c'est que cet annaliste écrivait à la fin du xe siècle, du temps de Hugues Capet, dont la mère se rattachait effectivement au célèbre chef des Saxons (1). Mais entre une descendance directe et une descendance en ligne collatérale nos lecteurs comprennent que nous fassions une différence.

D'abord administrateur du Blésois, Robert le Fort en était bientôt devenu le propriétaire. Immédiatement avant lui, le pays de Blois appartenait à Guillaume, frère d'Eude, qui fut comte d'Orléans, et commandant provisoire de la Neustrie. N'est-il pas permis de penser, avec M. de Barthélemy, que Robert le Fort, propriétaire du pays de Blois, après la mort de Guillaume, frère d'Eude, puis investi du grand commandement dont avait joui ce dernier, appartenait à la même famille? Si cette affinité était prouvée, la troisième dynastie se rattacherait alors par des liens indirects à la deuxième : Eude, en effet, n'avait-il pas marié sa fille Hermentrude à Charles le Chauve ?

Outre le Blésois, premier fief connu de la Maison de France, la famille de Robert possédait l'alleu de Tillenay (Côte d'Or) ; Nueil-sous-Faye, Faye-la-Vineuse, dans le comté de Poitiers ; Toury, près de Chartres ; Lachy et Sézanne, au pays de Quendes (comté de Meaux) ; Chanceaux (Indre-et-Loire) ; Ingré, Bucy, Ormes (Loiret), etc. N'oublions pas non plus que Hugues le Grand avait des vignes à Paris sur la colline où s'élève aujourd'hui le quartier de Belleville, et un alleu près de Melun, dont il fit cadeau à Saint-Magloire de Paris. Tel était le véritable patrimoine de la Maison de France. Quant à ce qu'on appelle « le duché de France », il n'a jamais existé que dans l'imagination des publicistes, qui ont considéré comme fief territorial une qualification purement honorifique.

Consultons, en effet, l'histoire.

Les troubles fomentés en Aquitaine par Pépin et les autres prétendants, les révoltes perpétuelles des Bretons qui, repoussant l'autorité des Francs, se coalisaient avec les Normands, forcèrent les rois carlovingiens à placer la région de l'ouest sous l'autorité des ducs. Or nos lecteurs se souviennent-ils de ce que nous disons plus haut de ces dignitaires? C'étaient des délégués de l'empereur. On ne peut mieux les définir qu'en comparant leurs pouvoirs aux attributions conférées, de nos jours, au chef d'un corps

____

(1) V. Anatole de Barthélemy, *Origines de la Maison de France*, 1874.

d'armée, lorsque la circonscription qu'il commande est soumise à l'état de siége. Ainsi, supposons que le régime militaire soit en vigueur dans toute l'étendue des départements qui forment l'ancienne province de l'Ile-de-France, et qui constituent la première circonscription militaire : les pouvoirs réunis dans la main de M. le général de Ladmirault seraient absolument analogues à l'autorité dont jouissaient les ducs de France sous la dynastie carlovingienne. Autre rapprochement : la charge de duc, de comte et de marquis, était, de même qu'aujourd'hui celle de commandant de corps d'armée, amissible et révocable. Toutes les fois que l'un de ces grades passait du père au fils, il fallait l'autorisation du souverain, toujours maître d'enlever aux titulaires les fonctions dont ils étaient revêtus.

L'histoire nous fournit plusieurs exemples de cette amovibilité, et la vie de Robert le Fort lui-même nous en offre une application éclatante. Après avoir, comme duc de France, rendu à la monarchie les plus éminents services, il fut, pendant quelque temps, dépouillé de son duché, et, lorsqu'il mourut, son fils n'obtint point la succession immédiate de la charge paternelle.

Rappelons maintenant, en quelques mots, les commencements de la maison de France.

En 853, Robert le Fort est envoyé en qualité de *missus dominicus* dans le Mans, l'Anjou et la Touraine.

En 858, Charles le Simple, après plusieurs expéditions malheureuses contre les Bretons, met Robert le Fort à la tête du comté d'Angers, qui confinait aux marches bretonnes, et d'où partait le signal des irruptions les plus dangereuses. Créé *marquis* par l'investiture de cette charge, il reçoit trois ans plus tard, en 861, le *ducatus inter Sequanam et Ligerim,* le « duché d'entre la Seine et la Loire ». En 864, le roi donne le comté d'Angers, l'abbaye de Marmoutiers et le commandement des troupes entre Seine et Loire à son fils Louis ; Robert le Fort reçoit en échange une autre « marche » à l'est, qui comprend l'Autunois ; l'année suivante, le roi y ajoute le Nivernais et l'Auxerrois.

Ce changement dans le commandement civil et militaire du pays d'entre Seine et Loire coïncide avec un mouvement des Normands vers Orléans. Le prince Louis ne peut arrêter les envahisseurs. Alors Charles le Chauve rétablit Robert dans la charge de *dux Francorum ;* malheureusement le nouveau chef de la milice ne jouit pas longtemps de ces hautes fonctions. Il est tué à la bataille de Brissarthe, le 2 juillet 867.

A Robert le Fort succède Hugues l'Abbé, son beau-fils, qui justifie son surnom par le nombre des abbayes dont il est pourvu. Les chartes font de lui un comte d'Angers, investi des mêmes fonctions que son beau-père, c'est-à-dire titulaire du duché d'entre Seine et Loire.

A la mort de Hugues l'Abbé, Eude, fils de Robert le Fort, d'abord comte de Paris, — c'est-à-dire gouverneur amovible de la ville et de la

banlieue, — obtient le duché de son beau-frère, tel qu'il l'avait eu de
Robert. N'est-ce pas là encore une nouvelle preuve que le duché de France
n'était point un fief territorial ? Eude continue les exploits de son père, et,
pendant que Charles le Gros fuit honteusement en Allemagne, il livre
bataille aux Normands qui assiégent Paris, et, aidé du courageux évêque
Gozlin, soutient intrépidement leur choc. Plus tard, les hauts barons,
mécontents du traité de Saint-Clair-sur-Epte, qui cédait la Normandie à
Rollon, se révoltent contre Charles le Simple ; quand il faut lui choisir un
successeur, leur premier mouvement est de désigner Robert, frère d'Eude.
Les partisans des Carlovingiens étaient encore nombreux ; une bataille
s'engage sous les murs de Reims entre les deux prétendants. Dès le début,
Robert faiblit et tombe mort ; mais son fils, Hugues le Grand, continue le
combat et remporte la victoire.

Charles le Simple, fait prisonnier, expire dans la geôle où le retient un
de ses vassaux, le comte Heribert de Vermandois, tandis que son fils
Louis, recueilli par Athelstan, roi des Anglo-Saxons, attend le moment
favorable pour prendre possession du trône. Ce moment ne se·fait pas
attendre. Hugues le Grand, dédaignant le titre de roi, avait invité les
grands vassaux à reporter leur choix sur son beau-frère Raoul. Quand,
après treize années d'un règne des plus orageux, celui-ci meurt sans
laisser de postérité, les seigneurs français, Hugues le Grand à leur tête,
rappellent d'Angleterre le fils de Charles le Simple.

Louis *d'Outremer* et ses successeurs, Lothaire et Louis V, étaient des
princes plus résolus, et surtout plus intelligents que leurs prédécesseurs.
Les deux premiers surtout, Louis IV et Lothaire, actifs, entreprenants,
n'étaient pas disposés à laisser le maniement des affaires à d'ambitieux
maires du palais. Fortement imbus des idées ambiantes, et sachant qu'en
vertu du principe féodal qui confondait la propriété avec la souveraineté,
les seigneurs étaient investis d'un pouvoir d'autant plus étendu que leurs
domaines étaient moins circonscrits, ils tâchèrent d'obtenir la possession
directe, et non pas seulement nominale, d'un territoire analogue à celui
que gouvernaient les ducs de Normandie, d'Aquitaine, et les comtes de
Flandre et de Vermandois. Malheureusement, il était trop tard ; pas un
seul fief n'était vacant ; tous ces beaux projets échouèrent.

A la mort de Louis V, un très-petit nombre de seigneurs reconnurent
comme roi Charles, duc de Lorraine et frère de Lothaire, et se déclarèrent prêts à donner à sa candidature l'appui de leurs armes. Mais l'immense majorité des grands feudataires, loin de vouloir s'associer à cette
levée de boucliers, résolut aussitôt de combattre à outrance l'impopulaire
vassal du César germanique. Poussé par on ne sait quelle ambitieuse
pensée, Charles s'était, en effet, spontanément soumis à la suzeraineté
de l'empereur d'Allemagne.

Bien différente était la position du Franc Hugues Capet. Le fils de Hugues le Grand était le plus puissant et le plus estimé des hauts barons français. Il descendait de Charlemagne par les femmes; son père et son oncle avaient déjà porté la couronne. Lui-même, marchant sur les traces de ses ancêtres, avait sauvé Paris de l'invasion allemande. D'un autre côté, l'Église nourrissait l'espérance de trouver en la personne de ce seigneur un zélé défenseur de ses droits. Soit, en effet, qu'il y fût poussé par une piété naturelle, soit que la politique inspirât sa conduite, Hugues avait libéralement affranchi les abbayes de Saint-Denis et de Saint-Germain des redevances qu'elles lui payaient. Ce désintéressement et ce respect pour la discipline lui avaient valu l'affection du clergé ; ses autres qualités et surtout sa réputation de bravoure firent le reste.

Les évêques et les seigneurs, que les funérailles du roi Louis avaient réunis à Compiègne, jurèrent à Hugues qu'ils se rassembleraient une seconde fois avant de statuer définitivement sur la vacance du trône. En quittant Compiègne, Charles, duc de Lorraine, se rendit à Reims ; il voulait circonvenir l'archevêque et obtenir du puissant prélat non-seulement un concours efficace, mais une confirmation éclatante et solennelle de ses titres. Mais Adalbéron ne crut pas devoir faire aux ouvertures du prince l'accueil sur lequel le dernier descendant de la race carlovingienne croyait devoir compter : il lui représenta qu'un membre de l'Église ne pouvait, sans scandale, se déclarer en faveur d'un homme qui vivait dans le commerce des parjures et des sacriléges. Il ajouta qu'il ne pouvait d'ailleurs prendre l'initiative d'une décision quelconque en l'absence des autres seigneurs.

Comprenant la signification de cette réponse, et prévoyant l'orage qui le menaçait, Charles se hâta de retourner en Lorraine.

La ville de Senlis devint aussitôt le rendez-vous des princes français (1). Aussitôt qu'ils furent rassemblés, l'archevêque de Reims leur exposa la situation lamentable du royaume, et s'autorisa de cette anarchie pour démontrer la nécessité d'élever sur le pavois un roi doué d'assez de vigueur pour soutenir et consolider l'édifice chancelant ; il insinua que le choix des grands ne pouvait tomber sur Charles, homme sans foi, sans courage, qui n'avait point rougi de se mettre au service d'un étranger, et d'épouser la fille d'un de ses vassaux. Puis, demandant comment Hugues, le duc des Francs, pourrait s'incliner devant un tel souverain, il fit voir aux seigneurs que s'ils tenaient à mettre le sceptre aux mains d'un prince digne de leur confiance, c'était sur Hugues qu'ils devaient fixer leur choix.

Ce plaidoyer obtint tout le succès que l'archevêque en attendait ; à peine

____

(1) Jusqu'ici tous les auteurs ont indiqué Noyon ; mais le manuscrit du moine Richer, édité par la Société de l'Histoire de France, fixe cette réunion à Senlis ; ce qui est probable, Senlis étant plus rapproché de Paris.

Adalbéron avait-il terminé son discours, que les seigneurs, d'une voix unanime, décernaient la couronne à Hugues Capet. Celui-ci, sans perdre un moment, se rendit sur-le-champ à Reims, où l'archevêque Adalbéron d'Ardenne répandit sur son front l'huile de la sainte Ampoule. Quelque temps après, il fait renouveler la cérémonie pour son fils Robert, auquel les seigneurs et le peuple donnèrent dès lors le titre de roi (1).

C'est ainsi que le petit-fils d'Eude monte sur le trône et fonde une dynastie qui gardera la couronne pendant plus de huit siècles. A peine le chef de la troisième race a-t-il pris en main les rênes du gouvernement, que la face du royaume change : les distinctions d'origine et de nationalité disparaissent ; Gaulois, Romains et Francs font place à la nation française. Avec Hugues Capet, la royauté commence l'œuvre qu'elle devait conduire avec une inébranlable ténacité jusqu'au seuil de 89 ; elle déclare la guerre à tous les adversaires de l'État et de l'Église, à tous ceux qui veulent élever autel contre autel, trône contre trône ; et la croix d'une main, le fer de l'autre, elle combat avec la même ardeur pour l'unité politique et pour l'unité religieuse.

L'unité politique ne s'obtint pas du premier coup. Aux xie et xiie siècles, la royauté fut réduite à une souveraineté devant laquelle les vassaux ne s'inclinaient pas toujours. C'est tout au plus si elle obtenait l'hommage des barons, que la force plutôt que le respect faisait fléchir. Résistance, hélas ! trop facile à comprendre ! Sans parler d'une multitude de petits fiefs, on compte alors en France plusieurs centres principaux de la puissance féodale, égaux pour le moins au duché de France : la Flandre, avec ses riches manufactures de drap et ses communes démocratiques ; la Normandie, conquérante de l'Angleterre ; la Bretagne, fidèle aux traditions et à la langue celtiques ; l'Aquitaine, célèbre par l'élégance des mœurs, par l'éclat de la poésie et par sa lutte opiniâtre contre les rois de France et d'Angleterre ; le Languedoc, berceau des troubadours qui chantent la guerre, et entretiennent la haine contre les hommes du Nord, et l'ardeur de l'indépendance nationale ; les deux Bourgognes, qui viennent de donner des rois à la Castille et au Portugal ; la Champagne, illustrée par ses trouvères et bientôt souveraine de la Navarre. Nous ne parlons pas des royaumes d'Arles et de Lorraine : *terre d'empire,* ces deux provinces ne sont même pas les vassales de la France. Réduits à leurs propres forces, les titulaires du duché de France n'étaient donc pas en état d'imposer la loi à tant de hauts barons, dont la puissance égalait au moins la leur (2). Quant au droit de la royauté, les seigneurs féodaux le reconnaissaient à peine : témoin la réponse si souvent citée d'un comte de Périgord à Hugues Capet. « Qui t'a fait comte ? » lui demandent les envoyés du roi. « Qui t'a fait roi ? » répond

(1) *Histoire de l'Église catholique en France,* par Mᵍʳ Jager, tome V.
(2) **Voir** Cheruel, ouvrage cité.

le duc comme s'il s'adressait à Hugues Capet lui-même. Pendant tout le xie siècle, la royauté s'efface; elle n'engage le combat qu'au xiie, lorsqu'elle fonde les communes et recrute parmi les bourgeois des villes ses plus fidèles et ses plus vigoureux auxiliaires.

Les *Assises de Jérusalem* prouvent que le roi féodal n'était intronisé qu'avec l'agrément de ses vassaux. Voici le texte dont nous modifions simplement le style : « Quand le royaume échoit à un héritier collatéral, il doit assembler les meilleurs de ses hommes-liges et leur faire savoir comment le royaume lui est échu. Les hommes-liges doivent ensuite se retirer et délibérer sur ce que leur a dit le seigneur. Ensuite, s'ils le reconnoissent pour légitime héritier, ils reviennent vers lui et lui disent : *Sire, nous reconnoissons bien que vous êtes tel que vous avez dit, et nous sommes prêts à faire ce dont vous nous avez requis, faisant, vous le premier, ce que vous devez, comme vous nous l'avez offert.* Alors on apporte l'Évangile ; le seigneur doit s'agenouiller et mettre la main dessus, pendant qu'un des hommes-liges dit : *Sire, vous jurez sur ces saints Évangiles de Dieu, comme chrétien, que vous garderez, défendrez et maintiendrez de tout votre pouvoir la sainte Église, les veuves et les orphelins, en leur droiture, et que vous ferez tenir les bons us et coutumes, et les assises qui seront ordonnées pour ce royaume.* Lorsque ces choses seront accomplies, les hommes-liges doivent faire l'un après l'autre hommage au seigneur. » La royauté ne se résigna pas longtemps à la dépendance où la tenaient les seigneurs féodaux, et, pendant six siècles, elle soutint contre eux une lutte qui transforma la France.

Quelles furent les armes de la royauté féodale, dans cette mémorable campagne contre les grands feudataires? Investie du droit de suzeraineté, c'est-à-dire du droit d'appeler sous ses étendards, en cas d'invasion, les vassaux et arrière-vassaux de la couronne, la royauté capétienne avait aussi le droit de reviser les sentences des feudataires, le droit de confisquer leurs terres, s'ils se rendaient coupables de félonie, etc. Mal définie dans l'origine, cette suzeraineté devint par la suite un droit redoutable entre les mains des rois; les successeurs de Hugues Capet en profitèrent pour substituer à la justice territoriale la justice royale, pour multiplier les cas d'appel, pour interdire les guerres privées, et réunir à leur domaine la plupart des fiefs en déshérence. Ajoutons que la troisième race fut soutenue dans cette lutte non-seulement, comme nous l'avons déjà dit, par le tiers-état, mais encore par le clergé. Le corps épiscopal, qui sacrait les rois et les proclamait les *oints du Seigneur*, devait naturellement préférer un pouvoir social basé sur les lois à ces souverainetés locales qui n'avaient d'autre charte que l'arbitraire et la violence. Suger, abbé de Saint-Denis, et conseiller de Louis VI et de Louis VII, écrivait, dès le xiie siècle, dans

sa *Vie de Louis le Gros* : « La gloire de l'Église et de Dieu est dans l'union
de la royauté et du sacerdoce. » Les clercs sont si bien pénétrés de cette
idée, qu'on voit au xiie siècle bon nombre de prêtres suivre le souverain à
la guerre, avec leurs paroisses et leurs bannières. Le peuple et le tiers-état
s'appuient de leur côté sur la royauté pour bénéficier de l'éclat qui l'entoure et trouver dans son voisinage la considération que les seigneurs leur
refusent. Grâce à ce concours de circonstances, les rois finissent par constituer fortement le pouvoir central et à l'asseoir sur les ruines de la
féodalité.

I V

SAINT LOUIS, TYPE DU ROI

Ce fut le règne de saint Louis surtout qui fut fatal au prestige et à l'autorité des hauts barons. Les prédécesseurs de ce grand homme avaient, il
est vrai, rompu force lances contre les grands vassaux, mais aucun souverain ne porta au système féodal un plus formidable coup. A la fois énergique et modéré, le fils de Blanche de Castille sut tenir tête aux seigneurs
et faire obstacle à leurs empiétements, résister à leurs convoitises et débarrasser la royauté du joug humiliant qu'ils lui faisaient subir. Ce rôle
de saint Louis est peut-être en désaccord avec le caractère que lui prêtent
les fades romans qu'on a brodés sur le compte du fils de Louis VIII ; mais,
en revanche, il a l'avantage d'être le seul conforme aux données de l'histoire.

On aurait tort, en effet, de croire que saint Louis s'est seulement illustré par des vertus privées, et que, pendant son règne, il se soit contenté
de vaquer uniquement à l'oraison et à l'extase. M. Léon Gautier nous a
expressément mis en garde contre cette erreur. Dans un savant article
publié en 1872 par la *Revue du monde catholique*, l'éminent écrivain nous
a montré saint Louis sous un tout nouveau jour. « Ce fut, dit-il, un
homme fort pratique, et s'occupant fort pratiquement de christianiser son
siècle. » Et plus loin : « Saint Louis n'est pas uniquement ce prince débonnaire qu'on s'entête à nous représenter trop souvent au pied du chêne
de Vincennes. C'est là le saint Louis connu et admiré par Joseph Prud'-
homme ; ce n'est pas tout Louis IX... L'intelligence de saint Louis est à la
hauteur de sa sainteté. Il n'est pas ardent, mais clairvoyant ; il n'est pas
emporté, mais sage. Il parle avec lenteur, mais avec prudence. C'est un

homme politique et qui ne se paie pas de mots. Dans les choses temporelles, il s'interdit les extases auxquelles il s'abandonne volontiers dans la
vie spirituelle. S'il fut mystique, ce ne fut pas dans le gouvernement, et
il comprit que pour mener les hommes il faut l'action. Cet homme actif fut
cependant un homme éloquent, et nous avons de lui des paroles qui valent
mieux que toutes celles des héros de Tite-Live. »

Veut-on voir à l'œuvre cet esprit politique que nous vante à si bon droit
M. Léon Gautier? A la mort de Louis VIII, on peut dire que la royauté
française périclitait. De puissants barons conspiraient ouvertement contre
leur suzerain ; le comte de Boulogne et Enguerrand de Coucy, entre
autres, affichaient hautement leurs prétentions à la couronne, et l'époux
de Blanche de Castille était si alarmé de ces compétitions que, dès 1225,
il réglait dans un testament les apanages de ses fils. Ses défiances allèrent
même, comme on le sait, jusqu'à exiger le serment de fidélité de tous ses
vassaux. Placé dans les mêmes conjonctures, Philippe-Auguste n'avait
obtenu que de pitoyables résultats ; son habileté diplomatique n'avait pu
triompher de toutes les résistances ; saint Louis, avec sa seule loyauté,
brisa tous les obstacles et soumit tous les mécontents.

Il agrandit d'abord le domaine royal, sans qu'il eût pour cela besoin de
recourir à des moyens désavoués par la justice. Plus soucieux de son
honneur que de son intérêt, il poussa la loyauté jusqu'à restituer à l'Angleterre plusieurs provinces dont il ne se croyait pas le légitime suzerain. Du reste, Louis IX savait bien que la France récupèrerait un jour
la Saintonge, le Quercy et le Périgord ; il voulait à bon droit que la possession de ces provinces fût due à une conquête loyale, et non à la fraude.
Cette restitution eut en outre l'avantage d'établir la suzeraineté de la France
sur la Normandie, le Maine, l'Anjou, le Berri, le Poitou et l'Auvergne.
Touché, en effet, de la droiture du roi de France, le roi d'Angleterre,
Henri III, abdiqua, de son côté, tous les droits qu'il pouvait avoir sur ces
provinces. Par là, saint Louis s'assura non-seulement la possession incon-
testée, la pleine propriété de ces vastes territoires, mais il acquit en outre
pour lui et pour son peuple, en Europe et dans le monde, un renom de
loyauté, une autorité décisive et suprême dont jamais la simple adjonction
d'un territoire, si grand qu'il fût, ne l'aurait investi.

Enfin, on peut dire, et ici encore nous citons M. Léon Gautier, que
« l'annexion du midi au nord de la France est surtout l'œuvre de saint
Louis. Devenu, par son mariage avec la fille de Raimond, maître de Toulouse, du Rouergue, du Limousin et de l'Agénois, Alphonse gouverna si
bien ces provinces qu'il les conquit pour toujours. Sans Alphonse, le Midi
nous haïrait au lieu d'être un avec nous. Il le subjugua par sa sagesse et
par sa douceur. Or, à sa mort et à celle de sa femme, qui arriva en 1271,
ces provinces, par faute d'hoir, retournèrent dans le domaine avec les provinces qui formaient l'apanage d'Alphonse, c'est-à-dire le Poitou, la

Saintonge et l'Auvergne. Nous avons les registres d'Alphonse, nous possédons sa correspondance avec les sénéchaux de ces sept provinces ; c'est un des plus beaux monuments de notre histoire administrative. En résumé, l'Ouest assuré plus solidement à la France, le Midi conquis définitivement par la prudence et non par la fraude, voilà des résultats qui nous dédommagent amplement de la perte provisoire de quelques provinces du Midi, si toutefois l'on peut jamais regretter ce qui est fondé sur l'iniquité. »

Cependant un frère du Roi devenait souverain de la Provence par son mariage avec Béatrix, fille de Raimond Bérenger, et c'était un grand pas vers l'annexion future de cette riche et belle province. D'un autre côté, saint Louis achetait des châteaux, employait l'argent comme un utile instrument de la politique, utilisait au profit de la royauté le système de pariage avec les abbayes ou les seigneurs laïques. En somme, et malgré le déplorable abus des apanages, « le domaine royal était, vers 1258, véritablement florissant. Le Languedoc et une partie de l'Auvergne y étaient unis, ainsi que les comtés de Mâcon, de Beaumont et de Clermont. La Provence était aux mains de Charles. De vassaux puissants il ne restait plus que le duc de Bourgogne et les comtes de Flandre et de Champagne, ce dernier embarrassé par la Navarre. Le comte de Bretagne était tenu en échec. Et partout les droits royaux étaient mieux établis qu'autrefois (1) ».

Autant saint Louis était humble et disposé à faire tous les sacrifices où son intérêt propre était seul en jeu, autant il était ferme et inébranlable quand l'honneur de la couronne était engagé. Plein de foi dans sa mission, il se conformait scrupuleusement à la définition de l'Apôtre : *Rex minister Dei ad bonum ;* le bien, pour lui, c'était l'agrandissement du nom français et la soumission de la France à Dieu. Non pas qu'il voulût à tout prix reculer les limites de son royaume ; nous avons vu qu'il aima mieux restituer plusieurs provinces que de les garder au détriment de la justice. Pour saint Louis, la mission d'un roi était, non de s'annexer des territoires, mais des cœurs ; non de faire la guerre à ses voisins, mais de sceller avec eux une paix franche et durable, une de ces paix qui n'humilient personne et respectent toutes les susceptibilités légitimes (2).

A l'intérieur, saint Louis ne réussit pas moins dans ses rapports avec la féodalité. Après avoir caressé l'idée d'un lucratif *convenio*, les grands vassaux de la couronne durent bientôt abandonner cette illusion. Thibaut VI, comte de Champagne ; Pierre de Dreux, dit *Mauclerc*, comte de Bretagne,

---

(1) *Revue du Monde catholique,* art. cité de M. Léon Gautier.
(2) Voir M. Vitet, *Saint Louis et son siècle.*

fils de Robert de Dreux ; Philippe, comte de Bretagne ; Philippe, comte
de Boulogne, oncle du roi ; Hugues de Lusignan, comte de la Marche ;
Jeanne, comtesse de Flandre ; le comte de Ponthieu et le comte de Châ-
tillon eurent beau se coaliser contre le pouvoir royal, Louis ne s'effraya ni
du nombre ni des forces de tous ces rebelles, et leur soumission devint en
peu de temps le prix de sa ferme attitude. Plus tard, il n'eut plus besoin
de faire appel aux armes pour mater les révoltes. Il supprima la guerre par
le seul ascendant de sa vertu ; plus de conflits, il les étouffait dans leur
germe.

La part qui revient à saint Louis dans l'organisation administrative de
la France n'est ni moins grande ni moins glorieuse. Il réglementa la juridiction des baillis et des sénéchaux, fortifia l'autorité du Parlement,
évoqua à son tribunal un très-grand nombre de cas que les seigneurs déci-
daient jusqu'alors de leur autorité privée, limita le droit de haute justice,
et mit un terme à l'anarchie qui dominait alors dans les attributions administratives et judiciaires. Aussi, lorsqu'il mourut, la France jouissait-elle
d'un ordre incomparable. Au dedans, la nation s'était épanouie sous le
sceptre juste et généreux de ce pieux et vaillant prince ; au dehors, la
France, sortie de son isolement, avait sa place marquée dans le concert
des nations européennes. Bien que le sceptre de l'empire fût aux mains du
roi de Germanie, c'était l'esprit français qui circulait dans l'âme des peuples. De même que le rôle prépondérant joué par nos ancêtres durant les
croisades avait fait donner le nom de Francs à tous les peuples latins, et
imposé notre organisation politique à tous les États de la Terre-Sainte,
de même, tout, en Europe, la science, la civilisation, le luxe, la mode,
procédaient de la France et portaient le sceau de son génie.
   Le brutal droit de la force avait cédé la place à l'autorité plus délicate
et plus respectée de la chevalerie, cette création si chrétienne et si française. Les poëtes de l'Allemagne empruntaient leurs héros aux légendes
françaises ; l'Université de Paris, la Faculté de théologie en particulier,
était à la tête du mouvement scientifique. Les papes trouvaient dans notre
pays non-seulement une hospitalité religieuse, mais un appui et un refuge contre l'ambition allemande. D'où résultait cette influence ? Du développement qu'avaient pris et de la situation florissante que s'étaient faite
les communes et l'Église. Déjà s'épanouit une littérature nationale, offrant
les contrastes les plus prononcés. Les frivoles romans d'Arthur marchent
de pair avec les *Contes dévots* et le recueil des contes de Coisi, prieur de
Soissons (1226). On oppose aux poésies licencieuses des troubadours
une littérature solide et sérieuse, d'une moralité irréprochable et d'une
utilité réelle. Les villes prospèrent, la science et la piété florissent. Partout
s'orientent vers Dieu d'innombrables et bienfaisants moutiers ; alors surgissent la plupart des ordres qui exerceront à travers tout le moyen âge

leur salutaire influence ; on ne compte plus les écoles, et, dans toute la
chrétienté, l'Université de Paris n'a pas de rivale. En 1228, Toulouse et
Verceil obtiennent aussi leurs universités ; Lyon a la sienne en 1300. C'est
à Paris que les grands maîtres de la scolastique et de la mystique donnent
leur enseignement ou viennent puiser leur science : tels saint Thomas
d'Aquin, saint Bonaventure, Alexandre de Halès, Robert Pullus, Pierre
le Vénérable et tant d'autres, sans parler de saint Bernard et de l'abbé
Suger.

Que de créations ne pourrions-nous pas citer encore ! Mais ce que nous
avons raconté suffit pour faire connaître le caractère et la vie de saint
Louis. D'autres rois ont conçu d'aussi généreux desseins; mais aucun ne
s'est maintenu à une telle hauteur, et n'a résisté avec autant de courage
aux menaces de la mort et aux entraînements du pouvoir. En contemplant
cette grande figure, on ne s'étonne pas que la nation française se soit pas-
sionnément éprise de la royauté, et lui ait naïvement reconnu un caractère
en quelque sorte hiératique. La mémoire de saint Louis a même donné une
telle idée du monarque chrétien, qu'elle a porté malheur, si je puis ainsi
dire, aux rois plus faibles et moins dignes qui ont continué l'œuvre de ce
grand homme. L'idéal conçu par le peuple était, en effet, trop grand pour
que chacun des successeurs de saint Louis pût en réaliser exactement tous
les traits (1).

Le secret de cet héroïsme n'est pas cependant bien difficile à deviner.
Quel fut le secret de la grandeur de saint Louis, sinon l'attachement invincible de ce prince à la doctrine catholique? Il ne se contentait pas d'imposer à ses sujets le respect de la religion et la soumission aux comman-
dements divins; il s'assujettissait lui-même le premier aux préceptes de
l'Évangile, et ne nourrissait dans son cœur qu'une seule ambition, celle
d'être le plus fervent chrétien de son royaume. C'est cette résolution qui a
rendu saint Louis si supérieur aux princes les plus vantés. Qu'on le sache
bien : être un habile politique ne suffit pas, il faut autre chose, il faut être
un fidèle serviteur du Christ ; on n'accomplit de grandes œuvres, on n'est
vraiment digne de commander aux hommes qu'à cette condition et qu'à
ce prix.

(1) Avons-nous besoin de dire ici qu'on aurait tort de voir dans saint Louis le type du
monarque constitutionnel? Cette conception de la royauté n'a rien de commun avec la
monarchie chrétienne dont saint Louis a été le représentant le plus parfait.

V

CONCEPTION CATHOLIQUE DU POUVOIR

Si l'Église tenait à l'estime des hommes, elle aurait largement le droit, comme on vient de le voir, de réclamer la plus grande part dans la gloire qui revient au fils de Blanche de Castille. Païen, indifférent même, saint Louis n'eût pas obtenu cette hégémonie politique dont l'histoire nous le montre investi. La foi, et même, disons le mot, la « dévotion » de ce grand prince ne contribua pas médiocrement à la rectitude de ses idées : elle lui suggéra les actes qui firent l'honneur de son règne.

Nous avons vu que saint Louis, afin de protéger le peuple contre l'oppression des grands vassaux, s'efforça de restreindre le pouvoir de ces derniers : c'était là une tentative des plus dignes d'éloges, et à laquelle l'Église accorda ses encouragements les plus explicites, mais après avoir milité contre l'omnipotence féodale, le pieux monarque crut-il devoir s'investir de tous les droits dont il désarma les seigneurs ? Ajouta-t-il à son pouvoir tout ce qu'il leur retrancha ? Ici, l'histoire nous rassure et nous répond que saint Louis était trop chrétien pour violer sur ce point les préceptes les plus formels de l'Église. L'Église, en effet, n'a jamais autorisé l'arbitraire ; les premières instructions qu'elle a données protestent contre l'abus du pouvoir et flétrissent la tyrannie. « Le glorieux nom de roi, dit le concile d'Aix-la-Chapelle (836), ne convient qu'à ceux qui gouvernent avec justice. Un prince cruel et injuste ne mérite que le nom odieux de tyran. »

Avant que le spiritualisme chrétien eût régénéré la monarchie barbare, les rois n'arrivaient au trône que par voie d'élection ou par voie d'hérédité. Chez les peuples de race germanique, les deux systèmes étaient combinés ; les leudes et les fidèles nommaient le roi ; mais leur choix, étroitement circonscrit, devait se porter sur un des parents du monarque défunt. L'Église conserva ce principe et ennoblit cette cérémonie. L'élection fut maintenue, et les droits dynastiques furent consacrés. Mais il ne suffit plus au prince d'être élu par les seigneurs et d'appartenir à la race royale, on lui imposa des conditions nettement déterminées. Un véritable contrat synallagmatique intervint entre le prince et le peuple, et définit les devoirs et la mission du chef chrétien. Le roi promet de bien régner, afin que le peuple s'oblige à obéir ; l'infidélité d'une partie dégage l'autre :

mais une condition est requise, c'est qu'un jugement du Saint-Siége annule le contrat (1).

C'est à la cérémonie du sacre que nous voyons proclamer ce principe. L'Église baptise la royauté barbare, et de l'élu des leudes elle fait l'élu de Dieu. Mais avant de lui conférer ce caractère, avant de répandre sur son front l'huile sainte, elle l'instruit de ses devoirs et lui fait promettre de n'y pas déroger. Aidan, roi d'Irlande, sacré, en 579, par saint Colomban, est le premier monarque qui reçoit l'onction royale. En Espagne, le roi Recarède est également sacré lorsqu'il entre dans le sein de l'Église (589). A partir du vIII^e siècle, quand Pépin le Bref eut reçu l'onction royale des mains de saint Boniface, cette coutume devint aussitôt générale parmi les nations chrétiennes. Le récit du sacre de Charles le Chauve, — le plus ancien monument de ce genre qui soit parvenu jusqu'à nous, — montrera mieux que nous ne le pourrions faire comment le clergé de cette époque comprenait la royauté, et quelle idée il en donnait aux peuples et aux rois.

La cérémonie s'accomplit à Metz, dans l'église Saint-Étienne, devant une immense assemblée (869) (2). Avant la messe, l'évêque Adventius se lève, et, devant le peuple assemblé, prononce le discours suivant :

« Vous savez, et c'est un fait connu chez bien des nations, quels événements sont survenus, pour des causes que personne n'ignore, au temps du prince qui nous a gouvernés jusqu'à présent ; vous savez quelle douleur et quelles angoisses sa malheureuse mort a jetées dans nos cœurs. C'est pourquoi, privés de notre prince et de notre roi, nous avons considéré que notre unique refuge, notre unique moyen de salut était de recourir, par la prière et par le jeûne, à Celui qui, dans nos malheurs, nous aide au temps opportun, à Celui à qui appartiennent la sagesse et la puissance, qui donne à son gré l'autorité à qui il veut, et dans la main duquel sont les cœurs des rois ; à Celui qui fait habiter les hommes en paix dans une même maison, qui détruit le mur de séparation, et de deux familles en fait une seule. Nous avons invoqué sa miséricorde, pour qu'il nous donnât un roi et un prince selon son cœur, un roi qui gouvernât tous les ordres du royaume selon la justice et l'équité, qui nous sauvât et nous défendît selon sa volonté. Nous lui avons demandé qu'il unît tous nos cœurs et les inclinât vers celui que, dans sa miséricorde, il avait choisi, élu et prédestiné pour notre avancement et notre salut.

« Puisque enfin nous connaissons la volonté de Dieu, qui accomplit les désirs et exauce les prières de ceux qui le craignent ; puisque tous nous

---

(1) A moins toutefois qu'il n'existe sur ce point un droit national ou épiscopal nettement défini et parfaitement reconnu.

(2) C'était après la mort du roi Lothaire, fils de l'empereur du même nom. Nous empruntons la traduction de ce document à M. l'abbé Jaugey, auteur de la savante étude que nous avons déjà citée sur *les Clercs dans les plaids.*

avons unanimement reconnu que le légitime héritier de ce royaume est celui auquel nous sommes confiés, pour qu'il nous commandât et nous sauvât, le seigneur roi Charles, notre prince ici présent ; il nous paraît bon, si cela vous plaît, que nous donnions une preuve indubitable, — de la manière que nous vous indiquerons après qu'il aura parlé, — que nous croyons qu'il a été élu de Dieu, et qu'il nous a été donné pour prince, en même temps qu'une marque de reconnaissance envers la bonté divine. Remercions Dieu, et prions-le de nous conserver longtemps ce prince, pour qu'il nous sauve et qu'il défende la sainte Église ; pour qu'il nous aide à marcher dans la bonne voie, qu'il nous fasse jouir du bienfait du salut, de la paix et de la tranquillité ; pour qu'il nous gouverne long-temps, nous qui lui obéirons pieusement, et trouverons à son service tous les bonheurs qu'apporte un bon gouvernement.

« Et maintenant, s'il le veut bien, il nous paraît digne de lui, et cela est nécessaire pour nous, qu'il nous fasse entendre de sa propre bouche ce qu'un roi très-chrétien doit faire entendre à des sujets fidèles, qui sont unanimes à le servir chacun dans leur ordre et qui recevront pieusement ses paroles ».

Alors le roi Charles fait de sa propre bouche la déclaration suivante en présence de toute l'assemblée :

« Puisque, comme ces vénérables évêques viennent de le dire par la bouche de l'un d'entre eux, et comme vous l'avez montré vous-mêmes d'une manière non équivoque, vous reconnaissez par vos acclamations que je suis venu ici par le choix de Dieu pour vous régir et vous gouverner, dans l'intérêt de votre salut et de votre bonheur ; sachez que, avec le se-cours du Seigneur, je conserverai l'honneur et le culte dus à Dieu et aux saintes Églises ; que, dans la mesure de ma conscience et de ma puis-sance, je maintiendrai chacun de vous, selon la dignité de son ordre et de sa personne, dans son honneur et dans ses biens ; que je défendrai ces honneurs et ces biens, et que je rendrai à chacun la justice à laquelle il a droit selon les lois ecclésiastiques ou séculières auxquelles il est soumis. C'est à condition que j'obtiendrai de chacun de vous l'honneur, l'autorité et la soumission dus au roi, afin de pouvoir conserver et défendre le royaume que Dieu m'a concédé, et cela comme ceux qui ont été avant vous l'ont accordé loyalement, justement et raisonnablement à ceux qui m'ont précédé. »

L'archevêque Hincmar prend alors la parole pour expliquer l'origine du sacre royal ; puis, s'adressant à l'assemblée : « Vous plaît-il, lui de-mande le prélat, que Charles soit couronné devant l'autel de Saint-

Étienne, et consacré à Dieu par l'onction sainte ? Si cela vous plaît, dites-le de votre bouche. »

Tous s'écrient qu'ils le veulent.

« Rendons alors grâces à Dieu, répond Hincmar, en chantant : *Te Deum laudamus...* »

Cette cérémonie du sacre n'est pas la seule circonstance où les évêques et les clercs rappellent au souverain les devoirs de sa charge. Comme hommes de sens et de bon conseil, les clercs exercent sur le prince une influence prépondérante, et ne lui marchandent ni les éloges s'il marche dans la bonne voie, ni les reproches s'il s'en écarte. Les lettres d'Alcuin à Charlemagne offrent un exemple touchant de cette liberté vraiment apostolique :

« Que votre piété examine avec sagesse, lui écrivait-il, s'il est bon d'imposer aux peuples sauvages, dès le commencement de leur conversion, le lourd fardeau des dîmes, et de faire payer cet impôt à toutes leurs familles. Voyez si les apôtres instruits par Jésus-Christ lui-même, et envoyés pour prêcher au monde, ont exigé les dîmes, ou même ont demandé qu'on en payât? Sans doute, il est bon de donner la dîme de nos biens, mais mieux vaut la perte de ce profit que la perte de la foi. Nous qui sommes nés, qui avons été élevés et nourris dans la foi catholique, nous n'abandonnons qu'avec peine la dîme de nos revenus; combien cela n'est-il pas plus difficile à des néophytes ?... »

Mais le moine de Marmoutier n'est pas le seul à gourmander le puissant empereur. D'autres clercs, sans avoir même les titres d'Alcuin, mettent encore moins de forme dans leurs conseils; l'histoire nous a conservé l'épître de l'évêque Catulphe, qui, n'invoquant que son caractère épiscopal, parle en ces termes au vainqueur des Saxons :

« ... La première chose que je vous recommande, c'est, après la foi, l'amour et la crainte de Dieu, d'avoir souvent en vos mains l'Enchiridion, qui est un manuel contenant la loi de Dieu; lisez-le tous les jours de votre vie, afin que vous excelliez dans la sagesse divine et dans les lettres humaines, comme David et Salomon... Il vous faut savoir juger entre le pauvre et le riche, et arracher le faible de la main du puissant... Vendre un chrétien à une nation païenne, malheur! Celui qui unit un membre de Jésus-Christ à un membre du diable perd une âme et en rendra un jour le prix devant le trône du souverain Juge. Par-dessus tout, vous devez honorer l'épouse de Jésus-Christ, c'est-à-dire accorder aux églises de grands priviléges, bien régler avec vos évêques la vie de vos moines, de vos chanoines et de vos vierges consacrées à Dieu; vous devez les réformer, non par des laïcs, ce qui est un crime, mais par des pasteurs de l'ordre spirituel. Ayez des évêques, des prêtres, des diacres qui craignent Dieu par-dessus tout ; que vos comtes, vos centeniers, vos officiers qui commandent à cinquante hommes, vos doyens ne reçoivent pas de présents, qu'ils ne foulent point aux pieds la loi de Dieu par amour de l'argent ; mais qu'ils règlent tout avec vous, selon la loi et dans la crainte de Dieu. Tous ceux qui portent le nom d'évêques ne le sont pas ; on en peut dire autant des comtes et du reste. Oh ! oh ! malheur ! malheur ! Vous en avez bien peu, je le crains, qui puissent vous aider à maintenir la maison de Dieu.

« Voici les huit colonnes sur lesquelles doit s'appuyer un bon roi : Faites-y bien attention. La première, c'est la vérité dans toutes ses actions ; la seconde, c'est la patience dans toutes les affaires ; la troisième, c'est la générosité dans les présents ; la quatrième, c'est une parole persuasive ; la cinquième, c'est la punition et l'abaissement des mauvais ; la sixième, l'exaltation et l'élévation des bons ; la septième, c'est la légèreté des impôts ; la huitième, c'est l'équité dans les jugements entre le pauvre et le riche... Si vous suivez ces instructions vous serez heureux en ce monde, vous et les autres membres du Christ, et, dans l'avenir vous règnerez sans fin, avec les anges et les archanges, et vous demeurerez dans la gloire avec tous les saints, dans les siècles des siècles, amen... Mon langage est rustique, parce que je suis ignorant ; mais j'ai voulu écrire à votre piété, dans l'espérance que vous pardonnerez à ma présomption, et que votre récompense céleste en deviendra plus abondante. Portez-vous bien devant Dieu... Oh ! oh ! les jours sont proches ! que celui qui tient maintenant tienne bien, jusqu'à ce que la moitié du temps soit accomplie. Lisez soigneusement et comprenez. »

Tout le moyen âge est fidèle à ces traditions : évêques, clercs et moines, réprimandent avec autorité le roi qui foule aux pieds les préceptes divins, et viole le contrat bilatéral dont, le jour de son sacre, il a juré de respecter les stipulations. Tous les docteurs de cette époque enseignent que l'autorité royale est soumise à des conditions dont nul monarque ne peut s'affranchir, et ces conditions, ils les déterminent avec une netteté et une hardiesse qui confondraient nos hommes d'État modernes. Quelques publicistes croient encore, en effet, que la révolution de 89 nous a révélé les vrais principes de la science politique. Eh bien, c'est là un de ces anachronismes que l'histoire ne doit point légitimer. Avant la prise de la Bastille, la grande théologie du moyen âge avait trouvé les formules des constitutions chrétiennes.

Pour cela, les docteurs n'avaient eu besoin que d'emprunter aux conciles et à l'Église les principes qui régissaient leur organisation intérieure. La pondération des pouvoirs, les sages maximes de gouvernement mixte, d'autorité limitée, de pouvoirs électifs, de corps délibérants, avaient passé des conciles dans les instituts monastiques. Les chapitres d'ordres n'étaient-ils pas, en effet, des parlements embryonnaires? Partout de vigoureuses garanties tempéraient le pouvoir absolu : les théologiens, en regardant autour d'eux, n'eurent donc pas de peine à trouver les maximes d'un gouvernement protecteur des libertés nationales. Ils fixèrent les bornes de l'autorité monarchique, et déterminèrent parallèlement les droits des individus. Grâce à eux, le régime féodal fut surtout un système efficace d'autonomies équilibrées. Hors de son domaine, le grand feudataire rencontre des corps sociaux indépendants, églises, ordres monastiques, corporations industrielles, armées de droits similaires. Porte-t-il atteinte au pacte social, il justifie par cela même, disent unanimement les théologiens, le mécontentement de ses vassaux. « Si le peuple a le droit de se pourvoir lui-même d'un chef, avait dit saint Thomas d'Aquin, il a aussi celui de le renverser ou de refréner sa puissance, s'il abuse tyranniquement de l'autorité suprême (1). » Suarez tient le même langage : « Si le gouvernement devient tyrannique en abusant du pouvoir pour faire manifestement la ruine de la communauté, le peuple est libre d'user du droit naturel de se défendre ; jamais il ne se dépouille de ce droit (2). »

Un autre théologien, le bienheureux Égide Colonna, disciple de saint Thomas et cardinal archevêque de Bourges, étendant encore la responsabilité du prince, s'exprime ainsi dans son livre *de Regimine principum* (3) : « La société ne peut atteindre à la fin suprême qui lui est assignée sans le concours de trois sortes de moyens, savoir : les vertus, les lumières, les biens extérieurs. — Le prince doit donc premièrement veiller avec une sage sollicitude à faire fleurir dans ses États la culture des lettres, afin d'y multiplier le nombre des savants et des habiles. Car, où fleurit la science, où jaillissent les sources de l'étude, là, tôt ou tard, l'instruction se répandra dans les foules. Donc, pour dissiper les ténèbres de l'ignorance qui enveloppaient honteusement la face du royaume, il importe au roi d'encourager les lettres par une favorable attention. Bien plus, s'il

---

(1) Nous n'avons pas besoin d'avertir nos lecteurs que le mot *tyran* n'a pas chez les théologiens la même signification que chez les publicistes de l'école libérale. Pour ces derniers, le tyran est, la plupart du temps, un roi qui ne se conforme pas aux maximes du parti, aux « immortels principes ».

Les hérétiques vaudois, plus forts encore que les libéraux, voulaient qu'un roi fût déchu de sa dignité dès qu'il péchait mortellement. Mais les théologiens catholiques entendent par *tyran* un gouvernant qui persécute l'Église et méprise les avertissements du Saint-Siége ; un gouvernant qui travaille à « la ruine de la communauté » qu'il doit conserver et régir.

La décision sans appel d'un pareil cas de conscience agité entre un peuple et un roi appartient au pape, juge suprême des cas de conscience.

(2) *De Regim. princ.*, lil. 1, c. vi.

(3) Liv. III, c. viii, p. 2.

refusait l'encouragement nécessaire, s'il ne voulait pas que ses sujets
fussent instruits, il cesserait d'être roi, il deviendrait tyran. »

Plusieurs siècles auparavant, saint Rémi avait déjà dit à Clovis : *Rex
eris, si recte facis ; si autem non facis, principatum accipiet alter.* « Si
vous agissez suivant la justice, vous serez roi ; sinon un autre vous rem
placera. »

Mais sans parler des théologiens, dont quelques-uns, et, entre autres,
saint Thomas, saint Bonaventure, Innocent IV, Célestin IV pourraient nous
fournir les témoignages les plus probants, que nos lecteurs nous permettent de mettre sous leurs yeux l'opinion d'un roi. Voici ce qu'on lit dans
les lois d'Édouard le Confesseur. « Le roi, qui est le vicaire du monarque
souverain, a reçu son institution pour régir le royaume de la terre, le
peuple du Seigneur, et pour les défendre de toute injure. S'il ne le fait, il
ne gardera point le nom de roi ; mais, comme l'atteste le pape Jean, il
perd la dignité royale. » Voilà comment s'exprimait un roi que l'Église a
placé au rang des saints.

Un autre prince, Charles le Téméraire, déclare par un acte formel que
les grands de son royaume pouvaient lui résister par la force des armes,
s'il requérait d'un d'eux quelque chose d'injuste. Henri Ier, roi d'Angleterre,
reconnut le même droit à ses sujets. Jean, roi de Danemark, fit une déclaration analogue. Alphonse III, roi d'Aragon, invita pareillement les
barons de ses États à lever l'étendard de la révolte s'il ne remplissait pas
ses devoirs.

Dans la pratique, ces maximes ne reçurent pas sans doute une application rigoureuse ; à vrai dire, elles ne sortirent même pas des lourds in-folio
où les docteurs les ensevelirent ; mais il suffisait que les rois les connus-
sent pour contenir dans leurs devoirs les princes qui tendaient à s'en
écarter, et leur rappeler, au besoin, à quelles conditions était soumis l'exercice de leurs pouvoirs.

Maintenant, qu'on nous permette de comparer les Édouard d'Angleterre et les Alphonse III d'Espagne, si réservés et si dociles à l'enseignement des théologiens, qu'on nous permette ici de les comparer avec ces
empereurs de la maison de Souabe, par exemple, qui, s'appropriant les
despotiques maximes des derniers Césars, eurent sérieusement la pensée
de réaliser au pied de la lettre le fameux texte du *Digeste : Quod principi
placuit legis habet vigorem (Ulp.); princeps legibus solutus est.* (Paul) :
« La volonté du prince fait loi dans le royaume ; » « le prince n'est pas
soumis aux lois. » — « C'est là une parole, disait au roi de France Juvénal
des Ursins (1), c'est là une parole, qui se doit plus dire en présence d'un

____

(1) Dans une séance des États généraux.

tyran inhumain, que de vous qui êtes un roy très-chrétien. » Et, en effet,
l'histoire ne nous apprend-elle pas que le prince qui divorça le premier
avec les traditions catholiques fut justement ce Frédéric Barberousse
qui, se considérant comme une incarnation du Dieu vivant, nommait
Pierre de la Vigne, son principal ministre : « le nouveau Pierre, la pierre
angulaire de la nouvelle Église ? » Il faut lire dans les chroniques de Gode-
froid de Viterbe comment cet intraitable ennemi de l'Église définissait
lui-même ses fonctions et son pouvoir. « L'Empereur, dit-il, est le créateur
de la loi, et ne doit pas y être tenu ; s'il s'y soumet, c'est parce que tel est
son bon plaisir. Tout ce qui lui plaît, par cela même, devient le droit. Dieu,
qui lie et délie tout, l'a préposé à l'univers. La puissance divine partage
avec l'Empereur les choses créées : aux immortels les cieux, le reste est à
l'Empereur. » — « L'Empereur est la loi faite homme, disaient les jurisconsultes Barthole et Marsile de Padoue : *lex animata in terris*, *lex
legibus soluta*. » — « Son pouvoir, disait Æneas Sylvius, est comme celui
de Dieu, si élevé qu'on ne peut y atteindre, si plein qu'on n'y peut rien
ajouter. »

Un autre légiste, Martin Gosia, ne craignit pas d'établir que l'Empereur
est non-seulement maître de tout le monde, mais encore de toutes les for-
tunes des particuliers. On ne doit donc pas s'étonner si Frédéric II, nourri
de ces estimables leçons, écrivait à ses cousins d'Angleterre et de France :
« Ne trouvez-vous pas, comme moi, indécent qu'un roi soit jugé par un
concile ? »

Ce fut la Réforme qui vint altérer les principes fondamentaux du droit
public en Europe. Plus tard, l'assemblée gallicane de 1682 eut le tort de
donner à l'autorité royale une consécration presque aussi scandaleuse.
L'Église tout entière en fut alarmée ; c'était la ruine de son droit séculaire, c'était l'introduction dans la chrétienté du despotisme asiatique. Cela
est si vrai que le pontife contemporain, ne voulant pas laisser se consom-
mer silencieusement cette usurpation inouïe, fit colliger, par le dominicain
Roccaberti, les dissertations des théologiens les plus célèbres sur le caractère et la genèse du pouvoir. Suarez, Bellarmin, Sfondrate, Dominique
de Saint-Thomas, qui écrivit contre Jacques Stuart, Soto, Cajetan, etc.,
y représentèrent la doctrine traditionnelle, telle que l'ont défendue les
conciles et les papes, et c'est dans ce recueil, dont les *Analecta Juris pon-
tificii* ont publié de nombreux extraits, que nous avons puisé tous nos textes.

Mais, avant de les connaître, nous savions que l'Église n'a jamais voulu
pactiser avec le césarisme. L'histoire nous avait suffisamment édifiés à cet
égard. N'est-ce pas un pape, n'est-ce pas Grégoire Ier, appelé si justement
par Gibbon le Père de la patrie, qui écrivait à l'empereur Phocas :
« Souvenez-vous que vous êtes de la même nature que vos sujets ; tenez-
vous bien à Jésus-Christ, et ne vous glorifiez pas tant de régner sur les

hommes que de de faire régner Jésus-Christ sur vous ? » N'est-ce pas un autre Grégoire, Grégoire VII, qui écrivait au roi de France : « Nous vous défendons, par l'autorité apostolique, d'apporter aucun obstacle à l'élection que le peuple et le clergé de Reims doivent faire d'un archevêque, » et qui, les droits du peuple violés, mettait le royaume en interdit ? Enfin, le même pontife et le même saint ne disait-il pas aux rois qui prétendaient à la même adoration que Dieu : « Qui donc ignore que les rois tirent leur origine de quelques hommes pillards qui, homicides, parjures, dédaignant Dieu, coupables de tous les crimes, poussés par le démon, ont entrepris de dominer sur leurs égaux, c'est-à-dire sur les hommes (1) ? »

Aussi ne faut-il pas s'étonner si, dans toutes ses luttes contre les hérésies, le schisme, le matérialisme, la tyrannie, l'Église romaine, peu satisfaite de la conduite des Césars, fit alliance avec les communes italiennes. Mais alliance, il faut bien le dire, non moins correcte que légitime ; en soutenant les cités italiennes contre les empereurs allemands, les papes ne soutenaient pas des révoltés. Les rapports des Empereurs avec les communes n'étaient, en effet, ni ceux d'un roi sur ses sujets, ni même ceux d'un suzerain sur ses vassaux.

Ce fut à la fin du xiiᵉ et au commencement du xiiiᵉ siècle, sous les pontificats d'Alexandre III et d'Innocent III, deux des plus grands successeurs de saint Pierre, que cette confédération si naturelle et si nécessaire de l'Église et des communes produisit les résultats les plus heureux et les plus considérables. En 1183, la papauté signa la *paix de Constance*, qui sanctionna définitivement les libertés des communes lombardes. En retour, dans la cause finale de la *Petitio societatis*, de Plaisance, préliminaire de cette paix célèbre, les députés de la *Ligue lombarde* stipulèrent en termes formels « qu'il serait permis aux villes confédérées de demeurer toujours dans l'unité de l'Église ».

En Angleterre, même sympathie de l'Église en faveur des droits individuels. La *magna charta libertatum* de Jean sans Terre est de 1215. En tête des signataires de cet acte si mémorable pour les communes anglaises, se trouve un condisciple du pape, le savant cardinal Étienne Langton, dont la statue figure depuis vingt années seulement dans la nécropole de Westminster.

Passons-nous en Espagne et en Hongrie, nous verrons que l'Église entourait de ses soins maternels le berceau du régime représentatif moderne. Sous l'impulsion de l'épiscopat, le roi de Hongrie Henri II établit par sa

---

(1) *Quis nesciat reges et duces ab iis habuisse principium qui, Deum ignorantes, superbia, rapinis, perfidia, homicidiis, postremo universis pene sceleribus mundi, principe diabolo videlicet agitante, super pares, scilicet homines, dominari cæca cupiditate et intolerabili præsumptione affectaverunt ?* (Lib. VIII, epist. xxi.) — Ces énergiques paroles de saint Grégoire VII ne visent, bien entendu, que les rois qui, foulant aux pieds toutes les lois divines, prétendent ne relever que de leur épée.

bulle d'Or les droits des communes sur les bases qu'ils ont encore aujourd'hui dans le royaume *apostolique*. Enfin, à Rome même, la papauté protectrice des pauvres et des opprimés fait lire tous les ans, le jeudi saint, la Bulle *In cœna Domini*, dans laquelle sont excommuniés les princes qui, sans le consentement du saint-siége, exigent de leurs peuples les taxes qui ne sont pas levées en vertu du droit national.

Toutes les villes italiennes du moyen âge nous montrent l'Église et l'État d'accord, et se prêtant un mutuel appui. Quelquefois, et souvent même, des révolutions désastreuses et des guerres impitoyables ensanglantent ces jeunes républiques ; mais qui rétablit la paix et qui chasse les oppresseurs ? l'Église, toujours l'Église.

Nous avons, dans le précédent chapitre, signalé le rôle religieux et scientifique des moines mendiants. Qu'on nous permette de parler encore une fois de saint Antoine de Padoue. Nous avons vu que le cruel Eccelin, stupéfait de la sainte hardiesse du franciscain, le laissa sortir sain et sauf de son palais. Quelque temps après, Eccelin revint de son effroi, et, suivi de sa cour, se replongea dans cette orgie de vin et de sang qu'il appelait son règne. Antoine, plus triste, mais moins intimidé que jamais, prêche publiquement contre les cruautés du prince. Le tyran n'ose pas l'arrêter ou l'exiler, de peur sans doute d'exciter le mécontentement du peuple ; mais il essaie de le corrompre. « Il lui envoie un présent, dit la *Chronique des mineurs,* par quelques-uns des siens... Ces hommes ayant présenté au saint le présent qui était de grande valeur, avec la plus grande humilité qu'ils pussent feindre, le priant d'accepter ce peu de charité, qu'Eccelin lui faisait, et qu'il priât Dieu pour lui, ils éprouvèrent quel il était, car il leur répondit : « Dieu me garde de recevoir ce présent, qui n'est que le sang de Jésus-Christ, dont il doit rendre un compte très-étroit à Jésus-Christ ; et, par ce, sortez vite d'ici, de peur que cette maison ne tombe pour vous accabler, ou que la terre, s'ouvrant, ne vous engloutisse ! »

Voilà comment les saints du moyen âge pactisaient avec le césarisme. A douze siècles de distance, le fils de saint François répondait comme saint Pierre : *Pecunia tua tecum sit!*

Entraînés par l'exemple de saint Antoine, les hommes ne furent pas les seuls à défendre la dignité humaine devant la tyrannie des Frédéric et des Eccelin. Après la mort de ce grand saint, on vit des femmes et des enfants descendre sur la place publique et ranimer le courage des citoyens opprimés. Telle fut notamment sainte Rose de Viterbe. Héroïne dès le berceau, cette jeune vierge parcourait toute jeune encore les rues de la ville en parlant de liberté. Sa voix enfantine rappelait les hommes au sentiment de leur dignité, et les conviait à briser un joug qui pesait aussi bien sur leur âme que sur leur corps. A l'âge de neuf ans, elle fit peur au tout-puissant empereur Frédéric II, et obtint les honneurs douloureux de l'exil. Trois ans après, la jeune proscrite mourait au milieu des pleurs unanimes de l'Italie, pouvant offrir à Dieu et à son pays une vie courte de jours, mais pleine d'actions saintement viriles ; et longtemps après sa mort, quand les peuples de Viterbe et de Poggio voulaient retremper leur valeur, ils allaient en pèlerinage contempler les belles roses blanches qui fleurissaient sur le tombeau de la jeune vierge.

VI

LES ROIS CHRÉTIENS

Afin de montrer l'attitude virile de l'Église vis-à-vis des pouvoirs rebelles aux lois morales, nous avons dû citer un certain nombre de rois dont l'histoire impartiale a justement flétri la vie. Notre démonstration ne serait pas complète si, après avoir parlé de ces mauvais princes, nous ne disions quelque chose de ceux qui, fils soumis de l'Église, furent d'autant plus grands qu'ils furent plus dociles aux lois divines.

Il ne faudrait pas croire, en effet, que tous les rois du moyen âge furent des Eccelin et des Frédéric Barberousse. Nous avons déjà vu ce qu'était saint Louis. Le fils de Blanche de Castille ne fut pas le seul monarque qui mérita l'amour de son peuple. Combien d'autres souverains subirent la salutaire influence de l'Église, et réalisèrent, dans ces âges de foi, l'idéal du souverain chrétien !

« En vérité, dit Glaucus à Socrate dans Platon, personne n'a vu un homme posséder un caractère tel qu'il s'accorde en tout point avec la vertu, ni un roi commander à un peuple dont le caractère s'accorde avec le sien. »

Glaucus avait raison de s'exprimer ainsi sur le compte des rois de son temps. Mais qu'eût-il dit s'il avait vu les rois catholiques du moyen âge ? Qu'eût-il dit des saints et héroïques Ethelred, des Edmond, des Oswald, des Alfred, des Édouard et des Henri ? Qu'eût-il dit de la valeur, de la piété, de la prudence et de la magnanimité des anciens rois d'Espagne, de la sagesse politique de don Fernand, de la libéralité de don Alonso *aux Mains Percées*, de la justice de don Alonso XI, de la dévotion de don Ferdinand le Saint ? Leurs noms seuls lui eussent semblé contenir un profond enseignement, et peut-être même renfermer un puissant appel à l'héroïsme chrétien. En effet, quelle magnanime idée de la vertu n'évoquent pas les noms de don Ferdinand le *Saint*, de don Ferdinand le *Catholique,* de don Alphonse le *Chaste,* de don Sanche le *Brave,* de don Alonso le *Généreux?* Le nom même de don Jaime le *Conquérant,* ou le Libérateur, ne nous rappelle-t-il pas les victoires de ces rois d'Espagne qui, comme Alfred d'Angleterre dans ses cinquante batailles, eurent l'ambition, non de subjuguer les peuples, mais de défendre le sol natal? Et, en Italie, combien de saints et savants princes qui, comme Robert, roi de Naples, et Jacques de Ferrare méritent plutôt, ainsi que le dit Pétrarque, le nom de pères que celui de rois !

Aujourd'hui, mille gazetiers illettrés énumèrent les vices de la monarchie. Quand donc parleront-ils de ses grandeurs? Oseront-ils nier le bonheur de l'Espagne? Voudront-ils méconnaître la prospérité de Ferrare sous ses princes Hercule et Hippolyte d'Este? Les écrivains modernes passent volontiers sous silence les vertus des anciens rois, et, par contre, ils nous décrivent minutieusement le fameux château de Plessis-les-Tours ; mais pourquoi ne nous disent-ils rien des murailles qui reçurent dans l'éternelle paix de leur enceinte l'innocent et néanmoins pénitent roi Wamba?

Toute l'Espagne fut, pour ainsi dire, restaurée par la valeur et la piété de Pélage, comme le fut l'Angleterre par la vertu d'Alfred. Ces rois étaient pieux, bons et grands; et, si l'on examine leur vie, on ne s'étonne point de l'affection filiale que leur témoignèrent leurs peuples. Nous permettra-t-on de citer quelques traits de la vie de ces monarques ?

Le saint empereur Ferdinand II disait, au sein de sa périlleuse fortune, qu'il aimerait mieux perdre son empire et ses biens que de commettre une injustice pour conserver sa grandeur. Reginard, dans sa vie de saint Annon de Cologne, assure que l'empereur Henri II ne se revêtait jamais de ses insignes de roi sans avoir purifié son âme par le sacrement de pénitence.

Don Diego d'Arias, trésorier du roi Enrique IV, représentait un jour à ce prince la nécessité de mettre une borne à ses largesses et de congédier quelques fonctionnaires inutiles. Le roi refuse de prêter l'oreille à ces remontrances. « Nous donnons aux uns, répondit-il, parce que ce sont des hommes de bien; aux autres, afin qu'ils ne deviennent point méchants; de même, pour mes officiers; je retiens les uns parce que j'en ai besoin, je garde les autres, parce qu'ils ont besoin de moi. » Dans une de ses lois, don Alonso le Sage prescrit des règles pour limiter les récréations des princes. Le roi don Ferdinand s'adonne à l'étude, même pendant ses récréations, et, tout en chassant au faucon, il se fait lire les dépêches par un secrétaire d'État tandis que des yeux il suit le vol d'un faucon dans les airs.

D'après l'abbé Suger, Louis le Gros se distinguait, dans sa jeunesse, par la grâce et l'enjouement de son caractère; « il était doué, dit le pieux historien, d'une bonté qui le faisait regarder par certaines gens comme trop simple. » Devenu plus grand, le jeune prince ne démentit pas les

espérances que ses qualités originaires avaient fait naître. Aussi vaillant
soldat que chrétien docile, il sut défendre le royaume paternel contre les
compétitions des grands feudataires. On le vit pourvoir simultanément
aux besoins des églises, veiller à la sûreté des artisans et des laboureurs ;
bref, consacrer tous ses soins à la glorification de Dieu et au soulagement
du pauvre. Devenu roi, Louis le Gros perdit-il les habitudes de sa jeunesse ? Non, nous répond l'histoire ; c'est alors, au contraire, que se
montra dans tout son jour la grande âme de cet excellent monarque.
Personne ne travailla plus que lui au développement des forces nationales, et ne fit plus pour l'unité de la France. « C'est un devoir pour
les rois, ajoute à ce propos l'abbé Suger, de réprimer de leurs puissantes
mains, et par le droit de la couronne, l'audace des tyrans qui déchirent
l'État par des guerres sans fin, et prennent plaisir à piller et à détruire
les églises. »

Quand le jeune prince Louis dut partir pour la Guyenne, il vint prendre
congé de son père. Jamais patriarche avant la mort n'entretint ses enfants
avec plus d'onction et de tendresse que ne le fit ce roi catholique : « Je
prie Dieu, mon cher fils, lui dit-il en l'embrassant, que le Tout-Puissant
étende une main favorable sur vous et sur ceux que je vous donne pour
compagnons. Car, si quelque fâcheux accident vous advenait dans la route,
je ne pourrais survivre à cette calamité. Je vous ai fourni toutes les choses
nécessaires ; ne laissez vos troupes commettre aucun dégât sur leur passage ; ne prenez rien sans le payer, et, une fois arrivé, vivez d'une façon
telle que vos nouveaux sujets ne deviennent pas vos ennemis, d'amis
qu'ils vous sont maintenant. » Cela dit, le roi pleure et embrasse son
fils de nouveau ». Peut-on imaginer une scène plus touchante, et qui nous
représente mieux dans sa simplicité biblique le souverain chrétien ?

D'après Pignotti, Hugues le Grand, duc de Toscane, avait l'habitude
de visiter seul et en particulier les chaumières des paysans, d'interroger ces braves gens sur le gouvernement, sur le caractère de leur souverain, et d'écouter avec une attention respectueuse leurs familières ré-
ponses.

Les historiens du moyen âge qui racontent l'avénement des rois n'oublient jamais de mentionner l'allégresse et l'enthousiasme des peuples.
C'est ainsi qu'à propos de l'élection de Godefroi de Bouillon au trône de
Jérusalem, une vieille chronique raconte que « tout le nouveau peuple fut
moult joyeux, car moult l'aimoit » ; puis, racontant la mort de Baudouin,
comte de Flandre, elle dit : « et sachez que ledit comte fut merveilleusement plaint des grands et des petits par tout le pays, car il avoit bien
employé tout son temps à l'honneur de Dieu et de la foi chrétienne, et fut
grand dommage de sa mort pour la terre sainte. »

Écoutez le cri universel de chagrin qui retentit dans le château d'Am-
boise à la mort de Charles VIII, ou celui qui se fit entendre dans Bruges

à la mort de Philippe le Bon. La douleur des peuples se traduit par des gémissements d'une tendresse filiale. A travers ses larmes, Jean le Moine désigne à nos regrets Philippe Ier, roi d'Espagne :

> Le roi, des bons, du monde les délices,
> Le cultiveur des haults divins services,
> Le bienvolu des pauvres et des riches.

Les pièces de monnaie du règne de saint Louis qui sont venues jusqu'à nous sont presque toutes percées ; cette bizarrerie, inexplicable au premier abord, se justifie par la vénération des fidèles : on les portait au cou comme des reliques.

N'oublions pas de faire observer qu'en général les rois du moyen âge, contrairement aux empereurs orientaux, se laissent facilement aborder par leurs sujets. L'empereur Rodolphe ordonne de laisser ouverte la porte de son palais. « Je ne suis pas empereur, dit-il, pour être enfermé dans une cage. » La difficulté avec laquelle Ramire III donne ses audiences semble si monstrueuse, que pour cette seule raison le royaume de Léon se révolte contre lui. Don Ferdinand le Saint ne refuse jamais aux solliciteurs, de quelque sang, de quelque condition qu'ils soient, l'autorisation de pénétrer dans les appartements les plus retirés de son palais. Enfin les rois don Alonso XII et don Enrique III, ainsi que don Ferdinand et Isabelle, donnent une audience publique trois fois par semaine.

Ces exemples ne répondent-ils pas d'une façon concluante aux reproches, aussi dénués de bonne foi que de critique, qu'une certaine école adresse quotidiennement au moyen âge? Une époque où fleurirent d'aussi grandes vertus, et où s'épanouirent d'aussi généreuses idées, fut-elle une époque d'oppression et de servilisme? Plût à Dieu que le XIXe siècle s'élevât au niveau de ces âges barbares ! Si, comme du temps de saint Antoine et de saint Louis, l'Église façonnait encore toutes les âmes contemporaines, l'Europe, à chaque défaite du droit, ne verrait plus passer avec la même indifférence la toge palmée et le laticlave des triomphateurs !...

VII

ORGANISATION FÉODALE

Nous venons de parler des Rois, nous allons parler maintenant des Peuples.

Au-dessous du souverain s'échelonnaient dans une harmonieuse hiérarchie les classes libres et les classes serviles.

Étudions d'abord les premières.

Quelques historiens ont cru retrouver dans le compagnonnage germain, et dans les relations du chef et du client, les premières traces de l'aristo-cratie franque. Cette thèse n'a rien d'insoutenable, et nous l'admettons volontiers avec M. Chéruel. Alors un certain nombre de guerriers se groupent autour d'un soldat plus adroit et plus robuste que ses compagnons, et, sous le nom de *comites*, constituent, avec ce chef improvisé, une petite armée. Avant l'invasion, le chef donnait à ses hommes, en échange de leurs services, des armes, des chevaux, des festins, une framée sanglante. Mais voilà que tout à coup arrive le moment annoncé par les prophètes, où Dieu lâche sur le monde romain les hordes barbares qui doivent le régénérer. A peine les Francs ont-ils passé le Rhin, qu'au lieu d'un cheval de bataille ou d'une framée, le chef concède, sous le nom de *bénéfices*, des domaines fonciers, soit à titre de solde, soit à titre de récompense. Distribuée d'abord temporairement, puis viagèrement, la propriété territoriale emporte pour le tenancier l'obligation du service militaire, et pour le donateur celle du protectorat. Peu à peu, par suite de la faiblesse des rois et du malheur des temps, les concessionnaires transforment cet usufruit en propriété inamovible et héréditaire : il est d'abord admis que la possession ininterrompue d'un bénéfice pendant trente années consécutives confère au titulaire un droit inaliénable. De là le principe de la *prescription trentenaire,* dont l'adoption date de l'an 560. Plus tard, le traité d'Andelot de 587 et le champ-de-mars de Paris, suivi, en 615, de l'édit de Bonneuil, investissent les bénéficiaires de nouvelles prérogatives. Vers 640, Flaochat, maire du palais de Bourgogne, informe les ducs du royaume que leurs dignités seront désormais héréditaires. Plus clairvoyant que ses prédécesseurs, Charlemagne veut en vain réagir contre cette tendance. « Que celui, dit l'empereur dans un capitulaire de 803, que celui qui tient un bénéfice du souverain temporel ou de l'Église, n'en transporte rien dans son patrimoine. » Hélas ! il était trop tard ; le courant était irrésistible. Bientôt les bénéficiaires, mis en goût par leurs conquêtes, veulent obtenir d'autres priviléges ; ils s'arrogent les droits régaliens. Les capitulaires de Charlemagne attestent ici encore les tentatives désespérées que fit la royauté pour enlever aux seigneurs les droits de guerre, de justice et d'impôt qu'ils usurpaient ; tout fut inutile, remontrances et promesses. Non-seulement les grands propriétaires fonciers foulent aux pieds ces édits et continuent leur œuvre ; mais, représentants du pouvoir central, les ducs et les comtes s'adjugent la propriété des provinces dont le roi leur a confié l'administration provisoire. Ils accaparent les revenus publics, ils s'attribuent le droit de lever des péages, ils construisent des forteresses, frappent des monnaies ; bref, ils transforment en titres héréditaires les titres honorifiques de leurs fonctions.

En même temps que cette révolution s'opère, une autre d'un caractère tout opposé s'accomplit dans la condition des *ahrimans* ou propriétaires d'*alleux*. Expliquons d'abord ce mot. Aussitôt après la conquête, les rois francs distribuèrent, comme on le sait, le territoire entre leurs compagnons d'armes. Parmi les concessionnaires, les uns n'obtinrent que l'usufruit des domaines fonciers qui leur furent alloués ; ce furent les *leudes ;* les autres le reçurent en toute propriété et sans aucune obligation de dépendance ; ce furent les ahrimans. La terre des premiers s'appela « bénéfice », et celle des seconds « francs-alleux ». Certes, la situation des ahrimans paraissait, de prime abord, bien préférable à celle des leudes. De grands inconvénients en atténuaient toutefois les incontestables avantages. L'ahriman vivait isolé dans ses domaines, et son indépendance même l'exposait aux attaques jalouses des voisins puissants. Aussi, lorsque l'empire carlovingien, craquant de toutes parts, fut à la fois en butte aux invasions des Normands et aux guerres privées des seigneurs, le propriétaire d'alleux s'empressa-t-il d'invoquer la protection des comtes, et de se placer sous leur tutelle. La classe des ahrimans disparut donc tout à fait vers la fin du ixᵉ siècle, et les rares propriétaires d'alleux qui conservèrent leur autonomie furent, comme les ahrimans d'Yvetot près de Rouen, de Maude près de Tournay, et de Haubourdin près de Lille, traités de *rois* et leurs terres qualifiées du titre de *royaume* (1).

Ce progrès des bénéfices et cette décadence simultanée des alleux conduisirent lentement, mais nécessairement, au régime féodal. Le principe essentiel de ce régime est, en effet, la hiérarchie des classes et la subordination du plus faible au plus fort. Au sommet de l'échelle domine le roi ; puis sous lui se placent successivement les ducs et comtes pairs de France, les marquis ou seigneurs de la frontière, les barons ou hommes forts, enfin les chevaliers divisés eux-mêmes en bannerets, chevaliers de haubert et bacheliers. Les colons et les serfs occupent les derniers échelons. Un écrivain de talent, Alexis Monteil, a merveilleusement défini, dans son *Histoire des divers États,* la hiérarchie féodale. Pour en comprendre le caractère, il nous invite à jeter les yeux sur la grande vitre ronde qui couronne la principale porte de Saint-Martin de Tours. « N'avez-vous pas remarqué, dit Monteil, qu'elle était composée d'autres roses moins grandes encore, qui en contenaient un grand nombre de petites, remplies de verres de diverses couleurs ? C'est l'image de la grande monarchie féodale, sous-divisée en monarchies moins grandes, en fiefs de la couronne, sous-divisés en d'autres monarchies moins grandes encore, en arrière-fiefs qui renferment ce nombre infini de petites monarchies, c'est-à-dire de simples fiefs, de simples seigneuries, où se trouve le peuple dans diverses conditions, dans divers états. Concevez maintenant l'admirable ordonnance de

(1) *Dictionnaire* de Chéruel, *passim.*

ce système : le peuple, les seigneurs du peuple, le seigneur des seigneurs du peuple, les barons, les seigneurs des barons, les comtes, le seigneur des comtes, le seigneur des seigneurs, le chef seigneur, le seigneur souverain, le roi. Voyez comme à cet ordre tiennent ces nombreux liens qui unissent les hommes entre eux, qui multiplient leurs mutuels rapports de bienséance et d'amitié, qui établissent entre tous les membres de l'État, depuis le premier jusqu'au dernier, depuis le roi jusqu'au plus pauvre serf, un continuel commerce de services reçus et rendus : car si les serfs et les tenanciers sont obligés de donner une partie de leur blé, de leur vin, de leurs bestiaux et de leur travail à leur seigneur, à son tour le seigneur est obligé de défendre les champs, les vignes, le troupeau et la personne des serfs et des tenanciers, et de les secourir dans leurs pertes, leurs accidents et leurs malheurs. En même temps, si le seigneur est obligé, d'un autre côté, à servir de ses armes et de ses conseils, le baron, à son tour, est obligé de protéger le seigneur contre la malveillance, les usurpations et les attaques des autres seigneurs; mêmes obligations des barons envers les comtes, du comte envers le baron, du comte envers le roi, du roi envers le comte. Et, chose admirable! l'effet nécessaire de cette grande combinaison politique, c'est le bonheur de chacun en particulier et de tous en général. En effet, le roi, étant propriétaire des fiefs des comtes, a intérêt que les comtés soient riches et prospères; les comtes ont le même intérêt à l'égard des baronnies, le baron à l'égard des seigneurs, les seigneurs à l'égard des serfs, des tenanciers, c'est-à-dire du peuple. Plus ce peuple sera bien nourri, bien vêtu, plus il sera riche et heureux, et plus le seigneur sera lui-même heureux et riche, ainsi en remontant.

« Qui ne voit que, dans cette merveilleuse hiérarchie, tous les chefs ont les mains liées pour faire le mal, pour détériorer leur fief, et qu'ils ont les mains entièrement libres pour faire le bien, pour améliorer leur fief qui, de différentes manières, appartient à différents maîtres? »

Cet idéal n'est pas tout à fait dépourvu de réalité. L'essence du pacte féodal, c'est la prestation de foi et hommage sous la garantie du serment. C'est Dieu pris à témoin d'une promesse de fidélité. C'est un double lien social, cimenté à la fois par la religion et l'honneur. L'hommage rendu par le possesseur de fief devenait un titre pour lui et un contrat pour son suzerain. Les seigneurs avaient instinctivement compris que l'épée ne pouvait tout trancher : le glaive décide, il est vrai, la conquête; mais pour valider l'œuvre de la force, il faut lui donner une sanction morale. Cette sanction fut l'hommage, l'investiture de la terre. En même temps, chacun se sentait faible contre ses voisins. Partout se hérissaient des forêts de lances. Chaque jour, le seigneur était à la veille d'une attaque qui le menaçait d'une dépossession brutale. Son intérêt lui commandait donc d'avoir des alliés, de les grouper autour de lui, et de les associer à sa fortune. « Je te donne des terres et la part de souveraineté qui y est attachée. Tu me devras service militaire et fidélité. Moi, je te devrai protection. » Voilà les termes du traité qui intervient entre le suzerain et son vassal.

L'hommage était de deux espèces : l'hommage lige et l'hommage simple.

L'hommage lige se rend à genoux. Un rituel minutieux règle l'introduction du vassal. Il doit attendre à la porte; on l'annonce plusieurs fois. Enfin il pénètre devant son suzerain sans éperons, sans baudrier et sans épée. Après avoir fait de grandes révérences, il vient s'agenouiller devant lui, joint les mains, les place dans celles de son seigneur, et lui tient ce langage : « Sire, je viens à votre hommage, en votre foi, et deviens votre homme de bouche et de mains, et vous jure et promets foi et loyauté envers et contre tous, et garder votre droit en mon pouvoir. » Alors le seigneur lui donne l'investiture du sol en déposant entre ses mains, soit une motte de terre gazonnée, soit un rameau d'arbre ou un étendard. « C'est la coutume, dit une chronique, que les royaumes soient livrés par le glaive, les provinces par l'étendard (1) ».

Dans l'hommage simple, le vassal se tient debout, garde son épée et ses éperons, puis, la main étendue sur l'Évangile, il prononce cette formule : « Sire, je deviens votre homme et vous promets féauté dorénavant comme à mon seigneur envers tous hommes qui puissent vivre ni mourir en telle redevance comme le fief le porte, en faisant vers vous de votre rachat comme vers seigneur. » — « Et je vous reçois et prends hommage et vous baise en nom de foi et dans mon droit et l'autri, » répondait le suzerain. Puis il embrassait son vassal sur la bouche.

Si l'on veut bien comprendre le régime féodal, il faut étudier le seigneur dans son fief.

Le château féodal surplombe ordinairement une vallée. Soudé aux flancs d'un rocher, il commande tout un *pagus* et embrasse quinze à vingt lieues d'horizon. A son approche, le voyageur sonne du cor. Le guetteur agite aussitôt une cloche ou répond par le son de l'olifant; un archer va reconnaître l'étranger, puis, ces formalités accomplies, les hommes de garde abaissent le pont-levis, dont les flèches sont toujours relevées, et font glisser la herse dans ses rainures. La porte, hérissée de clous et revêtue de lames de fer, s'ouvre entre deux tours cylindriques percées d'archères. Les angles de l'enceinte sont protégés par des tours; les remparts sont couronnés de créneaux. Après avoir franchi la première porte, l'étranger

<hr>

(1) Voir Chéruel, ouvrage déjà cité, et l'*Histoire des classes laborieuses* de M. Dareste de la Chavanne; l'ouvrage de MM. Lacroix et Guyot sur le même sujet, etc., *passim*.

pénètre dans la basse-cour, où l'architecte a installé les magasins, les
écuries, les puits, les citernes et souvent la chapelle. Une haute tour
quadrilatérale se dégage du mur d'enceinte et domine l'édifice : c'est le
donjon, c'est-à-dire une seconde forteresse enfermée dans la première,
plus inexpugnable et plus forte encore.

Dans le corps d'habitation du château nous ne visiterons que la salle
baronniale, la pièce la plus importante. Là sont déployées toutes les pompes
féodales : des armoiries blasonnent les murs ; des pennons, des casques,
des lambrequins, des armes disposées en panoplies, des étendards, des
cimiers pavoisent les pilastres et signalent le rang et les titres du châtelain.
Une chaire ou « chayère à dorseret » en bois de chêne sculpté, et surmonté
d'un dais broché d'or, fait face à une cheminée colossale. C'est ici que le
baron rend la justice ; c'est ici qu'il reçoit les serments des vassaux, et qu'il
accomplit tous les actes qui attestent sa souveraineté. Devant lui, se rangent
sur des bancs circulaires les hommes de « poeste », et de chaque côté, des
coustilliers, debout, la salade en tête et la dague au poing, maintiennent
l'ordre et veillent à la sécurité de leur seigneur.

Une autre pièce non moins importante, c'est le « tinnel » ou salle à
manger. Une longue table massive en bois de chêne en fait le tour. A l'extrémité, une grande chaise à bras, également surmontée d'un dais, comme
le trône de la salle baronniale, est réservée au maître du château. Les
parois de la salle sont tendues de tapisseries de haute lisse « en verdure »,
ou lamées de cuir de Cordoue gaufré d'or. Le sol, en mosaïque, est jonché
d'herbes odoriférantes en été et de paille en hiver.

Afin de donner à nos lecteurs une idée de la société féodale, nous permettra-t-on de peupler le *tinnel*, et d'en animer la solitude par le sonnet
suivant ?

Une salle en vieux chêne : un bahut ; la crédence
Où brillent les grands plats de Rouen, les étains ;
Des chaises à pieds tors, larges clous, cuirs éteints ;
Des armures, l'écu de la mâle ascendance.

Dans l'ample cheminée aux lourds landiers, où danse
Le follet des sarments, clignant l'œil, deux mâtins ;
Des brocs de grès ; un lustre à lampe aux tons châtains ;
D'un cartel marqueté le tic-tac qui cadence.

Les hommes en pourpoint, les femmes en béguin ;
Trois générations, fenaison et regain ;
Un vieillard au milieu ; tous autour de la table,

Debout. Chacun se signe avec simplicité.
Le patriarche alors (c'est un vieux connétable)
Dit haut et lentement le *Benedicite*.

Le seigneur est entouré, dans son castel, d'une véritable cour : sept ou huit officiers l'assistent dans le gouvernement de son fief. Le sénéchal le remplace à la guerre et sur son tribunal; le chancelier appose son sceau sur les actes, le bailli juge en son nom et administre tous ses domaines; enfin, des écuyers et des varlets s'initient, sous les auspices du seigneur châtelain, aux devoirs de la vie chevaleresque.

La châtelaine occupe elle-même un rang élevé. Défendre le château en l'absence du seigneur, commander aux hommes d'armes, présider aux joutes et aux tournois, accompagner le haut feudataire dans les longues chasses d'automne, l'émerillon sur le poing; puis, à la veillée, entendre les récits de quelque trouvère, encourager partout la loyauté, la bravoure et l'honneur, tel est le rôle de la châtelaine. Spiritualisée par le christianisme, la femme est, avec le prêtre, le principal instrument de la civilisation catholique; elle élève les âmes et fortifie les cœurs.

VIII

SERFS, ROTURIERS ET BOURGEOIS

Au pied du burg féodal, s'étendent les chaumières des colons et des serfs. Sous un modeste abri de planches grossièrement taillées, végètent tous ceux-là qu'une émancipation graduelle fera d'abord émerger au rang « d'hommes de *pooste, poeste* ou *poté* (*homines potestatis*) », hommes sous la puissance des seigneurs, et plus tard, à celui de « bourgeois ».

Mais avant que Jacques Bonhomme se soit exonéré de l'autorité seigneuriale; quand, pauvre attaché à la glèbe, il est « la chose » du baron, peut-on dire que, même alors, il est véritablement esclave? Avant de se prononcer, nous prions nos lecteurs de vouloir bien étudier avec nous la situation des classes serviles.

Les colons constituaient, dans les derniers temps de l'empire romain, une classe intermédiaire entre les hommes libres et les esclaves. « Le colonat, dit M. Giraud, fut formé d'un côté par la population servile dégénérée, et de l'autre par la population libre améliorée. L'une et l'autre se fondirent en une position moyenne, qui d'abord n'eut d'autre règle que la coutume ou le contrat, et qui plus tard fut soumise à des règlements que sollicitaient le bon ordre de l'État, l'intérêt de l'agriculture et la garantie respective des propriétaires et des colons. » Le propriétaire ne peut disposer de la terre sans les colons, ni des colons sans la terre. La condition du colon diffère de celle de l'esclave en ce qu'il est libre envers tout autre que le détenteur du sol et qu'il peut contracter un véritable mariage, privilége refusé à l'esclave ; mais il est tenu de cultiver la terre, et de payer à son maître une redevance écrasante. Se trouve-t-il dans l'impossibilité d'observer les obligations stipulées ? il est passible, comme l'esclave, d'un châtiment corporel. Rien, pas même le service militaire, ne peut l'affranchir des travaux de la glèbe. Après la chute de l'empire romain, les colons sont désignés dans la Gaule sous le nom d'*inquilins*, de *fiscalins*, d'*aldions*, etc. Toutes ces dénominations trahissent un colonat mitigé, tel, par exemple, que celui des *triudani*, qui ne doivent le service que trois jours la semaine. Peu à peu le lien qui les attache à la terre peut même être rompu par l'affranchissement ou par la prescription. Le colon a le droit de poursuivre une action en justice et d'avoir une propriété personnelle. En un mot, sa condition s'améliore.

Des colons romains vinrent en partie les *colliberts*, en partie les hommes de *poeste* et les *serfs*.

A peine le Christ a-t-il apparu sur les collines de la Judée et parlé sur les bords du lac de Tibériade, qu'à la voix du Verbe l'esclave secoue ses fers ; non, certes, pour affiler, comme Vindex, son couteau sur la meule, mais pour élever vers Dieu les suppliantes mains du chrétien et du martyr. « Dans le Christ, dit saint Paul, il n'y a ni Juif, ni Grec, ni homme, ni femme, ni esclave, ni libre ; vous êtes tous uns et égaux en Jésus-Christ. » Et d'abord l'Église bénit le mariage de l'esclave, et cette bénédiction fait rayonner sur ces malheureux les premières lueurs de la liberté. En devenant père, l'esclave redevient homme ; il a une femme, des enfants qu'il doit nourrir, et par cela même que de nouveaux devoirs lui incombent, le christianisme l'investit de droits nouveaux. La femme, l'enfant, n'appartiennent plus aussi complétement au maître, et celui-ci ne peut plus complétement dépouiller l'homme chargé d'orienter vers Dieu les intelligences qui gravitent dans son orbite. L'esclave reçoit donc d'abord de l'Église l'affranchissement de sa conscience et de son âme. Si le corps reste serf, s'il doit encore fertiliser la terre de ses sueurs pour livrer au maître tous les fruits qu'elle lui donne, du moins il n'est plus lié qu'au sol. Plus heureux que l'esclave romain, obligé de subir le contact trop souvent avilissant du noble Quirite qui le possède, le serf ne vit pas sous le toit du seigneur, mais sous l'azur de Dieu. Aussi, l'âme embaumée par tous les parfums que la nature exhale, l'esprit agrandi par la contemplation quotidienne des merveilles divines, l'esclave du moyen âge éprouve-t-il moins que le Spartacus du Latium le besoin de recourir à la force pour avancer l'heure de la justice. Courbé sur le sol, il sent passer sur son front la fraîche haleine des siècles à venir, et la vision de ces âges libérateurs pacifie son âme et désarme sa main.

Résignation d'autant plus sublime que, pendant longtemps encore, le despotisme païen fera prévaloir ses maximes dans les relations du maître et de l'esclave. Malgré les évêques et les papes, çà et là les vieilles lois romaines survivent aux Césars qui les ont promulguées. C'est ainsi que, parmi toutes ces cours qui s'enchevêtrent dans le monde féodal, nous n'en trouvons pas une qui soit ouverte au serf. L'attaché à la glèbe est-il lésé par son maître, est-il outragé dans son honneur, aucun tribunal n'accueille ses plaintes. Destitué de toute espèce de droit, il ne compte pas dans la société laïque ; être anonyme, il ne reçoit justice et ne possède un nom que dans les sanctuaires où l'Église l'abrite. Tout ce qu'il acquiert et tout ce que lui lègue un héritage revient de droit au seigneur ; sur les trois cent soixante jours dont l'année se compose, le maître peut en accaparer tel chiffre qu'il lui plaît. Soumis aux « services de vilain », le serf est obligé, par sa tenure, de réparer les routes, d'abattre le bois, de charrier le fumier, etc. (1).

Le seigneur, néanmoins, n'a pas toute espèce de droits sur le serf. C'est ce qui ressort nettement du *Conseil* de Pierre Desfontaines, livre de jurisprudence du XIV° siècle, cité par Du Cange au mot *villanus* : « Et sache bien que, selon Dieu, tu n'as mie pleniere poeste sur ton vilain. Dont se tu prends du sien fors les droites redevances, que te doit, tu les prens contre Dieu, et sur le péril de l'âme et comme robierres (vols). Et ce qu'on dit toutes les choses que vilains ce sont au seigneur, c'est voirs à garder. » Ajoutons que, dans quelques parties de la France, les serfs eurent la faculté d'organiser des espèces de syndicats contre la misère. Sous l'inspiration de leur faiblesse et de leur désespoir, ils se groupent, à l'imitation des moines, s'associent et réclament la possession du sol, non plus individuellement et isolés, mais rapprochés en agrégations de familles. Les couvents les encouragent dans cette voie, et quelques seigneurs même y prêtent les mains ; car le bien-être du serf ne concourt-il pas, en somme, au maintien du bien-être social ? Jamais alors le travail ne chôme dans les ateliers ; jamais l'ouvrier n'émigre, ou du moins si, opprimé par la maladie ou par la misère, le travailleur abandonne son champ ou son échoppe, la grève ne prend point les proportions et n'entraîne pas les conséquences alarmantes qui la caractérisent aujourd'hui. L'étroite solidarité qui relie au moyen âge tous les producteurs, les protége efficacement contre la dureté des hommes et l'inclémence des choses.

« Assez généralement, dit Le Fevre de la Planche, le seigneur se jugeait héritier de tous ceux qui mouraient ; il jugeait ses sujets serfs et mortaillables ; il leur permettait seulement les sociétés ou communautés. Quand ils étaient ainsi en communauté, ils se succédaient, plutôt par droit d'ac-

____

(1) Voir l'*Histoire de la Commune agricole*, par Eug. Bonnemère.

croissement qu'à titre héréditaire ; et le seigneur ne recueillait la mainmorte qu'après le décès de celui qui restait le dernier de la communauté. »

Ainsi, par la communauté des serfs, la tenure devient héréditaire et
permanente, et tout change, dans la condition des terres comme dans celle
des personnes. Cette possession, d'abord emphytéotique, puis perpétuelle,
frisait de bien près la propriété même, et du droit de détenir indéfiniment
à celui d'acquérir il n'y avait qu'un pas. Les serfs le franchissent bientôt.
Avec sa chaîne allégée, le père peut léguer à son fils une existence assurée, et désormais, s'il demeure *justiciable en toutes justices*, si les seigneurs font encore peser sur cet affranchi le joug de leur pouvoir discrétionnaire, il subit seul, du moins, les rigueurs du despotisme seigneurial.
Soustraite à l'épreuve qui frappe l'époux et le père, la famille jette un
regard plus libre vers le ciel qui veille sur elle, et les principes de la
fraternité humaine germent dans tous les cœurs. Ainsi l'esclave, en entrant
dans la famille, fait un premier pas vers la liberté. La confédération des
familles l'affranchit encore, et la propriété du sol vient en dernier lieu
consacrer définitivement son indépendance.

Mais, bien avant cette évolution sociale, les serfs étaient-ils ces êtres
isolés, éparpillés qu'on nous représente ? On peut dire hardiment que,
dès l'origine et par le fait seul de la demeure commune d'un an et un
jour, les attachés à la glèbe formaient des associations tacites. Les asso-
ciés prenaient le nom de *parsonniers*, du vieux mot français *partçon*.
« On vivait, on mangeait ensemble au même *chanteau*, au même pain,
compagnon, compaing, — copain, comme on dit encore dans certaines
écoles, — à commun pot, sel et dépenses ; communs conférant tous leurs
profits et labeurs ensemble. » Aux termes de la coutume du Berri, l'association exige *demeurance et dépense commune ;* la coutume du Poitou veut
que chacun apporte ses biens au fait commun de l'hôtel... En général,
toutes franches personnes usant de leurs droits deviennent *uns et communs
en biens meubles, héritages et conquêts.*

Loin d'être un fait exceptionnel, l'existence de ces sociétés devient, au
contraire, le fait général et constant jusqu'au xviiie siècle. Voici quelques
citations qui ne permettent aucun doute à cet égard : « Ces sociétés, dit
Guy Coquille, sont non-seulement fréquentes, mais ordinaires, et même
nécessaires, selon la *constitution de la religion*, en tant que l'exercice du
ménage rustique est non-seulement au labourage, mais aussi à la nourriture du bétail, ce qui exige une multitude de personnes. » Et dans un
autre endroit : « Selon l'ancien établissement du ménage des champs,
plusieurs personnes doivent être assemblées en une famille pour démener
un ménage qui est fort laborieux et consiste en plusieurs fonctions en ce
pays de Nivernais. Les uns servent pour labourer et pour toucher les

bœufs ; les autres pour mener les vaches et les juments aux champs ; les
autres pour mener les brebis et les moutons ; les autres pour conduire
les porcs. Ces familles, composées de plusieurs familles toutes employées
selon leur âge, sexe et moyens, sont régies par un seul qui se nomme
maître de communauté, qui commande aux autres et va dans les villes,
foires et ailleurs ; il a pouvoir d'obliger ses parsonniers en choses mobi-
liaires qui concernent le fait de la communauté, et lui seul est nommé au
rôle des tailles et subsides. Par ces arguments, il se peut comprendre que
ces communautés sont de vrais familles et colléges qui, par considération
de l'intellect, sont comme un corps composé de plusieurs membres, bien
que les membres soient séparés l'un de l'autre ; mais par fraternité, amitié
et liaison économique font un seul corps.

« En ces communautés, on fait compte des enfants qui ne savent encore
rien faire, par l'espérance qu'on a qu'à l'avenir ils feront ; on fait compte
de ceux qui sont en vigueur d'âge pour ce qu'ils font ; on fait compte des
vieux, et pour les conseils, et pour la souvenance qu'on a de ce qu'ils ont
fait. Et ainsi de tout âge et de toutes façons ils s'entretiennent comme un
corps qui, par subrogation, doit durer toujours. Or, parce que la vraie et
certaine ruine de ces maisons de village est quand elles se partagent et se
séparent, tant dans les ménages et familles de gens serfs que dans les ménages dont les héritages sont tenus à bordelage (fermage), il a été cons-
titué, pour les retenir en communauté, que ceux qui ne le seraient en la
communauté ne succéderaient aux autres, et on ne leur succéderait
aussi. »

Grâce à ces syndicats et aux émancipations dont l'Église et les rois
prirent l'initiative, les serfs transforment graduellement leur condition, et,
« d'attachés à la glèbe, » deviennent ce qu'on appelait au moyen âge roturiers, *mainmortables* ou *villains*. Enfin, sous l'influence du clergé, plusieurs voies s'ouvrent à l'homme de poeste qui veut s'exonérer du servage.

Citons : 1° l'affranchissement libre ou contraint ; dans le premier cas,
l'émancipation est le prix soit d'une somme d'argent, soit du service militaire, soit encore de l'abandon d'un bien auquel est attaché le servage ;

2° la ruine du fonds qui rend serf ;

3° la subrogation, autorisée par le seigneur ;

4° une sentence judiciaire ;

5° dix ans de ministère sacerdotal ;

6° le séjour d'un an et un jour dans certaines villes privilégiées ;

7° le mariage ;

8° la prescription trentenaire ;

9° le bannissement du seigneur ;

10° les sévices exercés par le seigneur ;

11° une fonction libre.

7

Ainsi que nous l'avons dit dans le premier chapitre, l'Église encouragea l'affranchissement direct et fit abolir toutes les formalités qui l'embarrassaient. Au moment des croisades, tout serf qui part pour la Terre-Sainte a droit à la liberté, et le seigneur ne peut l'empêcher d'accomplir ce voyage. Dès le vii° siècle, les serfs de l'Église et les serfs du fisc peuvent posséder des biens en toute propriété, comme les métayers de nos jours peuvent posséder des terres qui leur appartiennent, en dehors du domaine qu'ils cultivent à bail. Les détenteurs de ces tenures, *mainmortes, rotures et villenages*, ne sont point serfs de corps, et, en renonçant à leur propriété, ils s'affranchissent de toute servitude.

Tous les mainmortables sont des *gens de poté*, c'est-à-dire des hommes libres ou non libres placés sous la puissance du seigneur ; mais tous les gens de poté ne sont pas mainmortables. Quelle est l'étymologie de ce nom ? Si l'on en croit Laurière, « le nom de mainmorte vient de ce qu'après la mort d'un chef de famille sujet à ce droit, le seigneur venait prendre le plus beau meuble de sa maison, ou, s'il n'y en avait pas, on lui offrait la main droite du défunt, en signe qu'il ne le servirait plus. » On remarque dans une chronique de Flandre, ajoute le même auteur, qu'Adalbéron, évêque de Liége, mort en 1142, abolit une ancienne coutume qui consistait à couper la main droite de chaque paysan décédé, et de la présenter au seigneur envers lequel il était mainmortable, comme signe qu'il ne serait plus sujet à la servitude. »

Immédiatement après, très-souvent mainmortables eux-mêmes, apparaissent les vilains, gens de poté, compris, avec le serf, sous le nom général de manants et de roturiers. Voici ce que Beaumanoir dit de l'homme de poté :

« L'homme de poté, qui n'est pas serf, peut, d'après notre coutume, laisser par testament les meubles de ses conquests et le quint de son héritage là où il lui plaît, excepté ses enfants auxquels il ne peut laisser à l'un plus qu'à l'autre. Mais le serf ne peut laisser par son testament plus de cinq sous. »

« L'homme de poté qui n'est pas serf » n'est autre chose que le *villanus*, le vilain, c'est-à-dire le détenteur d'une métairie seigneuriale. Le vilain est soumis au seigneur sur la terre duquel il demeure « manant, couchant et levant ». A la fois contribuable et sujet, le vilain de la féodalité représente la tradition du colon romain. La capitation que le colon payait au gouvernement impérial, le vilain la verse, sous le nom de « taille », entre les mains du seigneur.

Et maintenant quel est le nom collectif des vilains et des serfs ? Un seul mot, celui de « roture », englobe sous cette désignation laconique les différentes catégories des classes laborieuses. Le *Ruptuarius*, « celui qui brise la terre, » devient le roturier, en d'autres termes, le non-noble.

Avant saint Louis, le nom de roturier emportait une sorte de flétris-

sure : l'illustre fils de Blanche de Castille le relève et l'anoblit. Pour suf-
fire aux dépenses des croisades, un grand nombre de feudataires avaient
vendu leur patrimoine. Saint Louis donne aux roturiers le droit d'acquérir les propriétés vacantes, sous la réserve de payer au domaine royal
une certaine redevance ; mais bientôt, non content de cette réforme, le
judicieux monarque va plus loin encore : en 1270, il décide « que les descendants des premiers acquéreurs seront mis en possession de la noblesse
personnelle lorsqu'ils auront fait trois fois hommage de leur domaine
au roi, et que, de plus, à la troisième génération, ils pourront en faire
le partage ».

Non moins clairvoyants que le vainqueur de la Massoura, les successeurs de saint Louis favorisent l'anoblissement des roturiers comme ils
avaient favorisé l'établissement des communes. Aux grands feudataires
qui troublent sans cesse le royaume et s'allient au besoin avec l'étranger
pour tenir leur souverain en échec, ils opposent une aristocratie moins
turbulente et plus nationale. Deux siècles après l'ordonnance de 1270,
Louis XI, fidèle à cette politique, déclare l'anoblissement de tous les roturiers qui possèdent des fiefs dans la Normandie (1) ; d'autres provinces
sont successivement gratifiées de la même faveur. Il n'en fallait pas tant
pour ébranler l'organisation féodale. A partir de cette époque, la puissance des seigneurs ne fait que décroître, et cette décadence est si rapide,
qu'à la veille de la Révolution, sur les soixante-dix mille fiefs qui survivent encore, les « hommes de roture » en possèdent les deux tiers.

La classe des « hommes libres » ne se composait pas seulement de la
catégorie des vilains ; elle comprenait aussi celle des bourgeois ou habitants libres des villes.

Disons donc quelques mots des villes :
Les agglomérations urbaines ont deux origines. Les unes, créées par
l'empire romain, continuèrent, à travers le moyen âge, les anciens mu-
nicipes de la conquête. C'est dans le Midi surtout que les communes se
superposent aux cités romaines. Au XIIe siècle, des chartes ou une insur-
rection locale fondent les autres. Les historiens font assez généralement
remonter au règne de Louis VI la concession des premières chartes communales. Noyon, Saint-Quentin, Amiens, sont probablement les premières
villes qu'affranchit l'autorité souveraine. Sous les règnes de Louis VI,
de Louis VII et de Philippe-Auguste, l'émancipation commence par les

_____

(1) Plus tard Louis XIV força de même les riches paysans du Cotentin à recevoir
l'investiture nobiliaire, et on cite un marchand de bœufs, Richard, qui aima mieux recevoir chez lui pendant six mois des garnisaires que de se soumettre à l'édit du roi.

villes qui font partie du domaine de la couronne; peu à peu le cercle s'élargit; pairs et barons se laissent si bien entraîner par l'exemple, qu'à la fin du XIIIᵉ siècle, la plupart des communes sont autonomes.

Les croisades accélérèrent le mouvement communal. Pour ces expéditions lointaines, les seigneurs étaient obligés de réaliser des sommes considérables; mais, moins pourvu d'argent que de terres, comment le haut baron aurait-il pu suivre les Godefroi de Bouillon et les Tancrède, si, négociant avec les bourgeois riches, il ne leur avait vendu quelques-uns de ses priviléges? C'est ainsi que beaucoup de villes conquirent leur liberté. Heureux de voir s'élever une puissance capable de balancer l'autorité des grands vassaux, Louis le Gros ne négligea rien pour élever les hommes de poeste au niveau des seigneurs. Comme nos lecteurs le savent, le service militaire était une des voies ouvertes à l'affranchissement des mainmortables. Louis VI admit les vilains dans ses armées, et ceux-ci, rangés sous la bannière des curés, furent si flattés de cet honneur, qu'ils se battirent comme des preux et contribuèrent puissamment au triomphe de la royauté. Pendant tout le moyen âge, il ne se livre pas de combat sans qu'aussitôt ils accourent aux premiers rangs, leurs curés en tête. « A la mort de Philippe Iᵉʳ, dit Orderic Vital, une communauté populaire fut établie en France par les évêques; de telle sorte que les prêtres accompagnaient le roi aux combats et aux siéges, avec les bannières et tous les paroissiens. »

L'étendue des priviléges conférés par les chartes aux villes de France pourrait nous surprendre, surtout si nous ignorions qu'en beaucoup de localités les seigneurs ne firent que donner aux usages établis une confirmation légale. Les communes purent acquérir, vendre, posséder, exercer enfin tous les droits attachés à la souveraineté féodale. Ainsi que les seigneurs, elles eurent un sceau particulier qui attesta leur autonomie; puis, peu à peu, encouragées par les conciles, elles se débarrassèrent des servitudes ignominieuses ou oppressives dont les malheurs des temps les avaient chargées. Une législation particulière détermina l'assiette des impôts, et permit aux villes de choisir elles-mêmes les collecteurs des taxes. Quelques cités furent dispensées d'assister le seigneur en temps de guerre; d'autres ne furent tenues de le suivre que lorsqu'il commanderait en personne. La plupart d'entre elles ne devaient qu'un jour, ou tout au plus quelques jours de service. Lorsqu'elles consentaient à prolonger ce terme, leur service tombait, comme celui des vassaux, à la charge des seigneurs. Le droit successoral fut fixé, et les coutumes intéressant le droit privé glissèrent dans la charte libératrice. Soustraites à la juridiction des cours seigneuriales, les villes n'eurent plus rien à craindre des barons et purent faire respecter leurs droits nouveaux. Elles eurent leurs magistrats spéciaux appelés, dans le nord, *majeurs, maires, échevins, prévôts des marchands;* dans le midi, *consuls, capitouls, jurats* (1), tous élus par les habitants de la cité, et, à l'origine, presque toujours indépendants des seigneurs.

Mais ce régime dura-t-il longtemps? Les villes jouirent-elles invariablement du droit de nommer leurs premiers magistrats?

Dès le xiii° siècle, Beaumanoir reconnaît aux seigneurs le droit de nommer eux-mêmes « le majeur ou autres personnes convenables à la ville aider »; mais c'est dans le cas seulement où l'élection est l'objet d'un conflit, et à la condition que les seigneurs fassent choix de personnes « convenables en l'office ». D'abord hostile à l'aristocratie féodale, la royauté lui devint favorable dès qu'elle n'eut plus lieu de redouter son influence. Ce que les rois craignaient par-dessus tout, c'était, en effet, le désordre de l'esprit démocratique (2). Le souvenir des insurrections dirigées autrefois contre le comte ou contre l'évêque inquiétait la monarchie pour elle-même. Sous la pression de cette panique, le système électoral ne tarde pas à subir une modification radicale; l'élection directe au suffrage universel tend à disparaître devant des procédures plus ou moins compliquées. Peu à peu, le pouvoir supérieur obtient une part plus large dans la désignation des autorités municipales. A Limoges, par exemple, cinq conseils sont nommés par les habitants, cinq par le vicomte, d'après un accord fait en 1273 (3). Dans certains endroits, la nomination est purement et simplement déférée soit au seigneur, soit surtout au roi, ou aux officiers de l'un ou de l'autre pouvoir. Tout au moins la confirmation du seigneur et du roi est-elle nécessaire et leur reconnaît-on le droit d'écarter les candidats qui leur portent ombrage. Quelquefois, adoptant un système inverse, le seigneur désigne les magistrats avec le consentement des habitants (4).

Le xiii° siècle vit naître un autre système : ce fut celui qui fit des magistrats sortants les électeurs des magistrats nouveaux. Peu à peu le suffrage universel devint si rare, qu'en certains endroits on l'appelait « la voix du Saint-Esprit ». C'est assez dire qu'on ne le regardait pas comme étant d'une application fréquente. A Beaune, les habitants pouvaient suivre un système très-compliqué à plusieurs degrés, ou nommer directement les six échevins, « et appelle-t-on cette élection du Saint-Esprit (5). » Le même nom se retrouve dans une tout autre partie du royaume, à Angoulême. Investis du droit de présenter trois candidats au roi, les habitants avaient la faculté de recourir à trois procédures différentes :

---

(1) V. Chéruel, *Dictionnaire;* L. Gautier, et autres ouvrages déjà cités.

(2) V. une *Étude* de M. A. Desjardins *sur la nomination des maires dans l'ancienne France;* 1870.

(3) *Ordonnances des Rois de France,* t. III, p. 51, art. 9.

(4) V. *la Nomination des maires dans l'ancienne France* (*le Correspondant,* t. XLVI, p. 842-849.)

(5) *Cout. anc. de la ville de Beaune,* art. 33. Voir M.-A. Desjardins, *ibid.*

la nomination par les magistrats sortants, auxquels on adjoignait un certain nombre de pairs ; la nomination par huit électeurs, désignés eux-mêmes au moyen de trois opérations successives ; enfin la voix du Saint-Esprit. Le respect pour un tel nom voulait que le dernier mode eût la préférence sur les autres : « S'il y a aucun preud'homme qui, de la volonté de Dieu et de son esmouvement, dit : *Beaux seigneurs, s'il vous sembloit à tous que bien soit, le Saint-Esprit m'a donné la volonté de vous nommer trois personnes pour estre de trois l'un maire; c'est à savoir tel, tel et tel, et si ayez avis sur ceci, et, s'il agrée à tous, plaise le vous savoir.* Si alors de la volonté de Dieu n'y a nul contredisant, ceux trois demeureront élus (1). » Évidemment, le prud'homme ne voulait pas se faire passer pour *inspiré;* mais il mettait dans la balance ses conseils de bon et prudent citoyen, conseils dont la sagesse était pieusement attribuée à l'Esprit-Saint. Louable initiative, à laquelle l'assemblée rendait d'autant plus hommage, qu'elle en connaissait mieux les intentions et la portée. Si, au contraire, ce prud'homme, qui n'était pas *inspiré*, eût prétendu imposer son choix de par Dieu, ç'aurait été un déplorable illuminisme, et c'est alors qu'on aurait fait jouer au Saint-Esprit un rôle dont la seule pensée répugne à toute âme chrétienne.

Les communes favorables au suffrage universel ne tardèrent pas à délaisser ce système. L'élection directe avait le tort éminent de rendre le maire trop puissant, et cette prépondérance était une menace non-seulement pour la cité, mais pour l'autorité centrale comme pour la ville même. Dans la cité, la constitution mettait en présence le maire d'une part, et de l'autre les conseillers, échevins, jurés, nommés par le suffrage universel ; de là des conflits interminables et des luttes qui se dénouaient souvent d'une façon sanglante. Pour parer à ces inconvénients, les échevins furent désignés, dès le xive siècle, par le pouvoir royal lui-même, et confirmés par le suffrage des bourgeois notables. Cette procédure épargna bien des complications, et permit à la royauté de poursuivre son œuvre sans être entravée par les communes rebelles, qui ne profitaient que trop souvent de leur autonomie pour faire à l'Église une guerre sans merci.

(1) *Ordon.*, t. V, art. vii, p. 679.

CHAPITRE TROISIÈME

L'ORGANISATION JUDICIAIRE

I

LA JUSTICE SOUS LES DEUX PREMIÈRES RACES

Le droit de juridiction a passé au moyen âge par trois états très-distincts, déterminés par l'influence qu'obtinrent successivement, dans le système politique, le Peuple, l'Aristocratie et la Couronne.

Nous allons d'abord parler de la première phase.

Le principe de la séparation des pouvoirs est regardé de nos jours comme une des principales « conquêtes de 89 ». C'est là encore un de ces préjugés qui ne résistent pas à une étude consciencieuse et réfléchie de l'histoire. Si nous examinons, en effet, l'organisation politique de nos ancêtres, nous y trouvons, dès le début, une distinction nette et tranchée, — bien qu'inconsciente, — entre les intérêts et les pouvoirs. Trois sortes d'assemblées fonctionnent au sein de la grande famille germanique. La plus nombreuse unit les peuples qui ont conservé le souvenir confus d'une même origine (1), attestée à la fois par l'affinité des dialectes et la communauté des sanctuaires. C'est l'assemblée religieuse. La seconde, l'assemblée de tribu (2), groupe, dans une même association, tous les hommes libres, et statue sur leurs intérêts politiques; c'est la cité, la *civitas* germanique. Enfin, la troisième, ou assemblée de centaine, détermine les rapports *juridiques* sous la présidence d'un magistrat élu par les membres de l'assemblée précédente (3); c'est là le tribunal germanique.

(1) *Ejusdem sanguinis*, dit Tacite, *German.*, c. xxxix.
(2) *Concilium*, Tacite, *ibid.*, c. xii, etc.
(3) *Princeps*, Tacite, *ibid.*, c. xiii.

La communauté seule, c'est-à-dire le corps des chefs de famille, contrôle le fait délictueux, le discute et prononce la sentence. Pour s'expliquer cet effacement de l'autorité royale, il faut remonter au principe dont le système judiciaire découle. Aujourd'hui, la société se considère atteinte par toutes les fautes qui se commettent dans son sein, que ces fautes soient commises contre elle ou contre un seul de ses membres. Tout autre est le point de vue du droit germanique. Aux yeux des Francs, la victime seule a le droit de vengeance; seulement, comme l'individu n'est pas isolé de sa famille, tous les parents du Germain lésé s'associent à sa *vendetta*. Tel est le principe qui domine toute la législation franque, et dont on retrouve des traces jusque dans le code lombard, dont voici un des principaux articles : « Le meurtrier, s'il n'a pas pris la fuite, ne doit être soumis à aucune peine; mais il doit subir les inimitiés de la famille de sa victime, jusqu'à ce qu'il se soit réconcilié avec elle, s'il le peut. »

Quel est donc le rôle de l'assemblée? Ce rôle est complétement passif. Les hommes qui la composent sont bien moins des juges que des arbitres. Aucun fonctionnaire ne leur amène les accusés et n'instruit l'affaire. L'offenseur ou l'offensé sollicite, non le jugement, mais la médiation de l'assemblée, et celle-ci, après avoir évalué le préjudice causé, fixe le taux des dommages - intérêts. Ainsi se conclut le procès. Aussitôt l'indemnité payée, les deux parties doivent oublier leurs querelles et se réconcilier séance tenante. Le mot germanique *wehrgeld*, littéralement « prix équivalent », indique très-bien le but et la signification de l'indemnité. Le wehrgeld est l'argent de la guerre ou l'équivalent du droit de guerre. Le chiffre varie suivant la nature de l'offense, et aussi d'après le rang de la victime. On croit même qu'à l'origine les juges proportionnaient l'indemnité à la puissance de la famille offensée. C'est en vertu de ce principe que l'indemnité, fixée à six cents sous pour le meurtre d'un anstrustion du roi (1), à trois cents, pour celui d'un Romain *conviva regis* (homme noble, de rang suffisant pour être admis à la table du roi), s'abaisse à deux cents *solidi* pour celui d'un simple Franc; à cent, pour un Romain possesseur de terre, et enfin descend à quarante-cinq, pour le tributaire ou cultivateur de la propriété d'un noble.

Dès que le coupable acquitte son amende, il est réhabilité. Il rentre dans la société, le front haut et la démarche assurée, comme un débiteur en règle avec son créancier; et la société, non moins dépouillée de préjugés, lui rouvre ses rangs et lui restitue son estime. Reproche-t-on par hasard au coupable le crime dont il s'est couvert, il répond alors, comme ce personnage de saint Grégoire de Tours : « De quoi m'accuses-tu? Tu dois me savoir gré d'avoir tué tous tes parents, car, grâce à ces meurtres, j'ai enrichi ta famille. »

(1) On désignait ainsi les grands vassaux du roi, ses compagnons d'armes, les chefs des tribus guerrières. Ils étaient également connus sous le nom de *leudes* et de *fidèles*.

Que ressort-il de là? C'est que la notion moderne de la justice n'entre pas dans la constitution germanique. Institués pour réconcilier, les tribunaux déterminent, non la peine que doit subir le criminel, mais l'amende qu'il doit solder; aussi la loi des Ripuaires et la loi Salique ne sont-elles autre chose que des tarifs. L'homicide n'est pas à leurs yeux une atteinte à la loi morale, c'est un acte plus ou moins préjudiciable, selon le rang et la qualité de la victime. Dans l'offenseur et dans l'offensé, les tribunaux germaniques ne voient que deux parties séparées, non par un crime, mais par un intérêt pécuniaire. Et non-seulement ils ne s'appliquent pas à punir le meurtrier, mais ils le protégent au besoin contre les prétentions de la partie lésée, lorsque celle-ci revendique une indemnité supérieure au tarif légal.

La détention préventive était naturellement incompatible avec un pareil système judiciaire. Comme les tribunaux ne connaissaient pas des crimes, mais des contraventions, quel motif auraient-ils invoqué pour incarcérer l'une des parties? L'accusé, d'ailleurs, n'était-il pas l'égal de l'accusateur? Tous les deux estaient en justice, libres comme il convient à deux témoins (1).

Le principe germanique, en matière de droit, excluait donc l'intervention du pouvoir central. L'établissement des Germains dans l'empire d'Occident modifia légèrement ce principe. Le juge germain était, comme nous venons de le dire, un médiateur; le juge romain, au contraire, était un vengeur: il représentait l'autorité publique, armée pour frapper un coupable. Mis en présence, les deux principes se combinèrent, grâce aux efforts des rois franks. Le tribunal salique (*mallus*) continua directement l'assemblée de centaine de Tacite; son président fut le *thunganus* que le peuple, dans l'assemblée politique, nomme et révoque à son gré. Ce *thunganus* dirige les débats, veille à la police de l'audience, et exerce à la fois la juridiction volontaire et la juridiction contentieuse (2). Mais il n'a pas le ban, c'est-à-dire le pouvoir d'exécuter ou de faire exécuter le jugement rendu par les *rachimbourgs* ou hommes libres qui composent le mâll. Seul, le roi possède ce pouvoir et l'exerce par ses comtes (*grafio*), fonctionnaires nommés et révoqués par lui, chacun dans les limites de son district, *gau, locus, pagus*, et par les sagibarons ou *saccbarones*, agents établis dans chaque centaine pour percevoir les sommes, et, avant tout, les amendes dues au fisc.

Une erreur fort accréditée fait considérer le plaid comme une sorte de

____

(1) Voir *l'Étude sur l'organisation de la justice dans le monde féodal*, par M. Fustel de Coulanges.

(2) Nous n'avons pas besoin d'expliquer le mot de juridiction *contentieuse*, il se comprend de reste; mais celui de juridiction *volontaire* est moins connu. On désigne sous ce nom les dépôts et ouvertures des testaments, les insinuations de donations, les affranchissements, séparations matrimoniales, partages et autres actes de la vie civile.

tribunal patriarcal aux attributions mal établies, et dont les juges étaient uniquement guidés dans leurs décisions par les précédents, ou, à leur défaut, par le sentiment assez vague et souvent trompeur de l'équité. Cette opinion, alors même qu'elle n'aurait pas *a priori* toutes les vraisemblances contre elle, ne peut se soutenir quand on a lu les monuments juridiques de l'époque (1). La procédure mérovingienne présente, en effet, des moyens variés et nombreux appropriés à la nature spéciale des procès pendants. Chaque affaire s'introduit, se soutient, se termine, suivant une progression immuable et à laquelle il n'est pas permis de déroger. La pensée des plaideurs, bien loin de pouvoir se traduire librement, est obligée de recourir à des formules inflexibles et de se conformer à un austère cérémonial.

Les chroniques désignent l'arrondissement judiciaire, tantôt sous le nom de *baronia*, tantôt sous celui de *comitatus*, de *pagus* ou de *gau*. Les chefs-lieux de ces circonscriptions sont ordinairement placés dans le voisinage des routes ou des fleuves, afin de devenir à la fois des moyens de défense, des lieux de marché et des centres de commerce. C'est dans ces bourgs ou villes (*burgi*, *oppida*) que résident les officiers publics délégués par le pouvoir royal.

Quelquefois les plaids royaux, surtout à l'origine, connaissent des délits; mais lorsqu'ils interviennent, c'est surtout pour fixer un point de jurisprudence obscur, ou déterminer un droit controversé. C'est ainsi que nous voyons l'empereur Lothaire tenir un plaid pour recouvrer des propriétés dont la possession lui était contestée. Clotaire III, dans un autre, restitue un village à l'abbaye de Saint-Bénigne, et Thierry III édicte que la propriété est acquise par une possession trentenaire.

Telle fut l'organisation judiciaire pendant la période mérovingienne.

Notre pays jouissait, comme on le voit, d'un système mixte; l'autorité judiciaire était partagée entre le pouvoir public incarné dans les rois et dans les comtes, et la société elle-même, représentée par les thunganes et les rachimbourgs. Mais les principes du droit, ces principes tutélaires sous lesquels vit aujourd'hui la société chrétienne, où étaient-ils? Professés dans les monastères et dans les églises, ils étaient absolument lettre close pour la société laïque, et n'avaient guère plus cours que pendant la période précédente.

C'est alors que Charlemagne arrive. Avec le grand empereur, le rôle du roi s'agrandit et la notion de la justice s'élève. Deux institutions caractérisent le régime judiciaire qu'il inaugure : celle des *scabini* et celle des *missi dominici*. Les *scabini* carlovingiens ne sont pas, comme les rachimbourgs, des juges fortuits qui tarifient les crimes sous la présidence du *thunganus*. A la fois administrateurs et magistrats, délégués par le repré-

(1) *Revue critique*, 1872, p. 103 et 393.

sentant du roi, le comte et le peuple réunis, ils assistent au *mallus* et y font prévaloir leur avis. Ainsi le stipule un capitulaire de Charlemagne. Quant aux rachimbourgs, leurs fonctions sont tout autres : ils ne peuvent juger les procès où la vie, la liberté, les immeubles et les esclaves d'un individu sont en jeu. Les matières graves, ainsi que les apprêts des juridictions inférieures, d'abord exclusivement réservées aux comtes, furent dans la suite attribuées aux *scabini*, qui furent même investis de la faculté de prononcer des condamnations capitales, contre lesquelles le comte et ses lieutenants n'avaient pas le pouvoir de s'inscrire. Un capitulaire de 805 va plus loin : il déclare que celui qui ne se soumet pas à la sentence des *scabini* doit être incarcéré.

Comme administrateurs, les *scabini* suivent les comtes aux grands plaids, ou *placita* royaux ; ils y représentent le peuple, et ce n'est que lorsqu'ils ont revêtu de leur seing les capitulaires, que les lois, hypothétiquement délibérées dans « l'assemblée générale du peuple », *in universo cœtu populi*, acquièrent l'autorité souveraine.

La création des *scabini* avait été motivée par la corruption des comtes ; achetant leurs charges argent comptant, ces fonctionnaires prétendaient en faire trafic. Les *missi dominici* furent institués pour rendre plus rigoureuse encore la surveillance exercée par les *scabini*. Chargés de parcourir l'empire et d'inspecter toutes les branches de l'administration et du gouvernement, les *missi* devaient tout examiner, tout contrôler, réformer les abus, en provoquer la répression, destituer les juges inférieurs, et non-seulement concourir à l'élection des *scabini* et des thunganes, mais signaler à l'empereur les négligences de ces officiers et dénoncer leurs fautes.

Autre innovation de Charlemagne. Dans les tribunaux mérovingiens, le comte, de la race des Franks, ouvrait le plaid, au milieu de la multitude qui vociférait contre les coupables et dictait sa sentence au juge. Un tel état de choses ne pouvait convenir au judicieux empereur ; sur son ordre, les hommes du peuple évacuent le prétoire et laissent leurs places aux délégués du prince. Aux jurés, ou rachimbourgs qui composaient le mâll, succèdent des magistrats royaux constitués en assemblée populaire par le représentant du pouvoir central.

Une réforme aussi salutaire allait insensiblement propager des idées plus correctes en matière de droit. Malheureusement, la mort de Charlemagne vint remettre tout en question et renverser l'édifice qu'il avait si laborieusement construit. De royale, la justice devient domaniale ; au lieu d'être une émanation de l'autorité souveraine, elle n'est plus qu'une charge héréditaire attachée à la possession du sol.

Expliquons en quelques mots cette évolution.

Deux sortes de propriétaires se partageaient alors le territoire : les propriétaires bénéficiaires et les propriétaires allodiaux. Les premiers avaient seulement la jouissance viagère du sol que la couronne leur avait concédé ; tels étaient les comtes, les ducs, les antrustions, les gouverneurs des provinces, les marquis ou margraves commis à la garde des frontières, etc. Les terres des seconds, au contraire, — soit qu'elles fussent acquises par le travail ou transmises par la voie héréditaire, — étaient la propriété absolue de leurs détenteurs : on les appelait *francs-alleux*. Pendant le règne de Charlemagne, les propriétaires des terres allodiales avaient fait la force de la nation. Sous l'impulsion des moines, ils avaient défriché les forêts et fécondé les *latifundia* laissés par la conquête romaine. Plus de guerres intestines, plus de brigandages ; les routes étaient sûres, l'ordre régnait dans toutes les provinces, le laboureur vaquait librement à ses travaux.

Hélas ! cette situation dura peu.

A peine le sceptre du grand Karl est-il tombé dans les débiles mains de Charles le Chauve, que les guerres privées recommencent de plus belle. Les habitants des campagnes, isolés et sans défense, constamment harcelés par des ennemis implacables, se voient forcés de sacrifier leur indépendance à leur sécurité. Les fonctionnaires royaux, comtes et ducs, les protégeaient peu ou point : afin d'obtenir un appui plus efficace, les propriétaires agricoles n'ont bientôt d'autre ressource que d'implorer la tutelle des seigneurs et de se ranger parmi leurs vassaux.

Les gouverneurs des provinces se gardèrent bien d'opposer une fin de non-recevoir à ces ouvertures. Vassaux eux-mêmes du roi, ils cherchaient depuis longtemps à placer les propriétaires d'alleux dans les mêmes conditions de dépendance. La couronne possédait *en propre* les biens attribués à l'exercice de leur charge ; tous les efforts des comtes tendirent à s'attacher les propriétaires allodiaux par les liens d'une subordination similaire. Sous Pépin le Bref, ils avaient déjà commencé l'exécution de leurs projets, et la plupart avaient même usurpé la gestion de presque toutes les affaires publiques. Justement alarmé de ces tendances, et ne pressentant que trop bien l'anarchie qui allait naître, Charlemagne dirige toutes les ressources de son puissant génie contre les ambitieuses menées de ses délégués. C'est pour les combattre qu'on le voit successivement supprimer par voie d'extinction la plupart des duchés, refuser aux magistrats la faculté de léguer leur charge, transférer l'administration de la justice de la main des comtes dans celle des *missi*, et enfin opposer à l'influence des leudes l'autorité des clercs. Les capitulaires du grand empereur parlent à chaque page des fautes des comtes, de leur négligence, de leur oppression, et de leurs criminelles entreprises contre les terres allodiales (1). Malheureusement, les réformes de Karl échouèrent. Voyant, vers la fin de sa vie, qu'il était impossible d'arrêter les empiétements des comtes,

____

(1) *Capitulaires* de Charlemagne, *passim*.

empiétements qui n'allaient à rien moins qu'à détruire l'unité monarchique de l'empire, Charlemagne prit sous sa protection spéciale les détenteurs des francs-alleux, les dispensa des obligations administratives, et leur défendit d'accepter une autre suzeraineté que la sienne.

Ces mesures étaient inspirées par un esprit profondément politique; mais l'heure était venue où défenses et précautions, tout devait être inutile. Voici que les Normands débarquent, et que les comtes, bénéficiant des terreurs de l'invasion, déterminent un mouvement sécessionniste auquel ne se prête que trop l'impuissante royauté carlovingienne. L'empire se disloque, et sur ses ruines la féodalité surgit.

En se « recommandant » aux gouverneurs des provinces, les propriétaires d'alleux se déclarent leurs *hommes* ou vassaux, et reconnaissent de la sorte une donation primitive qui n'avait jamais existé. De propriétaires allodiaux ils deviennent propriétaires bénéficiaires, et par là même confèrent à leurs nouveaux seigneurs les mêmes droits dont le souverain est investi sur les terres des comtes. Obligés du roi, et tenant leurs biens de sa munificence, les leudes devaient mettre à son service leur vie, leurs bras et leur honneur : la « recommandation » impose les mêmes charges aux possesseurs des francs-alleux, et leur crée les mêmes devoirs.

Mais là ne se borne pas la transformation sociale suscitée par l'ambition des comtes. Afin d'assimiler plus complétement leur situation à celle du roi, les leudes convertissent leurs bénéfices en alleux. Au moment même où, en échange d'une protection aléatoire, le propriétaire allodial se plaçait sous la dépendance des comtes, ceux-ci coupent les derniers liens qui les attachaient eux-mêmes au roi.

Alors, qu'arrive-t-il ? De personnel et de révocable qu'il était à l'origine, le bénéfice devient inamovible et héréditaire. C'est Charles le Chauve lui-même qui, en proie à nous ne savons quelle démence, ouvre cette fatale brèche dans la constitution carlovingienne (1). Le souverain seul battait monnaie, levait des troupes, etc.; à partir de Charles le Chauve, le comte s'adjuge tous ces priviléges, et ne reconnaît plus au roi que l'autorité d'un supérieur féodal. Ce n'est pas tout. La coupable imprévoyance des fils du grand Karl favorise d'autres usurpations plus funestes encore à l'unité nationale. Peu à peu les successions ou les mariages réunissent plusieurs comtés dans la même main, et l'on voit bientôt de grandes provinces non-seulement présider elles-mêmes à leurs destinées, mais se détacher insensiblement de la couronne. Ainsi s'élèvent les duchés de Normandie, d'Aquitaine et de Gascogne ; ainsi grandissent les comtés de Flandre, de Toulouse, de Barcelone, de Vermandois, et le duché de Bourgogne, désignés dans l'histoire sous le nom de grands fiefs, et dont les titulaires, appelés grands vassaux, donneront souvent dans leur domaine le spectacle

____

(1) V. le capitulaire de 877.

des plus hautes vertus, mais se coaliseront tant de fois contre le pouvoir royal, et ensanglanteront la France de leurs rivalités et de leurs ligues..

II

LA JUSTICE FÉODALE

La formation des grands fiefs eut pour première conséquence de porter un coup mortel à l'organisation judiciaire. « Le caractère dominant du xi⁰ siècle, dit avec raison un historien, consiste d'abord dans la dissolution du corps des juges, qu'on peut déjà nommer échevins, puis dans le remplacement de ces juges par les vassaux du comte, pairs de la cour seigneuriale, et enfin dans l'inféodation des offices, soit administratifs, soit judiciaires. »

Attachée à chaque fief, la justice fit partie des droits et des devoirs, des charges et des profits de chaque seigneur. Le principe universellement admis était celui-ci : « Tout homme qui a terre a aussi, dans l'étendue de sa terre, la fonction de vider les procès et de punir les crimes. »

Les historiens se sont livrés à de longues controverses sur l'origine de ce principe. Mais il semble que l'évolution politique dont nous venons d'exposer les phases suffit, à elle seule, pour expliquer l'inhérence de la justice aux fiefs. Investis de la même autonomie que le roi (1), les seigneurs durent inévitablement jouir des droits attachés à cette autonomie. Or, parmi ces droits, ne voyons-nous pas figurer les droits de justice ? Il était donc naturel que les ducs et les comtes couronnassent leurs empiétements par l'usurpation des droits de justice et des autres droits régaliens, disséminés et dispersés dans les mains des *missi*, des *sacebarones*, et des scabins. Les *sacebarones* percevaient, comme nous l'avons dit, les taxes et les amendes dues au fisc ; les *missi* et les *scabini* jugeaient les procès et connaissaient des crimes ; les comtes s'approprièrent toutes ces fonctions, et, comme leur suzerain, ils en confièrent l'exercice à des officiers qui relevèrent, non plus du roi, mais du seigneur. En un mot, l'organisation politique, administrative et judiciaire fut, du domaine royal, transportée dans chaque comté.

---

(1) *En droit*, les seigneurs ne jouissaient pas de la même autonomie que le roi ; mais, *en fait*, leur indépendance n'était pas moindre.

Les justices seigneuriales étaient très-diversement constituées. On les distinguait, ici, par la qualité des justiciables; là, par la mesure des peines et le taux des amendes; ailleurs, par leur caractère ambulatoire ou sédentaire; enfin, elles se divisaient en hautes, moyennes et basses-justices.

Leur caractère commun sous le régime féodal, c'était d'être à la fois *patrimoniales et indivisibles*. Du caractère patrimonial et héréditaire de la justice seigneuriale dérivèrent les droits « utiles » prélevés par le seigneur haut-justicier, sur les personnes et sur les choses, pour l'indemniser de ses frais et de ses charges. Sur les personnes, les droits perçus sont les corvées, le service militaire, les tailles, les droits de gîte, de past, de logement, les amendes, les condamnations personnelles, les droits de passage, de hallage, d'habitation, etc.; — sur les choses : les droits de mutation, d'épaves, de vacance, de déshérence, d'aubaine, de confiscation, de banalités, les censives et redevances de certaines espèces, les droits de chasse, de pêche, les droits honorifiques et divers priviléges.

On comprenait sous le nom générique de *coutumes* l'ensemble de ces droits, et les juristes appelaient « coutumiers » les contribuables qui les acquittaient.

Avec cette organisation nouvelle s'écroulèrent complétement les institutions carlovingiennes. Depuis, il ne fut plus question de plaids nationaux ni de mâlls. Comme l'empire, la justice fut démembrée, et l'autorité des grands vassaux substituée à l'autorité du roi. Au milieu de cette universelle ruine, un principe reste néanmoins debout : c'est celui du *jugement par les pairs*. Nous avons vu précédemment que les mâlls étaient plutôt un jury qu'un tribunal, et que les membres de ce jury, nommés *rachimbourgs*, étaient les habitants notables du district. Cette institution du jury s'était tellement enracinée dans les mœurs, que la réorganisation judiciaire ne l'ébranla point. Plusieurs lois antérieures en avaient, du reste, consacré l'usage, et réglementé l'exercice. Dès 560, un édit de Clotaire, fils de Clovis, dispose que chacun sera jugé suivant sa loi, et que, pour juger un leude, on assemblera les égaux du prévenu, ses *pares*. Renchérissant sur cet édit, Charlemagne décrète des pénalités sévères contre les jurés récalcitrants. « Si quelqu'un de nos fidèles, dit le capitulaire de 813, invoque le secours d'un de ses *pairs*, et que son pair refuse de le secourir, que ce dernier soit privé des bénéfices qu'il possède. »

Enfin, un traité conclu en 856, entre Charles le Chauve et les grands de son royaume, stipule (*art.* x) que les comtes seront exclusivement jugés par leurs *pairs*, et que si le roi veut commettre une injustice, les *pairs* pourront lui résister. Les termes mêmes de ce traité méritent d'être rappelés : « Nous avons tous, évêques, laïques et abbés, obtenu de la volonté et du consentement de l'empereur qu'aucun de nous n'abandonne son *pair* (*ut nullus parem suum dimittat*), de telle sorte que le souverain, lors même qu'il le voudrait (ce dont Dieu nous préserve!), ne pourrait traiter personne contrairement à la loi et à la juste raison. »

De même que les premiers Franks siégeaient dans leurs mâlls primitifs sous la direction de leurs grafs ou comtes, de même chaque baron présidait, soit en personne, soit par l'intermédiaire de ses vassaux ou de ses délégués, les différentes juridictions attachées à son fief.

Trois Cours s'échelonnaient dans la terre seigneuriale : la Cour des Barons, la Cour des Gentilshommes et la Cour des Hommes.

Tous les hommes libres reconnus et se reconnaissant eux-mêmes comme dépendants de la baronnie étaient appelés à se réunir périodiquement dans la cour du suzerain, et cette réunion, présidée par lui, s'appelait la Cour du Baron. Dans cette Cour se discutaient toutes les affaires administratives et judiciaires intéressant la terre baronniale; les décisions étaient exécutoires dans toute l'étendue de la baronnie, comme, de nos jours, les verdicts qui émanent d'un Grand-Jury anglais concernent tout le comté. Certaines séances étaient seulement consacrées à la connaissance des délits et des crimes.

Il ne faudrait pas confondre la Cour baronniale avec les simples assemblées de nobles dont nous parlent quelques jurisconsultes du moyen âge. Si, dans ces assemblées, le service de la justice était facultatif, il en était autrement de la Cour baronniale, à laquelle personne ne pouvait refuser son ministère. La plupart des coutumes locales autorisent le baron à requérir l'assistance des hauts feudataires. Ces derniers résistaient-ils aux injonctions du baron, ou bien négligeaient-ils de présenter de légitimes excuses, une forte amende et quelquefois même une pénalité qui allait jusqu'à la confiscation du fief, frappait les jurés indociles.

Pour avoir le droit de juger, la cour de justice devait être « garnie » de cinq ou de quatre *pairs* au moins, suivant Pierre de Fontaines, de trois, suivant d'autres feudistes. C'est à ces assises qu'étaient réservés, à l'exclusion des juridictions inférieures, le jugement et la condamnation des crimes dits de haute-justice. Ainsi que le dit Beaumanoir : « Toutes les cozes qui doivent estre fetes en la condanpnation, ou en ce qu'il soit assous (absous), appartiennent à fere à celui qui a le haute justice par le jugement de se cort (1). » C'est aussi dans ces assises que les amendes et confiscations pour *meffès* capitaux étaient adjugées au suzerain, dans le cas toutefois où les biens des *malfaiteurs* se troùvaient situés dans le ressort de la baronnie. C'était encore à ces assises qu'on examinait la conduite des officiers de justice, tels que les sergents et les recors, et qu'on les punissait ou même qu'on les destituait, s'ils avaient instrumenté de

____

(1) Beaumanoir, LVIII, 9.

La cour des hommes libres et hommes quasi-libres du village d'Ally
rendant la justice en première instance.

leur propre chef, ou procédé sans un mandat spécial à des arrestations arbitraires. Enfin, l'exécution des arrêts appartenait au baron, et devait s'accomplir sous la haute responsabilité de ce dignitaire.

Passons maintenant à la Cour des Gentilshommes.

Il arriva parfois que les simples hommes libres, au lieu de se *recommander* directement au seigneur et de se mettre sous sa suzeraineté immédiate, allèrent se placer, avec leurs biens et leurs droits, sous la domination d'un simple noble, « homme » lui-même du seigneur. Peut-être espéraient-ils obtenir d'un *gentil-hons* (1) un patronage plus paternel, ou du moins pensaient-ils entretenir avec lui des relations moins hautaines et plus cordiales. Quoi qu'il en soit, ce genre de rapports féodaux s'établit dans beaucoup de baronnies ; il s'y forma de cette manière de petites Cours de justice subalternes, mais libres. Aussi Beaumanoir témoigne-t-il expressément que ce n'est pas seulement dans les Cours des Barons que l'on vide les procès, mais que la justice se rend aussi dans les Cours de leurs sujets, « qui ont dans leurs terres *hommes, justices* et *seigneuries* ». Si Beaumanoir ne donne pas de grands détails sur la *Cour du Gentil-hons*, c'est que ce tribunal est la reproduction exacte du for baronnial. Dans la Cour du Gentil-hons, les *hons-coutumiers* (2) remplissent le même rôle que les *gentils-hons* dans la Cour du Baron. A l'égard de leurs égaux, ils siégent comme pairs dans le tribunal du *gentil-hons* qui les préside. Aucun autre gentilhomme n'y siége avec eux, puisque le gentilhomme, en vertu de son titre même, est membre de la Cour supérieure. C'est à ce genre de justice que Beaumanoir fait allusion, quand il dit : « Li home (ou assistants) ne doivent pas jugier lor segneur, mais ils doivent jugier l'un l'autre et les quereles du commun pueple. »

Enfin, au-dessous de la Cour des Gentilshommes, siége la Cour des Hommes. Les Cours des Hommes prirent naissance au sein des agglomérations rurales, où la masse des gens libres ou quasi libres fut assez grande et assez puissante pour garder vis-à-vis du seigneur une attitude à peu près indépendante. Là, par suite de l'association des cultivateurs, il se forma une justice presque libre, et cette justice adopta les vieilles formes du mâll. L'ancien Coutumier du Ponthieu nous en offre des exemples très-significatifs. Les premières *Coutumes Notoires* font mention de jugements rendus par les hommes des divers villages du Ponthieu (li homme d'Aisenviller, — li homme de Gaspane, — li homme d'Ally). Ce n'était pas sans raison qu'on donnait ce nom collectif aux justices rurales ; si les jugements

(1) Gentilhomme, homme de race libre.
(2) Les *hons-coutumiers* composaient cette masse intermédiaire d'hommes jouissant d'une demi-liberté, dont l'origine se rattachait aux *locti*, aux *inquilini*, aux *coloni*, aux *hospites*. Plus tard on les appela « vilains » ou « roturiers ».

étaient cassés par la Cour baronniale, le village tout entier devait concourir
au paiement de l'amende.

C'est ici le lieu de citer le premier de ces jugements ; il jette beaucoup
de lumière sur la diversité des juridictions féodales , et en particulier sur
une partie du rôle que remplissaient parfois les assises de la baronnie.

En voici la teneur : « En l'an de grâce mil trois cents, et au mois de février,
fut rendu en le court de Boubrec (cour du baron de B.) par XXXVI hommes-
liges, lequel s'estoient consillié par grant délivrance en le assise d'Abbeville, d'Amiéns et d'ailleurs, qui li homme d'Ally (les hommes libres du
village d'Ally) qui avoient fait maulvai jugement se passeroient tous
ensemble par XL libres au signeur de Boubrec , en quel court le jugement
avoit été corrigié. » Un second arrêt de la Cour du Baron réforme aussi
presque dans les mêmes termes un jugement des hommes d'Aisenviller ;
mais il porte l'amende à LX sols, *pourche qu'il étoient homme de poesté.*

Ces divers exemples prouvent que les Cours des Hommes pouvaient
aussi se composer de gens moyennement libres.

Passons maintenant aux justices des villes et des campagnes.

Les rapports des comtes avec les libres tenanciers comprenaient, comme
on le sait, la police, la justice et le service militaire. Ces relations
reçurent, dans la suite, une telle extension, que les comtes, obligés
d'ailleurs de s'absenter souvent pour conduire à la guerre leur contingent
d'hommes d'armes, furent bientôt dans l'impossibilité de régir person-
nellement la cité ou le *comitat urbain.* Ils se décidèrent donc à déléguer
leurs pouvoirs à un magistrat spécial, qui reçut le nom de vicomte,
vicecomes. Le vicomte n'avait ni Cour de Baron, ni tribunal « de *medii
liberi* » ; mais il exerçait la justice et tous les droits seigneuriaux sur les
habitants non libres des villes et des terres soumises à la juridiction de
son suzerain. Les petites communautés rurales dépendant des villes étaient
régies par des employés inférieurs, nommés prévôts, *præpositi,* subordonnés hiérarchiquement au vicomte. Dans les villes mêmes, à côté du
vicomte siégeait un prévôt ; mais sa compétence était circonscrite, — sous
le rapport du lieu, *ratione loci,* par l'enceinte même de la ville ou du
bourg, et, — sous le rapport de la matière, *ratione materiæ,* — par le
blubtann ou jugement des affaires de sang, dont la connaissance revenait
de droit au vicomte, comme représentant du suzerain.

L'exemple le plus connu de ces rapports hiérarchiques se trouve dans
la *vicomté* et la *prévôté* de Paris. Là, comme partout ailleurs, la prévôté est circonscrite dans la *vicomté* et lui est subordonnée ; et ces deux
institutions, juxtaposées aux Cours seigneuriales, forment une organisation judiciaire complète à l'égard des habitants non libres ou non nobles ;
la justice prévôtale se meut parallèlement à la justice de la Cour de
Baronnie du roi, considéré comme duc de France, et ne se confond

pas avec les autres cours féodales. L'histoire des vicomtés se lie donc à celle des villes. Mais là encore, il était ordonné, ou plutôt conseillé au vicomte et au bailli, de choisir ses assesseurs parmi les notables bourgeois, et de faire concourir les plus experts à l'administration de la cité. C'est ce qui résulte de ce passage de Beaumanoir : « Es liex où les baillis font les jugements, quand li baillis a les paroles receues et elles sont apoiés à jugement, il doit apeler à son conseil des plus sages et fere le jugement par lor conseil ; car s'on appel du jugement et li jugement est trovés malvès, li baillis est escusés de blasme quand on set qu'il le fist par conseil de bones gens et sages. »

Quant à la dernière classe du peuple, elle ne possède aucune institution judiciaire analogue à celle de la pairie. Les serfs sont jugés par un délégué du seigneur, investi d'un pouvoir discrétionnaire. Au surplus, ce délégué, anobli par les fonctions qu'il exerce, ne siége pas au-dessous de la Cour du Baron, mais il en fait partie et prend place parmi les hommes libres ou vassaux qui la composent.

. Les détracteurs du moyen âge ont souvent fulminé contre les violences des temps féodaux et présenté les barons comme des oppresseurs du peuple. C'est là un reproche contre lequel on ne saurait trop s'inscrire, surtout quand on fait une étude attentive et réfléchie des institutions juridiques du moyen âge. Les écrivains de l'école radicale enseignent communément, par exemple, que, pendant la période féodale, le seigneur peut impunément refuser justice à son vassal, et trancher tous les différends avec son épée. Rien de moins exact. L'une des plus grandes obligations du seigneur est de faire bonne justice, et s'il se montre réfractaire à ce devoir, il donne par cela même au vassal le droit d'en appeler devant le suzerain contre son seigneur direct. Il y a plus : en France, le droit féodal autorise le vassal à se révolter contre son suzerain supérieur, même contre le roi, si ce dernier lui refuse justice en sa Cour. Ainsi, en 1220, Thibaut, comte de Champagne, promet de bien et fidèlement servir Philippe-Auguste, roi de France, « pendant tout le temps, dit-il, que lui-même me fera droit dans sa Cour par le jugement de ceux qui peuvent et doivent me juger (1). » Une ordonnance royale de 1270 reconnaît que le droit de guerre privée peut être exercé contre le roi lui-même, *si le roy a véé* (refusé) *sa cort à un sien vassal.* »

Lorsque le baron rend justice, il ne faudrait pas croire qu'il peut alors prononcer une décision arbitraire et dicter à ses assesseurs l'arrêt qui flatte le plus ses passions ou ses caprices. Le seigneur, il est vrai, con-.

(1) *Traité des fiefs de Chantereau.* — Lefebvre, *Preuves,* p. 128.

voque et constitue la Cour ; mais dès que les juges ont pris possession
de leur siége, le rôle du suzerain devient purement passif (1). La présence
des assesseurs est tellement essentielle à toute juridiction territoriale,
qu'aucun seigneur, — quels que soient les droits de justice inhérents à
son fief, — ne peut prononcer un verdict, si deux vassaux au moins ne
siégent à ses côtés comme pairs. Dans l'ancienne Coutume de Touraine,
l'autorité des jurés est encore plus grande : il suffit de l'opposition d'un
seul d'entre eux pour empêcher une condamnation. La Coutume de
Normandie exige que tous seigneurs « ne jugent que par advis de l'assistance ». Le jurisconsulte Pierre de Fontaines mentionne les jugeurs
ou assesseurs, et déclare que la sentence doit être rendue conformément
à l'avis de la majorité. La Coutume de Paris ne reconnaît pas d'autres
principes.

C'est dans le *parloir aux bourgeois* que le prévôt de Paris arbitre les
litiges ; les diplômes du moyen âge nous le montrent entouré, dès le
xiiᵉ siècle, de jurés et d'assesseurs choisis parmi les notables commerçants de la cité. L'article 16 de la charte d'Abbeville s'étend avec complaisance sur les priviléges conférés à ces malheureux bourgeois, dont on
nous peint aujourd'hui la situation sous des couleurs à la fois si sombres
et si fausses ; même lorsqu'il est accusé d'un outrage personnel contre le
comte ou le vicomte, « le bourgeois, dit la charte d'Abbeville, conserve
la prérogative de n'être jugé que par ses pairs ; au tribunal de la commune,
et, non à celui du seigneur, revient seul la connaissance de ce délit (2). »

Telle est la hiérarchie des cours devant lesquelles comparaissent les
vassaux et les justiciables du baron. Mais devant quel tribunal compa-
raît le baron lui-même ?

Comme tous les membres de la société féodale, le baron estait devant le
tribunal de ses égaux. Jury supérieur, ce tribunal est présidé tantôt
par les ducs de Normandie, de Bourgogne, d'Aquitaine, tantôt par les
comtes de Champagne, de Flandre. Chaque prince est tour à tour justiciable et membre de la Cour du Roi.

Si fièrement qu'ils soient assis sur leur trône féodal, les barons sont,
à l'égard du prince, ce que le prince lui-même est à l'égard du roi. L'indépendance personnelle dont ils jouissent garantit leur indépendance
politique, mais ne les dégage pas de toute subordination hiérarchique.
Membres de droit de la Cour Royale et devant à ce privilége le titre et
la qualité de pairs, ils sont tenus de déférer leurs litiges à ces hautes
assises, dont ils ne cessent d'être les juges que pour en devenir les justiciables. De là, deux catégories de pairs : ceux qui forment la Cour

______

(1) Voir *les Assises de Jérusalem. — La Clef des Assises*, t. I, p. 599, nᵒ cclxxiv, édit.
Victor Foucher.

(2) *Recueil des Olim*, t. II, p. 100.

princière ou Cour de Baronnie, et ceux qui composent la Cour même
du Roi. La Cour de Baronnie est, à l'égard du prince, dans le même
rapport de subordination que la Cour du Baron l'est à l'égard du baron
lui-même. Ce tribunal de pairs, ou Cour de Baronnie, peut, dans trois cas
principaux, traduire le baron à sa barre. La forfaiture est le premier cas.
Alors le prince a la faculté d'opter entre un de ces trois partis : ou déclarer la guerre privée au vassal félon et lui confisquer son fief ; ou le citer
devant la cour des pairs de sa principauté ; ou enfin, s'il se croit trop
faible pour le forcer à y comparaître, l'assigner par devant la cour du
roi de France, dont le pouvoir, joint au sien, doit triompher de toutes les
résistances (1).

Le deuxième cas de compétence est celui de la lutte ou du procès de
deux barons. Deux voies leur sont ouvertes. La première est la *fehde*
ou guerre privée ; après avoir énergiquement milité l'une contre l'autre,
les parties contendantes finissent par recourir à un arbitrage, sans comparaître devant la Cour du Prince. La seconde manière d'agir dans une
affaire de cette nature, c'est, pour l'un des deux adversaires, l'évocation
des procès devant la Cour. Mais les mœurs féodales, en faisant de
la force la tutrice du droit, interdisaient presque absolument ce recours.
Une sorte de flétrissure eût atteint tout seigneur et tout noble chevalier
qui se fût abrité sous une pareille procédure. Aussi ne la trouve-t-on
guère usitée, notamment au x° et au xi° siècle, que dans les contesta-
tions où l'une des parties relève de l'Église.

Le troisième et dernier cas de la compétence de ces cours est l'appel
ou l'*appellation*. Bien qu'introduit beaucoup plus tard dans les mœurs
judiciaires, il est incontestable que l'appel fut, dès le principe, considéré
comme le suprême recours du seigneur contre le jury baronnial qui lui
refusait justice.

Malheureusement, la procédure féodale n'offre point aux arbitres des
moyens suffisants de contrainte légale. Lorsqu'un vassal se croit assez puissant, il se moque de l'assignation qu'il a reçue, et se dispense de comparaître. Quelquefois même, après avoir comparu, le prévenu quitte l'audience
sans attendre la fin du procès, et, retranché derrière les murailles de son
château fort, il nargue les juges et la justice. Alors, à défaut d'armes
temporelles, le haut jury recourt aux armes spirituelles ; le baron rebelle
est excommunié, et l'anathème reste suspendu sur la tête du coupable
tant que ce dernier refuse de se soumettre aux arrêts de la Cour.

De même que le haut feudataire, le souverain eut naturellement ses
pairs. Autour de lui se rangent d'abord les vassaux immédiats du duché

____

(1) V. *Du droit criminel chez les peuples modernes*, par M. Alb. du Boys, *passim*.

de France; ainsi s'explique la présence à la cour des évêques de Noyon, Châlons, Beauvais, Laon, etc. Bien qu'inférieurs dans la hiérarchie ecclésiastique aux métropolitains de Lyon, de Bourges, de Toulouse, de Bordeaux, etc., ces prélats les précèdent néanmoins comme vassaux directs de la Couronne. Lorsque les conquêtes de Philippe-Auguste reculent les limites du royaume, les grands vassaux forment une cour ou juridiction spéciale.

Mais, comment est composée cette cour? quel est le nombre des pairs qui la composent? Là-dessus, règne la plus grande incertitude. Suivant l'opinion générale, lors de la chute des Carlovingiens, sept princes se partageaient l'empire. L'un d'eux, le duc des Franks, reçoit la succession de Charles le Chauve; mais les six autres, en prêtant le serment de fidélité féodale au nouveau monarque, réservent expressément leur inviolabilité personnelle et leur indépendance individuelle; ils ne reconnaissent au duc aucune suprématie judiciaire, et dans leurs différends, soit qu'il s'agisse de crimes privés ou de félonie féodale, ils n'acceptent que la juridiction de leurs égaux. Ces six grands vassaux sont : le duc d'Aquitaine et le comte de Toulouse, le duc de Bourgogne et le duc de Normandie, le comte de Flandre et le comte de Vermandois (1).

Les procédés judiciaires sont en harmonie avec le nouvel état social inauguré par la révolution de 987. « Le roi, dit un chroniqueur de l'époque, n'a plus du roi que le nom et la couronne. Il a été choisi et reconnu par les hauts barons, comme une espèce de président suprême, auquel ils obéissent comme à un roi, du moment que tous les princes ou grands vassaux *ont mis leurs mains dans la sienne.* C'est à ce titre seulement qu'il domine parmi eux; car on ne voudrait pas qu'il surgît une royauté nouvelle qui modifiât ces rapports ou affaiblît ces prérogatives politiques. Le comte Guillaume est *de nom* le soldat du roi, et *de fait* le seigneur de la terre; on ne donne ici le nom de *comte* qu'à celui qui possède les honneurs du commandement (*qui honorem ducis possidet*). »

Ainsi, les rois fondateurs de la seconde race ne sont que les présidents d'une fédération de principautés, et les chefs de ces principautés ne sont justiciables que du tribunal fédéral dont ils sont eux-mêmes les membres.

La Cour des Pairs ne se réunit que dans des circonstances exceptionnelles et graves : quand, par exemple, les grands vassaux ont des vues ambitieuses à satisfaire, ou lorsque le roi veut contrarier leurs projets. Ces deux conditions se rencontrent sous le règne de Philippe-Auguste, lors du procès de Jean sans Terre. C'est à cette époque également qu'il est question pour la première fois des *douze* pairs de France constitués en cour criminelle et jugeant solennellement un grand vassal.

____

(1) Le comte de Champagne succéda, quelque temps après, à ce dernier.

III

HAUTE, MOYENNE ET BASSE JUSTICE

Une fois mis en possession des droits de justice, les barons évoquèrent à leurs tribunaux toutes les causes, et statuèrent en dernier ressort sur la vie et les biens de leurs vassaux.

Sous la première race, un édit de 555 avait déjà donné droit de vie et de mort au comte sur les colons, et n'avait réservé que pour le Frank la juridiction du palais, ou juridiction royale. Au x° siècle, le haut baron hérite les pouvoirs du comte sur les larrons et les malfaiteurs subalternes, et l'exercice de ce droit de mort sans appel constitue ce que les juristes nomment « la haute justice ». Le vieux jurisconsulte Jean Desmares, fidèle écho des traditions antérieures, énumère comme il suit les attributs de cette juridiction souveraine. « Cas de haute justice; dit-il, et desquels la connoissance appartient tant seulement as haux justiciers, sont rapt, traisner, pendre, ardoir, enfouir, testes tailler, et tous autres par lesquels mort naturelle s'en suit. *Item*, couper oreilles ou autres membres, bannir, prendre épaves, lever morts trouvés, à aubenage succéder. *Item*, connoistre des fausses mesures et denrées de petit pain, despecier mesures, ou autres fausses denrées, des voiries, des ormes et des autres arbres qui sont ès chemins et abonnements des chemins, des chemins, des quarrefors et places communes, de port d'armes et ôter les débats de guet appensé, et faire battre, pour denier mettre à question et à tourment, fustiguier et battre de verges pour délits publiquement, avoir forches à un ou deux ou trois pilloris, faire dédire devant le peuple, mettre en spécial garde et protection, donner assurément, connoistre d'avoir appelé homme larron ou meurtrier, et semblables et plus grands injures, faire vendre héritage par cri solennel et mettre décret par espécial, quand chouses et biens immeubles de meneurs se vendent, avoir ressort, etc. (1). »

Un droit que ne mentionne pas Desmares, et qui, sous Charles V, commençait à tomber en désuétude dans les seigneuries souveraines, c'est le droit de grâce. Les Capitulaires avaient formellement interdit l'exercice

______

(1) *Décisions* de Jean Desmares, art. 295. Ce jurisconsulte vivait sous Charles V et Charles VI. — Voir aussi *le Droit public de France*, par Bouquet, avocat au parlement, p. 279; Paris, 1756. — Voir aussi le beau livre de M. Albert Desjardins.

de ce droit non-seulement aux vicaires (1), mais aux comtes. Néanmoins, dès le xɪᵉ siècle, l'histoire nous le montre usurpé par tous les hauts seigneurs qui jouissent des droits régaliens. C'était, au surplus, une conséquence du droit de dernier ressort qui leur était dévolu. Puisqu'ils pouvaient prononcer un arrêt de mort, pourquoi n'auraient-ils pas eu le privilége de rendre un arrêt de grâce? Les deux prérogatives sont connexes.

Comme juridiction criminelle directe, la basse justice ne donne droit qu'à la connaissance des petits délits, tels que les injures légères, les dégâts causés par les animaux, et autres contraventions qui ne pouvaient être punies d'une amende de plus de dix sous parisis. Mais, au civil, le seigneur bas justicier juge les procès de ses vassaux jusqu'à la somme de soixante sous parisis. Relèvent aussi de son tribunal tous les litiges relatifs aux cens, rentes et échanges d'héritages situés sur ses terres. Arbitre naturel de ses vassaux, il fixe les limites de leurs propriétés et dénoue pacifiquement leurs conflits. Enfin, réunissant dans ses mains le pouvoir exécutif et le pouvoir judiciaire, le bas justicier peut avoir à sa disposition des sergents, des geôliers et une prison, pour faire arrêter et détenir tous les délinquants qui se réfugient sur son territoire. Si nous voulions trouver de nos jours une magistrature analogue à la sienne, c'est la justice de paix qui nous fournirait, ce semble, les plus nombreux points de similitude.

Dans les premiers temps de la féodalité, on ne connaissait que la haute et la basse justice. L'une et l'autre n'étaient pas toujours séparées. Quand on voulait faire entendre qu'un seigneur jouissait de tous les droits de justice, depuis le haut jusqu'au bas de l'échelle, on disait qu'il exerçait l'*alta* et la *bassa justicia*. Toutefois les hauts seigneurs déléguèrent souvent à leurs officiers supérieurs les prérogatives de la basse justice, et même quelques-unes des immunités de la haute, qui, par suite de ce transfert, s'appela *media justicia*, moyenne justice.

Le haut justicier, d'après le langage emprunté au droit romain et mal appliqué aux institutions féodales, était censé posséder le *merum imperium*. Ce pouvoir entraînait le droit de *glaive*. La moyenne justice était aussi variée que les inféodations qui l'avaient aliénée et morcelée. « Le seigneur moyen justicier, dit Jacquet, peut, dans quelques coutumes, avoir des fourches patibulaires à deux piliers, et son juge connaît du simple homicide sans guet-apens, et des cas qui en dépendent; dans d'autres, il connaît du crime de larcin jusqu'à la peine de mort inclusivement; dans d'autres, il a la punition du sang jusqu'à soixante-quinze

____

(1) Lieutenants des comtes.

sols d'amende envers la justice, et du larron jusqu'à la mort; dans d'autres, il connaît en ses assises, qu'*il peut tenir quatre fois l'an*, du simple *furt* (vol); peut avoir ceps et anneaux de fer, et une prison pour garder les malfaiteurs et les punir jusqu'au supplice de la mort exclusivement; mais, dans d'autres, il ne peut user de fers, ceps, grues, grilles; dans d'autres, au contraire, il peut avoir prison fermée, ceps et anneaux, et détenir les délinquants ou les punir, s'il y a lieu (1). »

IV

LA JUSTICE ECCLÉSIASTIQUE

En vertu même de sa mission surnaturelle, l'Église a le droit d'intervenir comme arbitre entre les parties contendantes et de juger leurs différends. Ouvrons l'Évangile : l'Apôtre ordonne aux chrétiens de ne pas soumettre leurs procès aux autorités séculières, mais de les régler par de pacifiques conventions ou par le jugement d'un membre de la communauté chrétienne. Sous l'empire de ces conseils, les chrétiens s'accoutumèrent bien vite à confier l'examen de leurs débats à l'institution que préoccupait le souci de leurs intérêts éternels. Lorsque le christianisme fut proclamé religion de l'État, les fidèles n'eurent plus de raison pour se soustraire à la compétence des tribunaux laïques, mais le tribunal ecclésiastique subsista; bien plus, il fut légalement reconnu. A peine Constantin a-t-il entrevu la croix du *labarum*, que non-seulement il proclame irrévocables toutes les sentences des évêques, mais il permet qu'un procès commencé devant les juges laïques soit déféré par les parties au tribunal épiscopal. Une autre constitution du même empereur va plus loin : elle stipule que, sur la demande d'un seul des ayants cause, le tribunal épiscopal a le droit d'évoquer le procès et de prononcer un arrêt en dernier ressort. Toutefois, lorsque les deux contradicteurs sont laïques, leur assentiment est nécessaire; mais, en aucune circonstance, les prêtres ne peuvent se soustraire à la juridiction des évêques, et ceux-ci à celle des synodes. Plus tard, cette juridiction fut restreinte aux cas où les parties laïques s'accordaient pour solliciter l'intervention du for épiscopal. L'Église fit respecter ce privilége, et nous savons par saint Augustin que

---

(1) *Des justices des seigneurs,* liv. II, ch. III, n° 21. Voir Albert du Boys, *ouv. cit.,* t. II, ch. III, § 3.

les évêques furent pendant longtemps les seuls justiciers de la société chrétienne.

Dans les audiences épiscopales, l'évêque était assis au milieu des prêtres, comme un magistrat assisté de ses conseillers : les diacres étaient debout, servant d'appariteurs ou ministres de justice; les parties se présentaient en personne, et s'expliquaient elles-mêmes. L'affaire était examinée simplement et de bonne foi, sans formalités rigoureuses, et décidée suivant la loi de Dieu, c'est-à-dire conformément aux saintes Écritures. Le juge avait égard à la qualité des parties, principalement à leurs mœurs; et non-seulement il jugeait l'affaire à fond, en déclarant ce qui était juste, mais il s'efforçait de faire acquiescer le demandeur et le défendeur à son verdict, et de guérir les adversaires de toute animosité et de toute aigreur. Aussi l'audience de l'évêque se tenait-elle le lundi; on avait fixé ce jour afin de donner aux parties le temps de calmer leurs passions, et pour leur permettre, le dimanche suivant, de lever vers Dieu, comme dit l'Apôtre, « des mains pures. » Les affaires plus importantes, telles que les plaintes contre les évêques, se jugeaient devant le conseil provincial, tribunal suprême, dont les arrêts pouvaient être cassés par le pape, et devant lesquels l'État devait incliner sa puissance.

Les empereurs chrétiens ne se contentèrent pas de favoriser l'autorité arbitrale des évêques; ils leur donnèrent le droit de surveiller les mœurs et de veiller à l'honnêteté publique. Si les pères ou les maîtres ne prennent pas soin de leurs filles et de leurs esclaves; si, par une négligence coupable, ils mettent la vertu de ces jeunes filles en péril, l'évêque a le droit d'intervenir et de protéger efficacement l'innocence de ces jeunes âmes. A l'exemple du magistrat, il peut, lui aussi, couvrir de sa protection la femme libre ou l'esclave qui refuse de monter sur le théâtre ou de prendre part à des représentations scéniques. L'évêque assiste encore à la prestation de serment des curateurs chargés de la tutelle des insensés ou des mineurs. Une fois par semaine, le mercredi ou le vendredi, il visite les prisons, interroge les prisonniers libres ou esclaves sur les motifs de leur détention et reçoit leurs plaintes; il engage les magistrats à faire leur devoir, et, s'il constate une infraction aux règlements, il avertit l'empereur. Enfin, l'évêque exerce un droit de surveillance et de contrôle sur l'administration municipale, sur l'emploi des revenus et des deniers communs des cités, sur la construction ou la restauration des édifices civils.

Telle est la magistrature des évêques.

Au moyen âge, l'Église conserva la plupart de ces priviléges.

Chargée par Dieu même d'introduire le christianisme dans toutes les relations sociales, les évêques devaient nécessairement se mêler à la justice et en réformer la procédure. L'Église, pénétrée de cette mission, christianisa donc, autant qu'il dépendait d'elle, l'organisation judiciaire et les principes du droit. Au droit du plus fort elle s'efforça de substituer

le droit du plus juste, et du duel elle fit une procédure judiciaire aussi
correcte qu'il était possible de le faire dans une société encore barbare et
plus docile aux décisions de la force qu'aux arrêts de l'équité.

Nous avons vu précédemment que seuls les serfs ne jouissaient pas, au
moyen âge, d'une juridiction normale. Aussitôt que l'Église prend place
dans le conseil des rois, son premier soin est de combler cette lacune ; non-
seulement elle prend sous sa sauvegarde les attachés à la glèbe, mais elle
consacre ses soins aux membres de toutes les classes souffrantes, aux
pauvres, aux orphelins, aux veuves, aux lépreux et aux pèlerins. Elle leur
donne des mandataires ou des défenseurs, les recommande aux comtes, et
finit par obtenir la juridiction exclusive de tous ceux que le travail enchaîne
ou que la détresse opprime. En même temps, la compétence de l'Église
s'étend sur tous les individus qui spolient le pauvre, comme les usuriers,
et sur ceux qui pressurent le peuple, comme certaines sommités de l'oli-
garchie féodale. En 567, un concile de Tours excommunie les comtes
qui, réfractaires aux remontrances des évêques, tyrannisent les misérables et outragent en eux l'image de Dieu. Le concile de Mâcon (585)
menace de l'anathème les magistrats laïques qui jugent les causes des
orphelins et des veuves sans l'assistance de l'évêque ou de son archidiacre.
En 633, le cinquième concile de Tolède impose aux évêques le devoir
de réprimander les juges prévaricateurs, et, si ces magistrats avertis ne
se corrigent point, il enjoint aux prélats de les dénoncer au roi. Enfin, le
vingt-troisième canon du concile de Verneuil dispose que les causes des
veuves et des orphelins seront expédiées les premières, et le vingt-
cinquième canon interdit la vénalité des arrêts.

Alphonse de Castille, saint Louis et tous les princes chrétiens, loin de
voir d'un œil jaloux le pouvoir judiciaire des évêques, en encouragèrent,
au contraire, l'extension. Ils croyaient en cela concourir au bonheur de
leurs peuples, plus portés à comparaître devant le tribunal des clercs que
devant celui des barons. Il est incontestable, en effet, et c'est l'avis de
M. Faustin Hélie, que les laïques préféraient aux juges séculiers les magistrats épiscopaux, chez lesquels ils étaient sûrs de rencontrer un esprit
plus imprégné des principes du droit et moins enclin aux mesures rigoureuses. Autant l'Église apportait d'impartialité et de soin dans l'instruction des causes et dans l'interrogatoire des accusés, autant les magistrats
laïques montraient trop souvent un esprit affranchi de scrupules et un
cœur dépourvu de miséricorde. Le vingt-troisième canon du concile de
Narbonne (1235) exige « que l'on ne condamne personne sans qu'il soit
convaincu par des preuves évidentes ou par son propre aveu, *parce qu'il
vaut mieux laisser un coupable impuni que de frapper un innocent.* » Le
concile de Toulouse (1229) ordonne que les juges rendent la justice gratuitement, donnent des avocats aux pauvres, et ne laissent voir dans leurs
jugements ni passion, ni cruauté, ni complaisance. Celui de Château-

Gontier (1231) oblige les juges à « prêter serment de ne point recevoir de
présents, et de juger selon la justice ». Il prescrit, en outre, aux avocats
de jurer qu'ils ne défendront point de mauvaises causes, et qu'ils n'em-
ploieront ni la fraude, ni le mensonge, ni la médisance, etc. Une pareille
sollicitude était bien faite pour recommander la juridiction ecclésiastique,
et la désigner à l'estime des rois et des peuples. Nous venons de citer saint
Alphonse de Castille et saint Louis; mais dès le vi^e siècle, Reccarède, roi
des Visigoths d'Espagne, avait statué que les juges paraîtraient devant
les synodes des évêques pour y être instruits de leurs devoirs et des principes qui devaient les diriger dans leurs arrêts.

Les évêques furent chargés de surveiller eux-mêmes l'administration
de la justice, d'en soumettre les abus aux princes, et d'excommunier les
juges prévaricateurs. Quelquefois trop faible pour atteindre des magistrats
iniques et souvent incapables, l'autorité royale avait besoin du concours de
l'Église. Plusieurs fois, les rois de France invitèrent expressément les
évêques à protéger les pauvres, les innocents et les orphelins, contre l'oppression des seigneurs. Nous avons de Clotaire II une constitution où ce
prince déclare que, pendant son absence, les sentences définitives seront
réservées aux évêques. Bref, les pontifes tiennent la place du roi. Nouveau Constantin, Charlemagne ordonne, par un édit, que toute affaire
civile, même quand elle est déjà pendante devant les tribunaux laïques,
soit soumise au jugement de l'évêque. L'évêque craint-il la partialité des
assesseurs, il a le droit d'évoquer l'affaire devant son tribunal. Alors il
choisit ses assesseurs parmi les ecclésiastiques et autres personnes com-
pétentes, et, la sentence rendue, il la transmet au roi, qui la confirme ou
l'annule.

C'est ici le lieu de bien faire ressortir la pensée dont s'inspiraient les
évêques dans leurs procédures, et le mobile qui dictait leurs décisions.

Jusqu'à l'introduction du christianisme dans le monde, la juridiction
pénale de l'État n'avait d'autre but que l'expiation rigoureuse et inexo-
rable de la faute. Le châtiment n'était que la réaction nécessaire de la
justice qui fait plier le coupable sous la loi qu'il a violée. A peine l'Église
est-elle fondée, qu'elle donne au châtiment une portée supérieure : non-
seulement elle le considère comme une expiation nécessaire, mais comme
une expiation salutaire de la perturbation apportée par le délit à l'ordre
établi de Dieu dans la société humaine. De vengeresse la peine se fait
médicale. Améliorer le coupable, le reconquérir à la vie sociale par le
changement de ses dispositions morales, devient le motif qui dirige l'application du châtiment. On voit alors l'Église intercéder en faveur du
coupable, que le bras vengeur de la justice menace de la mutilation ou de
la mort. Témoins des résultats que l'influence de l'Église produit sur les
criminels, les rois partagent avec elle la surveillance des prisons. L'Église
profite aussitôt de cette faveur pour obtenir d'abord, qu'aux jours de fêtes

solennelles, les rois n'oublient pas les malheureux dans leurs cachots, puis elle fait admettre le principe, aujourd'hui remis en honneur par l'Angleterre, que de la conduite du prisonnier dépendraient et la durée et l'intensité de la peine. Le droit d'asile devient le moyen le plus efficace dont se sert l'Église pour protéger les fugitifs désarmés contre leurs persécuteurs, pour combattre la coutume germanique autorisant la vengeance du sang versé, et enfin pour adoucir la rigueur de la législation pénale.

Un mot ici sur le droit d'asile.

Un grand nombre de conciles promulguèrent et sanctionnèrent le droit d'asile. Citons d'abord, entre beaucoup d'autres, deux canons, l'un du vi⁰ siècle, l'autre du ix⁰. Voici le premier, tiré du concile d'Orléans, tenu en l'année 511 :

« Nous décidons qu'on observera ce qu'ont décrété les canons ecclésiastiques et la loi romaine, à savoir qu'il ne soit permis à personne d'enlever les accusés ou criminels des sanctuaires et vestibules des églises, non plus que de la maison des évêques où ils auront cherché un asile : on ne doit pas non plus les remettre aux mains d'un magistrat, à moins que celui-ci ne jure sur l'Évangile d'épargner la vie et le corps de ce malheureux et de ne lui infliger aucun châtiment corporel ; on doit cependant veiller à ce que le criminel qui aura profité de l'asile donne une satisfaction convenable à celui qu'il aura lésé. »

Trois siècles après, en 813, un concile de Mayence s'exprime à peu près dans les mêmes termes : « Que personne, dit-il, ne puisse enlever par force un accusé qui se sera réfugié dans une église, et ne le livre à la mort ou à une peine grave, afin de conserver l'honneur qui est dû à Dieu et à ses saints ; mais que les recteurs ou desservants de l'Église s'efforcent de sauver la vie et les membres de ce malheureux, et d'obtenir qu'on lui accorde la paix ; sans préjudice, néanmoins, d'une composition légitime pour ce qu'il aura fait d'injuste. »

On ne pouvait livrer le criminel qui s'était réfugié dans un asile que dans le cas où ses juges naturels juraient sur l'Évangile de ne lui faire subir ni la mutilation ni la mort. Gontran, roi de Burgondie, voulant interroger des conspirateurs qui s'étaient réfugiés dans un asile, leur promet la vie sauve s'ils sortent. Après les avoir interrogés et reconnus coupables, il leur permet de retourner dans leur asile. L'esclave, même accusé d'un crime atroce, est affranchi de toute peine corporelle, lorsqu'il s'est placé sous la protection d'un asile. Il n'est rendu à son maître que si celui-ci promet le pardon par serment.

Le suppliant se réfugiait quelquefois jusque dans le sanctuaire, et saisissait la nappe de l'autel. Les Capitulaires de Charlemagne maintinrent l'immunité : « Si quelqu'un ose arracher un suppliant des portiques, des parvis, des jardins, des bains, et autres lieux attenant à l'église, qu'il soit puni de mort. » Les croix élevées sur les chemins sauvegardaient égalementment ceux qui s'abritaient sous leur ombre. Le concile de Clermont (1095) défend formellement de mutiler le criminel qui les embrasse. Les chroniques du xie siècle nous apprennent que les murs des églises étaient quelquefois garnis d'un *anneau de salut* qu'il suffisait de saisir pour être exonéré de toute poursuite. « Dans ces temps barbares, dit Guérard, où l'offensé se faisait lui-même justice, où souvent une vengeance terrible et prompte suivait un tort assez léger, où la force était la loi de tous, et les sentiments d'humanité affaiblis ou même éteints dans le cœur du plus grand nombre, il était bon que l'Église pût accueillir et protéger le malheureux qui venait lui demander un refuge, afin de donner à la colère le temps de s'amortir, et aux sentiments chrétiens le temps de se réveiller.

Faisons remarquer que l'asile n'abritait pas indéfiniment ceux qui l'utilisaient; le neuvième jour les clercs mettaient le coupable en demeure « d'abjurer » l'asile ou de comparaître devant les tribunaux. Dans le cas où le criminel préférait l'exil, on lui laissait quarante jours pour quitter le royaume.

Afin de mieux faire comprendre encore le véritable esprit dans lequel l'Église entendait le droit d'asile, nous allons rapporter un trait de la vie de saint Bernard, qui jettera sur cette question la plus vive lumière.

Saint Bernard, étant abbé de Clairvaux, fait un jour la rencontre d'un brigand de grand chemin que les sergents du comte de Champagne conduisaient à la potence. Le saint abbé s'empresse de soustraire le malfaiteur au supplice qui l'attend, et le fait diriger vers son monastère. Le comte Thibaut, assez décontenancé, tâche de faire revenir Bernard sur cette décision; il lui représente que le criminel qu'il vient d'arracher au supplice terrorise le pays depuis de longues années, et donne le scandale des plus abominables forfaits. Que répond alors au comte l'illustre moine? « Bien loin d'accorder un pardon complet à ce misérable, je compte bien lui infliger les plus cruelles tortures. Je veux, dit Bernard, l'attacher pendant plusieurs années à une croix, et le faire mourir dans les tourments d'une longue pénitence. »

C'est ce qui arriva. Le brigand, délivré du supplice et conduit à l'abbaye de Clairvaux, revêtit l'habit monastique, se soumit aux épreuves de la pénitence la plus rigoureuse, et s'éteignit, heureux et pardonné, après trente années d'une vie mortifiée (1).

---

(1) Le droit d'asile subit d'autres modifications non moins importantes lorsque la législation pénale se fixa et s'améliora, et que l'autorité de l'Église n'eut plus besoin, pour obtenir la considération qui lui est due, du privilége de la franchise. Ainsi, dès le xiie siècle, le droit canon et le droit civil tendent à restreindre de plus en plus le droit d'asile ecclésiastique, et une série de décrets des papes, depuis Innocent III, excepta un grand nombre de délits et de crimes du droit d'asile. Enfin, lorsque l'esprit de douceur et d'humanité qui s'était fait jour par le droit d'asile pénètre dans le droit criminel, l'institution du droit d'asile, ayant accompli sa destinée, fut, dans la plupart des États, expressément

N'est-ce pas là la mise en œuvre du système pénitentiaire qu'une fausse
école représente comme une institution moderne, et dont les principes ont
été pendant plusieurs siècles appliqués par l'Église?

Aujourd'hui les tribunaux ne prodiguent pas les condamnations à mort.
Avant de prononcer leur verdict, les jurés réfléchissent longuement, et
leur conscience est, sur ce chapitre, travaillée de tels scrupules, qu'on
les accuse, souvent avec raison, plutôt de faiblesse que de sévérité (1).
Il n'en était pas de même dans les temps féodaux, où les juges se montraient bien moins ménagers de la peine capitale. En Souabe, nous dit
Hurter, l'usage ajoutait encore à la sévérité de la peine, en obligeant l'in-
cendiaire à porter, en marque d'ignominie, s'il était un homme libre, un
chien, et s'il était un serf, une selle d'un comté dans le comté voisin. Il
est plus difficile de justifier la peine du talion, lorsqu'il s'agissait de
quelque mutilation, et moins encore quand la cruauté souillait les arrêts
de la justice.

En s'efforçant d'adoucir les mœurs, l'Église contribuait par là même à
mitiger les pénalités. D'ailleurs, plus d'une fois, on la vit implorer la grâce
des condamnés à mort, et, cette grâce obtenue, travailler à leur rédemption morale. C'est peut-être là l'origine du droit que possédaient
dans quelques pays les dignitaires de l'Église, de délivrer des mains de
l'exécuteur les criminels qu'ils rencontraient sur le chemin du supplice.

Ce n'était pas le seul cas où l'Église substituait la miséricorde à la
justice. Dans un certain nombre de diocèses, les évêques, en prenant possession de leur siège, avaient le droit d'élargir les prisonniers, ou même
d'arracher un ou plusieurs malfaiteurs à la mort. Les archevêques de
Paris et les évêques d'Orléans jouissaient notamment de cette prérogative,
de même, du reste, que les archevêques de Reims, lorsque le roi de France
traversait leur ville. Quelques chapitres étaient aussi sur ce point non
moins privilégiés que les prélats; tel était, par exemple, le chapitre de
Saint-Romain, à Rouen (2).

La vie des saints nous offre des exemples touchants de la sollicitude
maternelle de l'Église envers les coupables, et nous éclaire sur les motifs

ou tacitement abrogée. Il est évident, quoiqu'il n'y ait plus d'asile aujourd'hui, qu'il faut
avoir égard à la sainteté du lieu et s'entendre avec l'autorité ecclésiastique pour faire
arrêter un coupable qui s'est réfugié dans une église. Dans les États du pape, il y avait
encore des restes du droit d'asile.

(1) On pourrait leur reprocher même de se préoccuper plutôt de la *pénalité* que de la
culpabilité. Dans l'hypothèse d'une loi pénale absolument immorale, les scrupules des jurés
devraient les pousser, non à répondre contre leur conscience qu'un coupable est innocent,
mais à refuser de siéger, quoi qu'ils dussent en souffrir.

(2) La Révolution a, bien entendu, fait table rase de ces salutaires coutumes; toutefois,
en 1873, nous avons vu M⁶ʳ Guibert, archevêque de Paris, obtenir du pouvoir exécutif
la grâce d'un condamné à mort, en vertu du droit, plusieurs fois séculaire, dont ses prédécesseurs étaient investis.

qui lui faisaient préférer la clémence à la rigueur. Nous ne pouvons résister
au plaisir d'en citer quelques témoignages.

Saint Colomban, fondateur du monastère de Luxeuil en Bourgogne,
avait été relégué par le roi Thierry dans un village, près de Besançon.
Un jour, on lui annonce que la prison de cette cité regorge de criminels,
et que les magistrats s'apprêtent à les livrer aux exécuteurs. Aussitôt
Colomban gagne Besançon, et s'introduit auprès des détenus : « Êtes-
vous coupables ? » leur dit le saint moine, « et si vous l'êtes, quel crime a
motivé votre condamnation ? » Surpris de cette demande, les prisonniers
avouent franchement leurs méfaits, sans se donner la peine d'en dissimuler
l'horreur, mais terminent leur récit par une promesse solennelle de faire
pénitence, s'ils recouvrent la liberté. Le saint, attendri, leur recommande
de ne pas oublier l'engagement spontané qu'ils viennent de prendre ; puis,
sur son ordre, Domoald, un de ses disciples, leur ôte les fers, « ce dont
il s'acquitta, dit le biographe, avec autant de facilité que s'ils eussent été
d'étoupes. » Cela fait, Colomban ouvre aux criminels les portes de la
prison, leur lave les pieds, puis leur enjoint d'aller à l'église remercier
Dieu de la grâce insigne qu'ils viennent d'obtenir. Les protégés du moine
se rendent en toute hâte vers le temple ; mais, les portes se trouvant malheureusement fermées, ils allaient retomber entre les mains des soldats que
le geôlier avait dépêchés à leur poursuite, quand, sur les prières de saint
Colomban, les portes de l'église s'ouvrent d'elles-mêmes, et n'y laissent entrer que les prisonniers, qui n'ont plus rien à craindre du geôlier
ni de ses auxiliaires.

Dans son livre intitulé *les Belles Prisons*, le chanoine Moreau raconte
deux histoires analogues, et dont saint Aubin et saint Germain auraient
été les héros.

« Saint Aubin, évêque d'Angers, passant devant la prison, il entendit
un grand bruit meslé de gémissements et de plaintes que faisoient ceux
qu'on y tenoit renfermez. Touché de compassion, il y entra, et pria le
juge qui y estoit de leur donner la liberté. Mais comme il ne témoigna
pas d'estre disposé à luy accorder cette grâce, il se mit à prier Dieu avec
ferveur de faire ce que le juge luy refusoit, et à l'instant une grosse pierre
quarrée tombant du mur, leur fit une ouverture par où tous ces prisonniers sortirent de cette prison comme d'un sepulchre.

« La mesme chose arriva à saint Germain, evesque d'Auxerre, lorsqu'il
estoit à Ravenne en Italie. Allant par la ville, il passa devant la prison
sans le sçavoir ; mais la voix des criminels, qui le prioient d'avoir pitié
d'eux, luy fit tourner la teste et demander ce que vouloient ces personnes.
On luy dit que c'estoient les prisonniers qui le conjuroient de leur procurer
la liberté, ce qui obligea le saint de faire appeller les geoliers ; mais ils
n'osèrent se présenter, sçachant bien qu'il n'estoit pas en leur puissance
de luy accorder ce qu'il demanderoit, ces criminels estant emprisonnez

par ordre des juges. Quand le saint vit qu'il n'y avoit rien à espérer de ce
costé-là, il s'adressa à Dieu, prosterné en terre, le pria de rompre les fers
de ces malheureux et de leur ouvrir la porte, et dans ce moment tous les
gonds, toutes les serrures se brisèrent, aussi bien que les ceps et les
menotes des prisonniers : si bien que, profitant de ce bonheur, ils sortirent
ensemble et vinrent se jeter aux pieds de leur libérateur. »

Cette horreur du sang non-seulement se révèle dans la conduite des
papes et des saints, mais s'affirme dans la législation conciliaire. C'est ainsi
que le trente et unième canon du quatrième concile de Tolède (633) « interdit aux évêques d'accepter la commission d'examiner les criminels de lèse-
majesté, si préalablement on ne leur a promis, par serment, la grâce de ces
criminels ; si les évêques, ajoute le décret, ont pris part à l'effusion du sang,
ils seront déposés ». Dans un autre concile, celui d'Auxerre (585), l'Église
« interdit aux clercs d'assister au jugement et à l'exécution des criminels ».
Enfin, chez nos voisins, en Angleterre, le clergé catholique, témoignant
à la fois de son amour pour la science, et de son éloignement pour les rigueurs de la justice, avait fait admettre dans la législation civile une
loi qui exemptait de la peine capitale les criminels lettrés, et c'est seulement de nos jours que le parlement a, sur l'initiative de lord Campbell,
abrogé ce curieux privilége.

Mais si les châtiments inspirent une telle répugnance à l'Église, si les
peines temporelles lui sont si peu sympathiques, en revanche, elle n'hésite pas, lorsqu'elle le croit utile, à lancer ses foudres contre tous ceux
qui bravent la loi de Dieu. Convaincue qu'il est de son devoir de faire
respecter les préceptes de la morale et les vrais droits de la société, le
pape Célestin III autorise l'archevêque Humbert de Cantorbéry à excommunier les seigneurs qui augmentent les impôts et rendent les routes
dangereuses pour la sûreté des voyageurs. Dans le même ordre d'idées,
le concile d'Arles (1234) prohibe la création de nouveaux impôts, et celui
d'Avignon (1209) défend aux seigneurs, sous peine d'anathème et d'interdit sur leurs terres, d'y établir des péages et des redevances injustes ;
un autre canon condamne comme hérétiques les Aragonais, les Brabançons et leurs protecteurs qui troublent l'ordre social. En vertu du quarante-
quatrième canon du concile de Montpellier (1215) les barons reçoivent mission
de veiller à la sûreté des chemins et d'en bannir les brigandages et les vols.
D'autres canons du même concile renouvellent et confirment toutes les mesures prises par l'Église pour assurer la sécurité publique, et décrète les
peines les plus sévères contre ceux qui violeraient la paix. Mentionnons
encore le troisième canon du concile d'Auxerre (585), en vertu duquel « l'anathème frappe les seigneurs et les courtisans qui s'emparent par force des
biens des particuliers, ou qui les obtiennent des princes par flatterie » ; et le
concile d'Avignon, dont le neuvième canon « enjoint de démolir les châteaux

et les fortifications que l'on avait, en quelques endroits, joints aux églises, et qui, vers cette époque, étaient devenus des repaires de voleurs ».

Non moins sévère à l'égard des brigandages maritimes, l'Église s'efforce de purger les mers du fléau de la piraterie. Bien avant les gouvernements modernes et le traité de Paris, elle considère le métier de pirate, en d'autres termes « la course », comme une profession déshonorante, et porte contre les corsaires les premières lois pénales. Les mêmes motifs déterminent Grégoire VII et ses successeurs à poursuivre la suppression de cet odieux droit d'épave qui conférait aux riverains de la Baltique le droit de s'emparer des naufragés et de les réduire en esclavage.

Lorsque les ordonnances des rois venaient se surajouter aux censures de l'Église, l'effet n'en était que plus certain. Ajoutons que l'Église excommuniait solennellement chaque année les magiciens, les incendiaires, les voleurs et les pillards. Non point qu'elle cherchât à venir au secours de la police ou de la justice criminelle; mais elle avait à cœur de protester contre toutes les dérogations à la loi morale. La punition temporelle des crimes ne tenant qu'une place secondaire dans ses hautes préoccupations, elle l'abandonnait au pouvoir séculier, et quand l'État oubliait sur ce point ses devoirs, elle les lui rappelait avec énergie.

Telle fut l'influence qu'exerça l'Église dans le système juridique; voilà comment les papes et les conciles réformèrent la notion du juste, et au droit de la force opposèrent la force du droit.

V

LE JUGEMENT DE DIEU

Si la justice pénale dut à l'Église la majeure partie de ses améliorations, on peut dire hardiment que la procédure criminelle ne lui fut pas moins redevable. Grâce à l'exemple donné par les conciles, elle adopta les principes d'une justice plus clémente et plus humaine. Ainsi l'absent ne devait pas être jugé, le parjure ou tout autre criminel ne pouvait être accusateur, et le juge ne pouvait être témoin. La déposition d'un seul témoin, quel qu'il fût, ne suffisait pas pour provoquer une condamnation.

L'Église eut surtout le mérite d'abolir peu à peu les jugements de Dieu, dans lesquels la superstition voulait voir une action régulière de la Providence. Aucun pouvoir séculier ne combattit avec plus de vigueur l'usage barbare des duels judiciaires, et ne contribua davantage à l'abolition des serments, qui, en affranchissant les parties des désagréments d'une enquête, leur permettaient de se dégager de tout ce qui n'était pas judiciairement établi.

Les jugements de Dieu ou *ordalies* étaient, comme on le sait, des épreuves que les magistrats imposaient aux accusés, et dans l'issue desquelles on croyait reconnaître une intervention directe de la volonté divine. Il serait oiseux de rechercher ici l'origine de ces épreuves. Les ordalies naquirent de la foi naïve des peuples. Elles supposent dans l'esprit de ceux qui les imposent cette fausse croyance que Dieu peut consentir à faire un miracle pour déterminer la réalité d'un fait judiciaire. Après avoir été reléguées au second plan par Charlemagne, les ordalies jouirent, après la mort de ce grand homme, d'une vogue et d'une autorité qui ne firent que s'accroître jusqu'à l'avénement de saint Louis.

Afin de bien faire comprendre l'action de l'Église sur la marche de cette déplorable institution, nous allons essayer d'en décrire les phases. D'après le système juridique des barbares, l'accusateur n'était pas tenu de prouver la culpabilité de l'accusé, mais celui-ci devait démontrer lui-même son innocence, et s'il n'en administrait pas des preuves péremptoires, le magistrat le condamnait *ipso facto*. Mais comment fournir ces preuves? Deux voies s'ouvraient à l'accusé : le serment et l'ordalie. Il jure solennellement qu'il est un homme irréprochable, et, ce cérémonial accompli, des auxiliaires, des « champions », dont le nombre varie suivant l'importance de l'accusation, viennent confirmer le serment. Choisis d'ordinaire dans la famille du prévenu, le rôle de ces co-assermentés n'est point de déposer sur le fond du débat; connaître l'affaire leur est même inutile : ils doivent seulement attester la véracité de leur parent. Si les co-assermentés sont suspects, ou si l'accusé ne peut trouver le nombre de témoins nécessaire, ou si, comme c'était le cas des serfs ou des gens mal famés, son serment n'est pas recevable, alors c'est à la Divinité elle-même que les juges confient la solution du procès. L'accusé est-il de condition libre, le tribunal recourt au jugement de Dieu, au duel. Dans le cas contraire, ou s'il s'agit d'une femme, une autre ordalie, déterminée par la loi, fait appel à la volonté divine.

Les principales ordalies sont les épreuves de l'eau froide et de l'eau bouillante, de la croix, du feu, du fer chaud, etc. L'épreuve de la croix consiste à tenir les bras étendus pendant le service divin. Celui qui reste le plus longtemps immobile dans cette posture l'emporte sur son adversaire. Avant de mourir, Charlemagne ordonna l'épreuve de la croix pour terminer les différends que susciterait le partage de ses États. Mais Louis le Débonnaire s'y opposa, « de peur, dit-il, que l'instrument glorifié par la passion du Sauveur ne fût profané par la témérité d'un témoin. »

Lorsque Louis le Germanique, se prétendant lésé par Charles le Chauve, lui disputa la possession d'une partie des États légués par Lothaire, l'arbitrage de Dieu fut invoqué. Dix hommes furent soumis à l'épreuve de l'eau bouillante, dix à l'épreuve de l'eau froide, dix à l'épreuve du fer chaud. Cette dernière épreuve consistait, soit à prendre avec la main nue un fer rougi au feu, soit à marcher pieds nus sur du fer brûlant.

L'épreuve la plus solennelle est celle du feu. Les exécuteurs élèvent deux bûchers, dont les flammes se confondent. L'accusé, l'hostie entre les doigts, traverse rapidement les flammes, et s'il n'en reçoit pas d'atteinte, son innocence est par là même proclamée. L'histoire contient plusieurs exemples célèbres de l'épreuve du feu. Lors de la première croisade, quand le prêtre Barthélemy découvrit, à la suite d'une révélation, le fer de la sainte lance, on lui imposa l'ordalie des deux bûchers. Barthélemy traversa les flammes, l'hostie à la main, et les chroniqueurs assurent qu'il en sortit sain et sauf.

L'épreuve du pain bénit, *judicium offæ*, *judicium panis adjurati*, se trouve de bonne heure chez les Anglo-Saxons, les Frisons, et dans le royaume frank, comme le prouvent les rituels conservés dans nos archives. Le prêtre offre à l'accusé, pendant la messe, un morceau de pain bénit; si celui-ci ne peut l'avaler facilement, si le pain demeure arrêté dans son gosier, et s'il est obligé de le rejeter de la bouche, c'est une preuve de culpabilité; le coupable avale-t-il, au contraire, le pain bénit sans aucune peine, selon les idées générales, une mort prochaine doit suivre cette manducation. Fresne raconte qu'un comte Godwin mourut subitement après avoir avalé le pain bénit. Un reste de cette ordalie se trouve dans l'adjuration suivante, encore usitée de nos jours : « Que ce morceau me reste dans la gorge, si!... »

L'épreuve de la civière offre un caractère plus solennel. Lorsqu'un meurtre est commis, et que le coupable ne peut être découvert, on place le cadavre nu de la victime sur une civière; les personnes sur lesquelles le soupçon s'est porté doivent toucher le mort en prononçant certaines formules prescrites. Si le mort saigne, s'agite, écume ou change de couleur, l'accusé cesse d'être un prévenu pour devenir un coupable.

L'ordalie la plus imposante est le duel, réservé, comme nous l'avons dit, aux hommes libres. Un savant a publié de nos jours un manuscrit de la Bibliothèque Nationale qui représente, dans ses curieuses vignettes, les différentes phases du combat judiciaire; c'est une espèce de commentaire vivant de l'ordonnance de 1306, dont il reproduit le texte. Dans ces tableaux expressifs et fidèles, on reconnaît les solennités brillantes des tournois chevaleresques. Seulement, la gravité d'une procédure criminelle se manifeste dans le soin avec lequel sont stipulées certaines formalités judiciaires.

« L'appelant, dit l'ordonnance en question, se doit présenter en champ premier et devant l'eure de mydi, et le deffenseur devant l'eure de nonne (trois heures); et quiconque deffault de l'eure, il est tenu et jugié pour convaincu. »

Après s'être ainsi présentées séparément, les parties, le jour assigné, comparaissent toutes les deux à cheval, à l'entrée du champ clos, devant le roi, ou devant son connétable ou maréchal. Puis l'appelant formule son défi en ces termes :

« Sire (ou bien en l'absence du roi : mon très-honoré seigneur monseigneur le connestable, ou monseigneur le mareschal du champ), je suis tel, ou véez cy tel, lequel pardevant vous comme celui qui estes ordonné de par nostre sire le roy, qui se vient présenter armé pour combattre contre tel, sur telle querelle, comme faulx et mauvois traytre ou meurtrier comme il est. Et de ce que je prens Notre Seigneur, Notre Dame et monseigneur saint Georges le bon chevalier, à tesmoing à ceste journée à eulx par le roy nostre sire assignée.

« Et pour ce accomplir est venu, et se présente pour faire son vray devoir; et vous requiert que lui livrez et départez sa portion du champ, du vent, du soleil, et de tout ce qui est nécessaire, prouffitable, et convenable à tel cas. Et ce fait, il fera son vray devoir à l'ayde de Dieu, de Nostre Dame et de monseigneur saint Georges, le bon chevalier, comme dit est; et proteste qu'il puisse combatre à cheval ou à pié, ainsi que mieulx lui semblera; et de soy armé de ses armes ou désarmé, et pourter telles qu'il vouldra tant pour offendre que pour deffendre à son plaisir, avant combattre ou en combattant, se Dieu lui donne loisir et puissance de ce faire. »

Au troisième acte de ce drame judiciaire, chacun des combattants arbore son pavillon des deux côtés du pavillon royal, près de la lice; il est entouré de ses écuyers, de ses avocats et hérauts. L'appelant sort de sa tente et « vient, sa visière relevée, tout à pyé, partant de son paveillon avec les gardes et conseil, armé de toutes ses armes; et quand il est saubs l'eschaffault, où leur juge est, il se mettra à genouls devant un siége richement paré, où sera la figure de nostre rédempteur Jésus-Christ en croix, couchié dessus un *Te igitur,* et à sa dextre sera un prestre ou religieux qui lui dira par la manière qui s'ensuit : « Sire chevalier qui estes ici présent, vous véez icy la remembrance de Nostre-Seigneur Jésus-Christ, laquelle est très-vraie, qui voulut livrer son précieux corps pour nous sauver. Or, lui requérez merci, et priez-le que à ce jour vous veuille ayder, si bon droit avez, car il est le souverain juge. Souviegne vous des serments que vous ferez, ou autrement vostre âme, vostre honneur et vous êtes en péril. »

Puis le maréchal prend l'appelant par les deux mains, « met la dextre sur celle croix, et la senestre sur le *Te igitur,* et puis lui dit : « Je jure sur la remembrance de nostre benoist Sauveur et Rédempteur Jésus-Christ, et sur les saints Évangiles qui ici sont, et la foy de vrai chrestien et du saint baptesme que je tiens de Dieu, que j'ai certainement juste et bonne querelle et bon droit d'avoir en ce gaige de bataille appelé N..., comme

faux et mauvais traistre, ou murtrier, ou foy mentie, selon le cas qu'il
est, lequel a très faulse et mauvaise querelle de soy en deffendre, et ce je
monstrerai aujourdui par mon corps contre le sien, à l'ayde de Dieu, de
Nostre Dame et de monseigneur saint Georges le bon chevalier. »

Le défendeur est ensuite appelé de la même manière devant le maréchal. « Le prestre l'amoneste » à son tour, et ensuite il prête un serment
dans un sens contraire à celui de l'appelant, mais dans une forme à peu
près semblable. Une dernière fois, les deux adversaires s'avancent ensemble pas à pas, et quand ils sont agenouillés devant la croix, le maréchal leur pose les mains l'une après l'autre sur le crucifix ; « alors
doit être le prestre présent pour leur remantevoir la vraie passion de
Nostre Seigneur Jésus-Christ, la perdition de celuy qui aura tort en âme
et en corps, aux grans serements qu'ils ont faits, et seront jugés par la
sentence de Dieu, qui est de ayder à bon droit ; les confortant de se mettre
plutost à la mercy du prince que en la vie et indignation de Dieu et povoir
de l'ennemy. »

Le maréchal leur demande s'ils veulent de nouveau prêter serment ;
et si l'un deux se repent et « fait conscience comme chrestien, le roy
le reçoit à la mercy pour lui donner pénitence » ; sinon ils prêtent le serment dont voici l'effrayante formule : « Je jure sur cette vraye figure de
la passion de notre vray rédempteur Jésus-Christ, et sur les sainctes
évangiles qui y sont, sur la foi de baptesme, sur les très-souveraines joyes
du paradis, auxquelles je renonce pour les très-angoisseuses peines d'enfer
si je dis faux, sur ma vie et sur mon honneur, que j'ay bonne, saincte et
juste querelle, et sur ce, je baise cette vraye croix, et les sainctes évangiles, et me tais. » Et le prestre prend alors sa croix, son *Te igitur*, et le
siège sur quoy ils estoient, se boute hors et puis s'en va. »

Quand le prêtre a fini son office, le roi d'armes s'avance dans l'enceinte, et, au nom du roi, lit la proclamation suivante : « Or oez, or
oez, seigneurs, chevaliers, escuyers et toutes manières de gens, que
notre souverain seigneur, par la grâce de Dieu roy de France, vous commande et défend, sous peine de perdre votre corps et avoir, que nul ne
soit armé, ne porte espée ou autres harnois quelconque, si ce ne sont les
gardes du champ, et ceux qui, de par le roy nostre sire, en auront
congié. Ainçois le roi vous deffend et commande que nul, de quelconque
condition qu'il soit, durant la bataille, ne soit à cheval, et ce aux gentils
hommes sur peine de perdre le cheval, et aux serviteurs et roturiers sur
peine de l'oreille. Ainçois le roy nostre sire commande à toutes personnes,
de quelques conditions, qu'ils se assient sur banc ou sur terre, afin que
chacun puisse voir les parties combattre, et ce, sur peine du poing. »

Après cette proclamation du roi d'armes, chacun s'assied en silence ;
« puis les parties étant prestes, alors, par le commandement du mareschal, vient le roi d'armes par trois fois crier : « Faites vos devoirs ! faites

vos devoirs! faites vos devoirs! » Et, après ces paroles, les deux champions sauldront de leurs pavillons pour monter sur leurs chevaulx qui seront là tout prest, et, leurs bâtons à l'entour de eux, de quoy ils se doivent ayder, environnez de leurs conseillers. Adonc subitement leurs pavillons seront jetez hors du champ. Et quand tout sera en poinct, lors le mareschal part en criant trois fois : « Laissez-les aller! » et ces paroles dites, jette le gant, et alors qui veut se monte prestement à cheval, et qui ne veut en gaige de querelle à son bon plaisir, et, fasse chacun le mieux qu'il pourra. »

Le combat pouvait donc avoir lieu soit à cheval, soit à pied. Entre les seigneurs ou nobles de haut parage, le duel à cheval prévaut; c'est celui, en effet, qui permet aux seigneurs de déployer de la manière la plus complète la science des armes et le faste de leur équipage. Le duel, une fois engagé, continuait sans relâche, jusqu'à ce que l'un des combattants eût été terrassé sur l'arène, et jeté, *vif ou mort,* en dehors de la lice. Quelquefois, cependant, le roi jetait son bâton dans le champ clos; à ce signe, les combattants devaient s'arrêter, et le vainqueur suspendre son dernier coup.

Telles étaient les différentes formes de la procédure féodale. Nous n'avons pas besoin d'en faire ressortir les inconvénients; l'Église milita pendant tout le moyen âge, pour en débarrasser les institutions judiciaires. Trouvant les ordalies accréditées chez tous les peuples d'origine germanique, elle s'efforça d'abord de les adoucir et de les « christianiser »; puis, lorsque les barbares furent moins opiniâtrément attachés à leurs traditions, elle les abrogea tout à fait.

Une suppression radicale n'eût pas été possible à l'origine. Le moyen légal de prouver la vérité d'une assertion était alors le serment. L'entourer de respect et maintenir les ordalies qui l'accompagnaient, était assurément le meilleur moyen d'empêcher des abus sacriléges. Mais, abstraction faite des déplorables conséquences du parjure, il ne faut pas oublier que le serment n'était accordé, comme moyen de preuve, qu'à l'homme libre : il était interdit au serf, qui se trouvait ainsi désarmé devant l'accusation. En conservant l'appel direct fait à la décision divine, les missionnaires de la foi chrétienne offrirent par là même un dernier refuge à l'innocence des serfs, et rompirent une partie de leurs liens. Toutefois l'Église n'accepta pas les ordalies sans les modifier. Placées sous la surveillance des évêques, les épreuves s'accomplissaient dans les temples. Selon qu'il le jugeait convenable, le clergé pouvait les autoriser ou les interdire, et, si nous consultons l'histoire, nous y voyons que très-souvent les dignitaires ecclésiastiques refusèrent leur concours et prohibèrent l'épreuve. Un cérémonial circonstancié réglait d'ailleurs l'accomplissement des ordalies et lui imprimait un caractère chrétien. Le patient devait passer dans la prière et dans le jeûne la semaine qui précédait le jugement de Dieu.

Le jour arrivé, le peuple ne pouvait entrer dans l'église, où n'étaient reçus qu'un nombre déterminé de témoins. Pendant les préparatifs, les accusés, à genoux, sondaient leur conscience et invoquaient l'assistance divine; à côté d'eux, le prêtre priait Dieu de protéger l'innocence et de démasquer le crime. Après la messe, l'officiant adjurait encore une fois l'accusé de ne pas tenter Dieu et le sommait de s'éloigner de l'autel, dans le cas où sa conscience serait souillée d'un attentat. Si l'accusé gardait le silence, le prêtre lui donnait la sainte communion; les assistants étaient aspergés d'eau bénite et baisaient l'Évangile et la croix. Pendant que les officiers de l'Église revêtaient le patient du costume destiné à cette cérémonie, le célébrant récitait quelques prières et prononçait l'exorcisme sur la matière destinée à l'ordalie. On procédait alors à l'épreuve, sans négliger les règles de prudence prescrites pour éviter toute espèce de supercherie. Les témoins pouvaient s'informer de l'issue de l'épreuve; la décision définitive était, soit immédiatement, soit au bout de trois jours, proclamée par le prêtre.

C'est ainsi que l'Église surveilla l'emploi des ordalies. Si le clergé y prit part, ce fut sous l'empire de la contrainte; mais l'histoire doit lui rendre cette justice, qu'il en corrigea, dès le principe, les inconvénients et les abus. Ici, nous pourrions invoquer le témoignage de plusieurs pontifes, tels qu'Agobard, archevêque de Lyon (841), qui tâcha d'obtenir de Louis le Débonnaire la prohibition des ordalies; et les Pères du synode de Valence (825), qui traitèrent le duel judiciaire d'institution inique et odieuse, *iniquissimam et detestabilem;* mais nous aimons mieux appeler à l'appui de notre thèse la parole même des papes. Dès 603, Grégoire le Grand déclare que nulle disposition conciliaire n'autorise l'épreuve du feu, et par conséquent il l'interdit. En 888, Étienne V enjoint à Luitbert, évêque de Mayence, de poursuivre ces mêmes ordalies comme des « inventions superstitieuses ». En 1025, Honorius fonde sa désapprobation sur le but que les barbares assignent aux épreuves judiciaires, qui est de « tenter Dieu », et il allègue, comme un puissant motif de blâme, que maintefois (*multoties*) les ordalies ont eu pour résultat d'immoler l'innocence. Trente ans plus tard, Alexandre IV prend les Hambourgeois sous sa protection, et leur permet de ne point se conformer aux arrêts de l'épreuve du feu. Il nous serait facile de citer d'autres souverains pontifes, Alexandre II, Alexandre III, Innocent III, etc.; mais les exemples que nous avons pris au hasard dans l'histoire ne suffisent-ils pas pour innocenter les papes et les défendre contre tout soupçon de barbarie?

VI

GUERRES PRIVÉES

Si les papes avaient été vigoureusement secondés par les rois, nul doute
que le moyen âge n'eût divorcé de bonne heure avec les ordalies. Malheureusement, cet appui fit défaut aux chefs de l'Église, et leur bonne volonté
vint se heurter contre la faiblesse ou les préjugés des souverains. Seul,
de tous les monarques jusqu'à l'avénement de saint Louis, Charlemagne
combattit résolûment les traditions judiciaires de la race franque, et prit
contre elles des mesures dont l'efficacité se serait bientôt fait sentir, si les
fils de l'illustre empereur avaient continué l'œuvre de leur père. Nous ne
savons que trop, hélas! qu'il n'en fut pas ainsi. Le régime féodal, en supprimant l'institution des *missi dominici* et des *scabini*, bouleversa de fond
en comble le système judiciaire inauguré par Charlemagne, et rendit la
vogue aux abus contre lesquels le fils de Pépin avait lutté. L'arbitrage des
envoyés royaux avait, en quelque sorte, contre-balancé, sinon même remplacé les jugements de Dieu. Dès que la justice cessa d'émaner du pouvoir central, les comtes, pour combler cette lacune et rendre à la justice
le prestige et l'autorité qu'elle venait de perdre, se virent naturellement
obligés de faire appel à l'intervention divine. Aussi, tant que l'axe du gouvernement fut déplacé, les ordalies occupèrent-elles le premier rang dans
la législation pénale; en revanche, dès que la royauté ressaisit les rênes
du pouvoir, la ruine de la féodalité précipita leur décadence.

Cette chute s'explique facilement. Et d'abord l'Église put exercer plus
aisément son influence sur un seul souverain que sur vingt ou cent hauts
barons, presque toujours en lutte les uns contre les autres, et plus préoccupés de fortifier leur pouvoir que de réformer la procédure. Ensuite le
roi, par son caractère même, eut une tendance naturelle à faire dominer,
dans l'administration de la justice, son autorité personnelle, et à la substituer insensiblement au régime judiciaire que favorisait la politique inté-
ressée des seigneuries rivales.

Néanmoins, malgré les efforts ininterrompus de l'Église et le travail
souterrain des rois, ce retour aux principes de la justice se fit longtemps
attendre. Il fallut que la société féodale traversât deux siècles de conflits,

de guerres et de troubles, pour qu'une réforme sortît de la réaction suscitée par cet état de violence.

A l'origine, comme nous l'avons dit, les magistratures créées par le
grand Karl furent abolies ; le même discrédit, ou plutôt la même désuétude, atteignit bientôt les autres institutions empruntées à la loi salique,
les *thungani* et les *rachimbourgs*.

Le rôle de ces derniers était d'abord très-simple. Jurés plutôt que juges,
ils évaluaient les dommages causés par un crime ou un délit, et fixaient
le prix que l'offensé devait exiger de l'offenseur. Une fois les *missi* écartés
et le combat judiciaire remis en honneur, le cercle de leurs attributions
s'élargit. Les *rachimbourgs* ne sont plus des arbitres irresponsables, mais
des témoins qui doivent rendre un compte sévère de leur déposition. Un
vieux capitulaire de Charles le Chauve enjoint à tous les hommes libres de
se rendre aux plaids « munis et garnis de toutes choses comme s'ils allaient
en guerre ».

La recommandation, — disons-le en passant, — n'était pas superflue ;
l'accusé qui perdait sa cause pouvait, en effet, prendre à partie un des
juges pour l'avoir « faussement jugé ». Un nouveau procès s'engageait
alors, non au mâll, ni devant la cour du baron, mais en champ clos et
l'épée à la main : mis en présence, le juge et le condamné soulignaient, à
coups d'estoc et de taille, l'un son arrêt, et l'autre son appel. Dans ces
conditions, les fonctions de juge devaient être, on le comprend, fort peu
recherchées. Gentilshommes et paysans y voyaient plutôt une charge
qu'un droit. Ils l'appelaient « le service du plaid », et le considéraient
comme une des plus lourdes charges de la vie sociale de leur temps.
Aussi fallait-il une pénalité pour forcer les hommes à remplir ce devoir
de justice. Les récalcitrants s'ingéniaient pour trouver une excuse, et,
lorsqu'ils étaient les vassaux d'un indulgent seigneur, sollicitaient
l'exemption comme une grâce, afin d'obtenir plus de succès. On les voit
même s'adresser à l'Église pour faire parvenir leurs vœux jusqu'au roi.
Un concile du ixe siècle se fit l'interprète de ces doléances : un de ses
canons réclame contre le service du plaid, et lui reproche de distraire
les pauvres de leurs travaux. Au siècle précédent, Charlemagne avait dû
décider « que les pauvres ne seraient plus *contrints* de se rendre aux
plaids ; » les plaintes, toutefois, n'en continuèrent pas moins. Les documents du xie siècle attestent les répugnances qu'inspire aux populations l'exercice des fonctions judiciaires.

La classe des nobles ne mettait pas plus d'empressement à juger que la
classe des bourgeois et celle des vilains. On voit bien dans les documents
que le gentilhomme qui se trouvait accusé tenait fort à être jugé par ses
pairs, c'est-à-dire par un jury ; mais on voit aussi que les pairs ou jurés
mettaient peu de zèle à se rendre aux assises. La difficulté de réunir les
jurés était si grande, qu'un jury de quatre hommes, même de deux et

quelquefois d'un seul, fut, en maintes circonstances, regardé comme suffisant. Il fallait bien que la règle se relàchât devant la négligence et le mauvais vouloir de tous. La cour du roi, par exemple, aurait dû être composée de tous les vassaux immédiats du duché de France; mais le plus souvent il était presque impossible d'obtenir leur présence. Le roi ne convoquait donc pour chaque procès que quatre ou cinq d'entre les pairs. Il prenait les grands feudataires qu'il rencontrait, ceux qui voulaient bien venir, ou ceux qui, venus auprès de lui pour quelque affaire ou quelque réclamation, ne pouvaient pas refuser de l'aider en sa cour. « Dès le XIIᵉ siècle, il ne siégeait plus dans la cour du roi qu'un très-petit nombre de barons; les officiers royaux, tels que le boutillier, le chambellan, le chancelier, les remplaçaient. En vain frappait-on les absents d'une amendé; on se résignait plus facilement à la payer qu'à délaisser ses affaires ou ses plaisirs pour le fastidieux labeur des assises. Le paiement de l'amende devint l'usage, et la présence aux assises fut l'exception. On en vint même à ce point que, peu à peu, le service du plaid se convertit en une amende régulièrement payée. Un registre de comptes du bailliage de Tours, à l'année 1307, porte parmi les recettes « les cinq sols que les hommes nobles du bailliage ont accoutumé de payer pour chaque manquement aux assises » (1).

La justice fait-elle, pour cela, défaut? Non; seulement elle se transforme. De pacifique, elle devient belliqueuse; on cesse de recourir au droit pour en appeler au glaive. Pendant un certain nombre d'années, les tribunaux ecclésiastiques fonctionnèrent presque seuls au milieu de la société féodale, et seuls laissèrent ouverte la voie pacifique du droit. Partout ailleurs, hors du domaine des seigneuries ecclésiastiques, c'est l'arbitrage de l'épée qui prévaut. Deux seigneurs sont-ils en désaccord sur une question de propriété, d'héritage ou de subordination féodale, ils entrent en guerre, et chacun d'eux, escorté de ses vassaux et de ses hommes d'armes, tue, pille, brûle.

Se livrer à ces pratiques meurtrières, c'était là ce qu'on appelait alors exercer le droit de *fehde* ou de guerre privée. Il ne faudrait pas croire pourtant que ce droit fut, dès l'origine, affranchi de toute mesure et supérieur à toute loi. Apanage d'abord de chaque chef de tribu, puis à peu près aboli par Charlemagne et les évêques, il ne reprit vigueur et ne devint le privilége incontesté des hauts barons que lorsque les comtés se transformèrent en fiefs, et les officiers de la couronne en seigneurs héréditaires et autonomes.

Maîtres absolus du territoire dont la gestion leur avait été primitivement commise, les comtes, cette usurpation accomplie, durent naturellement bénéficier des prérogatives reconnues au souverain, et, pour défendre

---

(1) Voir *l'Organisation judiciaire*, par M. Fustel de Coulanges.

leur nouveau domaine, s'arroger ses armes et s'attribuer ses droits. Cette
influence du régime féodal sur l'application de la *fehde* est tellement sensible que, dès le règne de Charlemagne, nous voyons le droit de guerre
subir les mêmes fluctuations et suivre les mêmes phases que l'autorité du
grand empereur. Lorsque le chef de la deuxième race, entouré de ses
paladins et de ses clercs, subjugue les barbares et les soumet au baptême,
lorsqu'il envoie ses *missi* dans toutes les provinces, et y propage la notion
du juste, la *fehde* se discrédite et se démonétise ; et, pour l'achever, Karl
le Grand lance contre elle les foudres d'un de ses capitulaires. « Il défend
d'abord à qui que ce soit de porter en temps de paix, dans l'intérieur du
pays, des armes offensives ou défensives, lances, cuirasses ou boucliers.
Quand une querelle s'est élevée, il faut examiner quel en est le motif, et
savoir si les deux parties, ou seulement l'une d'elles, sont contraires au
rétablissement de la paix ; dans tous les cas, il faut amener les récalcitrants à une réconciliation, de gré ou de force ; et, si on ne peut pas y
parvenir, Charlemagne veut qu'on les conduise devant lui, dans la pensée
qu'ils ne résisteront pas à son autorité suprême. Que si l'une des parties,
après cette paix volontaire ou contrainte, vient à assaillir ou à tuer l'autre,
elle perd la main, comme ayant manqué à la foi jurée ; de plus, elle paie
une forte composition à la famille de la victime, sans préjudice du *fredum*
dû au fisc » (1).

Voilà ce que fait Charlemagne pendant la période ascendante de son
règne. Mais, à peine les Northmanns ont-ils débarqué dans les havres de
la Neustrie, que le magnanime empereur, impuissant à lutter contre la
décadence qui s'approche, affaibli par la vieillesse et sentant déjà les
affres de la mort, non-seulement autorise les guerres privées, mais enjoint
à tout fidèle d'escorter son chef féodal dans ses guerres, combats et batailles.

Après lui, c'est bien pis. Le feu que Charlemagne avait à peine étouffé
quelque temps sous la cendre se rallume avec une violence inouïe, et
bientôt un nouveau droit public émerge et domine : la guerre privée n'est
plus l'arme de l'individu ou de l'homme libre, mais le privilége du bénéfice ou du fief. Déjà ces dissensions armées menaçaient de désoler l'empire
quand, dans le synode de Pistes, Charles le Chauve promulguait l'édit
célèbre où se lisent ces remarquables paroles : « Nous ne pouvons tous
être rois, et cependant nous souffrons avec impatience celui que Dieu a
placé au-dessus de nos têtes (2). » Ces plaintes ne firent que constater
les progrès de l'usurpation, sans les arrêter. Le droit divin était vainement invoqué contre un droit nouveau, le droit féodal, qui tendait à se
former et à prévaloir. A la faveur du démembrement de l'empire carlo-

(1) Karoli M. *Capit. aquisgran.*, ann. 813, § xx.
(2) Karoli M. *Capit. ad Theodonis villam*, ann. 805, § xiv.

vingien, les droits régaliens se dispersaient entre les seigneurs eux-mêmes qui ne reconnaissaient au roi de France qu'une souveraineté nominale. Les règlements de paix tombaient en désuétude; aucun tribunal n'en surveillait l'obligation, et d'ailleurs, n'étaient-ils incompatibles avec les formes nouvelles sous lesquelles se manifestait le pouvoir royal?

Une remarque en passant.

Si, par suite du démembrement de l'empire, la *fehde* passa dans la législation féodale, si elle exista en fait, il ne faudrait par croire cependant qu'au point de vue du droit strict, un grand feudataire pouvait, sans raison suffisante, entreprendre une guerre privée. Ainsi que l'a très-bien dit M. Albert du Boys, une invasion, un pillage, et des meurtres exercés sans motifs, ne peuvent être de *droit* nulle part; ce serait « la barbarie organisée ». Jamais aucun État de l'Europe n'a reconnu ni validé une pareille jurisprudence. La *fehde* n'était admise, — nous ne disons pas légitimée, — que dans le cas où le crime qui la motivait était *atroce*, *capital* et *public*, et quand nul tribunal ne voulait ou ne pouvait le poursuivre. Promouvoir la *fehde*, avant d'avoir cherché les juges, était considéré comme une dérogation des plus graves à la coutume, et le délinquant subissait pour ce fait une peine adéquate à sa faute. Preuve évidente que les guerres privées jouèrent en quelque sorte le rôle d'une véritable institution judiciaire, destinée, dans l'esprit de l'époque, à remplacer les tribunaux carlovingiens, désarmés ou dissous. C'est là, du reste, ce que saint Grégoire VII fait bien entendre, lorsqu'il dit dans une lettre aux évêques de France : « Les lois sont méprisées, toute justice foulée aux pieds. *Depuis que la puissance royale est affaiblie,* les agressions injustes ne sont plus ni prévenues, ni punies par aucune loi, par aucun pouvoir; les hommes ennemis, en vertu d'un certain droit des gens qu'ils se sont fait entre eux, se combattent avec les forces qu'ils peuvent se procurer, et *amassent des armes et des troupes* pour venger eux-mêmes leurs injures. Tous, atteints d'une contagion de méchanceté, commettent sans nécessité des crimes exécrables ; ils ne se soucient d'aucun droit humain ni divin, comptant pour rien les parjures, les sacriléges, les trahisons. Et, ce qu'on ne voit nulle part ailleurs, des concitoyens, des parents, des frères même s'attaquent par cupidité, s'emprisonnent, s'extorquent leurs biens, et se font mourir dans l'extrême misère. » En faisant cette peinture des guerres privées, le grand pontife n'accumulait pas à plaisir les couleurs sombres. Les résolutions prises dans les conciles particuliers et dans les synodes nous édifient suffisamment sur la grandeur du mal.

Mais ce fut en Allemagne que cette désorganisation de la justice provoqua les plus grands scandales. Pour les seigneurs germains une prise d'armes était, dès cette époque, un passe-temps aussi lucratif qu'agréable. « Les Allemands, écrivait un Italien contemporain, appellent nobles ceux qui sont retranchés dans des châteaux forts, et se livrent, pour la plupart, au brigandage (1). »

Le promoteur d'une guerre, sûr de son adresse et de sa force, cédait à la tentation de transgresser les limites permises, de ne respecter aucune paix particulière, et d'infester les grandes routes, sous prétexte de poursuivre ses ennemis personnels. On trouve, dans une vieille chronique du xiie siècle, le passage suivant qui peut servir à nous éclairer sur les mœurs de l'Allemagne féodale : « Le duc de Bavière vivait en bonne intelligence avec tout le monde, et il ne faisait point de cavalcade (*Leuterei*), ou, *comme disent les marchands*, de brigandages (*Rauberei*) (2). Donc, appeler brigandages ces nobles passe-temps des seigneurs, c'était parler comme un vilain. Que penser d'une nation chez laquelle on disait, à la cour de l'empereur, en parlant d'un brigand puissant : « Un tel s'occupe-t-il du défrichement de ses terres, ou bien vit-il de la selle et des étriers? » C'était là une question banale. Parmi les ducs et les souverains de l'Allemagne, plusieurs exploitaient les grands chemins, ou chargeaient de ce soin leurs feudataires, dont ils partageaient les bénéfices. Ainsi, nous voyons un noble châtelain se plaindre à son suzerain de Cologne de commander une forteresse, dont la garde ne lui rapporte aucun revenu. Que lui répond alors ce haut baron: « Quatre routes se rejoignent sous les murs de notre forteresse... » Le vassal comprend aussitôt et cesse de se plaindre (3).

La plupart des empereurs, dont l'autorité était ordinairement précaire et mal assise, ne pouvaient guère user des dernières rigueurs contre leurs électeurs et leurs égaux de la veille, contre ces princes puissants qui revendiquaient pour eux-mêmes, ou au moins pour leurs arrière-vassaux, la liberté du pillage. Cependant, vers la fin du xiiie siècle, Rodolphe de Hapsbourg, qui avait fait dans sa jeunesse, quand il était simple chevalier, plus d'une *cavalcade* suspecte, devint, en montant sur le trône, un ardent défenseur de l'ordre public. En Souabe, il extermine cinq seigneurs brigands; dans la Thuringe, il détruit soixante-dix châteaux forts, et condamne à la potence la plupart de leurs possesseurs (4).

Vers le même temps, le duc de Brunswick fait pendre par la jambe, comme un brigand ordinaire, le comte d'Eberstein, ce qui ne l'empêche pas, du reste, de faire célébrer les funérailles de ce criminel avec tous

(1) « Germani et Alemani... hos qui procul urbibus, et qui castellis et oppidulis dominantur; quorum pars magna latrocinio deditur, nobiles censent. » (Petr. de Andlo, cité par Schmidt, *History of Germany*, t. V, p. 490.)

(2) *Traditions historiques* de Grimon, traduites par M. Theil, t. II, p. 242.

(3) « Dicitur respondisse : Quatuor viæ sunt trans castrum situatæ. » (Cité par Schmidt, p. 492.)

(4) Pfeffel, *Histoire d'Allemagne.*

les honneurs dus à un comte (1). D'aussi rigoureuses exécutions ne mirent
pas complétement fin à l'anarchie, puisque, vers la fin du xv° siècle, un
cardinal romain disait encore : « La Germanie tout entière n'est qu'un
vaste théâtre de brigandage, et parmi les nobles, le plus déprédateur est
précisément le plus honoré (2). »

Il faut bien dire que, même quand il n'était exercé que dans les limites
de la loi, le droit de *fehde* conduisait aux plus horribles excès. La *fehde*
commençait par les ravages, qui sont une suite même de l'état de guerre.
Cet état autorisait le pillage et les violences exercées sur la personne ou
sur les biens des vassaux d'un ennemi. Après l'agression de l'un, venaient
les représailles de l'autre. En somme, c'étaient toujours les malheureux
paysans qui payaient les fautes de leurs maîtres. Un de ces seigneurs sans
cesse guerroyants, le margrave de Brandebourg, le digne ancêtre des rois
de Prusse, se glorifiait d'avoir fait brûler dans sa vie cent soixante-dix
villages. On ne peut ouvrir une chronique de ce temps sans trouver men-
tionnés partout des spoliations, des incendies d'habitations, des dévastations de récoltes, — tous crimes autorisés par le droit allemand (3).

Que pouvait-on faire dans d'aussi tristes conjonctures? Aucune force
matérielle n'était en état de lutter contre cette anarchie. Toute la puissance
publique était pulvérisée, les grands feudataires guerroyaient les uns
contre les autres; les vassaux de la couronne, loin de prêter main-forte au
roi, s'unissaient à ses ennemis; les campagnes ne renfermaient que des
serfs impuissants et misérables; les bourgs n'étaient pas encore des communes; bref, vassaux, rois, seigneurs, communes, toutes les autorités et
tous les pouvoirs en lutte les uns contre les autres, ne pouvaient, soit
isolés, soit réunis, mettre un terme à cette situation violente et proclamer
la paix. Il fallait qu'une autorité supérieure, puisant sa force dans le sentiment moral, tentât de reconquérir l'homme sur lui-même, et l'arrachât
aux passions qui bouillonnaient dans son âme. Ce fut là justement ce que
fit l'Église. Déchirée par la guerre et en proie à toutes les misères, à toutes
les calamités que le désordre engendre, la société n'avait peut-être jamais
eu plus besoin qu'alors de l'assistance sacerdotale. Le mal menaçait de
gagner toutes les classes et d'envahir toutes les consciences; les évêques
et les prêtres, fidèles à leur mission la plus sainte, lui déclarèrent alors

---

(1) Wachter, p. 55 : *Bertrage zur Deutschen Geschichte insbesondere zur Geschichte des
Deutschen strafrechts.*

(2) « Germania tota magnum latrocinium est, et ille inter nobiles gloriosior, qui rapa-
cior. » (Voir Wachter.)

(3) Voir, par exemple, la *Chronica Findelfingensis,* par le chanoine de Wurmlinger;
il raconte que, dans ses propres terres, le comte Ebrard de Wurtemberg lui a brûlé ou
détruit six greniers, avec leur mobilier et les instruments d'agriculture qui en dépendaient. — Voir aussi la savante *Histoire du droit criminel,* par M. Albert du Boys, histoire à laquelle nous avons fait de nombreux emprunts.

une guerre opiniâtre, acharnée, sans merci. Plus les hauts barons leur
fournissaient de crimes à réprimer et d'oppressions à combattre, plus leur
courage et leur dévouement furent héroïques. Pendant que la royauté
capétienne, pouvoir encore nominal, avait assez à faire de batailler contre
les vassaux rebelles, l'Église, plus puissante et plus libre, s'attaquait au
principe même des insurrections et des révoltes, et refoulait les derniers
instincts barbares que le paganisme avait conservés dans les cœurs.

Nous nous sommes étendus trop longuement dans le premier chapitre
sur la paix et la Trêve de Dieu pour avoir besoin d'en rappeler ici l'histoire.
Disons seulement que ce long effort de pacification qui, pendant deux
siècles, tint tête à l'anarchie, fut le point de départ de tous les progrès de
l'époque, et donna le branle à toutes les initiatives généreuses. La Trêve
de Dieu se rattache à la réforme de la féodalité, à l'affranchissement des
communes, à l'extension de l'autorité royale, à la prépondérance de la
souveraineté pontificale, à l'épopée des croisades. Elle fut l'étincelle qui
communiqua sa flamme à tous ceux dont l'âme, affamée de repos, invo-
quait une intervention rédemptrice. Devant les victimes de la guerre, elle
fit luire l'espérance de la paix et de la justice, et débrouilla le chaos où
s'agitaient, dans une convulsive étreinte, les hommes, les institutions et
les choses.

Voilà ce que fut la Trêve de Dieu (1). Si l'on en pénètre bien le sens et la
portée, on peut la considérer comme le cri de la conscience chrétienne
contre la violation audacieuse et permanente du droit; comme la protes-
tation indignée de l'Église contre les procédés barbares du système judiciaire en vigueur, et enfin comme un appel suprême à une procédure
normale, régulière et pacifique. C'est là surtout la signification et le
caractère de la Trêve de Dieu. En étudiant de près les phases qu'elle
parcourt, on est obligé de conclure qu'elle eut surtout pour but de relever
les tribunaux détruits, et de substituer au jugement du glaive celui du
Droit.

Dans la première phase, comment procède, en effet, l'Église? Elle emploie exclusivement, il est vrai, les moyens de coaction spirituelle dont
elle a usé dans les âges antérieurs; mais déjà pourtant elle cherche à
fortifier ses anathèmes du concours actif des masses. Dans la seconde
phase, les populations se lèvent à la voix des conciles, des évêques et
des moines, et se coalisent contre les seigneurs rebelles. Dans la troisième,
l'Église, victorieuse, transmet à la magistrature et à la royauté naissantes
les fonctions dont elle s'était emparée en leur absence, et leur confie les

____

(1) Voir *la Trêve de Dieu*, par M. L. Binaut; le savant ouvrage de A. Kluckhohn,
Geschichte des Gottesfrieden (*Histoire de la paix de Dieu*); Leipzig, 1857.

tribunaux qu'elle a rétablis ou fondés. Mais, avant d'abdiquer, avec quel soin et quel art ne s'applique-t-elle pas à ménager la transition! Elle institue d'abord un jury pour réprimer les infracteurs de la paix, puis elle appelle les barons laïques à ses assises. Seulement, pour ne pas altérer les principes de la trêve, qu'il eût été peu prudent de livrer à des juges bardés de fer, les tribunaux restent essentiellement ecclésiastiques; les causes d'infraction à la trêve sont de la compétence de l'évêque, et les barons n'assistent le juge que pour donner à ses arrêts le prestige de leur adhésion, et, s'il le faut, l'appui de leurs armes.

Les écrivains du moyen âge appellent les membres de ce tribunal d'un nouveau genre *judices pacis*, juges de la paix; *paciarii*, paiseurs; la maison où ils délibèrent est la *maison de la paix;* le corps des officiers de la commune s'appelle *pax*, paix, ou *amicitia*, amitié. « *Pax*, » dit le glossaire de Du Cange, « c'est-à-dire le corps des édiles ou des *scabins*. » Ce dernier mot ne justifie-t-il pas notre thèse, et ne jette-t-il pas une vive lumière sur l'œuvre de la trêve, sur ses origines et sur ses conséquences ? Inspirés par le souvenir des institutions carlovingiennes, on dirait que les évêques voulurent en faire revivre non-seulement les bienfaits, mais le nom même.

Les tribunaux de la paix acquirent bientôt une telle autorité, qu'ils remplacèrent, du consentement des conciles, les tribunaux ecclésiastiques. Nous voyons, par exemple, Yves de Chartres, appuyer la demande du comte Thibaut, qui priait le roi de le soustraire à la juridiction de l'official et de le renvoyer devant les *juges de la paix*. Un concile de Montpellier fulmine l'anathème contre ceux qui refusent de comparaître devant ces magistrats.

C'est ainsi que l'Église présidait elle-même à la restauration de la procédure, et obligeait la société civile à constituer un système judiciaire régulier et indépendant. Elle avait proclamé les droits des humbles et des petits, muselé les plus belliqueux seigneurs, affranchi les communes, battu en brèche l'autorité des grands feudataires, en faisant prêter à leurs vassaux un serment qui modifiait le serment féodal (1); il ne restait plus à la royauté qu'à faire pénétrer dans la législation séculière les principes dont l'Église, après deux siècles de luttes, venait d'assurer le triomphe.

Les rois ne faillirent pas à cette tâche. Et d'abord, sur la question de la trêve, nous les voyons se mettre au pas du mouvement épiscopal, et travailler avec la même ardeur à l'extinction des querelles et des guerres.

____

(1) Les conciles ordonnèrent de faire jurer aux enfants, dès l'âge de quatorze ans, d'observer la paix; d'autres conciles étendirent cette prescription aux enfants âgés de sept ans. Le serment d'observer la paix imposait naturellement aux vassaux l'obligation de résister à leurs seigneurs.

Louis VII, en 1155, trois ans après la mort de Suger, s'empare de la trêve et la proclame en son propre nom, pour dix ans, et pour tout le royaume, *toto regno*. Après lui, Philippe-Auguste prend l'initiative d'une réforme non moins salutaire. Il attaque le principe de la solidarité des familles dans les querelles de leurs membres, et, du coup, il atteint l'ennemi au cœur même de la place. Cette solidarité, consacrée dans les forêts de la Germanie, *suscipere inimicitias patris, seu propinqui*, était, en effet, toute l'institution; elle était le palladium de cette vieille religion sanglante. Pour la détruire, Philippe-Auguste ordonne que les hommes du lignage n'entreront en guerre que quarante jours après le défi : c'est la *quarantaine le roy* confirmée depuis par saint Louis. Ceux qui, violant cet armistice, attaquent les hommes du parti contraire, sont considérés comme traîtres. Ont-ils tué, on les traîne sur la claie, et à ce supplice s'ajoute la confiscation de leurs biens.

Plus tard, l'*asseurement* établi par saint Louis rendit plus difficile encore la procédure de la *fehde*. Du moment où le plus faible n'eut qu'à réclamer l'*asseurement*, soit de son adversaire, soit de son suzerain, pour que la cause fût portée devant un tribunal, le droit de guerre n'exista plus, et la féodalité reçut la plus profonde atteinte.

Même réforme en ce qui concerne le duel judiciaire; saint Louis le prohibe, et le jugement de Dieu fait place à des informations juridiques qui portent sur des témoignages oraux ou des preuves scripturaires. Afin de sanctifier l'idée de justice, les magistrats, les juges et les témoins eurent sous les yeux l'image du Christ : le crucifix, placé dès cette époque dans le sanctuaire même du droit, rend plus présente la pensée du souverain Juge. Pierre de Fontaines, contemporain de saint Louis, parle de cet usage dans son *Conseil à un ami*. « Le juge, dit-il, doit avoir devant soi l'image de Notre-Seigneur, *suivant l'usage de Rome*, et doit donner attention aux causes qu'il juge sans se laisser prévenir de passions. »

La juridiction seigneuriale jouissait, comme nos lecteurs le savent, de droits illimités; les seigneurs pouvaient juger et condamner tous les criminels. Après le mouvement de la Trêve, les tribunaux royaux, réorganisés, enlevèrent aux justices territoriales une grande partie de leur autorité. En 1190, Philippe-Auguste règle l'administration du domaine royal dans un acte qu'il appelle son *testament*. Il y parle des baillis qui doivent tenir leurs assises une fois par mois, et juger spécialement les crimes de meurtre, rapt, homicide et trahison. Louis IX achève d'absorber la justice seigneuriale par la justice royale, non-seulement en fait, mais encore en droit; les baillis mandataires directs du pouvoir souverain sont investis d'une autorité devant laquelle le seigneur féodal doit s'incliner avec d'autant plus de respect que, derrière les baillis, il voit le peuple, organisé en corporations, et les corporations agrégées en communes.

Quatre grands baillis, institués à Saint-Quentin pour le Vermandois, à Sens pour la Champagne, à Mâcon pour la Bourgogne, et à Saint-Pierre-le-Moutier pour l'Auvergne, reçurent mission de connaître en dernier ressort des appels de justice seigneuriale. Chargés, en outre, de l'administration financière et militaire, les baillis pouvaient, comme l'avaient fait autrefois les comtes, usurper l'autorité souveraine. Afin d'écarter ce péril, saint Louis multiplie les précautions. Deux ordonnances, l'une rendue en 1254, et l'autre en 1256, astreignent les baillis à venir en personne, au parlement royal, présenter les comptes de leur administration judiciaire et financière. Enfin, saint Louis institue des *enquêteurs* royaux, sur le modèle des *missi dominici* de Charlemagne, et les envoie dans les provinces surveiller la conduite des officiers royaux.

Au-dessus des baillis et des enquêteurs dominait naturellement la Cour du Roi. La Cour était, dans l'origine, composée, comme on le sait, des grands feudataires de la couronne, et des officiers de la maison du roi. Mais quand les tribunaux des baillis vinrent créer de nouvelles occupations à cette Cour, les barons n'eurent plus ni le loisir ni les connaissances nécessaires pour vider tous les procès soumis à leur compétence. Ils délaissèrent bien vite le tribunal du bailliage, et ne réservèrent leur intervention que dans les affaires criminelles où quelqu'un de leurs pairs était compromis.

Une autre innovation importante de saint Louis fut d'introduire dans la cour un certain nombre de conseillers ecclésiastiques. Qui pouvait, en effet, mieux connaître le droit que les évêques et les clercs ? Sur ce terrain encore les prêtres avaient devancé les laïques, et s'étaient les premiers familiarisés avec les prescriptions du droit écrit et du droit coutumier. Durant tout le moyen âge, le clergé s'étudie non-seulement à rédiger ses propres lois, mais à connaître les lois féodales. Il applique tour à tour les unes et les autres dans « ses cours de chrétienté » et dans ses cours séculières. Aussi, parmi les plus anciens jurisconsultes, voit-on figurer au premier rang l'archevêque de Reims, Hincmar, le moine Abbon de Fleury, et ce Lanfranc, abbé du Bec en Normandie, dont un vieux chroniqueur nous parle en ces termes : « Il était instruit dans les lois ecclésiastiques et séculières, et les juges des cités acceptaient ses décisions avec applaudissement. » Signalons encore, et parmi les plus fameux, Yves, évêque de Chartres, Jean de Salisbury, puis un cardinal nommé Matthieu d'Angers, et enfin le pape Innocent III lui-même, très-renommé comme légiste.

Il est bon de rappeler aussi que les écoles de droit furent fondées par le clergé, ou durent leur maintien à la protection de l'Église. L'école d'Orléans était une des plus fameuses ; beaucoup de ses maîtres étaient évêques ou le devinrent. Un assez grand nombre de cardinaux et plus d'un pape avaient, à l'exemple de Clément IV, débuté comme professeurs de droit ou comme maîtres au parlement. Quelques clercs siégeaient dans les tribunaux ecclésiastiques ; mais la plupart remplissaient les cours seigneuriales ou royales.

Les clercs avaient donc toutes sortes de titres à faire partie de la cour du roi, ou plutôt du « parlement », nom nouveau qui commençait, dès cette époque, à désigner le tribunal suprême. Bientôt les clercs formèrent la majorité des juges, et parmi eux on vit figurer, non-seulement des évêques et des archidiacres, mais des Frères prêcheurs et des Frères mineurs. Ce n'était plus le temps, comme on le voit, où les grands feudataires composaient exclusivement le tribunal du roi. Si le « parlement » comptait parmi·ses membres deux ou trois seigneurs, du rang de l'accusé, celui-ci n'avait pas le droit de se plaindre, « et la cour », ainsi que le dit M. Fustel de Coulanges, « passait pour suffisamment féodale. » La justice ne se rendait-elle pas, d'ailleurs, au nom du souverain, et le parlement n'était-il pas lui-même une délégation royale ? Il ne faut donc point s'étonner si parmi les signatures qui figurent au bas des arrêts, les noms des simples clercs sont beaucoup plus nombreux que ceux des seigneurs. Les barons n'étaient plus guère que des comparses, les clercs étaient les vrais magistrats. Aucun écrivain du temps ne signale cette modification profonde de l'organisation judiciaire. Une pareille inconscience prouve justement que la réforme opérée par saint Louis fut plus encore l'œuvre du temps que celle de l'illustre monarque. Elle surgit du nouvel état social créé par les luttes épiques des évêques en faveur de la paix ; saint Louis, — et ce ne fut pas là sa moindre gloire, — eut le mérite de rassembler les éléments épars de l'édifice dont l'Église avait tracé le plan, et sous lequel la société chrétienne s'abrite encore aujourd'hui.

CHAPITRE QUATRIÈME

L'ORGANISATION MILITAIRE

I

L'ARMÉE FÉODALE

Tous les Francs étaient soldats, les possesseurs d'alleux et les bénéficiers. Pour les premiers ou ahrimans, le service militaire n'était pas un
devoir, mais une prérogative. Il arrivait même souvent que ces guerriers
libres commandassent à leurs chefs. Un des fils de Clovis ayant refusé
un jour de marcher contre les Saxons, les ahrimans envahirent sa tente,
se jetèrent sur lui, l'accablèrent d'injures et le contraignirent à se mettre
à leur tête. « Si tu ne veux pas aller en Bourgogne avec tes frères, dirent
les Francs à Théodoric, nous te laissons, et nous marchons avec eux. »
Les ahrimans avaient également droit au butin; les histoires les plus
élémentaires nous citent le trait de ce Franc qui, mécontent de voir le roi
s'arroger une dépouille plus riche que celle des autres, brisa, d'un coup
de sa framée, le vase de Soissons.

Il serait facile de multiplier les exemples de cette autonomie primitive
des ahrimans. Plus tard, les hommes libres, cantonnés dans leurs terres
allodiales, refusèrent d'accompagner le roi dans ses guerres privées et
limitèrent leur concours aux guerres d'invasion. Les propriétaires d'alleux
se rangeaient alors sous la bannière de leurs chefs, et formaient ce qu'on
appelait dès cette époque la *landwehr* (*land*, terre, pays; *wehr*, défense,
guerre).

Les bénéficiers ou leudes étaient beaucoup plus subordonnés à leurs
chefs. Ils étaient obligés de suivre à la guerre le roi ou les seigneurs propriétaires des terres dont ils avaient l'usufruit. Mais il ne s'agissait pas
seulement pour eux, comme pour les ahrimans, de guerres générales

ou landwehr; ils devaient le service même en cas de guerre privée, ou *fehde.*

Sous les Mérovingiens, les seigneurs cherchèrent, sans doute, à se dérober aux obligations qui leur étaient imposées. Les Capitulaires vinrent rappeler les ahrimans à leurs devoirs. « Tout homme libre, propriétaire de quatre manses de terre, doit être prêt pour le service militaire et accompagner le comte. Celui qui n'en possède que trois s'adjoindra le propriétaire d'un manse, et tous les deux s'entendront pour remplir le service militaire. » (Capitulaire de 803.) — « Nous avons ordonné, dit un capitulaire de 811, que, selon l'*ancienne coutume,* on se fournisse de vivres dans sa province pour trois mois; d'armes et d'habits, pour six mois. — Que le comte ait soin que les armes ne manquent point aux soldats qu'il doit conduire à l'armée; c'est-à-dire qu'ils aient une lance, un bouclier, un arc, deux cordes, douze flèches, des cuirasses et des casques. » Charlemagne, en organisant l'armée, réservait exclusivement au souverain le droit de faire la guerre. « En cas de *fehde,* qu'on examine lequel des deux adversaires est contraire à la paix, et qu'on les y contraigne, malgré leur résistance. Si l'on ne peut rétablir la paix par un autre moyen, qu'on les amène en notre présence. Et si, la paix faite, l'un tue l'autre, qu'il paie la composition et perde la main par laquelle il s'est parjuré. »

Après la mort de Charlemagne, le service militaire reçut la même atteinte que les autres institutions de ce grand homme, et subit le contre-coup des changements qui s'opérèrent alors dans l'état social. Sous les représentants de la dynastie carlovingienne, les *missi dominici* ou *legati regales,* comme les appelle un capitulaire de Charles le Chauve, présidaient à la réunion des troupes; sous les Capétiens, les chevaliers bannerets ou *vexillarii* usurpèrent cette charge (1). Voulaient-ils entreprendre une campagne, ils appelaient sous leurs étendards non-seulement leurs vassaux et arrière-vassaux, mais les roturiers et les vilains qui vivaient sur leurs terres. C'est là, du reste, ce que nous apprend Beaumanoir. « Chaque seigneur, dit le célèbre jurisconsulte, peut appeler ses hôtes pour son corps et sa maison garder, dans le fief et non autre part; s'il les mène hors du fief, par leur volonté, pour son besoin, il les doit solder, et ils ne sont pas tenus à sortir du fief, s'ils ne le veulent. »

Des motifs très-sérieux et très-graves devaient, il est vrai, motiver cette convocation; mais, comme le droit de déterminer l'urgence d'un mouvement offensif appartenait exclusivement aux seigneurs, on voit d'ici quels abus pouvait entraîner une prérogative aussi considérable. Hâtons-nous de dire, toutefois, que des transactions intervinrent de bonne heure entre les hauts barons et leurs subordonnés, et que des lois écrites ou des

---

(1) Voir Jean de Laroque, *Traité du ban et de l'arrière-ban.*

conventions orales précisèrent les droits des uns et les devoirs des autres. Les hommes de poeste obtinrent des conditions plus ou moins favorables, selon qu'ils furent plus ou moins forts et surent se faire plus ou moins craindre.

Plusieurs ordonnances royales vinrent malheureusement aggraver la situation des vilains et consolider le pouvoir des seigneurs. Une ordonnance de 1270, et divers actes de Philippe de Valois et du roi Jean, enjoignirent aux tenanciers de suivre leurs chefs à la guerre. Chaque feudataire avait de la sorte une petite armée toujours prête à s'associer à ses entreprises, et qu'il pouvait mettre en campagne au premier signe.

II

L'ARMÉE MONARCHIQUE

Nous avons vu dans un autre chapitre quels furent les efforts de l'Église pour réprimer le fléau des guerres privées, et pour détacher par conséquent le tenancier de son seigneur. Afin de venir en aide à l'Église et pour seconder son œuvre, la royauté ne s'épargna pas. En 1413, alors que la querelle des Armagnacs et des Bourguignons ensanglante le royaume, Charles VI, s'il faut en croire de Laroque, édicte « sous peine de confiscation de corps et de biens, que, quelque personne que ce soit, fust-il baron ou chevalier, ne se mette en armes au mandement d'aulcun seigneur, sinon de celui du comte de Saint-Paul, conestable de France ».

Malgré les embarras dont elle était alors assaillie, la couronne fut assez forte pour faire respecter ses volontés, et l'ordonnance de 1413, en donnant au mouvement de la Trêve de Dieu une consécration légale, fut un arrêt de mort pour l'organisation militaire en vigueur. Plus de trente ans après, néanmoins, l'histoire nous montre encore un puissant seigneur poitevin, le vicomte de Thouars, auquel le parlement, après une épineuse controverse, reconnut le droit de convoquer trente-deux chevaliers bannerets. Mais c'en était fait de l'autonomie locale; le roi concentre en ses mains, dès cette époque, toutes les forces militaires de la France. A l'armée féodale succède l'armée monarchique. Avant cet édit, le service militaire se distinguait en *ost* et en *chevauchée* : l'ost était le service dû au roi pour les guerres générales, et la *chevauchée,* le service que le vassal devait à son seigneur, lorsque celui-ci entreprenait une campagne contre un de ses voisins. Désormais il ne fut plus question de la chevauchée,

ou plutôt ce nom ne désigna plus qu'un service de sûreté et d'honneur.
Seul, le roi fut investi du droit de convoquer, par lettres patentes, le
ban et l'arrière-ban de ses sujets. Le ban s'adressait à tous les nobles,
c'est-à-dire à tous les détenteurs de fiefs; l'arrière-ban s'adressait à toutes
les personnes capables de porter les armes qui n'étaient pas comprises
dans la précédente levée, et spécialement aux milices communales.

Le registre de la chambre des Comptes coté *Pater* contient diverses
commissions de l'année 1314, adressées par Philippe le Long aux baillis,
sénéchaux et prévôts, « pour faire mettre en armes tous les grands,
nobles ou ignobles et ecclésiastiques, et l'assister dans la guerre qu'il
avait entreprise contre Robert comte de Flandres. » Voici les instructions
dont furent chargés les commissaires nommés par le roi.

« Premièrement de faire crier que toutes manières de gens, nobles ou
non nobles, fussent en armes et en chevaux, selon leur estat, à Arras le
jour de Nostre-Dame, en septembre, pour aller à l'ost de Flandres.

« Que l'on lèveroit, de cent feux, six sergents, et pour chaque sergent douze deniers par jour, et pour les armes de chaque sergent trente
sols pour tout.

« Que toutes manières de villes ou de paroisses payeroient de cent feux
en la manière que dit est plus ou moins.

« Que ceux qui auroient vaillant deux mille livres en toutes choses et
plus iroient en l'ost, où ils financeroient chacun pour soy, sans regarder
la condition de la personne.

« Que tous prélats, chapitres et religieux qui devoient service de cheval
ou de gens d'armes, ou autre service, seroient contraints d'aller en l'ost
en la manière qu'ils sont tenus, ou à frayer convenablement selon leur
condition et selon la discrétion et prudence des commissaires de l'Estat
de la guerre.

« Que quant aux nobles qui estoient semons d'aller en l'ost, et généralement femmes, veuves, ou qui n'avoient puissance et richesse. ou qui
estoient malades, ou pour cause ne pouvoient aller en l'ost bonnement,
l'on prendroit finance d'eux selon la discrétion des commissaires.

« Que quant aux clercs qui tenoient fiefs, dont ils devoient service à
l'ost, l'on feroit en la manière que dessus est dit des nobles. »

Aussitôt que les nobles étaient assemblés et leurs déclarations reçues,
« les baillis et sénéchaux devoient, dit Laroque, examiner le rolle de ceux
qui s'étoient présentés pour servir actuellement, et considérer la valeur
des fiefs, pour sçavoir combien d'hommes chaque particulier devoit sou-
doyer. » Jean de Laroque nous a laissé dans son *Traité du ban et de
l'arrière-ban* quelques modèles de ces rôles. Un des plus anciens remonte
à l'an 1272 ; nous en citerons seulement le commencement et la fin : « *No-*

*mina militum citatorum de Castellania Patiaci ad quindenam Pasche
apud Turonas ;* de Monsigné, Johannes Havard, Johannes de Laval,
Hubertus de Houssayâ, Guillemus de Haya, Johannes de Boscoro-
geri, etc. Noms des chevaliers de la châtellenie de Pacy convoqués à
Tours, pour le cinquième jour après Paques : Jean de Monsigné, Jean
Havard, etc. »

La liste se termine ainsi :

« *Et quidquid inde volueritis, nobis remandetis. Ut nos sumus parati
ad beneplacita vestra et mandata cum bona voluntate facienda.* Et tout
ce que vous voudrez ensuite, mandez-le-nous. Nous sommes prêts à vous
suivre partout où il vous plaira, et à nous conformer à vos ordres avec la
meilleure volonté possible. »

Le contrôle dont parle de Laroque se faisait sous la surveillance et
l'autorité du connétable. Les délégués de ce dignitaire vérifiaient l'état
des hommes et des chevaux fournis par les abbés et par les prélats, par
les femmes et par les enfants pourvus de fiefs.

Restreinte d'abord à ces trois catégories de personnes, la faculté de se
faire remplacer reçut plus tard une extension presque illimitée. Il fut
permis de se soustraire à l'ost dans plusieurs circonstances, et ces dispenses se multiplièrent tellement que la seule force des choses amena
bientôt la substitution d'un impôt à un service. C'est ainsi que, moyennant l'équipement d'un nombre déterminé de sergents de pied, les
roturiers purent, à partir de 1303, s'exonérer en grande partie du service
militaire.

L'histoire de Louis VI présente, en 1124, le premier exemple d'une
véritable armée nationale répondant à l'appel du roi. L'empereur d'Allemagne, Henri V, menaçait la France; le roi convoque le ban et l'arrière-
ban, et son historien Suger nous montre une immense multitude de
vassaux se pressant sous ses drapeaux dans les plaines de Reims : « Les
seigneurs du royaume distribuèrent devant le roi les bataillons qui devaient s'assembler. Ils firent une première division des habitants de Reims
et de Châlons, qui passaient soixante mille combattants, tant à pied qu'à
cheval; la seconde, qui n'était pas moins nombreuse, comprenait ceux
de Laon et de Soissons; la troisième, ceux d'Orléans, d'Étampes, de
Paris, avec la nombreuse armée dévouée à Saint-Denis et à la couronne,
où le roi voulut être en personne; le comte palatin Thibaut de Champagne, avec son oncle, le comte Hugues de Troyes, formait la quatrième;
le duc de Bourgogne, avec le comte de Nevers, formait la cinquième;
l'excellent comte Raoul de Vermandois, illustré par la parenté du roi,
entouré d'une brillante chevalerie et de la bourgeoisie de Saint-Quentin
armée de casques et de cuirasses, devait former l'aile droite; ceux du
Ponthieu, d'Amiens et de Beauvais, étaient destinés à l'aile gauche. Le

noble comte de Flandre, avec dix mille vaillants chevaliers, aurait triplé
l'armée, s'il eût pu arriver à temps. Le duc d'Aquitaine Guillaume, l'excellent comte de Bretagne et le belliqueux Foulques, comte d'Anjou, se
désolaient que la distance des lieux et la brièveté du temps ne leur per-
missent pas d'amener aussi leurs forces pour venger les injures faites aux
Français. » Ce fut dans cette circonstance solennelle, au milieu de cette
armée véritablement française, que retentit pour la première fois le cri de
guerre de la France : *Montjoie Saint-Denis!*

Dans les premiers temps de la féodalité, cette levée ne rencontrait pas
d'obstacles ; mais plus tard les ordres de la monarchie furent moins
respectés. Les feudataires devaient le service au roi, et cette obligation ne
cessa jamais d'être reconnue en droit ; s'agissait-il de la faire exécuter,
on se trouvait en face d'une opposition des plus accentuées. Parmi les seigneurs soumis aux appels du ban et de l'arrière-ban, les uns prétendaient
qu'ils n'étaient tenus de marcher que dans le cas de guerre défensive, ou
quand le roi commandait en personne ; d'autres contestaient l'opportunité
de l'expédition entreprise ; d'autres enfin, distinguant entre la souveraineté
monarchique et la suzeraineté féodale, déclaraient que, s'ils étaient les
vassaux du roi, ils n'étaient pas néanmoins tenus de marcher servilement
sous ses ordres. Ainsi, en 1276, le comte de Blois ne consent à suivre
Philippe le Hardi qu'après avoir fait dûment constater par le monarque
lui-même le caractère amical et spontané de son concours.

L'année suivante, les feudataires de l'Auvergne, convoqués par le
même prince pour aller guerroyer en Navarre, refusent de quitter leurs
burgs : à les entendre, ils ne doivent le service de guerre à la couronne
que sur le territoire même de leur province. De simples écuyers, encouragés par ce mauvais exemple, invoquent les mêmes arguments et laissent
sans réponse l'appel du roi ; ici, les délinquants sont retenus dans les châteaux par le droit de guet et de garde ; là, sous prétexte qu'ils ne tiennent
en fief aucune terre mouvante du souverain, ils ne se croient pas atteints
par la levée. Enfin quelques hauts barons, tout en marchant de leurs
personnes, accordent à leurs vassaux, moyennant finances, l'exemption du
ban royal. C'est ce que nous apprend une charte du comte de Rodez,
Jean Ier, datée de 1339 ; dans cet acte, il dispense les hommes de ses
fiefs de le suivre à la guerre quand il sera convoqué par le roi, à la
condition de payer, à chaque proclamation du ban royal, une dispense
de cent cinquante livres (1).

En présence de ces fins de non-recevoir, on conçoit sans peine qu'à la
longue la royauté ne put trouver dans le régime féodal les éléments d'une
armée sérieuse. Arrêtons-nous un moment, par exemple, à l'avénement

______

(1) Voir Charles Louandre, *De la noblesse sous l'ancienne monarchie*, p. 54, et J. de
Laroque, *passim*.

de Philippe-Auguste. Quels étaient alors les grands vassaux de la couronne? C'étaient les ducs de Normandie, de Bourgogne, d'Aquitaine; les
comtes de Flandre, de Bretagne, de Toulouse, de Champagne, l'archevêque de Reims, les évêques de Beauvais, Laon, Châlons, Langres et
Noyon. Les conquêtes successives de la Normandie, de l'Anjou, du
Poitou, de la Saintonge, d'une partie de la Touraine, de l'Auvergne et
de l'Artois, eurent beau grossir le domaine de la couronne, ils n'accrurent
pas le domaine royal; les hauts barons continuèrent à ne donner au roi
que le concours d'un très-petit nombre de leurs vassaux. Si nous nous en
rapportons, en effet, aux chiffres donnés par M. Edgar Boutaric (1), que
voyons-nous? A la fin du xiiᵉ siècle, le comte de Champagne commande
à 2030 chevaliers, et il n'envoie au roi que 12 bannerets; le duc de
Bretagne a sous ses ordres 166 chevaliers tenus à l'ost, et il n'en emmène
que 40; la Normandie en fournit 500 seulement; l'Anjou 95; la Flandre 42;
le Boulonnais 7; la seigneurie de Saint-Pol 8; l'Artois 18; le Vermandois 24; la Picardie 30; l'Orléanais 89; la Touraine 55, etc. etc.

Dans ces conditions, il était impossible, on le comprend, d'entreprendre
une expédition laborieuse. Ajoutons que le service féodal ne devait jamais
dépasser quarante jours et quarante nuits, sans compter l'aller et le retour.
Et encore tous les fiefs étaient-ils loin d'accepter cette limite; les uns
déclaraient ne devoir que vingt ou trente jours; d'autres que dix ou même
cinq. Le commandant en chef d'une pareille armée courait par conséquent
le risque d'être abandonné au bout de vingt ou quarante jours, s'il voulait
poursuivre une opération militaire de quelque importance. Aussi, à part
les croisades, qui se recrutaient exclusivement de volontaires, voyons-
nous les rois de France complétement hors d'état d'entreprendre des campagnes lointaines. Les guerres intérieures leur étaient, pour ainsi dire,
seules permises, et quand, par hasard, de grandes armées étaient réunies,
comme à Bouvines ou à Crécy, toutes les hostilités se bornaient à une
bataille décisive; heureuse ou défavorable, cette bataille, une fois livrée,
mettait fin au service de l'*ost;* les contingents se séparaient, les armées
semblaient fondre d'elles-mêmes, et la lutte s'éparpillait sur toute la surface du territoire.

A ces difficultés s'en ajoutaient d'autres encore, non moins graves.
Chaque seigneur réclamait le commandement de la troupe qu'il avait
fournie, et quand il s'agissait d'obéir, la discipline venait se briser contre
des questions de rang et de préséance (2). C'est l'armement surtout qui,
par son extrême variété, rendait quelquefois très-pénible la tâche du
général en chef. Réglé suivant la dignité du combattant, il donnait à

(1) *Institutions militaires de la France*, p. 115.
(2) Ch. Louandre, ouv. cité, p. 55.

l'armée féodale l'aspect d'un corps plus pittoresque qu'homogène. Consultons, en effet, l'ordonnance de Charles VII (1445) : d'après ce rescrit royal, il y avait, dit de Laroque, trois sortes de fiefs qui « obligeoient les seigneurs d'estre equipez selon la condition de leurs terres et seigneuries ».

Les premiers feudataires étaient accompagnés de vingt-cinq vassaux, armés et montés. Le détenteur d'un fief de haubert le desservait par *pleines armes*, c'est-à-dire monté sur un destrier et le corps protégé par une cotte de mailles, la tête par un heaume; le bras était couvert par un écu, et le flanc ceint d'une épée. L'écuyer avait pour monture un cheval appelé roncin, et pour armure un écu et une lance.

III

L'ARMEMENT OFFENSIF ET DÉFENSIF SOUS LE RÉGIME FÉODAL
— LES ARMES DES SEIGNEURS

Donnons ici quelques explications sur les armes de la féodalité.

Les hordes frankes qui, sous les chefs mérovingiens, envahirent la Gaule, étaient armées de la *framée*, de l'*angon* et de la *francisque*. La framée était la lance des Romains; l'angon, le *pilum* ou javelot à la pointe pyramidale ; et la francisque était la hache de guerre. Nos ancêtres y joignaient l'*épée* et le *scamasaxe* ou longue dague; c'étaient là leurs armes offensives. Pour armes défensives ils portaient le bouclier rond à *umbo* de métal, et rarement le casque. Aussitôt qu'un guerrier franc était parvenu à planter le fer de son arme dans le bouclier de son ennemi, il l'attaquait corps à corps avec la hache ou le glaive.

Le glaive était l'épée ou le scamasaxe. Cette dernière arme, qui ressemblait à l'épée romaine, était plus courte et ne présentait qu'un seul tranchant. La francisque n'avait de même qu'un seul tranchant, et elle s'emmanchait verticalement par une douille à manche droit, comme nos haches modernes. Notre musée d'artillerie possède deux types de haches mérovingiennes : l'une petite, à peine recourbée et tout d'une venue; l'autre plus lourde et présentant un tranchant plus développé. L'épée était mince, plate, aiguë, à double tranchant, large de sept centimètres et longue de quatre-vingts environ. Le fourreau était probablement en bois, avec une garniture de bronze ou de fer.

Le bouclier, de forme circulaire, est en bois, recouvert de peau, et l'umbo, circulaire aussi et en fer, est très-saillant, de quinze centimètres environ de diamètre, offrant la forme générale d'un cône écrasé, renflé à sa base, et la pointe terminée par un bouton.

Les guerriers francs, coiffés de leurs chevelures tressées en cadenettes, portaient aux pieds une chaussure liée par deux larges courroies de cuir qui se croisaient plusieurs fois en losanges sur la jambe et la cuisse, au haut de laquelle elles étaient fixées.

Les rois se couvraient de la dépouille des bêtes fauves ; de là l'expression de *reges pelliti* (rois couverts de fourrures), sous laquelle les anciens chroniqueurs les désignent souvent.

Le soldat était revêtu d'habits collants, les reins serrés par une ceinture de cuir qui portait ses couteaux, son scamasaxe, son peigne, ses ciseaux, etc. Les boucles et les agrafes du ceinturon, qui joue un rôle important dans le costume, étaient en bronze, ornées de gravures ou constellées de gros boutons. Ses jambes étaient emprisonnées dans des braies ou pantalon, qui descendait jusqu'à la cheville. Il portait de la main gauche la framée ou l'angon, et son petit bouclier à large umbo de fer ; de la main droite il tenait la francisque. Le derrière de la tête était rasé ; ses cheveux, teints en rouge comme ses longues moustaches, et probablement tressés, se ramenaient sur le front, à droite et à gauche du visage (1).

La Bible manuscrite de Charles le Chauve (850) nous fait connaître le costume militaire de cette époque : c'est, à peu de chose près, le costume romain.

La poliorcétique, ou l'art de prendre les villes, était alors complétement dans l'enfance ; on en était encore réduit aux catapultes et aux balistes des Romains. Ces machines se composaient de nerfs ou de cordes à boyaux tendus avec force, et qui, en se débandant, lançaient au loin des projectiles, traits, pierres ou poutres.

Avec l'armement inauguré par les Capétiens, coïncide une modification notable dans les différentes pièces de l'armement offensif et défensif, modification qui s'accentue, du reste, de règne en règne. Vers la fin du XIᵉ siècle, l'homme de guerre est vêtu d'une longue tunique tombant souvent au-dessous même du genou ; les manches s'arrêtent au coude, et une sorte de capuchon, qu'on ramène en avant, couvre à la fois la tête, le cou et les épaules.

Sur la tunique, faite de peau ou de toile, on cousait des plaques de métal de formes différentes, ou bien même des anneaux de fer disposés les uns à côté des autres, et se recouvrant en partie, ou des chaînes métalliques rapprochées et disposées sur l'étoffe, dans le sens de la longueur ou de la largeur du vêtement. Les chausses, couvertes d'anneaux comme la tunique, n'étaient pas armées. La cotte d'armes était faite de plusieurs

____

(1) Penguilly-Lharidon, *Armes mérovingiennes.*

doubles d'étoffe rembourrée, piquée et renforcée par un treillis de bandes de cuirs, formant des losanges réguliers, marqués au centre et aux angles par des clous à large tête. C'est la cotte treillissée, à l'épreuve des flèches et de l'épée, mais ne résistant pas aux coups de lance. On l'appelait indifféremment *gambesson* ou *hocqueton*.

En s'emparant de la Neustrie, les Normands importèrent chez les Francs une sorte de casque conique, à la visière mobile, que les chroniqueurs nomment tour à tour *chapeau de fer, armet, morion* ou *bassinet.*

Au XIIIe siècle, le casque conique devient cylindrique; il enveloppe la tête entière, et ne laisse respirer celui qui le porte que par une petite ouverture ou grille appelée *visière* ou *ventail.* Comme cette grille est à coulisse et peut glisser sur le front du casque, le chevalier la relève quand il veut prendre l'air. Le bassinet, ovoïde, pointu, reçoit en outre une garniture de mailles, qui couvre le cou et une partie des épaules. Ces mailles se composent d'une suite de petits cylindres prismatiques et creux qu'on nomme *rewelles.* Enfin, un demi-brassard, désigné sous le nom d'*épaulette*, protége la partie supérieure du bras.

Une nouvelle transformation s'opéra, sous saint Louis, dans la forme du casque ou heaume.

Figurant deux cônes tronqués réunis par leurs grandes bases, le heaume enferme dès lors la tête tout entière. Il se couronne de plumes et d'un panache, qu'on appela *cimier*, se sillonne de riches ciselures, ou s'irradie d'étincelantes pierreries. Quelquefois le heaume est surmonté d'une couronne dont les fleurons symbolisent la dignité du chevalier. La mode, le caprice du seigneur, le goût de la singularité ou des traditions de famille font charger les cimiers de figures monstrueuses; on y représente des dragons, des guivres, des griffons, des serpents. Paris, dit M. Chéruel, était renommé pour la fabrication de cette armure, et une de ses voies en tira le nom de *rue de Heaumerie.* Quelquefois on faisait flotter derrière le heaume des découpures d'étoffes ou lambrequins, dont la couleur signalait souvent, soit le nom, soit la qualité du combattant.

Outre le heaume, les hommes d'armes portent aussi, dès cette époque, le *chapel de fer.* A l'origine, simple calotte placée sous le capuchon du haubert, le chapel, dès que ce capuchon fut retranché, se garnit plus tard d'un rebord, qui lui donna la forme d'un feutre du XIXe siècle. De ce rebord, on fit descendre sur les épaules, pour protéger le col, un tissu de mailles de fer nommé *camail.* En changeant d'aspect, la calotte de fer changea de nom; on l'appela *coiffe* ou cervelière, et cette désignation se conserva même lorsque, dans la suite, elle devint une sorte de *pot* renversé, qui cachait toute la tête et se maintenait en place par son seul poids.

Les autres pièces de l'armure subirent naturellement les mêmes trans-
formations que le casque. Vers le milieu du XIIe siècle, parut le *plastron*
de fer que les chevaliers se placèrent sur la poitrine pour soulever le haubert, dont la pression directe gênait l'enveloppe thoracique et s'opposait
au libre jeu des fonctions respiratoires.

Sous Jean le Bon, c'est-à-dire au milieu du XIVe siècle, la plupart des
seigneurs adoptèrent une armure en fer ou *armure* plate; le haubert
féodal fut presque partout abandonné. Néanmoins, ce ne fut que vers les
premières années du XVe siècle que l'armure plate détrôna complétement
la cotte de mailles.

L'armure des autres parties du corps se composait de jambards, de
cuissards, de brassards, de genouillères, de coudières, dont le nom
désigne assez clairement l'emploi. Les genouillères furent adoptées sous
Philippe-Auguste, et sous Philippe le Hardi, les grevières en fer plein ou
demi-jambières qui couvraient seulement le devant de la jambe. Sous
Philippe le Bel, on voit le premier exemple du gantelet de fer à doigts arti-
culés et séparés. Jusque-là, le gantelet n'avait été qu'une pièce rigide
recouvrant seulement le dessus de la main.

Une plaque de fer placée au côté droit de la cuirasse servait à soutenir
la lance en arrêt; on l'appelait *faucre*. Toutes les pièces de l'armure étaient
réunies : le casque à la cuirasse par le hausse-col, qu'on appelait aussi
gorgerin ou gorgerette; la cuirasse aux cuissards par les tassettes, qua-
druple rang de plaques qui descendaient depuis le bas-ventre jusqu'à mi-
cuisse; les cuissards aux grevières par les genouillères, rotule de fer dans
laquelle s'engrenaient les cuissards et les brassards; enfin, les brassards
à la cuirasse par les épaulières. L'intérieur de cette armure, appelée
« de toutes pièces », était matelassé, mais de façon à laisser un espace
libre entre l'homme et la carapace, dans laquelle le chevalier était incarcéré. Le cheval était également couvert d'une enveloppe métallique; la
partie qui protégeait la tête se nommait « chanfrein ». Sur la selle flot-
taient des housses aux couleurs éclatantes, et blasonnées d'arabesques
héraldiques.

Notre description des armes défensives du moyen âge ne serait pas
complète, si nous ne faisions mention du bouclier ou *écu*. Au IXe siècle,
le bouclier, coupé horizontalement par la pente, se termine par le bas en
pointe plus ou moins effilée; il a la forme d'un triangle isoscèle convexe.
Lors de la deuxième croisade, l'écu, au lieu d'être attaché au bras, est
suspendu au cou par une lanière de cuir. Plus tard, il affecte différentes
formes; s'il est carré, il s'appelle *targe*, et s'il est circulaire, *rondache*.
Quand le chevalier est tué, on place près de son corps l'écu, la pointe
en haut.

Nous connaissons maintenant les armes défensives, parlons de l'armement offensif.

Dans la tapisserie de Bayeux, brodée par la comtesse Mathilde, les soldats de Guillaume le Conquérant sont armés d'épées, de haches, de lances, de flèches et de dards. Les épées sont longues et d'une largeur uniforme jusqu'à l'extrémité, qui se termine brusquement en pointe; les poignées en sont épaisses et fortes. Les haches ne présentent aucune particularité remarquable. Les lances sont armées d'un fer aigu, dont la longueur équivaut au sixième de la hampe.

Si nous ouvrons les romans de chevalerie et les principales chroniques du XIe au XIVe siècle, nous y trouvons de longs détails sur les épées des héros du moyen âge. Quelques-unes partagent même la célébrité de leur maître; on vante la *Joyeuse* de Charlemagne, la *Durandal* de Roland, la *Haute Clère* d'Olivier, le *Scalibor* d'Arthur, le *Flamberge* de Bradimart, le *Balisande* de Renaud, et le *Courtin* d'Ogier le Danois.

Les épées des XIe et XIIe siècles sont larges, peu aiguës, assez courtes. Elles servaient surtout à frapper de taille. La pointe n'est pas formée par la diminution progressive de la lame, elle est découpée comme la pointe de certains glaives antiques. Le pommeau est plat et circulaire; les quillons (les deux branches de la croix) sont droits, ou parfois légèrement tordus à leur extrémité.

L'épée à deux mains, ou *espadon*, était une arme large et longue, à laquelle l'homme d'armes imprimait un rapide mouvement giratoire, dès qu'un adversaire fondait sur lui. Les longues et lourdes épées furent longtemps en usage. On dit que Godefroi de Bouillon fendait un homme en deux d'un coup d'épée. Le P. Daniel, en citant ce fait et d'autres analogues, ajoute qu'ils ne paraissent plus invraisemblables, quand on considère, au musée de Meaux, le *Courtin* d'Ogier le Danois. Longue de plus de trois pieds et large de trois pouces, cette épée pesait cinq livres. Dans la suite, on se servit d'épées courtes, à deux tranchants, qu'on appelait *braquemarts*. L'épée à lame ondoyante se nommait *flamard*.

La lance fut l'arme principale de la cavalerie française jusqu'à l'avénement de Henri IV. Les lances des Français, dit Guillaume le Breton, poëte du XIIIe siècle, sont de frêne; elles se terminent en une pointe aiguë, et ressemblent à de longues perches. Sous Philippe de Valois, on les fit plus courtes et plus grosses.

Les autres armes offensives sont : la hache d'armes, suspendue à l'arçon; la masse d'armes, espèce de massue garnie de pointes de fer, qu'on nommait aussi *bourlettes;* le poignard de *miséricorde* ou dague qui se portait au côté droit, et dont les chevaliers se servaient pour égorger l'ennemi renversé de cheval, s'il refusait de crier *miséricorde*.

Le fléau d'armes se rapprochait beaucoup de la masse d'armes; il se composait d'un manche très-court, auquel était suspendue une courroie ou chaînette munie de boules de fer, à son extrémité. Ces boules étaient souvent hérissées de pointes. Un roman du moyen âge (*Parthenopex de Blois*) donne la description suivante du costume d'un chevalier :

> Chausses de fer dessus chaussées
> De lacs de soie bien lacés,
> Il a un bon haubert vestu,
> Il a un bon double escu
> Et bon heaume en chef lacie,
> Et en son poing un bon espie (lance).
> Il a une espée longue et dure
> Et bien moulue à sa mesure ;
> Une autre à son arçon pendue,
> D'autre part une besaguë (hache à deux tranchants),
> Et sa miséricorde a ceinte.

Ces armes, suspendues aux murs du château féodal, en faisaient un des principaux ornements.

IV

LES ARMES DES SOLDATS

Quelle était maintenant l'armure offensive et défensive du peuple à partir du xie siècle ?

Un vêtement garni de petits anneaux ou écailles de fer, un casque pointu et un bouclier qui, coupé horizontalement, se termine par le bas en une pointe plus ou moins aiguë, telle est l'armure défensive de la milice subalterne. Les cavaliers, également bardés de fer, portent, fixés à leurs bras par une courroie, des boucliers convexes, affectant la forme triangulaire.

Les armes offensives sont la hache, l'épée, la lance et l'arc. Longue et large, l'épée s'effilait brusquement comme nos fleurets d'escrime ; la garde, épaisse et forte, était cruciforme. Les lances étaient garnies d'une rondelle d'acier qui couvrait la main et le bras. Souvent les seigneurs mettaient dans la main de leurs serfs des bâtons fourchus, auxquels succéda plus tard l'arme désignée sous le nom de « bisaiguë ». Les serfs et les paysans avaient, en outre, pour arme, un bâton nommé *vouge*, surmonté d'une lance de fer en forme de faux : « Le roy estant à Paris, lisons-nous dans la chronique de Louis XI, y arrivèrent les vougiers et cranequiniers, c'est-à-dire arbalétriers du pays et duché d'Anjou, qui bien pouvoient estre quatre cents hommes qui, ledit jour, furent menés aux champs pour escarmoucher les Bretons et les Bourguignons. »

Dans le poëme où le moine Abbon nous raconte le siége de Paris par les Normands au IXe siècle , il est parlé de balles de plomb lancées par la fronde. Malgré ce témoignage historique, on hésite à comprendre la fronde dans l'armement des troupes carlovingiennes. D'après les dessins de la tapisserie de Bayeux, nous avons tout lieu de croire qu'elle était plutôt une arme de chasse qu'une arme de guerre. Plus tard, quelques compagnies de frondeurs exclusivement recrutées parmi les populations rurales furent admises dans les troupes féodales. Mais cette innovation ne fut pas de longue durée; à la mort de saint Louis, les frondeurs disparurent de l'ost du roi; là s'arrête leur histoire et probablement leur rôle.

Cavaliers et fantassins avaient pour coiffure un casque universellement connu sous le nom de *salade, morion, bourguignote* ou *pot de fer*. C'était une simple calotte qui couvrait le sommet de la tête avec un appendice postérieur plus ou moins allongé, tantôt abritant seulement le cou, et tantôt garantissant une partie des épaules. La salade fut la coiffure caractéristique des hommes de guerre du XVe siècle.

Avant l'adoption de la cotte de mailles, rapportée d'Asie en Europe par les croisés, la principale arme défensive en vigueur était la cuirasse franke, lourde armure grossièrement forgée et d'un poids écrasant. Au second rang figurait la *brigandine*, léger corselet de cuir et de toile, recouvert de plaques métalliques. La brigandine, que les chroniqueurs désignent indifféremment sous les noms de *haubergeon, jaque anglais* et *armure à mailles,* protégeait également les cavaliers et les fantassins contre les assauts de la lance et de l'épée; c'est ce qu'indiquent les vers suivants d'un vieux poëme :

> C'était un pourpoint de chamois,
> Farci de bourre sus et sous;
> Un grand vilain jaque d'anglois
> Qui lui pendoit jusqu'aux genoux.

La cotte de mailles du XIIIe siècle pesait de vingt-cinq à trente livres. Si elle garantissait le corps de la pointe des armes blanches, elle ne le préservait pas des contre-coups et des chocs, et l'on avait tellement augmenté le poids des épées, des marteaux et des haches, que l'homme de guerre était accablé sous le poids de ses armes.

L'ordonnance de Pierre II, duc de Bretagne, publiée en 1450, prescrivit aux gentilshommes de se tenir en habillement d'archer ou « brigandine », s'ils savaient faire usage de traits, et, dans le cas contraire, d'être pourvus de *guisarmes*, de bonnes salades, de harnais de jambes, et d'avoir chacun un *coustillier* au moins et deux bons chevaux.

La brigandine était connue dès le règne de Charlemagne. Elle est appelée *bruni* et *brunico* dans les Capitulaires, et mentionnée dans la Geste d'Amadis de Gaule. Camden nomme ceux qui portaient cette armure *homines brigantes*. Il est aussi question de la brigandine dans l'histoire de Mélusine. « Je vous trouverai, dit un des héros de ce roman, quatre mille combattants ou bien dix mille brigandiniers. » La guisarme était une espèce de javeline à deux tranchants. La coustille, épée longue, déliée, triangulaire ou carrée, armait la main du fantassin et du cavalier.

C'est sous Louis le Gros qu'on place l'invention de l'arbalète. « Invention » n'est peut-être pas le mot juste, il serait plus exact de dire que le mécanisme de l'arbalète fut perfectionné sous ce prince. On joignit à l'arc un fût ou arbrier, pour faciliter la tension de la corde et préciser le tir. Après avoir été condamnée par le concile de Latran comme trop meurtrière, l'arbalète fut restituée aux troupes par Richard Cœur-de-Lion, qui fut considéré depuis comme l'inventeur de cette arme. Pour bander l'arbalète, le soldat se servait d'un instrument en fer appelé *cranequin*, d'où le nom de « cranequiniers » que reçurent les troupes armées de l'arbalète. Les cranequins lançaient des flèches connues sous la dénomination de *carreaux* ou *carrelets*.

A la bataille de Crécy, en 1346, quinze mille arbalétriers combattaient à l'avant-garde de l'armée française. Les Génois passaient pour les plus experts arbalétriers de l'Europe ; les Parisiens occupaient le second rang. Une vignette du remarquable ouvrage de M. Paul Lacroix sur *les Arts au moyen âge*, nous montre quatre arbalétriers coiffés de chapels de fer, et protégés par des brassières et des jambières, et nous fait assister à leurs manœuvres. Pendant que deux *tireurs* décochent leurs carreaux, deux *pavoiseurs* (porteurs de pavois) abritent leurs camarades derrière de grands boucliers.

Lorsque Jean sans Peur, duc de Bourgogne, marcha sur Paris en 1411, son armée comprenait un nombre considérable de machines nommées *ribaudequins*, espèce d'arbalètes gigantesques traînées par un cheval, et qui lançaient des javelots à d'énormes distances.

Le fauchard ou fauchon était encore, aux xive et xve siècles, une des armes dont se servait l'infanterie. Il se composait, d'après M. Chéruel, d'une lance de fer longue et tranchante des deux côtés et placée à l'extrémité d'un bois de lance.

V

LES BOUCHES A FEU

L'invention des armes à feu entraîna une véritable révolution dans l'art militaire. C'est vers l'année 1340 qu'on fait ordinairement remonter le premier emploi des canons et des bombardes, Un compte du trésorier des guerres, en 1338, contient la mention suivante : « A Henri de Vaumechon, pour avoir poudre et autres choses nécessaires aux canons » qui avaient servi au siége du Puy-Guilhem, en Périgord.

Comme les bombardes lançaient des boulets de pierre, on leur donnait quelquefois le nom de pierriers. « Ces pièces d'engin, dit Froissart (1344), leur bailloient de si bons horions, qu'il sembloit à vrai dire que ce fût foudre qui chût du ciel, quand elles frappoient contre les murs du châtel. » Villani a raconté, et presque tous les historiens ont répété après lui, que les Anglais durent à l'emploi de l'artillerie à poudre la victoire de Crécy, en 1346 ; mais cette assertion ne résiste pas à l'examen. Il est incontestable, en effet, que les engins de cette époque n'étaient pas assez perfectionnés pour évoluer sur un champ de bataille ; ce fut la poliorcétique qui les utilisa la première. Employées concurremment avec les anciennes machines dans l'attaque et la défense des villes fortifiées, les bombardes ne furent d'abord considérées que comme des balistes supérieures aux mangonneaux et autres engins balistiques du même genre.

Ce renseignement nous est fourni par l'intéressant *Livret des faits d'armes et de chevalerie*, de Christine de Pisan. A côté des bouches à feu, Christine fait figurer dans ses récits de batailles les machines à fronde, les grandes arbalètes, etc., preuve évidente que les anciens procédés concoururent longtemps avec les nouveaux à la propulsion des projectiles.

On divise ordinairement les engins à poudre du xve siècle en cinq catégories : bombardes, mortiers, canons, coulevrines, canons à main ou bâtons à feu. Les bombardes sont les pièces du plus gros calibre ; viennent ensuite les canons ; les mortiers sont beaucoup plus courts ; quant aux coulevrines, elles sont plus longues, mais moins développées. De ces bouches à feu, les premières lancent des boulets ; les secondes, de la mitraille ; les troisièmes, des projectiles incendiaires ; les quatrièmes, des balles de plomb. Les canons à main sont des armes portatives composées d'un tube de fer percé d'une lumière comme les autres engins, mais dépourvu de

fût et de batterie. Un manuscrit de l'époque représente un guerrier qui,
monté sur une de ces tours mobiles inséparables alors du matériel de
siége, lance une pierre avec un canon à main. L'arme est appuyée sur un
parapet. Tout auprès, l'artiste a placé une fronde ; les deux engins sont
probablement destinés à servir l'un après l'autre.

VI

LES MILICES COMMUNALES

L'organisation féodale ne donnait à la royauté, comme nous venons de
le voir, qu'une armée hétérogène, temporaire et indisciplinée. La nécessité d'opposer une résistance permanente aux invasions étrangères, la
difficulté de convoquer à jour fixe un nombre déterminé de combattants,
l'impossibilité d'arrêter le chiffre exact d'un contingent, la répugnance
des vassaux et l'hostilité sourde des seigneurs, toutes ces raisons obli-
gèrent souvent les rois à modifier le système militaire de la France.

Les fiefs militaires avaient remplacé cet ancien système de défense
nationale suivant lequel chaque individu, et particulièrement chaque
propriétaire, était tenu de protéger son pays. Aux devoirs par trop insuffi-
sants du vassal les rois substituèrent les obligations plus étroites du
sujet et du citoyen. Ce fut là la principale révolution du IXe siècle. Le
XIIe et le XVIe virent s'introduire par degrés une nouvelle réforme, qui
marque la troisième période militaire de l'Europe : à la milice féodale les
rois firent succéder les troupes stipendiées.

Nous parlerons d'abord de la première réforme : l'institution des milices
communales.

Le P. Daniel prétend que Louis le Gros, en créant les communes,
imagina le premier d'enrégimenter sous sa bannière les habitants des
villes. Les faits que nous avons énoncés dans le premier paragraphe de ce
chapitre contredisent formellement l'assertion du savant jésuite. Dès le
règne de Chilpéric, nous voyons figurer dans les armées mérovingiennes
des milices de la Touraine, du pays de Bayeux, du Mans, de l'Anjou et
d'autres provinces. Les villes de Séez, d'Avranches, de Lisieux, de Coutances, d'Évreux, de Saint-Lô, de Nantes, de Rouen, de Poitiers et de
Tours, envoient à ce roi leurs milices pour le seconder dans sa lutte contre
les Bituringiens. Malgré ces témoignages, il est juste de dire que les

milices urbaines ne reçurent une impulsion sérieuse que sous Louis VI.
L'établissement des communes et la concession des franchises aux habitants des villes exercèrent une véritable influence sur la science militaire.
Avant le XIIe siècle, les prévôts des seigneuries convoquaient les non-
nobles et les conduisaient à la guerre. A partir de l'émancipation communale, c'est aux magistrats municipaux que revint le soin d'appeler les
citoyens sous les armes, et de les mener à l'ennemi. Aussi, sur un
grand nombre de sceaux communaux des XIIe et XIIIe siècles, l'officier
municipal est-il représenté en armes, tantôt à pied, tantôt à cheval, quelquefois seul, souvent accompagné des gens de la commune également
armés. Son habillement diffère peu du brillant costume des chevaliers;
mais, au lieu de porter la lance et l'écu, il tient ordinairement l'épieu, arme
des roturiers, ou, plus souvent encore, un bâton de commandement.

Bien que toutes les communes dussent le service d'ost au roi, leurs
obligations à cet égard n'étaient pas uniformes. En général, le contingent de chaque ville était fixé dans sa charte constitutive et proportionné au chiffre de la population urbaine. Les unes étaient tenues de
marcher toutes les fois que le roi les convoquait, d'autres seulement
quand les appelait une guerre générale; quelques-uns avaient le droit de
ne pas dépasser certaines limites; d'autres, enfin, pouvaient être con-
traintes de guerroyer hors de leur province respective; mais alors une
solde suffisamment rémunératrice devait les défrayer de cette dépense.
Dans certaines conjonctures, les habitants d'une ville, forcés de militer
au delà des remparts, pouvaient regagner le soir leurs domiciles. Tel était
notamment le privilége de la milice communale de Rouen, comme en
témoigne un rôle de 1272, cité par le P. Daniel (1). Un autre rôle, daté
de 1253, nous apprend quel nombre de « sergents de pied » fournissait, au
milieu du XIIIe siècle, chaque ville de la Picardie. De Laon il en sortait *trois
cents*, *quatre cents* de Corbie, *cent* de Bruyères, *trois cents* de Péronne,
trois cents de Montdidier, *trois cents* de Saint-Quentin, *deux cents* de
Soissons, etc. Dans la guerre de Louis le Gros contre l'empereur Henri V,
le roi de France fit marcher toute la population des provinces frontières;
la milice des comtés de Reims et de Châlons s'élevait, dit-on, à soixante
mille hommes. Après la bataille de Courtrai, Philippe IV, pour se mettre
en campagne, leva un fantassin sur vingt feux. Dès le règne d'Édouard Ier,
on trouve dans les annales d'Angleterre des ordonnances de levées, pour
appeler aux armes toute la population valide, ou, suivant l'usage plus
ordinaire, pour choisir les hommes les plus propres au service d'un enrô-
lement forcé. Il existe même plusieurs instructions royales, en vertu desquelles les évêques, en face d'une invasion prochaine, sont tenus d'é-
quiper et d'armer toutes les personnes attachées à l'Église.

_____

(1) *Histoire de la milice française*, t. I, p. 93.

Vers la fin du xıv^e siècle, la milice de Paris ne s'élevait pas à moins de
cinquante mille hommes. Elle comptait trois catégories de combattants :
les *cranequiniers,* armés d'arbalètes ; les *pavescheurs,* ou soldats armés de
boucliers de bois recouverts de cuir ; et enfin les *maillotins,* qui n'avaient
pour armes offensives que des maillets.

La mission des milices communales était surtout de protéger la cité
contre les ennemis du dehors et du dedans; elles devaient montrer
autant d'énergie à défendre les franchises locales qu'à repousser l'invasion
étrangère. Dès que les soldats du guet signalaient à la porte de la ville la
présence d'un seigneur féodal, aussitôt le beffroi sonnait le tocsin, les bourgeois couraient aux armes et barricadaient les rues en y tendant des
chaînes. Si nous en croyons les chroniques du temps, la peur du seigneur
voisin occupait une plus grande place dans la préoccupation des milices
urbaines que celle de l'Anglais ou de l'Allemand. De même aussi, leur
valeur préférait avoir pour théâtre l'enceinte d'une ville que la surface
unie d'une plaine. Nous ne devons pas oublier néanmoins que l'élite de la
chevalerie fut battue en rase campagne par les milices communales des
Flandres. Rappelons encore la résistance héroïque des arbalétriers de
Rouen, menés par Alain Blanchard à l'assaut de la noblesse anglaise.

L'Église, dont Louis le Gros avait su se concilier la faveur en militant
contre les seigneurs qui la dépouillaient, lui paya largement sa dette
de reconnaissance. Dans les moments de crise, elle amena elle-même
au secours du roi le peuple des villes et des campagnes. C'est ainsi qu'on
vit une armée de paysans, conduits par leurs curés, assiéger dans
Crécy Thomas de Marles, et les bourgeois de Laon révoltés contre leur
évêque. Après la défaite de Brémule, les évêques du Berri, de la Bourgogne, du diocèse de Sens, de l'Ile-de-France, de l'Orléanais et du Beau-
voisis, vinrent fortifier les troupes royales par l'adjonction d'une armée
populaire.

Tous ses ministres et toutes ses forces, l'Église les mit avec empressement au service de Louis le Gros. Un prêtre accompagnait en 1111 ses
paroissiens, lorsqu'une armée d'hommes du peuple vint attaquer le criminel seigneur du Puiset et faire le siége de son château.

Bâti sur le sommet d'une colline abrupte, le château du Puiset occupait
une position inexpugnable. Pour s'y rendre, il fallait gravir une pente
escarpée, défendue à sa base par un fossé profond, et à son sommet par
une solide palissade en bois percée de meurtrières. Plusieurs assauts
avaient été donnés; dès que les assiégeants parvenaient à la palissade,
une grêle de flèches éclaircissait leurs rangs et forçait les plus résolus à
lâcher prise; cinq ou six échecs successifs avaient jeté le découragement
parmi les miliciens des communes. Tout à coup un prêtre fend la foule et
se dirige vers la palissade. On ignore son nom; les miliciens remarquent
seulement son profil d'ascète et la mâle sérénité de son visage. Sans armes,

tête nue, protégé par une planche qui lui sert de bouclier, il gravit en rampant les escarpements du rocher, puis, parvenu à la palissade, il se baisse au-dessous des meurtrières et se met en devoir d'arracher les pieux. Après quelques minutes de travail, il se lève et fait un signe aux communiers ; ceux-ci, électrisés par le sang-froid de l'homme de Dieu, accourent avec des haches et des piques ; sous leurs efforts, la palissade cède, et par la brèche les envahisseurs pénètrent dans le château.

Malgré l'esprit guerrier du moyen âge, et les pénalités qui lui servaient de sanction, il en fut bientôt du service militaire comme des fonctions de juré ; les guerres devinrent si fréquentes et le métier des armes si onéreux, que tout le monde essaya d'en esquiver les charges. Les hommes s'exemptèrent peu à peu du service personnel, et remplacèrent l'impôt du sang par une contribution pécuniaire. C'est vers 1303 que les historiens placent cette révolution économique ; les mots *heriban* et *ost* cessèrent alors de désigner la prestation militaire, et devinrent des noms d'impôts. Cette subvention fut répartie sur tout le territoire, et frappa toutes les classes de la société. Les nobles et les clercs durent concourir à l'équipement des cavaliers, et les roturiers à celui de sergents de pied. Ainsi que toutes les taxes, la contribution pécuniaire fut perçue dans la terre du roi par les officiers royaux, et dans les terres des prélats et des barons par ces seigneurs eux-mêmes assistés d'un officier royal. Ajoutons que la répartition devait être en harmonie avec les ressources de chaque contribuable, « faite compensation du riche et du pauvre. »

Au commencement du xIVe siècle, les pouvoirs féodaux, légèrement entamés, se consolidèrent à l'avénement de Louis le Hutin. L'aristocratie profita de cette réaction pour demander la suppression des dispenses. En Bourgogne, les nobles stipulèrent que la levée atteindrait seulement les vassaux directs et immédiats du roi ; les vassaux médiats devaient être soustraits au premier appel, et ne répondre qu'aux convocations de l'arrière-ban.

A partir de cette époque, les arrière-vassaux composèrent à peu près seuls la levée de l'arrière-ban. Les milices communales ne figurèrent plus qu'à de très-rares intervalles sur les champs de bataille ; le service du guet et la police intérieure, tel fut le cercle dans lequel s'exerça presque exclusivement leur activité. Ainsi, les miliciens de Mâcon, s'inspirant de l'exemple des arbalétriers de Rouen, stipulèrent dans leurs nouveaux statuts qu'ils ne serviraient à leurs frais qu'autant qu'ils pourraient rentrer le soir dans leur ville. On doit croire que les miliciens des autres cités obtinrent au xIVe siècle les mêmes prérogatives.

VII

TROUPES SOLDÉES

L'affranchissement des communes, la décadence du régime féodal, l'indiscipline des milices, leur esprit d'indépendance et l'impossibilité de les retenir plus de quarante jours sous les armes, enfin la conversion du service direct en une obligation pécuniaire, toutes ces causes déterminèrent un changement radical dans le mode de recrutement des troupes. La levée en masse cessa d'alimenter les armées féodales; aux vassaux succédèrent les « *soudoyers* ». Ce fut une ordonnance de Philippe le Bel qui décréta la première subvention générale. Dès que le fils de Louis le Hutin eut obtenu des représentants de la nation convoqués en états généraux le droit d'établir les impôts suivant les besoins de la royauté, le travail de réorganisation militaire commence. L'âge de la « réquisition » est fixé à dix-huit ans, et tous les sujets du royaume, hormis les vieillards et les infirmes, sont soumis à la loi nouvelle. Moyennant le payement au trésor d'une certaine redevance, l'exonération est permise; mais l'exonéré doit se faire représenter à l'armée par un nombre de remplaçants en rapport avec ses ressources pécuniaires et sa situation hiérarchique (1).

Les provinces et les villes firent le meilleur accueil à cette réforme à la fois sociale et financière, et s'empressèrent de payer les « aides » destinées à former le fond du budget de la guerre. Si la bourgeoisie procura l'argent, la noblesse fournit l'épée. L'armée recruta parmi les classes aristocratiques sa principale force et ses principaux éléments. Une ordonnance de 1338, rendue à la suite d'une convention passée entre le roi et les nobles, porte que toute personne « mandée pour la guerre du roy » recevra au départ un prêt proportionnel au chemin qu'elle devra parcourir et à *la solde qu'elle devra toucher*. Or nous voyons plus loin que l'ordonnance vise les barons (2).

Dans la suite, les nobles du Dauphiné, tirant un habile parti de leur

(1) Ordonnances des années 1302, 1303, 1306.

(2) L'ordonnance de 1318 (pour le gouvernement de l'hôtel) enjoignait déjà aux trésoriers de la guerre d'avoir les noms des gens d'armes à cheval et la désignation de leurs chevaux, en même temps que les rôles des gens de pied. C'est sans doute de la solde du ban et de l'arrière-ban qu'il s'agit.

position privilégiée, stipulèrent, sous Charles V (1), que, dans toutes les chevauchées, « ils recevront des gages raisonnables; » en outre, qu'on leur paiera la valeur des chevaux qu'ils auront perdus; s'ils sont faits prisonniers, on paiera leur rançon, etc.

En résumé, la lecture de tous les documents contemporains témoigne du grand nombre de nobles qui s'enrôlèrent dans les compagnies soldées. Cet amour du service militaire alla si loin qu'on vit les gentilshommes du Limousin revendiquer, en 1355, le droit d'être incorporés, de préférence aux roturiers, dans les compagnies de gens d'armes.

Les expéditions en Terre-Sainte ne furent probablement pas étrangères à cette révolution. Les croisés étaient, comme on le sait, des soldats volontaires, qu'un mouvement tout spontané, et non une ordonnance militaire, entraîna vers l'Orient, et qu'entretint, non le fisc royal, mais la générosité des fidèles. Seulement le roi, — comme, du reste, chacun des hauts barons de son ost, — fut le dépositaire des aumônes et y puisa la solde des seigneurs et des hommes d'armes.

Plusieurs passages de Joinville nous apprennent que la plupart des chevaliers engagés dans la croisade de saint Louis recevaient une solde, soit de leur seigneur immédiat, soit de quelque autre suzerain dans les troupes duquel ils étaient immatriculés. Le roi, nous dit le sénéchal, était escorté de dix chevaliers qu'il eut, dans la suite, assez de peine à stipendier (2).

S'il faut en croire Froissart, l'armée qu'Édouard III, roi d'Angleterre, lança contre la France était soldée; recrutés au moyen de marchés que le gouvernement passait avec les plus hauts représentants de la noblesse féodale, les soldats recevaient une paie tellement élevée, qu'on est obligé d'imaginer d'une part que les négociateurs retiraient de leurs opérations des bénéfices énormes, et, de l'autre, que les simples lanciers et les archers même appartenaient aux classes moyennes d'Angleterre, à la petite noblesse ou à la riche *yeomanry*.

Voici quel était, en 1346, le taux des gages alloués aux troupes anglaises: un comte recevait 6 s. 8 d. par jour; les barons et baronnets, 4 s.; les chevaliers, 2 s.; les écuyers, 1 s.; les archers et *hobelers* (cavalerie légère), 6 d.; les archers à pied, 3 d.; les Gallois, 2 d. Si l'on multiplie ces sommes par 24, pour les ramener à la valeur actuelle de l'argent, on verra que la solde des armées féodales était bien supérieure à la paie des armées modernes. Les cavaliers s'équipaient eux-mêmes et se fournissaient d'armes et de chevaux (3).

---

1) Privil. du Dauphiné, 1367. — Les nobles du Languedoc stipulent aussi en 1408 que le roi, toutes les fois qu'il les mandera pour la guerre, leur donnera, à eux et à leurs sujets, nobles ou non nobles, un prêt proportionné au temps de leur service.

(2) *Collection des Mémoires*, t. I, p. 49, et t. II, p. 53.

(3) Brady, *Hist. of England*, t. II, p. 86. — Voir aussi, de Hallam, *l'Europe au moyen âge, passim*, t. I.

En France, le chevalier touchait dix sous par jour, soit dix francs de notre monnaie, et l'écuyer cinq sous, c'est-à-dire cinq francs. Nous sommes là bien loin des cinq centimes par jour dont le gouvernement actuel gratifie l'héroïsme de nos Dumanets.

VIII

CORPS MERCENAIRES. — COMPAGNIES D'ORDONNANCES

A côté de ces corps indigènes, les rois prirent à leur service des mercenaires étrangers, que les chroniqueurs du temps désignent sous le nom de *brabançons, cottereaux, malandrins, routiers, ribauds, tard venus*, etc., et que l'on confondit plus tard sous la dénomination générale de *grandes compagnies*. Licenciées dès que les hostilités étaient interrompues, ces compagnies de truands reprenaient aussitôt leurs habitudes de désordre et pillaient le pays qu'elles venaient d'arracher à l'ennemi. Les champs que ce dernier avait épargnés étaient sûrs de ne pas échapper à leurs ravages ; elles achevaient l'incendie que l'envahisseur avait allumé, le troupeau qu'il avait décimé. De pareils soldats n'étaient pas, on le comprend, des miliciens d'élite. Mais leurs principes militaires d'aveugle obéissance les rendaient, encore plus que leur audace, chers aux rois, effrayés de l'esprit d'indépendance qui sévissait parmi les armées féodales. Ce fut avec le concours d'une force étrangère salariée que Jean se vit sur le point d'anéantir la Grande-Charte, et terrifia à tel point les barons, que ces derniers offrirent la couronne à un prince français.

Avant lui, Harald II avait eu des troupes danoises à sa solde ; mais la plus redoutable armée mercenaire du xi° siècle fut celle qui s'embarqua sur les galères de Guillaume le Bâtard, et fit à la pointe de l'épée la conquête de l'Angleterre. Quelques Bourguignons s'y mêlèrent, soixante mille Normands prirent part à cette Iliade. Hastings, l'un des plus valeureux compagnons de Guillaume, était un paysan des environs de Troyes. Une autre célébrité militaire, Bertrand Du Guesclin, fit ses premières armes dans les rangs des Brabançons.

Longtemps les rois protégèrent les grandes compagnies contre l'animadversion générale. Aux avantages que nous venons de signaler les cottereaux joignaient celui d'être inaccessibles aux préoccupations plus bourgeoises que militaires des troupes féodales ; ils restaient plus longtemps sous les drapeaux, la longueur des entreprises ne les intimidait pas,

et nulle considération personnelle ne venait les arrêter au milieu d'une
campagne. Néanmoins un jour vint où la patience des peuples se lassa et
où la protection des rois ne suffit plus ; les grandes compagnies s'attirèrent
par leurs ravages de si redoutables haines, qu'il fallut bientôt songer à
purger le sol de leur présence. Divers projets furent mis en avant pour
soustraire la France aux brigandages de ces aventuriers. Enfin, Du Guesclin se chargea de les conduire en Espagne, où la majeure partie périt
au service de Henri de Transtamare, sur les champs de bataille de Na-
varette (1365) et de Montal (1368).

Le sol ainsi déblayé par Charles V, la France s'achemina rapidement
vers la refonte de ses institutions militaires. Les successeurs de Charles V
ne crurent pas devoir limiter leur tâche à l'expulsion des mercenaires
étrangers ; ils entreprirent une œuvre non moins patriotique et non moins
glorieuse. Les seigneurs entretenaient dans leurs châteaux des garnisons
qui perpétuaient les traditions de l'ère carlovingienne, et violaient sans
scrupule les prohibitions les plus expresses des conciles et des rois. Il ne
fallait pas hésiter : les rois désarmèrent les milices seigneuriales, et, pour
les empêcher de se reconstituer, dans beaucoup de provinces ils invitèrent
les habitants des campagnes à refuser aux seigneurs le service du guet.
Charles VI étendit, en 1396, cette dispense à tout le royaume, et n'accorda
d'exception qu'en faveur des pays de frontières.

Charles V et Charles VI auraient, sans nul doute, introduit des améliorations encore plus importantes dans le service militaire ; mais les
troubles qui remplirent leurs règnes, la révolte des Armagnacs et des
Bourguignons, l'invasion des Anglais et le démembrement de la France,
paralysèrent les réformes, ou en interdirent l'initiative.

Charles VII fut plus heureux. Sous son règne, non-seulement la France
reprit possession d'elle-même et vit cesser les fléaux de la guerre civile et
de l'invasion, mais elle fut dotée d'institutions qui l'élevèrent bien vite
au premier rang des nations européennes.

En 1426, lors de la réunion des États à Mehun-sur-Yèvre, l'évêque de
Poitiers s'était fait le promoteur d'un nouveau système militaire : il avait
demandé la substitution des troupes soldées permanentes aux troupes
soldées irrégulières. Peu de temps après, les ordonnances de 1439 et 1445
vinrent donner une satisfaction complète à ce vœu, en décrétant, la première, la formation des compagnies de gens d'armes, la seconde, l'organisation des francs-archers (1).

La gendarmerie soldée, mélangée de grosse cavalerie et de cavalerie
légère, s'était signalée sous Charles VI par de nombreux actes d'indiscipline que n'avait rachetés aucun service et fait pardonner aucun exploit.
Elle avait laissé la chevalerie féodale s'ensevelir tout entière dans le dé-

---

(1) Voir Dareste de Chavanne, *Traité de l'administration en France*, t. II, p. 263.

sastre d'Azincourt, sans tenter contre l'infanterie anglaise un mouvement offensif qui aurait pu peut-être changer le sort de la bataille.

Témoin de cette inertie, Charles VII, dès son avénement au trône, licencia les compagnies de gendarmes. Quelques hommes d'élite tranchaient sur le reste ; il les prit et forma avec eux les éléments de quinze *compagnies d'ordonnance*, dans lesquelles vint s'encadrer toute la cavalerie régulière du royaume. Chaque compagnie comprenait cent escouades de six hommes, en tout six cents combattants. Les six hommes de l'escouade ou *lance garnie* s'échelonnaient dans la hiérarchie suivante : le seigneur, un page ou varlet, trois archers et un *coustillier,* ou soldat armé d'un couteau. Les capitaines étaient nommés par le roi ; le trésor royal alimentait les troupes.

C'est de ce faible noyau, — neuf mille cavaliers, — qu'est sortie l'armée régulière de la France, et c'est là le premier corps de troupes permanentes qu'ait possédé l'Europe. L'armée moderne entre en scène, et à la même heure l'armée féodale disparaît ; l'histoire se ferme sur elle. Dans la suite le ban fut quelquefois convoqué ; les lettres de Mme de Sévigné nous attestent même que le xviie siècle à son déclin vit la dernière convocation de la noblesse rurale ; mais tous les annalistes du moyen âge sont d'accord pour reconnaître que les heribans offrirent plutôt, après Charles VII, un spectacle d'apparat qu'un appui réel.

IX

LES FRANCS-ARCHERS. — LEUR DÉCADENCE. — LES ESTRADIOTS

La cavalerie des compagnies d'ordonnance fut, dès l'origine, aussi précieuse aux rois que redoutable aux ennemis de la France. Les écrivains qui visitèrent notre pays à cette époque rendent hommage à l'intrépidité de la « gendarmerie » française. « Les hommes d'armes français, écrivait Machiavel au commencement du xvie siècle, sont les meilleurs qui existent, parce qu'ils sont tous nobles et fils de seigneurs, et qu'ils aspirent tous à devenir eux-mêmes possesseurs de terres seigneuriales. »

Les francs-archers méritèrent longtemps un pareil éloge. Aux termes de l'ordonnance de 1445, toutes les agglomérations urbaines et rurales étaient obligées d'entretenir, par cinquante feux ou maisons, un homme propre à manier les armes. Armé, équipé aux frais des cinquante maisons, cet homme était pourvu d'un arc et d'un nombre déterminé de flèches, dont les contribuables devaient sans cesse renouveler la provision. Ses armes défensives étaient l'haubergeon et la salade. Chaque dimanche, les francs-archers devaient faire l'exercice, et, tout en se livrant aux travaux agricoles, se tenir prêts à répondre au premier appel du roi. En temps de service, ils recevaient une solde et jouissaient de l'exemption de plusieurs impôts.

Ces différentes mesures s'exécutaient sous la surveillance et le contrôle des commissaires royaux, etc.; c'est aux mêmes officiers qu'incombait la mission de répartir le contingent des archers entre les paroisses, en prenant pour guide le rôle des tailles. Les habitants d'une paroisse répondaient de leur archer comme ils étaient tenus de répondre pour la contribution pécuniaire imposée par le fisc. Les commissaires inspectaient, et, au besoin, commandaient le corps des archers. Tout seigneur châtelain devait, soit en personne, soit par l'entremise de ses capitaines, remettre aux délégués du roi un état mensuel des archers compris dans sa châtellenie respective. Les capitaines nommés par le roi prêtaient serment : — dans les provinces du Nord, aux baillis; — dans les provinces méridionales aux sénéchaux, — et recevaient les mêmes attributions que les capitaines des grandes compagnies.

Cependant le corps entier des francs-archers ne comprenait pas plus de deux mille six cents hommes; les rois se trouvèrent donc obligés de conserver çà et là quelque débris des vieilles bandes. Les populations élevèrent en outre de vives plaintes contre les capitaines qui, dans l'évaluation des taxes, ne craignaient pas d'exagérer le chiffre légal et de pressurer indignement les paroisses. Le gouvernement répondit à ces plaintes en fixant par diverses ordonnances l'époque et le mode des fournitures, ainsi que la quantité de corvées exigibles pour les transports militaires. Chaque paroisse eut le choix de payer le prix de l'équipement ou de le fournir elle-même, à la condition, dans ce dernier cas, de le faire accepter par le capitaine. Autre réforme : les francs-archers furent désarmés en temps de paix, et des pénalités très-sévères édictées contre les déserteurs.

Pour qui consulte les mémoires de l'époque, il est incontestable que l'infanterie des francs-archers rendit de très-grands services sous Charles VII, et prit une glorieuse part à l'expulsion des Anglais. Il n'est pas moins vrai, cependant, que l'isolement auquel elle était fatalement condamnée pendant la paix la rendait trop accessible aux influences du milieu dans lequel elle vivait. Elle était trop dispersée pour avoir un véritable esprit militaire. Les vieux routiers s'en moquèrent, et Villon, se faisant l'écho des railleries générales, décocha le plus acéré de ses virelais contre « *le franc archer de Bagnolet* ». Le pauvre homme aperçoit un épouvantail... « fait en façon de gendarme » et demande grâce :

Car il se sent jà fort malade...

Comme on le voit, les plaisanteries populaires contre la garde nationale et les milices urbaines ou rurales ne datent pas seulement d'hier.

Le discrédit général des francs-archers et l'affaiblissement progressif de leurs traditions militaires obligèrent-ils Louis XI à licencier cette milice, ou bien l'institution d'une infanterie nationale excita-t-elle des défiances chez cet ombrageux monarque? Ce point est difficile à préciser. Toujours est-il que, vers 1480, toutes les milices rurales furent supprimées (1). Hâtons-nous de dire que l'abolition des francs-archers ne porta pas atteinte aux utiles réformes dont Charles VII avait pris l'initiative. Le système d'une infanterie permanente et soldée ne fut pas abandonné; on en revint aux anciennes compagnies, que l'on maintint plus longtemps sous les drapeaux, et dont plusieurs ordonnances déterminèrent plus rigoureusement les devoirs et les charges. L'infanterie s'accrut même d'une manière d'autant plus rapide, que les nouveaux engins introduits dans l'armement de troupes lui conférèrent une prépondérance à laquelle elle n'était pas habituée. La cavalerie, désormais moins redoutable, descendit au second rang pour lui céder le premier.

Suffisamment édifié par la sanglante bataille de Nancy, où succombèrent, avec le dernier duc de Bourgogne, sinon sans honneur, du moins sans profit, les derniers représentants de l'ère chevaleresque, Louis XI ne songea plus qu'à dissoudre les éléments de la vieille armée féodale. Insensiblement, les châteaux forts des grands vassaux perdirent leurs garnisons, les bannières seigneuriales cessèrent de claquer au vent, et les cris d'armes ne retentirent plus dans la mêlée. On isola systématiquement les hauts barons. Une ordonnance royale autorisa le titulaire d'un *fief tenu à pleines armes* à ne pas tenir compte de l'appel de son suzerain. Refusait-il de le suivre à l'ost avec un nombre déterminé de combattants, pour ce refus, il ne devait point encourir le reproche de félonie. Non content de provoquer les feudataires à la révolte contre leurs seigneurs, Louis XI les couvrait au besoin de son égide. Le rachat du service militaire à prix d'argent était alors admis en principe; chacun, noble ou vilain, resta libre de servir en personne ou de s'exonérer du service. L'armée comptait encore dans ses rangs des *gendarmes fieffés*, mais surtout des gendarmes volontaires, et des *écuyers d'armes*, les uns fieffés, les autres non fieffés, ou même simples varlets.

Vers la fin de son règne, Louis XI avait à sa solde 6,000 Suisses et 10,000 Français. Les Suisses furent investis de nombreuses prérogatives: ils ne payèrent ni contributions, ni tailles, ni droits d'aubaine, et firent étendre à leurs enfants et à leurs femmes le bénéfice de ces exemptions. A ces troupes il faut ajouter les gardes écossaises organisées depuis 1461 en compagnies régulières. Charles VIII et Louis XI entrèrent plus tard en pourparlers avec les princes allemands, et négocièrent l'achat d'un certain nombre de fantassins qui, sous le nom de « lansquenets » et de « bandes

<hr>

(1) Voir Chéruel, *Dictionnaire des institutions militaires de la France, passim.*

noires », acquirent autant de notoriété comme pillards que comme soldats.

Par suite de cette incorporation de mercenaires écossais, tudesques et suisses, l'infanterie se trouva presque tout entière composée d'étrangers. Pendant longtemps on crut justifier cet usage en soutenant que les nations étrangères qui fournissaient les recrues s'habituaient à regarder la France comme une seconde patrie. Peut-être serait-il plus vrai de dire que les étrangers, et notamment les Écossais et les Suisses, avaient sur les questions de subordination et de discipline des idées plus orthodoxes que nos pétulants ancêtres. Il est certain, du reste, que dans les guerres civiles l'obéissance des étrangers était moins aléatoire, et tout le monde sait combien furent fréquentes au xve siècle les insurrections contre le pouvoir central. Il fut bien question, à plusieurs reprises, de rétablir les francs-archers. On possède de Charles VIII une lettre dans laquelle ce prince invite, en 1485, le bailli de Caen, Jehan Havard, à convoquer les élus de son bailliage avec cinq ou six chevaliers ou écuyers « pour aviser au moyen de réunir des troupes d'infanterie ». Plusieurs autres baillis furent consultés sur cette réorganisation *in extremis*. Malheureusement il était trop tard : aucune tentative, aucun effort ne put galvaniser une institution depuis longtemps décrépite.

Également constituée sous Charles VIII, la cavalerie légère fut formée des mêmes éléments que l'infanterie. Des mercenaires allemands et grecs, les premiers connus sous le nom de *reîtres*, et les seconds indifféremment appelés *argouets*, *albanais* ou *estradiots* se substituèrent peu à peu à la gendarmerie des compagnies d'ordonnance, atteinte à son tour de la même décadence que le corps des francs-archers. Les estradiots (du grec στρατιῶται, soldats) portaient le casque nommé salade, une pique ou *arze-gaie*, une épée, une massue et une cotte de mailles. Les éclaireurs à cheval étaient plus spécialement désignés sous le nom d'*argoulets*. Les historiens signalent leur présence à la bataille de Dreux (1562).

X

HIÉRARCHIE MILITAIRE

Pendant les premiers siècles de notre histoire les attributions militaires se confondent avec les attributions civiles. Le soldat et le citoyen ont le même chef et n'appartiennent pas, comme de nos jours, à deux classes distinctes, soumises à des lois différentes et régies par des règlements spéciaux. Les comtes, les ducs, les centainiers et les dizainiers, placés aux divers échelons de la hiérarchie administrative et militaire, réunissent dans leur main tous les pouvoirs.

Arrive la féodalité. La France voit-elle alors disparaître ce régime? Non; sous la troisième race, les baillis et les sénéchaux, en succédant aux comtes et aux ducs, cumulent comme eux les fonctions d'administrateur avec celles de commandant militaire et de juge. Investis d'une autorité presque illimitée, ils doivent maintenir la police parmi les troupes du ban et de l'arrière-ban, présider à la convocation des hommes de guerre, et dissoudre les bandes seigneuriales qui fomentent la guerre et violent les trêves. En cas de résistance, il leur est enjoint d'employer les voies de fait, et de confisquer les biens des délinquants, soit en les privant de la liberté, soit en lâchant dans leurs domaines une armée de *mangeurs* et de *gâteurs*.

Les pouvoirs du bailli ne s'exercent pas sur les seules milices du ban et de l'arrière-ban. Les troupes qui séjournent dans la circonscription de la sénéchaussée ou du bailliage sont soumises à la juridiction de ce fonctionnaire.

S'il n'était pas toujours dangereux de comparer le passé au présent, on pourrait dire que les baillis possédaient, à certains égards, les attributions de nos commandants de divisions militaires. Du moins, lorsque le roi n'envoyait pas dans leur ressort des capitaines généraux investis de pouvoirs extraordinaires, c'est aux baillis que revenaient les fonctions militaires.

A partir du xiiie siècle, quelques fonctionnaires exclusivement militaires commencèrent à se juxtaposer aux sénéchaux et aux baillis. Tels furent les connétables, les maréchaux et le grand maître des arbalétriers. A l'origine, ainsi que son nom l'indique, le connétable (*comes stabuli,* comte de l'écurie) avait le commandement exclusif de la cavalerie, et prenait les ordres du sénéchal. Plus tard, lorsque Philippe-Auguste eut supprimé, en 1191, la dignité de sénéchal, le connétable devint le chef suprême des armées.

C'est surtout à partir de Matthieu de Montmorency que nous voyons les chroniqueurs accorder un rôle prépondérant aux titulaires de ces importantes fonctions.

A la cérémonie de l'investiture, le roi leur remettait entre les mains une épée nue, qu'ils devaient dans la suite porter devant le prince au sacre et dans toutes les solennités royales. Les anciens registres de la chambre des Comptes énumèrent longuement les prérogatives aussi nombreuses qu'éminentes dont jouissait le connétable. Il était de droit membre du conseil secret, et ses collègues ne pouvaient sans son avis « ordonner de nul fait de guerre ». Partout où se trouve le roi, le connétable a son logement et sa part des provisions. Il reçoit « trente-six pains, un setier de vin pour sa mesnie (sa suite); deux barils pour sa chambre, et de chacun mets cuit ou cru, tant comme il en faut, et étable pour quatre chevaux ». En temps de paix, la solde quotidienne du connétable est de vingt-cinq sous parisis, auxquels s'ajoutent dix livres, chaque jour de fête. Toutes les fois qu'on paie au roi le droit de gîte (1), les gages du connétable sont doublés. En temps de guerre, dès qu'une citadelle tombe au pouvoir du roi, le pennon du connétable est arboré sur les tours, et les chevaux, les harnais, les rênes trouvés dans le fort lui sont immédiatement dévolus. Le grand maître des arbalétriers, et plus tard le grand maître de l'artillerie, obtiennent les canons; les prisonniers et l'or sont réservés au roi. Enfin, le connétable étend sa juridiction sur tous les hommes d'armes, et lorsque l'armée est en marche, c'est lui qui commande l'avant-garde.

De pareils priviléges ne pouvaient, à la longue, que créer de graves dangers au pouvoir royal. Maîtres de l'armée, juges uniques de tous les militaires, disposant de ressources incalculables, les connétables s'arrogèrent insensiblement un pouvoir qui finit par inquiéter la royauté. Louis XI, peu tolérant de sa nature, fit trancher la tête au connétable de Saint-Pol, et Richelieu, en 1622, supprima, d'un trait de plume, cette haute dignité.

XI

LE MARÉCHAL

Nous venons de voir que le connétable était primitivement le chef de la cavalerie. L'origine du maréchal est beaucoup plus humble; ce dignitaire était d'abord « exclusivement chargé de veiller sur les chevaux du prince ». Il est déjà question du maréchal dans les lois barbares. « Si le maréchal qui est chargé du soin de onze chevaux est tué, le meurtrier, dit la loi des Alamans, paiera pour compensation onze *solidi* (2). Sous Philippe-Auguste, le maréchal conduit l'avant-garde. « C'était lui, dit Guillaume le Breton, qui dirigeait les premières batailles : »

Cujus erat primum gestare in prælia telum,
Quippe marescalli claro fulgebat honore.

Primitivement, l'armée ne comptait qu'un maréchal. De saint Louis à

(1) Droit féodal, en vertu duquel le seigneur ou le roi en voyage pouvait loger chez son vassal, seul ou avec ses gens.
(2) Loi des Alamans, t. LXXIX, § 4.

·François Iᵉʳ, ces hautes fonctions eurent constamment deux dignitaires. Les maréchaux étaient subordonnés au connétable; ils commandaient l'armée sous ses ordres, faisaient la *montre* ou revue des troupes, vérifiaient l'état des hommes fournis par l'aristocratie féodale, et veillaient au maintien de la discipline. Dans les premiers temps, la dignité de maréchal était amovible; ainsi, sous Philippe de Valois, Bernard de Moreuil, en devenant le gouverneur du Dauphin, dut abandonner cette haute dignité.

François Iᵉʳ éleva de deux à trois le nombre des maréchaux, et Henri II, de trois à quatre. Plus tard, les successeurs de ce prince multiplièrent tellement les promotions, que le prestige des maréchaux fut sur le point d'en être atteint. Inquiets de ce discrédit, et soucieux d'y mettre un terme, les États de Blois (1577) fixèrent à quatre le nombre de ces dignitaires.

Sous les ordres du connétable, les maréchaux commandaient spécialement la cavalerie, et le grand maître des arbalétriers l'infanterie. Ce dernier officier étendait sa juridiction sur tous les corps qui composaient l'infanterie, sur les archers, les maîtres des engins ou machines de guerre, etc. C'était lui qui déterminait la place des grand'gardes appelées alors « écoutes », la marche des reconnaissances et l'emplacement des camps. Toutes les machines de guerre prises sur l'ennemi lui revenaient de droit. Dans la suite, le grand maître de l'artillerie remplaça le grand maître des arbalétriers.

XII

LA CHEVALERIE

Un chapitre sur l'histoire militaire ne serait pas complet, si quelques pages n'étaient spécialement consacrées à l'histoire de la chevalerie. Le soldat féodal, en effet, n'est pas la seule figure militaire du moyen âge; on risquerait d'avoir une idée aussi imparfaite qu'inexacte de cette ère tourmentée, si l'on ne considérait que les soudards plus ou moins dégrossis qui vainquirent à Bouvines et succombèrent à Crécy. Les siècles de Louis le Gros et de saint Louis nous ont légué un type de héros bien supérieur à ces barons aventureux ou à ces miliciens osés qu'un esprit de lucre ou de vengeance précipitait, la hache d'armes à la main, les uns contre les autres. Au-dessus d'eux, la tête nimbée d'une auréole, nous

apparaît le chevalier chrétien. Soldat idéal, le chevalier ne combat ni
pour l'intérêt, ni même pour la gloire : ce féal guerrier n'a qu'un but,
défendre le faible et l'opprimé sans se préoccuper jamais du péril ou de la
défaite. Ce n'est ni un spadassin, ni un dilettante, en quête de galantes
aventures ou d'épiques faits d'armes, désireux avant tout d'étaler sa force
et de conquérir, à l'aide d'une escrime savante, un facile renom de bravoure. Franc et droit comme la lame de son épée, il ne met la lance au
poing que pour protéger la faiblesse ou châtier la félonie. Paladin héroïque, il s'en va, nuit et jour, chevauchant par les monts, et ne s'arrête
que là où l'innocence réclame un protecteur, et le crime un justicier.
Vingt, trente adversaires ne l'effraient pas ; son destrier est asthma-
tique, son gambesson démaillé, sa rapière ébréchée : mais qu'importe?
Dieu ne combat-il pas avec lui? Seul, fort de son droit et n'écoutant
que le cri de sa conscience, il livre assaut à cinquante ennemis, et,
soldat surnaturalisé, d'un coup de massue, il les écrase comme un nid
de vipères.

A quelle époque le Franc barbare devint-il ce champion de Dieu que
célèbrent toutes nos légendes, et qu'ont chanté tous nos poëtes? Il est
assez difficile de fixer une date rigoureuse, mais on peut dire que la chevalerie naquit le jour même où l'Évangile fut buriné dans les âmes. Les
premiers chevaliers furent les apôtres de notre patrie, les Colomban, les
Martin et les Maur. Quand, la croix à la main, ces héros parcouraient les
pagi de la Gaule ; quand ils renversaient les idoles et délivraient le territoire des dragons et des monstres, n'étaient-ils pas les précurseurs des
Roland, des Ollivier et des Amadis? Ne protégeaient-ils pas les consciences contre le paganisme qui les opprimait? N'étaient-ils pas les
tuteurs de ces pauvres intelligences désorientées? En examinant de près
les faits, on ne constate pas seulement une relation morale entre le christianisme et la chevalerie; évident pour le philosophe, le rapport qui lie
le christianisme et la chevalerie est encore plus manifeste peut-être pour
l'historien. Si le christianisme, en effet, vint donner une direction salutaire aux instincts guerriers de nos ancêtres et soumettre la force au service du pauvre, de la veuve et de l'orphelin, il ne faudrait pas croire que
là se borne l'influence de l'Évangile. Une étude approfondie de l'histoire
nous représente le prêtre non-seulement comme l'inspirateur lointain,
mais encore comme le promoteur direct de la chevalerie.

Établissons notre thèse.

Après la mort de Charlemagne, les mœurs chrétiennes introduites par
ce prince chez les peuples de Toulouse et de Narbonne manquèrent de
subir une éclipse. La civilisation nouvelle n'avait pas suffisamment imprégné ces populations brillantes, mais légères, auxquelles la passion
parlait souvent un langage plus écouté que celui du devoir.

Tandis qu'au Nord les chansons de geste des trouvères normands entretenaient l'ardeur belliqueuse et chrétienne des seigneurs, au Midi les barons languedociens, amollis par les corruptrices fadeurs de la poésie provençale, foulaient aux pieds les engagements de leur baptême, et buvaient dans des hanaps d'or l'oubli des épopées carlovingiennes. Leur énergie ne se réveillait que lorsque la voix d'un prêtre venait flétrir leur paresse ou importuner leurs orgies : c'est alors que les vieilles haines païennes leur mettaient la hache d'armes à la main. Les prêtres avaient beau se retrancher dans leurs églises et les moines se barricader dans leurs monastères, le fer et la flamme avaient bientôt changé en ruines les temples les mieux défendus et les moutiers les plus inaccessibles.

Aujourd'hui encore, le voyageur qui parcourt les provinces méridionales y rencontre à chaque pas les débris de vastes monastères contemporains de Charlemagne. Tout autour, des donjons élèvent dans l'air leurs faîtes effrités, et, couverts d'un rideau de lierres, des remparts dressent mélancoliquement leurs créneaux ruineux. Tels sont les restes des abbayes de Fontfroide, de Saint-Guilhem, du Désert et de la Grasse. Donjons et remparts avaient été construits par les religieux pour soutenir l'assaut des hauts barons; mais, comme toujours, la violence triompha de la faiblesse. Hâtons-nous de le dire néanmoins : si complète qu'elle fût, cette victoire devait être éphémère ; quelques années plus tard, c'était la faiblesse qui allait à son tour museler la force.

Complétement désarmé contre les usurpations des seigneurs, le clergé les subit longtemps avec cette patience et cette sérénité que l'esprit évangélique confère. Pourquoi se plaindre? disaient les moines, Dieu ne nous enverra-t-il pas un vengeur ?

Hélas! le temps des héros était passé! La Providence, au lieu de faire surgir un nouveau Karl, avait d'autres vues sur la France. Elle voulait que le clergé devînt lui-même l'initiateur d'une réforme plus profonde et plus durable que toutes les conquêtes dont les expéditions carlovingiennes avaient été le prix. Le glaive détruit plus qu'il ne féconde ; le verbe, au contraire, dépose dans les âmes des germes qui lèvent tôt ou tard et ensemencent l'avenir. C'est ce que pensa le clergé de Provence. Dès qu'il fut convaincu de l'inutilité d'une résistance matérielle aux agressions du patriciat féodal, toute son attention se porta vers l'éducation des jeunes seigneurs. Il était trop tard pour transformer les pères; on ne s'occupa que des fils.

Chez les Romains, le jeune homme, au sortir de l'enfance, était revêtu de la robe prétexte, et cette cérémonie était considérée dans l'ancienne Rome comme l'acte le plus important de la vie. Au moyen âge, le jour où le page ceignait pour la première fois l'épée était la date la plus mémorable, et celle qui laissait le plus de traces dans l'âme d'un guerrier. Ce rite marquait non-seulement le passage de la jeunesse à l'âge mûr, mais signalait la vocation militaire du jeune homme. Jusqu'au XIe siècle, l'ancienne coutume germanique fut seule en vigueur. Un vieux guerrier, entouré des principaux de la tribu, plaçait sur la poitrine du récipiendaire le baudrier et l'épée. A la mort de Robert, le clergé s'empare de cette cérémonie et la transforme; le rite germanique cesse d'avoir pour théâtre la Cour de Baronnie; il s'accomplit dans l'église, et l'officiant n'est plus un homme de guerre, mais un prêtre. En présence de toute la famille assemblée, le ministre de Dieu reçoit de la bouche du néophyte le serment solennel de défendre la religion, l'Église et les opprimés.

Une pareille innovation ne révèle-t-elle pas chez les clercs l'intention bien arrêtée de réformer les classes militaires de la société féodale? En établissant une lointaine, quoique saisissante analogie, entre la collation de la dignité chevaleresque et l'administration des sacrements, l'Église surnaturalisait en quelque sorte le barbare, et le rendait moins accessible aux suggestions de sa nature brutale et grossière. De persécuteur des prêtres, le baron en devenait le protecteur; et, champion de l'Église, il exerçait avec un zèle tout sacerdotal le ministère dont il avait reçu l'investiture.

Indiquons maintenant les différentes épreuves que la législation du moyen âge imposait aux candidats.

XIII

RÉCEPTION DES CHEVALIERS

Aussitôt que le jeune seigneur avait atteint l'âge de sept ans, il était enlevé aux femmes et confié à quelque vaillant baron qui lui donnait l'exemple des vertus chevaleresques. De sept à quatorze ans, l'adolescent portait le nom de *page* ou de *varlet;* à quatorze, il prenait le titre d'*écuyer*. Le maniement des armes, l'escrime, l'équitation et tous les exercices propres à développer la force et l'adresse occupaient ses loisirs et partageaient son temps. Des attributions aussi impérieuses qu'intimes lui inculquaient de bonne heure les principes de l'obéissance et de la courtoisie. Premier serviteur du seigneur et de la dame, il les suivait partout, soit en voyage, soit à la chasse; il leur faisait cortége dans les cérémonies d'apparat, les visites et les promenades; il écrivait leurs lettres et portait leurs messages; il les servait à table, tranchait et découpait les viandes, présentait le hanap, etc.

Aux yeux des nobles les plus jaloux de leur naissance et de leur nom, cette domesticité temporaire n'avait rien de mortifiant, et ne faisait que rendre plus étroits les liens de respect et d'obéissance qui rattachaient le jeune homme à son père adoptif, et l'apprenti chevalier à son maître. Celui-ci, de son côté, cultivait avec un pieux zèle l'intelligence et l'âme de l'adolescent, et ne négligeait ni l'éducation morale ni l'instruction littéraire du néophyte. Les principales leçons portaient sur l'amour de Dieu et le respect des dames.

Placée de la sorte au centre de tout ce qui pouvait l'enflammer, l'âme de l'adolescent était ouverte à toutes les inspirations généreuses, et vibrait dès qu'on en touchait des cordes. Les récits chevaleresques la grisaient d'enthousiasme : palpitant pour la gloire à laquelle les règles établies ne lui permettaient pas encore d'aspirer, le page suivait son maître dans les tournois et jusque sur le champ de bataille, partout où s'échangeaient des coups de lance, et bouclait en soupirant l'armure qu'il ne lui était pas encore permis de porter.

Quand le jeune homme *sortait de page*, une cérémonie religieuse venait consacrer sa vocation chevaleresque et sanctifier le glaive dont il avait désormais le droit d'armer sa « dextre ». C'était devant l'autel que le néophyte, assisté de ses proches, recevait l'épée bénite. Au prêtre qui la mettait dans sa main il promettait de ne la tirer du fourreau que pour venger la religion et l'honneur.

Dès lors, le nouvel écuyer s'associait plus intimement à la vie de son seigneur. Les réunions privées lui étaient ouvertes; il tenait rang dans les assemblées et les réceptions solennelles; premier chambellan, c'était lui qui réglait les questions d'étiquette et de préséance, et recevait les seigneurs que la guerre ou la paix amenait chez son maître.

Nous trouvons dans l'histoire du maréchal de Boucicaut un intéressant exposé des fonctions d'un jeune écuyer. « Maintenant, il essayoit à *saillir* (sauter) sur un coursier, tout armé; puis, autres fois, couroit et alloit longuement à pied, pour s'accoutumer à avoir longue haleine et souffrir longuement travail; autres fois *férissoit* (frappait) d'une cognée ou d'un *mail* (maillet) *grande pièce* (longtemps) et grandement. Pour bien se *duire* (accoutumer) au harnois et endurcir ses bras et ses mains à longuement férir. ., il faisoit le soubressaut, armé de toutes pièces, fors le *bacinet* (casque), et, en dansant, le faisoit, armé d'une cotte d'acier; sailloit, sans mettre le pied à l'étrier, armé de toutes pièces, sur un coursier...; en mettant la main sur l'arçon de la selle d'un grand coursier, et l'autre auprès les aureilles, sailloit de l'autre part... Si deux parois (murailles) fussent à une brasse (cinq pieds environ) l'une de l'autre, même de la hauteur d'une tour, montoit à force de bras et de jambes, sans autre aide, tout au plus haut, sans cheoir ou monter ni au devaloir (descente)... Quand il étoit au logis, s'essayoit, avec les autres écuyers, à jeter la lance et autres essais de guerre, ne jà ne cessoit. »

Enfin, lorsque le jeune seigneur avait vingt et un ans, et qu'il était digne par sa vaillance d'être promu chevalier, une série de cérémonies publiques le préparait à cette promotion auguste.

Quelques extraits de deux livres, l'*Ordène de Chevalerie* et le *Pontifical Romain*, nous feront assister à toutes les phases de l'initiation chevaleresque. Dans le premier, l'auteur, Hugues de Tabarie ou de Tibériade, pour rendre vraisemblables les explications données aux récipiendaires, met en scène un candidat médiocrement instruit des usages de la chevalerie : c'est le sultan Saladin, qui, maître du poëte, seigneur Hugues, veut recevoir de son prisonnier l'investiture de la dignité chevaleresque.

Hugues s'incline. En premier lieu, il ordonne à Saladin de se peigner les cheveux et la barbe, et de se laver avec soin le visage.

TEXTE	TRADUCTION
Cavians et barbe, et li viaire	Les cheveux et la barbe et le visage
Li fist appareiller moult bel ;	Il lui fit arranger fort bien ;
Ch'est droit à chevalier nouvel.	C'est le droit du chevalier nouveau.
Puis le fist en un baing entrer.	Puis il le fit entrer dans un bain.
Lors li commenche demander	Alors commença à lui demander
Le soudan, que che senifie.	Le soudan, ce que cela signifiait.

« Sire, répond Hugues, pareil à l'enfançon qui sort des fonts, lavé du péché originel,

Sire, tout ensement devez	Sire, c'est ainsi que vous devez
Issir sans nule vilounie	Sortir sans nulle souillure
De ce baing, car chevalerie	De ce bain ; car la chevalerie
Si doit baingnier en honesté,	Doit se parer d'honnêteté,
En courtoisie et en bonté,	De courtoisie et de bonté,
Et fere amer à toutes gens.	Et se faire aimer de toutes gens.

« Par le grand Dieu, dit Saladin, voilà un beau début ! — Maintenant, répond Hugues, sortez du bain et couchez-vous dans ce grand lit. C'est l'emblème de celui que vous obtiendrez en paradis, ce lit de repos que Dieu octroie à ses amis, les braves chevaliers. » Quelques instants après il ajoute, en l'habillant des pieds à la tête : « La chemise de lin toute blanche dont je vous revêts, et qui touche à votre peau, vous donne à entendre que vous devez garder votre chair de toute souillure, si vous voulez parvenir au ciel. Cette robe vermeille indique :

Que votre sang devez épandre	Que vous devez verser votre sang
Pour Dieu servir et honorer,	Pour servir et honorer Dieu,
Et pour défendre sainte Église ;	Et pour défendre la sainte Église ;
Car tout chou doit chevalier faire,	Car c'est là ce que doit faire un chevalier,
S'il veust à Dieu de noient plaire :	S'il veut plaire parfaitement à Dieu :
Ch'est entendu par le vermeil.	Tel est le sens de la couleur vermeille.

« Quant à ces chausses de soie brune, elles doivent vous rappeler par leur couleur sombre

<table>
<tr><td>TEXTE</td><td>TRADUCTION</td></tr>
<tr><td>La mort, et la terre où gisrez,</td><td>La mort, la terre où vous reposerez,</td></tr>
<tr><td>Dont venistes, et où irez :</td><td>D'où vous êtes sorti et où vous irez :</td></tr>
<tr><td>A chou doivent garder votre œil ;</td><td>Voilà ce que vous devez avoir devant les [yeux ;</td></tr>
<tr><td>Si n'enkerret pas en orguel,</td><td>Ainsi vous ne tomberez pas dans l'orgueil,</td></tr>
<tr><td>Car orgues ne doint pas régner</td><td>Car l'orgueil ne doit point dominer</td></tr>
<tr><td>En chevalier, ni demorer :</td><td>Dans un chevalier, ni habiter en lui :</td></tr>
<tr><td>A simpleche doit toujours tendre.</td><td>C'est à l'humilité qu'il doit toujours ten- [dre.</td></tr>
</table>

« Cette blanche ceinture, dont j'entoure vos reins, vous engage de nouveau à tenir votre corps en chasteté, et à blâmer la luxure. Ces deux éperons dorés serviront à exciter votre cheval : imitez son ardeur et sa docilité ; et de même qu'il vous obéit, obéissez au Seigneur. Maintenant, je vous ceins l'épée ; frappez vos ennemis avec les deux tranchants ; empêchez les pauvres d'être foulés par les riches, les faibles d'être opprimés par les forts. Je vous mets sur le chef une coiffe toute blanche, pour vous indiquer que votre âme doit être pareillement sans souillure. »

La fantaisie s'est donné une large carrière dans le rit dont Hugues de Tabarie a versifié les formules, et tout nous porte à croire que le symbolisme exposé par le naïf poëte était loin d'être en usage chez toutes les nations catholiques.

Tout autre est le rituel dont le Pontifical Romain nous retrace les principaux traits. Dans cet admirable livre, les prières du prêtre revêtent une grandeur et une majesté toutes bibliques. L'évêque bénit d'abord l'épée du chevalier par quelques-unes de ces magnifiques oraisons qui sont, comme l'a dit avec raison M. Léon Gautier, l'honneur de la littérature catholique. « Bénissez cette épée, afin que votre serviteur puisse être le défenseur des églises, des veuves, des orphelins, et de tous ceux qui aiment Dieu, contre la cruauté des hérétiques et des païens. » — « Bénissez-la, et puisse votre serviteur, qui a surtout sa piété pour arme, fouler aux pieds tous ses ennemis visibles, et, maître absolu de la victoire, demeurer toujours à l'abri de toute atteinte ! » — « Dieu saint, Père éternel, Dieu tout-puissant, qui seul ordonnez toutes choses, et les disposez comme il convient, c'est pour que la justice ait ici-bas un appui, c'est pour que la fureur des maudits ait un frein, c'est pour ces deux causes seulement que, par une disposition salutaire, vous avez permis aux hommes sur la terre l'usage de l'épée ; c'est pour la protection du peuple que vous avez voulu l'institution de la chevalerie. A un enfant, à

David, vous avez autrefois donné la victoire sur Goliath; vous avez pris par la main Judas Machabée, et lui avez donné le triomphe sur toutes les nations infidèles. Eh bien ! voici votre serviteur qui a courbé tout nouvellement son front sous le joug de la condition militaire : envoyez-lui du haut du ciel les forces et l'audace dont il a besoin pour la défense de la Foi et de la justice; donnez-lui l'augment de la Foi , de l'Espérance et de la Charité ; donnez-lui la Crainte et l'Amour, l'Humilité, la Persévérance, l'Obéissance et la Patience; arrangez tout en lui comme il le faut, afin qu'avec cette épée il ne frappe jamais personne injustement ; afin qu'il défende avec elle tout ce qui est juste, tout ce qui est droit. »

Alors l'évêque se couvre de la mitre, bénit l'épée et l'attache au flanc du nouveau chevalier : « Sois ceint de l'épée, ô très-puissant, lui dit-il avec les saintes Écritures, et fais bien attention que c'est par la foi, et non par l'épée que les saints ont vaincu les empires. » Le chevalier tire alors le glaive du fourreau, avec un geste superbe, et plein de fierté, de joie, de confiance, il le brandit à trois reprises, puis l'essuie sur son bras gauche, comme si déjà il était couvert du sang des ennemis de la vérité, et le remet au fourreau. Le nouveau chevalier et l'évêque se donnent alors le baiser de paix, manifestation sublime qui forme un contraste frappant avec la manifestation militaire dont nous venons de parler. Et le pasteur dit à trois reprises au soldat : *Pax tecum*. Puis il lui donne trois petits coups de plat d'épée, en disant : « Sois un soldat pacifique, courageux, fidèle et dévoué à Dieu. » Ici on retrouve le soufflet, l'*alapa* des anciens rituels : mais ce n'est pas un poing rude et brutal qui l'assène sur le cou du soldat; c'est une main douce qui caresse la joue du nouveau chevalier. « Réveille-toi du mauvais sommeil, lui crie alors l'évêque, et sois éveillé dans l'honneur, dans la foi. » Enfin les éperons sont attachés aux pieds de ce champion de la justice, et la cérémonie se termine, dans le Pontifical, par cette rubrique aussi simple que belle : «*His dictis, novus miles vadit in pace.* »

Le haubert, la cuirasse et les gantelets étaient successivement remis au néophyte par quelques personnages notables, ou de nobles damoiselles. Son adoubement (armement) était complété par l'*accolée :* le chevalier *ordeneur* frappait le récipiendaire sur le col avec le plat de l'épée, puis lui donnait l'*accolade*, en signe d'adoption fraternelle. Cela fait, un page apportait l'aiguière et la lance, un autre amenait le destrier, et dès lors le nouveau chevalier pouvait, le soir même, affronter les périls et se tailler des épopées.

Si la chevalerie conférait quelques priviléges, elle imposait aussi des devoirs. Groupés en association, et liés par un sentiment d'honneur et de fraternité chrétienne, les chevaliers devaient se porter un mutuel secours. Mais l'un d'eux violait-il la foi jurée, un jugement le déclarait félon, et le livrait au dernier supplice. Exposé en chemise sur un échafaud, il voyait d'abord briser ses armes pièce à pièce, et leurs débris joncher la terre; un écuyer détachait les éperons et les jetait sur un tas de fumier. L'écu n'était pas mieux traité; un cheval de labour le traînait dans la poussière, et, cela fait, le valet du bourreau coupait la queue du destrier. Le héraut d'armes s'écriait à trois reprises différentes : « Qui est là? » Par trois fois, un valet prononçait le nom et déclinait les titres du chevalier félon, et, par trois fois, le héraut répliquait : « Non! cela n'est pas; je ne vois qu'un lâche qui a renié sa foi! » Enfin, étendu sur une civière comme un corps mort et déposé dans l'église voilée de deuil, le coupable apercevait, à la lueur jaune des cierges, les prêtres réciter autour de son catafalque les prières des trépassés. Cérémonie lugubre, si l'on veut, mais d'un enseignement profond et plein de grandeur : pouvait-on mieux exprimer que l'homme qui foule aux pieds sa foi n'est plus qu'un cadavre?

XIV

PRÉROGATIVES DES CHEVALIERS. — EXTENSION DE L'ORDRE
— SA DÉCADENCE

Les prérogatives attachées au rang de chevalier étaient presque toutes exclusivement honorifiques, et concernaient surtout le costume et l'armure. A la guerre, voici les particularités qui le signalaient à l'ennemi. Un casque, surmonté d'un panache, une armure, soit en mailles, soit en lames, recouverte d'une cotte ornée d'armoiries, des éperons dorés et un palefroi bardé de fer, ou revêtu d'une housse en drap d'or. Au château, c'est aussi par le luxe de ses habits que se distingue le chevalier; il porte des soieries plus éclatantes et des fourrures plus riches que l'écuyer; seul il a le droit d'étaler sur son haubert un pourpoint écarlate. Lui adresse-t-on la parole, les formes les plus respectueuses sont de rigueur. Une sorte de cérémonial fixe les termes des compliments qu'il doit recevoir.

Voilà pour les priviléges purement honorifiques. D'autres prérogatives, moins chimériques, réservaient aux chevaliers le monopole d'un certain nombre d'emplois civils. Mais leur principal privilége était peut-être de former une classe distincte de la noblesse, et de jouir, chez toutes les nations européennes, d'une sorte d'autonomie que chaque souverain respectait. Quiconque avait été fait chevalier dans son pays devenait, pour ainsi dire, citoyen de l'univers; du nord au sud de l'Europe, les seigneurs et les rois s'inclinaient devant ces paladins cosmopolites qui, tantôt dans les sierras espagnoles, tantôt dans les puzlas hongroises, partout où leur concours était réclamé, ne laissaient jamais moisir leur lance ni rouiller leur épée.

On a quelquefois assimilé la noblesse à la chevalerie. Plusieurs traits caractéristiques établissent cependant entre ces deux catégories de personnes une démarcation bien tranchée, qui ne permet pas de les confondre.

Si la noblesse, en effet, est impersonnelle et transmissible, la chevalerie, en revanche, n'est ni héréditaire ni collective. On ne la recueille pas avec le nom; on ne la trouve point parmi les biens meubles ou immeubles d'une succession directe ou collatérale; il faut aller la chercher à la pointe de l'épée, soit au fond de quelque gorge alpestre, soit dans les halliers des Ardennes.

Autre différence : la chevalerie n'était pas circonscrite à une classe. Ouverte à toutes les âmes patriciennes, elle se recrutait aussi bien parmi les populations urbaines et rurales que parmi les comtes et les barons. Dans les contrées du Nord, ainsi que dans les péninsules italienne et ibérique, les roturiers et les paysans pouvaient faire partie de l'ordre. Quand les Flamands, sur le champ de bataille de Courtrai, eurent détruit les cadres de l'armée française, Philippe le Bel la réorganisa le lendemain avec des officiers pris dans les « derniers rangs du peuple ». Une ordonnance statua que, sur deux fils de « vilain », l'aîné serait armé chevalier, et que, sur trois fils, les deux premiers seraient investis de cette dignité. On avait vu, en Allemagne, l'empereur Frédéric Barberousse inaugurer cette jurisprudence chevaleresque : le sévère Hohenstauffen créait chevaliers, sur le champ de bataille, les paysans qui s'étaient signalés par quelques faits d'armes, ou même seulement battus avec bravoure.

Un chroniqueur de la dernière période du moyen âge, peu au courant de ces usages, exprime l'étonnement extrême que lui fit éprouver, en Provence, l'incorporation journalière des roturiers dans les rangs de la chevalerie. « Pour défendre leur pays, écrit-il, pour repousser l'ennemi de leurs frontières, ils permettent que des hommes de la plus basse extraction ceignent l'épée de la chevalerie; ce qui en France serait considéré comme déshonorant. » Nous venons de voir combien est erronée l'assertion de notre chroniqueur. Peut-être, au nord de la Loire, les admissions furent-elles moins fréquentes qu'au sud, mais il n'en est pas moins certain qu'à l'origine l'institution n'était pas fermée à la roture.

Berceau de la chevalerie, il était naturel que la Provence en conservât plus longtemps les traditions primitives. Aussi voyons-nous pendant tout le moyen âge la chevalerie languedocienne, sans souci des distinctions sociales, s'ouvrir à tous les héroïsmes et s'offrir à toutes les gloires. Mais, non contente d'élargir ses portes et d'accueillir dans son sein l'élite de la nation, la chevalerie fit plus: elle imprégna de son esprit la pensée et le sentiment des masses, et ce fut là, dans ce milieu étranger aux querelles politiques, qu'elle rencontra, nous assure l'histoire, les cœurs les plus enthousiastes et les âmes les plus généreuses. Phénomène peu surprenant, d'ailleurs ! Les sentiments et les principes de la chevalerie étaient trop empreints d'abnégation et trop absolus pour primer les préoccupations politiques et faire fléchir les intérêts féodaux. L'ambition, chez les hauts barons, était aussi trop contrariée par les devoirs du chevalier, et sortait trop souvent victorieuse de cette lutte inégale. Si de fastueux seigneurs, animés de l'esprit guerrier, n'étaient pas fâchés d'emprunter à l'institution quelque chose de son prestige et de participer aux priviléges dont elle conférait le bénéfice, en revanche, ils laissaient volontiers l'esprit chevaleresque à ceux qui, dépourvus de riches domaines, et par conséquent affranchis de toute espèce de soins et de craintes, pouvaient se consacrer davantage au service des humbles et à la défense des petits.

XV

DÉCADENCE DE LA CHEVALERIE

Trois vertus étaient considérées comme essentielles au chevalier : c'étaient la loyauté, la courtoisie et la munificence.

Le mensonge, la violation de la foi jurée, imprimait à celui qui s'en rendait coupable une tache qu'aucun exploit ne pouvait effacer. « Traître, parjure, déloyal, » étaient les épithètes que devait entendre le chevalier félon, quand même son parjure n'eût atteint qu'un ennemi. Ce fut là un des principes dont la chevalerie se montra le plus jalouse. Aussi, tant qu'elle fut en vigueur, la mauvaise foi, vice ordinaire des peuples barbares et des nations corrompues, fut-elle notée d'infamie. De là, cette magnanimité qu'on remarque dans les rapports mutuels des chevaliers, et ces sentiments élevés qui les dominent, même en présence de l'adversaire le plus perfide.

Un chevalier se rendait indigne de ce titre, et se montrait mal instruit de ses devoirs, s'il manquait de « courtoisie ». Le mot courtoisie exprimait ce suprême degré de savoir-vivre, et cette exquise délicatesse de manières, puisés moins dans la connaissance d'une étiquette cérémonieuse que dans une certaine abnégation de soi-même et un sincère respect des autres. Indépendamment du charme que la politesse introduisait dans les relations sociales, la courtoisie avait aussi l'avantage d'adoucir l'âpreté naturelle de la guerre, et de rendre plus indulgent le traitement des prisonniers. Le moyen âge nous fournit de nombreux exemples de cette mitigation des mœurs.

Un écrivain italien blâme le soldat qui blessa Eccelin, le fameux tyran de Padoue, après l'avoir fait prisonnier. « Il n'a mérité, dit-il, aucun éloge, mais plutôt l'opprobre pour une telle bassesse ; car outrager et frapper un prisonnier n'est pas une action moins vile que de percer d'un glaive un cadave inanimé. » Un pareil sentiment, lorsqu'il . s'agit surtout d'un homme aussi souillé de crimes qu'Eccelin, ne témoigne pas seulement d'une intelligence cultivée, mais révèle un grand cœur. Il faut en dire autant de la conduite d'Édouard III, roi d'Angleterre, à l'égard d'Eustache de Ribaumont, après la prise de Calais, et de l'attitude plus admirable peut-être encore du prince Noir envers notre malheureux Jean le Bon. On pourrait croire, sans doute, que ces grands princes s'élevèrent bien au-dessus de la sphère ordinaire de l'espèce humaine. Mais, dans le fait, si les chevaliers qui les entouraient avaient moins l'occasion de déployer leurs qualités généreuses, mille traits démontrent qu'il n'en étaient point dépourvus. Après la bataille de Poitiers, « quand les chevaliers anglais et saxons, dit Froissart, eurent festoyé leurs prisonniers, chacun s'en alla en son logis, avec les chevaliers et escuyers qu'il avoyt pris ; ils leur demandoyent, sur leur foy, combien ils pourroyent payer sans eux grever, et les croyoient légèrement : et si disoyent communément qu'ils ne vouloient mie si étroitement rançonner nul chevalier, ni escuyer, qu'il ne peust bien chevir et advancer son honneur. »

Au nombre des vertus capitales du chevalier figuraient, nous l'avons dit, la libéralité et le mépris de l'argent. Tous les romans font un devoir au chevalier d'être prodigue de ses richesses, et de secourir les ménestrels, les pèlerins et les membres moins fortunés de son ordre. Le château de tout seigneur qui respectait les lois de la chevalerie ouvre libéralement ses portes au voyageur, dont l'armure cachait l'indigence, mais ne dissimule pas la dignité.

C'est au xvie siècle que la chevalerie française est à son apogée. Les mœurs sont alors plus adoucies, la barbarie originaire décline. On voit s'asseoir successivement sur le trône Charles VIII, l'*Affable,* Louis XII, le *Père du Peuple,* et François Ier, le *Roi des gentilshommes.* Le contemporain de ces princes et leur maître, on peut le dire, c'est Bayard, le *chevalier sans peur et sans reproche.* Il faut lire *la très-joyeuse, plaisante et recréative histoire des faits, gestes, triomphes et prouesses du bon chevalier sans paour et sans reprouche, le gentil seigneur de Bayart, dont humaines louenges sont espandues par toute la chrestienté,* œuvre du Loyal Serviteur. « Il aymoit et craignoit Dieu sur toutes choses ; ne jamais ne le juroit ne blasphemoit, et en toutes ses affaires et necessitez avoit à

luy seul son recours, estant bien certain que de luy et de sa grande et infinie
bonté procèdent toutes choses... Il aymoit le prochain comme soi-mesme.
Il estoit grant aumosnier et faisoit ses aulmones secrètement. Il n'est rien
si certain qu'il a marié en sa vie, sans en faire bruyt, cent povres filles
orphelines, gentilsfemmes ou autres. Les povres veufves consoloit et dépar-
toit de ses biens... Jamais ne fut en pays de conqueste que s'il a été possible de trouver homme ou femme de la maison où il logeoit, qu'il ne
payast ce qu'il pensoit avoir despendu, et plusieurs fois luy a l'on dit :
« Monseigneur, c'est argent perdu que vous baillez, car, au partir d'ici,
« on mettra le feu céans, et ostera l'on ce que vous avez donné. » Il res-
pondoit : « Messeigneurs, je fais ce que je dois : Dieu ne m'a pas mis en
« ce monde pour vivre de pillage et de rapine; et davantage ce povre
« homme pourra aller cacher son argent au pied de quelque arbre, et
« quand la guerre sera hors de ce pays, il s'en pourra ayder et priera
« Dieu pour moy (1). »

Telles furent les vertus qui permirent à l'ordre de se développer dans
toute l'Europe, et de s'élever même au-dessus de la noblesse. Néanmoins,
malgré l'estime dont l'entourèrent les rois et les peuples, il arriva un
moment où la chevalerie subit à son tour le sort ordinaire de toutes les
institutions humaines. Un des hommes qui ont le plus approfondi les
causes de la grandeur et de la décadence de l'ordre, Lacurne de Sainte-
Palaye, range sous trois chefs les principes de mort qui déterminèrent
le déclin de la chevalerie française. Ce fut, en premier lieu, l'abus des
promotions sous Charles VI; plus tard, la création des compagnies d'ordonnance sous Charles VII; et enfin le décret en vertu duquel François Ier
créa chevaliers les fonctionnaires civils et les gens de robe. Ces causes,
selon nous, n'exercèrent sur l'ordre qu'une influence assez lointaine.
L'adoption des nouveaux engins lui fut beaucoup plus funeste. Avec l'artillerie les procédés de la tactique chevaleresque descendirent au second
rang, et la force physique ne devint plus qu'une qualité tout à fait acces-
soire de l'homme de guerre. Alors aussi les avantages d'une infanterie
disciplinée furent mieux appréciés; et les lanciers, qui s'obstinèrent
presque jusqu'à la fin du xvie siècle à charger sur une longue ligne,
subirent la peine de leur présomption et de leur indiscipline. Pendant
l'invasion anglaise, plusieurs capitaines avaient, il est vrai, dénoncé les
inconvénients de la stratégie féodale; mais l'art militaire était encore
trop peu cultivé pour que des hommes, grisés d'eux-mêmes, abdiquassent
leurs préjugés devant ses leçons.

Ajoutons que les tournois devinrent moins fréquents; après Henri II,
on n'en vit plus en France. La paix relative dont jouit le xvie siècle ne fut
pas moins fatale à l'institution. Moins agité, moins convulsé, malgré ses

____

(1) *Collection des Mémoires relatifs à l'histoire de France*, tome XVI, ch. LXVI.

guerres religieuses que le siècle précédent, il eut le tort, — si c'en était un, — de ne pas entretenir l'activité des chevaliers, et d'encourager, au contraire, leur inertie. Aussi, qu'arriva-t-il? La plupart des anciens dignitaires s'habituèrent à la vie de château. La lance fut jetée au râtelier, l'épée ne sortit plus de son fourreau et le couteau de sa gaîne, que pour mettre à mal quelque inoffensive bestiole. La chasse remplaça la guerre. Témoin de cette révolutions, les nouveaux promus en bénéficièrent, et rompirent le dernier lien qui rattachait le rôle du chevalier à celui du héros.

Le même changement s'opéra de l'autre côté de la Manche. Le déclin de la chevalerie commença sous le règne d'Henri VI, et s'accentua sous celui des Tudors. Il en fut de même chez toutes les nations de l'Europe.

Hâtons-nous de dire que si l'organisation de la chevalerie périt, son esprit ne mourut pas avec elle. Le gentilhomme remplaça le chevalier, et, de même que ce dernier, marqua de son empreinte le milieu dans lequel il vécut. Un sentiment jaloux de l'honneur, moins romanesque, mais également élevé, une politesse cérémonieuse, une exactitude rigide dans les pratiques religieuses, un certain amour de la gloire militaire, furent les principaux traits qui caractérisèrent le gentilhomme, et montrèrent entre le paladin du xiiie siècle et les ligueurs du xvie une filiation incontestable. En Angleterre, les « Cavaliers » furent les vrais successeurs des chevaliers d'Édouard.

Hélas! peu à peu, le type de gentilhomme disparut à son tour, et se démonétisa peu à peu comme celui du chevalier. Si quelques traits survivent encore, c'est chez les rares chrétiens qui, sans autre noblesse que celle de l'âme, militent de nos jours pour la défense de la foi et l'avénement de la justice. Généreux croisés et noble croisade! Dans leurs rangs sont les vrais paladins, les vrais Arthur et les vrais Amadis. Pourquoi faut-il qu'à côté de vous, chevaliers des derniers temps, nos yeux ne rencontrent plus que des conflits d'intérêts et des compétitions d'amour-propre!

CHAPITRE CINQUIÈME

—

LES ARTS

I

HARMONIE DE L'ARCHITECTURE ET DU CULTE

A mesure qu'une institution se développe, elle élève des édifices qui la reflètent. Les dômes, les frontons, les arcades qu'elle jette dans les airs portent l'empreinte de sa force et le sceau de sa pensée. C'est ainsi que les temples gigantesques de l'Inde dénoncent le culte terrible de Civâ ; dans leur masse énorme, mais correcte, l'artiste a symbolisé les forces créatrices déployées par Brâhma, pour construire le Cwargâ et la Terre. Leurs proportions sont colossales comme les épopées des Védas, incommensurables comme les onze cents écoles où les Yâtris interprètent le Ramayâna, fabuleuses comme les légendes des Soûtris. Les vastes péristyles de l'Égypte, ses avenues de grands sphinx roux, accoudés depuis quarante siècles sur les sables des Pharaons, ses monolithes de granit rose, ses obélisques, ses stèles, ses pylônes, les plafonds pourprés de ses temples, et, par-dessus tout, cette forêt de piliers cyclopéens de la salle hypostyle de Karnak, toute cette architecture traduit également avec exactitude les dogmes scientifiques et religieux des adorateurs de Thoth et d'Ammon-Ra. Quand on a vu le Serapeum de Memphis, et le Rhamesseum de Gournah, on ne s'étonne plus que le calcul des lois astronomiques, l'observance des rituels funéraires, le culte des énergies vitales, aient pris tant de place chez les ancêtres des fellahs. Toute leur théologie s'épèle sur ces pierres.

La cosmogonie grecque parle, elle aussi, bien haut, sur le fronton ensoleillé des temples de l'Hellade. Tantôt surplombant la mer frangée d'écume, θαλάσσης πολυφλοίσβοιο, tantôt adossés à un bois de lauriers-roses, les ναοί de l'Ionie écartent gracieusement les sveltes colonnes de leurs por-

tiques pour laisser entrer les adorateurs de Zeus, le père du monde, —
d'Hébé, la déesse de la jeunesse, — d'Héraclès, le dieu de la force virile, —
et d'Athénê, la déesse de l'harmonie.

Allons maintenant au désert!

Avec quelle éloquence le temple de Salomon ne proclame-t-il pas le
monothéisme du peuple de Dieu! Enchâssée de marbre et irradiée d'or,
c'est la déclaration du mont Sinaï qui frappe d'abord les regards : « Israël,
le Seigneur ton Dieu est un seul Dieu! » et pour accentuer cette parole,
un seul sanctuaire reçoit les adorations d'Israël : « L'unité de Dieu, dit
Bossuet, fut d'abord démontrée par l'unité de son temple. »

Supérieur à toutes les institutions humaines (1), il était juste que le
christianisme fît émerger de terre des basiliques qui, réfléchissant son
génie, éclipsassent les pagodes de l'Inde, les propylées de l'Égypte et les
ναοί de la Grèce.

L'architecture chrétienne ne naquit pas en un seul jour. Elle eut, elle
aussi, sa période de tâtonnements et d'ébauches. Jusqu'à ce que l'Église
sorte des catacombes, rien ne caractérise les modestes sanctuaires où la
nouvelle foi s'abrite. Harcelés par les Césars, les premiers chrétiens se
contentent de traduire fidèlement, et sans éclat, les idées artistiques
ambiantes. Mais bientôt les tombeaux se dépeuplent, les Ambroise et les
Chrysostome parlent, le Verbe de Dieu circule dans le jeune univers.
Aussitôt les temples de surgir et d'affirmer le dogme qui triomphe. Écrasée
par la matière, l'humanité, avant la venue du Christ, se soulevait avec
peine au-dessus du sol, vers lequel l'inclinait sa pensée. Les monuments
dont elle parsemait la terre, si hauts qu'ils fussent, trahissaient l'appe-
santissement de son âme. Elle avait assez de muscles pour entasser des
pierres, mais pas assez d'ailes pour les darder vers Dieu. Si, de temps
en temps, un artiste de génie se lève, le paganisme l'arrête au milieu de
son essor. Disciples de Platon, les architectes grecs essaient d'animer le
marbre de son esprit; ils transportent dans leurs créations les harmo-
nieuses sérénités de sa métaphysique; ils dégrossissent les colonnes, al-
lègent les architraves, ajourent les portiques. Mais, vains efforts! Si l'art
se raffine, il ne s'idéalise pas. L'esthétique païenne se brise contre la
ligne horizontale; tout l'élan des artistes succombe devant cette limite.
Seuls, les architectes chrétiens pouvaient la franchir. Symbole du vieux
monde, la ligne horizontale avait eu le droit de peser sur la société
païenne, comme le couvercle d'un tombeau. Mais le jour où le Fils de Dieu,
s'incarnant dans le sein d'une Vierge, descella la pierre de nos sépulcres,

---

(1) Bien entendu, cette expression « d'institution humaine » ne concerne pas le judaïsme,
institué par Dieu lui-même.

il fallut un autre symbole à l'humanité affranchie. L'homme ne courbait plus ses regards vers la terre; il les élevait, radieux, vers le ciel que l'Incarnation lui avait ouvert. Il était donc nécessaire que les édifices nouveaux s'orientassent, comme lui, vers les splendeurs sidérales, où le Christ nous a précédés et nous convie. Alourdis par de massives corniches, les piliers égyptiens et grecs semblaient avoir pris racine dans le sol qui les portait; leurs aspirations s'arrêtaient brusquement aux chapiteaux. Images de l'âme spiritualisée, les colonnes de l'ordre nouveau s'élancèrent du sol, légères, aériennes, et, traversant chapiteaux et corniches, bondirent, frémissantes comme des hymnes, jusqu'à la voûte des temples.

II

LES BASILIQUES

Avant de décrire le type de l'Église chrétienne, la cathédrale, nous allons exposer les phases par lesquelles passa l'architecture, qui devait enfanter cet incomparable chef-d'œuvre.

Jusqu'à l'avénement de Constantin, le christianisme est proscrit. Pour adorer le Dieu que des milliers de martyrs confessent tous les jours dans les arènes ensanglantées de la Rome impériale, les fidèles se réunissent la nuit, et, gagnant une maison des faubourgs, vont y mêler en secret leurs prières, leurs larmes et leurs espérances. Quand un édile, désobéissant aux ordres de l'empereur, leur permet de construire une *cella*, nos ancêtres doivent donner à ce sanctuaire une physionomie et des proportions qui n'en révèlent ni les détenteurs ni l'usage.

Avec la conversion de Constantin coïncide l'érection de la première église. C'est à Rome que les chrétiens en jettent les fondements, et aussitôt l'Italie tout entière de se conformer au type architectural adopté par la Ville éternelle. Mais où les artistes romains avaient-ils puisé l'idée de ce temple à coupole ?

A Jérusalem, nous apprend l'histoire, appuyée sur le témoignage du *Libellus de Locis sanctis* d'Adamnan. La peinture qu'Adamnan nous a laissée de l'église du Saint-Sépulcre nous fait voir dans cette basilique un des principaux modèles de l'architecture cupéliforme.

« Elle était, nous dit le moine irlandais, entièrement construite en pierre et de forme *miraculeusement circulaire*. Soutenue par douze colonnes, elle comptait trois murs, entre chacun desquels était l'espace d'une route. Trois autels, regardant le midi, le nord et le couchant, étaient creusés dans le mur du milieu. Au centre de la rotonde dans laquelle on entrait par huit portes était un oratoire dont la porte était tournée vers l'orient. A l'extérieur, l'oratoire était revêtu de marbre et surmonté d'une grande croix d'or ; à l'intérieur, le tombeau était taillé dans le roc.

« Là brûlaient, nuit et jour, douze lampes, en l'honneur des douze apôtres. »

Le Saint-Sépulcre donc devint un type consacré. Quelques archéologues ont néanmoins émis l'opinion que les édifices circulaires de Rome, tels que les temples de Vesta et de *Minerva medica*, inspirèrent les architectes de nos églises à coupole. Si plausible qu'elle paraisse, cette hypothèse est contredite par les faits. Qu'on examine de près, en effet, les traits qui séparent les temples des églises. Dans les temples périptères ronds, c'est-à-dire circulaires, les colonnes entourent l'édifice et supportent l'entablement ; dans les églises cupéliformes, au contraire, les colonnes sont intérieurement rangées en cercles concentriques, et liées entre elles par des arches qui prennent naissance sur les chapiteaux.

Assurément, la forme circulaire est imposante ; mais, si belle soit-elle, il est certain qu'elle cadre mal avec les besoins de la liturgie chrétienne. On cessa donc de construire sur le plan du Saint-Sépulcre des temples diptères, et les empereurs, déférant aux vœux des pontifes, mirent à leur disposition les basiliques, spacieux édifices rectangulaires, où toutes les pompes du culte purent se déployer à l'aise.

Pendant qu'à Rome on se contente de cette nouvelle forme, à Byzance les architectes essaient d'allier les deux styles. Entre leurs mains, le rectangle oblong des basiliques devient un carré sur lequel ils jettent un dôme. C'est ce style mixte qui prévaut dans toutes les églises de l'Orient ; et, lorsque le schisme séparera Constantinople de Rome, les Grecs, poussant l'intolérance à l'extrême, ne craindront pas d'étendre jusque dans les idéales régions de l'art le scandale de leurs dissidences. La coupole sera déclarée seule orthodoxe, et le rectangle excommunié. Plus tard, le style grec s'introduit en Italie sous le couvert des empereurs de Byzance et des architectes vénitiens ; mais, si puissant que soit ce patronage, il ne réussit pas à populariser l'art byzantin dans la péninsule. Ravenne, Padoue et Venise sont presque les seules villes où les conceptions orientales se donnent carrière. Antipathie assez légitime, d'ailleurs. Quel bénéfice l'esthétique byzantine pouvait-elle procurer à l'Italie? Les églises les plus rustiques de la chrétienté romaine attestent un génie et une vigueur qui manquent absolument aux édifices les plus vantés de l'empire grec.

Mais fermons bien vite cette longue parenthèse, et cherchons quels furent les édifices où se réfugièrent les chrétiens de Rome.

Parmi les monuments de la Ville éternelle, un édifice séculier rivalisait seul d'éclat avec le temple : c'était la basilique. La basilique empruntait son nom (βασιλεῦς, roi) au portique situé dans la Céramique d'Athènes, immédiatement au-dessous du Pnyx. C'est là que l'archonte, paré des vêtements royaux, jugeait les litiges religieux, déférés jadis exclusivement au roi, « magistrat suprême du peuple; » d'où cette juxtaposition signalée par Homère du sanctuaire de la justice et du palais de la monarchie.

A Rome, le tribunal était également contigu à la résidence des rois. Placé comme la *regia* sur l'ancien Forum, il occupait la même position que la *stoa* de l'Iliade sur la Céramique. Mêmes rapports intimes d'ailleurs, chez les Romains comme chez les Grecs, entre le sacerdoce et la dignité royale; cette union est si conforme aux idées du temps, que, même après l'expulsion des Tarquins, l'ancien palais sert encore de théâtre aux cérémonies religieuses. En revanche, vers la même époque, on enlève aux basiliques les anciennes assemblées qui s'y tiennent pour les transférer sur les points où la juridiction des tribunaux populaires peut suivre plus aisément son cours.

Considérée au point de vue architectural, la basilique est un carré oblong partagé en deux parties principales. La partie supérieure, qui fait face à l'entrée, forme un hémicycle; on appelle abside le tribunal (*hemicyclium, absis*); l'autre partie borne la nef. Au milieu de l'abside s'élève une plate-forme appelée Lithostroton, où siége le préteur. Un peu plus bas, rangés en demi-cercle, stationnent les officiers civils, les notaires, les greffiers, bref tous ces agents qui concourent à l'exercice de la justice. Immédiatement après, viennent les parties.

Outre la nef longitudinale envahie par les fonctionnaires et les ayants cause, un transept, ou nef transversale, coupe l'édifice. C'est dans cette nef que sont admis les parents des intéressés et les oisifs de la ville. Généralement, des *cancelli*, ou clôtures, les séparent du tribunal, afin de prévenir une immixtion illicite et pour favoriser le silence nécessaire aux discussions de la justice.

La nef centrale est plus élevée que les nefs latérales et pourvue de galeries. Les bas côtés occupent à peu près les deux tiers de la nef centrale. La toiture est en charpente et le plafond boisé. Quand une basilique possède plusieurs nefs latérales, chaque nef a sa toiture, et les toits déclives des nefs latérales, s'adossant au toit du milieu, donnent à l'ensemble l'aspect d'une tente. Plusieurs fenêtres cintrées ou carrées s'ouvrent sur les murs des bas côtés et filtrent sous les avenues des colonnes une lumière calme et sereine; des ouvertures, pratiquées dans le toit de la nef centrale, l'éclairent d'un jour oblique. Cinq portes, trois dans la nef du milieu, une dans chaque nef latérale, acheminent le visiteur vers un portique ou vestibule qui relie la basilique à la place. Vues du dehors, ces constructions forment un édifice non dénué de grandeur.

Si l'architecte de la basilique l'avait primitivement destinée aux réunions des fidèles, nos lecteurs n'auront pas de peine à convenir, après cette description sommaire, qu'il n'aurait guère pu lui donner une forme plus satisfaisante et plus correcte. Aucun édifice ne répondait d'une façon aussi heureuse aux exigences de la liturgie et ne réalisait mieux les *desiderata* du nouveau culte. Nous ne sommes donc pas étonnés d'apprendre par Ausone que les chrétiens s'empressèrent d'utiliser les tribunaux des préteurs : *Basilica olim negotiis plena*, dit-il à un empereur, *nunc votis pro tua salute susceptis :* « Autrefois peuplées d'hommes d'affaires, les basiliques sont aujourd'hui remplies de chrétiens qui font des vœux pour votre salut. »

Néanmoins, l'installation du culte chrétien dans ces monuments n'eut qu'un caractère transitoire; malgré les avantages de leur distribution intérieure, les basiliques ne devinrent point les sanctuaires permanents de la foi.

Pourquoi ce privilége leur fut-il refusé? A peu de frais et sans beaucoup de travail, elles auraient pu devenir sans peine les plus nobles et les plus fastueux des temples. Cette apparence extérieure d'une tente, dont il est parlé plus haut, leur donnait je ne sais quoi d'oriental et de biblique. Et toutefois les basiliques disparurent. On ne peut trouver qu'un seul exemple d'une basilique séculière où l'exercice du culte se soit maintenu jusqu'à nos jours; et cet exemple, ce n'est pas Rome qui nous l'offre.

Plusieurs causes déterminèrent l'abandon des basiliques. Lorsque les fidèles voulaient prier, ils se portaient de préférence vers les tombeaux des martyrs, où mille souvenirs aussi douloureux que consolants ranimaient leur foi et fortifiaient leurs espérances. Après ce tête-à-tête avec leurs chers morts, rentraient-ils dans les basiliques, un rapprochement naturel s'établissait aussitôt dans leur âme entre les héros dont ils venaient de vénérer les cendres et les Césars dont ils occupaient les temples. Ce rapprochement entre les persécuteurs et leurs victimes provoqua bientôt contre les tribunaux des préteurs de si vifs sentiments de répugnance, qu'il fallut abandonner les basiliques du paganisme comme on avait abandonné les temples, et de leurs matériaux édifier d'autres sanctuaires. Depuis longtemps déjà, les monuments antiques avaient été démolis, et les pierres consacrées à des constructions nouvelles. C'est de la sorte que le Forum fut détruit par Constantin et fournit les principales décorations à l'arc de triomphe du premier empereur chrétien. De même aujourd'hui le Colisée nous offre pêle-mêle des frises et des fragments empruntés à plusieurs édifices qui lui fournirent leurs meilleurs éléments. Abandonnées à leur tour, les basiliques profanes furent démolies, et leurs colonnes adaptées à des édifices nouveaux qui rappelleront désormais non plus le faste d'un empereur, mais la mort d'un juste ou le supplice d'un martyr.

Ainsi furent construites à Rome les basiliques de Saint-Pierre et de Saint-Paul, de Sainte-Sabine, de Sainte-Marie-Majeure, de Saint-Pierreaux-Liens, de Saint-Laurent-hors-des-Murs, de Sainte-Balbine, de Sainte-Agnès, etc. Les chrétiens les plus éminents travaillaient quelquefois à la construction des églises. Le jour même où furent jetés les fondements de la basilique de Saint-Pierre, nous voyons le pape saint Sylvestre se dépouiller de sa chlamyde, prendre une pioche, ouvrir le premier le sol, puis porter sur ses épaules douze paniers de pierres en l'honneur des douze apôtres et les jeter à l'endroit même où devait être incrustée la première dalle.

On entre dans les nouveaux temples par un vestibule (*antiporticus*), qui garantit l'église des bruits du dehors et communique avec le parvis (*paradisus*), longue salle rectangulaire entourée de colonnes. Au milieu, les eaux de la piscine sont reçues dans une large vasque destinée aux ablutions liturgiques. C'est là qu'avant de pénétrer dans le sanctuaire les chrétiens se lavent les mains et la bouche, et c'est là aussi que prient les catéchumènes pendant les cérémonies de la messe auxquelles une initiation insuffisante ne leur permet pas d'assister. Du parvis on arrive au narthex (*narthex, pronaos*), ou porche sous lequel se groupent les pénitents. Vêtus de deuil, la tête couverte de cendres, exposés à la pluie et au froid, ces malheureux implorent les prières des fidèles qui, plus heureux qu'eux, peuvent franchir le seuil du vestibule et participer à la communion. Les arcades du narthex sont ordinairement fermées par des rideaux suspendus à des tringles. Ouvre-t-on ce rideau, on découvre la nef centrale avec ses nefs latérales ; les hommes se placent à droite, les femmes à gauche. Des colonnes séparent les nefs ; celles des nefs latérales supportent une galerie où prennent place les vierges, les veuves, les femmes consacrées au Seigneur. Ce qu'on appellera plus tard le *clerestory* dans les cathédrales est une haute muraille ajourée de fenêtres et revêtue dans les premiers temples de mosaïques.

Les chrétiens n'appliquent pas encore aux édifices religieux la voûte cintrée des aqueducs romains. Le plafond de la nef centrale est plat et composé de panneaux de bois doré ou richement sculpté ; les plafonds obliques des nefs latérales ne règnent qu'au-dessous des fenêtres de la nef principale. Un damier de mosaïque couvre le parvis.

Le transept des basiliques séculières avait été maintenu dans les basiliques chrétiennes. Au milieu de cette nef transversale, les architectes, d'accord avec les évêques, dressent l'autel et l'entourent des deux ambons ou pupitres d'où les prêtres lisent au peuple l'épître et l'évangile et commentent les saintes Écritures.

L'évêque siége dans l'hémicycle sur un trône en marbre nommé *cathedra*. A droite et à gauche, s'étendent des bancs de pierre destinés au clergé et aux chantres.

Des images en mosaïque sur fond d'or décorent l'hémicycle; tantôt le peintre évoque la figure des apôtres, tantôt celle des martyrs; mais, avant tout, domine la figure colossale du Sauveur.

Quelquefois le lieu consacré est enfermé dans une enceinte de murailles; ainsi se trouve disposée la basilique de Tyr, bâtie vers l'an 313. En entrant, s'ouvre une cour carrée, l'*atrium*, au milieu de laquelle jaillissent les eaux de la fontaine purificative. Environnée de portiques, cette cour est le rendez-vous des catéchumènes, qui viennent y recevoir les leçons du prêtre; elle précède l'église, avec laquelle elle communique par trois portes, celle du milieu plus haute et plus large que les autres. Selon l'usage primitif, ces portes sont tournées vers l'Orient. « Que l'église, disent les constitutions apostoliques, soit tournée vers l'Orient, ainsi que les deux sacristies qu'elle doit avoir, l'une à droite, l'autre à gauche. Que le trône épiscopal soit au milieu; que les prêtres soient assis des deux côtés de l'évêque, et que les diacres demeurent debout, afin d'être toujours prêts à marcher. Leur soin doit être de faire placer les laïques dans leurs rangs et honnêtement, en sorte que les hommes soient séparés des femmes. Le lecteur, étant dans un lieu élevé, doit lire les livres de Moïse; le diacre et le prêtre, les Évangiles... Que le portier garde l'endroit où les hommes sont placés, et que les diaconesses en fassent autant à l'égard des femmes... Les jeunes filles doivent être à part, si le lieu le permet; s'il ne le permet pas, elles doivent être derrière les femmes mariées. Les vierges, les veuves et les femmes âgées doivent être les premières de toutes. »

La façade des anciennes basiliques se compose généralement d'un fronton peu incliné indiquant le comble, sous lequel un rang de fenêtres ajoure la nef. Au bas s'ouvrent trois ou cinq portes : un péristyle couvert forme le porche. Au centre du triangle dessiné par le fronton, se détache une fenêtre circulaire appelée *oculus*, « œil, » type initial de ces magnifiques rosaces qui décoreront plus tard les façades de nos cathédrales. Quelquefois cet œil est clos, et alors il reçoit une mosaïque, sur laquelle le peintre fait habituellement ressortir l'image du Christ debout ou du Sauveur assis sur un trône. La partie plane que surmonte le fronton est percée de fenêtres cintrées, autour desquelles les maîtres mosaïstes déploient toutes les ressources de leur art.

Comme on le voit, ces églises primitives sont déjà dignes du culte auquel les rois les ont consacrées. Mais ce n'est pas à Rome seulement que les fidèles offrent à Dieu les prémices de leurs richesses. En France, en Espagne et même en Irlande, nous trouvons, dès les premiers siècles, les édifices les plus imposants et les plus merveilleux.

Sidoine Apollinaire nous signale une église de marbre et d'or que bâtit, au IIIe siècle, saint Patient, évêque de Lyon. Cette église, dit le poëte, « était ornée de pierres précieuses et décorée de magnifiques mosaïques. »

Pendant tout le cours du ɪɪɪe et du ɪve siècle, l'Espagne se distingue par la splendeur de ses temples. L'église Sainte-Eulalie de Mérida était portée sur des colonnes de porphyre. Elle fut anéantie par les Goths.

A Tours, la basilique de Saint-Martin était, à l'intérieur comme à l'extérieur, incrustée de marbres rouges, gris et blancs; des mosaïques tapissaient les murs, des agates et des onyx émaillaient les tympans des fenêtres. Tout le patriciat gallo-romain avait voulu contribuer à l'enrichissement de la basilique. Des vieillards qui l'avaient vue avant l'incendie du ɪxe siècle disaient à saint Odon que, lorsque les rayons du soleil occidental frappaient les murailles, l'église étincelait comme une montagne d'or (1).

III

L'ART OGIVAL

Dans la basilique païenne prédominait le principe de la ligne horizontale. L'ensemble du monument se composait, comme nous l'avons vu, de colonnes isolées, et avait pour couronnement soit un entablement droit et non interrompu, soit une rangée d'arcs suivis, et couverts d'une charpente apparente formée de poutres transversales ou de caissons sculptés.

L'art nouveau ne pouvait naturellement s'accommoder de cette architecture. S'il est vrai que le christianisme est, dans son essence même, un irrésistible élan vers tout ce qui est grand et élevé, l'art chrétien était tenu de manifester visiblement cet essor. S'emparant donc de la ligne droite, il la courba, l'arrondit en arc, supprima les toits plats des basiliques, donna aux plafonds les convexités de la voûte céleste, et lança dans l'air les clochers et les tours. A la colonne succéda le pilier, sur lequel s'arc-boutèrent les nervures des voûtes; puis les piliers se relièrent les uns aux autres par d'audacieuses arcades au-dessus desquelles se profila le dôme.

Ce qui caractérisa le nouveau système, ce fut l'affranchissement de l'arcade et l'abandon de l'architecture rectiligne des Grecs et des Romains.

Tout l'art chrétien est là.

En dégageant l'arcade, en abandonnant l'emploi des ordres antiques, et en faisant de la colonne le support réel de l'arc, les architectes catholiques posèrent les bases d'un nouveau style qui conduisit rapidement à l'emploi exclusif des arcs et des voûtes. L'église Sainte-Sophie de Constanti-

____

(1) *De combustione Basilic.* Voir *Biblioth. Cluniac.*, 146.

nople nous offre le plus ancien et le plus remarquable échantillon de ce style; Saint-Marc de Venise et Saint-Antoine de Padoue en furent de lointaines imitations. Transporté sous le ciel d'Occident, le style romano-byzantin imposa sa forme aux vieilles basiliques, puis, passant les Alpes, s'introduisit en Allemagne, où il suscita les imposantes cathédrales de Spire, de Worms et de Mayence.

Toutefois le progrès résultant de l'application du cintre aux églises ne répondait pas encore complétement au vrai principe de l'art chrétien. Le style roman, au milieu de sa magnificence et de sa grandeur, manquait d'ensemble et d'unité; la coupole ne naissait pas naturellement des cintres sur lesquels elle reposait, et dont l'entablement la séparait en quelque sorte; chaque partie était, pour ainsi dire, isolée, sans liaison intime avec l'ensemble. L'élévation était limitée par le diamètre de la circonférence. D'énormes masses chargeaient les piliers, tantôt carrés, tantôt monocylindriques, et pesaient d'autant plus lourdement, qu'elles voulaient s'élever davantage.

C'est alors que des architectes hardis songèrent à modifier l'ordonnance romano-byzantine.

Leur réforme porta d'abord sur les coupoles, qu'ils voûtèrent.

Une coupole représente la moitié d'une sphère. Pour établir des coupoles sur des rectangles, ils plaçaient entre les arcs des pendentifs disposés de manière à former avec eux, à la partie supérieure, le cercle horizontal qui devait porter la coupole.

Les nouveaux architectes construisirent des voûtes cupéliformes et les abaissèrent non-seulement vers les murs latéraux, mais vers l'archivolte des arcs. C'est à ce système que se rattachent l'église Saint-Front de Périgueux, Saint-Pierre d'Angoulême et Saint-Maurice d'Angers (1).

Si l'on suppose une coupole ou calotte qui se confonde avec ses pendentifs, on aura l'idée première d'où est sorti le système mixte que M. Viollet-Leduc définit ainsi : « Une coupole hémisphérique pénétrée par quatre arcs en tiers-point. » Pour fortifier ces voûtes, on les sillonna de nervures qui, partant de chaque angle du carré, cheminaient l'une vers l'autre en ligne diagonale et s'arrêtaient au sommet de chaque grand arc.

C'était là une modification fondamentale; mais, une fois engagés dans cette voie, les réformateurs se mirent en quête d'améliorations nouvelles. Ils trouvèrent bientôt dans l'arc brisé en ogive un moyen de diminuer les poussées des voûtes; et cette simple brisure, cette acuité de l'arc, devint l'élément fondamental d'un style qui, en moins d'un siècle, devait détrôner les traditions huit fois séculaires de l'architecture romano-byzantine. Révolution aussi favorable à l'art que conforme au génie du christianisme. En transformant le cintre des ogives, les nouveaux artistes inter-

____

(1) L'église du Sacré-Cœur à Montmartre sera bâtie dans ce style.

prétèrent avec plus d'exactitude les aspirations de l'esprit chrétien vers les sommets et vers les cimes, vers le Vrai et vers le Beau.

La cathédrale dite « gothique », dirigée d'occident en orient, vers la lumière, s'élance svelte, libre, ailée, bien au delà des édifices mondains, qu'elle protége et qu'elle domine.

Ce vaste temple, avec son transept en forme de croix, qui figure le corps du Christ dans le sépulcre, cette tour principale qui, symbole du pouvoir spirituel, monte dans la nue, n'est-ce pas là l'édifice, non de la chair, mais de l'Esprit ?

Approchons.

Le portail principal, avec ses profondes voussures, appelle, pour ainsi dire, tous les esprits à s'enfoncer avec lui dans les profondeurs de·la contemplation divine; les parois latérales, les archivoltes et les tympans portent des sculptures qui publient la gloire de Dieu et racontent les destinées de l'Église. Au-dessus du portail, irradiée de verres omnicolores, une rosace constelle une façade. Cependant le temple, avec ses piliers latéraux, ses contre-forts, ses arcades et ses clochetons strictement proportionnés et mathématiquement coordonnés, grandit et se termine en une tour pyramidale couronnée par une flèche hardie que la croix surmonte. La pierre arrachée des entrailles de la terre est devenue lumière, la matière s'est spiritualisée. A l'intérieur, le long de la nef, s'élancent vers les voûtes des faisceaux de colonnes hardies qui s'épanouissent, ainsi que de vigoureux chênes, en nervures multiples, après avoir parsemé leurs chapiteaux de tous les pétales de la flore lapidaire. Étayée sur dix pilastres, la nef centrale forme quatre travées et se divise en trois zones. Une suite d'arcades, appuyées sur des groupes de colonnes aux chapiteaux historiés, compose la première. La seconde, ou *triforium*, est couverte de cintres géminés, au milieu desquels s'ouvrent trois baies vitrées en losange. Enfin la troisième galerie, ou *clerestory*, est percée de fenêtres qui tamisent les rayons solaires et versent sur la nef centrale des flots de lumière irisée.

Ce qui charge et alourdit le style roman tombe, et l'énormité des masses qu'on entasse disparaît dans les habiles proportions de l'ensemble. De la matière inorganique l'architecte fait un tout organisé; il anime la pierre, il vivifie le marbre; tout semble germer, surgir, grandir, là où, dans le style ancien, ne régnaient qu'une froide roideur et une inerte symétrie.

La nef se termine par le chœur et le maître-autel, point central vers lequel tout gravite et tout converge. Autour du chœur rayonne une série de chapelles, où le jour s'introduit par d'étroites baies ogivales qui découpent leurs trilobes sous de larges voussures. Des fenêtres gigantesques aux meneaux trifoliés porphyrisent les dalles, les piliers et les arcades de

clartés tremblantes. Le jour n'arrive que transformé par les vitraux en
pourpre sanglante, en mystiques flamboiements d'onyx et d'émeraude,
en irradiations d'améthyste et de topaze. Ces lueurs nacrées parlent un
langage symbolique que tous les fidèles comprennent. Les piliers eux-
mêmes ne sont pas muets; ils portent les figures des graves personnages
de l'Histoire sainte, et présentent au peuple un livre toujours ouvert où,
bien longtemps avant la découverte de l'imprimerie, les annales du chris·
tianisme sont burinées. Enfin l'empire du mal lui-même vient rendre
hommage au Christ triomphant dans son Église. Aux chapiteaux des colonnes et à la base des piliers ricanent, grimacent et se tordent des animaux immondes et des démons convulsés.

A l'extérieur, même pompe architecturale. Le chevet est soutenu par
de vigoureux arcs-boutants qui bondissent jusqu'aux combles. Des balustrades aux compartiments flamboyants, des galeries aux fantastiques
rinceaux couronnent les chapelles et reçoivent les eaux pluviales que
lancent çà et là, par de gigantesques gargouilles, des dragons, des guivres, des dauphins et autres monstres plus ou moins ailés du bestiaire
héraldique (1).

IV

LES CATHÉDRALES EN FRANCE ET A L'ÉTRANGER

Les archéologues allemands ont longtemps revendiqué pour leur pays
l'honneur d'avoir donné naissance au style ogival. Les savants français et
les érudits allemands eux-mêmes ont fait bonne justice de cette prétention.
De l'aveu de tous les archéologues contemporains, c'est à notre pays que
revient la gloire dont on a voulu gratifier jadis l'Allemagne.

Entre toutes les provinces de France, la Neustrie est généralement
considérée comme le berceau de l'architecture du moyen âge. « En effet,
dit M. Dussieux, l'art gothique procède de l'art roman; or certains monuments de l'Ile-de-France, de la Picardie et de la Champagne présentent
la transition entre les deux styles; on y remarque un mélange, une fusion
entre les deux systèmes, tandis que partout ailleurs, au contraire, il y a
une brusque substitution d'un style à l'autre. A coup sûr, il ne faudrait
pas d'autres preuves de l'origine française, de la naissance en France de

(1) V. MM. de Caumont, *Abécédaire archéologique;* René Menard, *l'Art au Moyen
Age;* H. Taine; *Encyclopédie théologique,* de Goschler, etc. etc.

l'architecture gothique ou ogivale ; eh bien, ces monuments de transition de la France du Nord sont les plus anciens monuments de ce genre, ce sont les plus incontestablement déterminés, et leurs dates indiquent qu'ils sont tous antérieurs aux autres monuments de style ogival construits dans les autres pays de l'Europe. »

A l'appui de cette thèse, qu'il nous soit permis de faire remarquer qu'à l'époque où les étrangers venaient par milliers étudier à l'Université de Paris, nos artistes étaient partout demandés. C'est aux frais des étudiants suédois qu'Étienne Bonneuil, tailleur de pierres de Paris, élève, en 1287, la cathédrale d'Upsal. Commencée en 1343 par Matthieu d'Arras, celle de Prague est terminée en 1386 par Pierre de Boulogne. C'est aussi un architecte français, Guillaume de Sens, qui en 1174 construit le plus ancien monument du style ogival en Angleterre, la cathédrale de Cantorbéry. Enfin des recherches récentes nous ont appris que les Hongrois eux-mêmes faisaient appel au talent de nos compatriotes. Nous le demandons à nos contradicteurs, si la France n'avait pas été considérée comme la véritable initiatrice de l'architecture ogivale, est-ce que les nations étrangères auraient confié la construction de leurs temples aux architectes de notre pays ?

Maintenant, veut-on savoir dans quelle classe se recrutent surtout ces « bâtisseurs » nomades ? Ici, encore, notre sujet nous amène à faire l'éloge du clergé.

« Presque toutes les sciences n'avaient alors, dit avec raison M. Vitet, d'autres adeptes que les hommes d'église ; mais, parmi toutes les sciences, celle de l'architecture était réputée sainte et sacrée par excellence. » Un des premiers devoirs de l'abbé, du prieur ou du doyen d'une communauté était de savoir tracer le plan d'une église et de pouvoir en diriger la construction. On voit des moines entreprendre de longs voyages, aller jusqu'à Constantinople pour se fortifier dans cette étude, et puiser les saines traditions à leur source. On en voit d'autres, une règle et un compas à la main, visiter tour à tour l'Écosse, l'Espagne, l'Irlande, l'Allemagne et les parsemer d'églises et de cathédrales.

D'après M. Viollet-Leduc, c'est à l'ordre de Cluny qu'appartenaient ces moines bâtisseurs. « Il n'est pas douteux, dit le savant archéologue, que Cluny ait fourni à l'Europe occidentale des architectes, comme elle fournissait des clercs réformateurs, des professeurs pour les écoles, des peintres, des savants, des médecins, des ambassadeurs, des évêques, des souverains et des papes. »

Grâce à cette dispersion des artistes français, le sol de l'Europe « se revêtit bientôt », pour emprunter le mot de Raoul Glaber, « d'une blanche robe d'églises. » Est-il besoin de dire que les architectes furent puissamment secondés par les évêques ? Dans le Nord le plus reculé, l'archevêque

Eystein pose les fondements de cette cathédrale de Drontheim, dédiée au saint roi Olaf, qui passait, au moyen âge, pour le plus parfait édifice de toute la péninsule scandinave. Les sculptures en étaient même comparées à celles de Saint-Pierre de Rome. L'évêque Pierre d'Aarhuus, jugeant qu'un temple en bois n'était pas digne du Dieu des chrétiens, entreprend l'érection d'une église de pierre. Pénétré de la même pensée, Adzer, le premier archevêque de Lund, fit rebâtir la crypte de sa cathédrale, que les savants considèrent encore aujourd'hui comme une œuvre du plus rare mérite. Si les contrées septentrionales ne possèdent pas de grands artistes, elles sont, en revanche, gouvernées par des prélats chez lesquels le sens esthétique est à la hauteur de la ferveur religieuse. Une émulation aussi ardente que féconde s'établit entre les évêques et les chapitres, les abbés et les couvents; chacun veut égaler son voisin ou éclipser son rival. Des bateaux, frétés par les corporations religieuses, vont chercher au loin la pierre, le marbre et les matériaux les plus précieux; on épuise sa bourse, celle de ses amis et de ses proches pour élever à Dieu un monument digne de lui. Aussi est-ce dans ce siècle que surgissent les plus magnifiques édifices, et surtout ces cathédrales d'York, de Durham et de Salisbury, qui firent la gloire de nos voisins, et où se chantera bientôt, nous l'espérons, le *Te Deum* de l'Angleterre convertie.

Initiatrice des peuples, la France surpassa naturellement toutes les nations de l'Europe, tant par le nombre que par la majesté de ses temples.

L'architecture ogivale se développe d'abord dans les contrées situées au nord de la Loire. La Picardie, la Champagne, l'Ile-de-France, la Normandie, le pays chartrain, l'Orléanais, le Maine nous offrent les plus anciens monuments du style naissant. Que fait alors l'Allemagne? A l'époque où, dans le nord de la France, le style ogival étend ses conquêtes, le style roman conserve sa suprématie dans les provinces rhénanes. Quelques édifices, il est vrai, attestent une adoption simultanée du style ogival. Telles sont l'église Notre-Dame de Trèves, élevée en 1227, et diverses parties de la cathédrale de Cologne, commencée en 1248. Mais ces exceptions mêmes ne prouvent que plus clairement l'intervention des architectes de l'école française, alors seule en possession de tous les secrets de l'art.

V

LES PRINCIPAUX ÉDIFICES GOTHIQUES

La cathédrale de Coutances est un des monuments les plus purs et les plus complets du style ogival primaire. Le plan est une croix latine; l'église comprend une nef principale, garnie de bas côtés qui se doublent autour de l'hémicycle du chœur. L'entrée a trois portes principales : le grand portail occidental et deux portes latérales, l'une au nord, l'autre au midi, surmontées de deux tours quadrangulaires à la base et terminées par une pyramide octogone. Au-dessus de la croisée se dresse une énorme tour octogone nommée le Plomb, et flanquée de tourelles sur les quatre faces diagonales. C'est devant cette tour que Vauban, frappé d'admiration, s'écria : « Quel est le sublime fou qui a osé lancer dans les airs un pareil monument? » Ce dôme aérien se compose de deux étages. Au premier, chaque face de l'octogone porte deux ogives, et chaque ogive se subdivise en deux arcades étroites que partage une colonnette. Les arceaux de la voûte retombent au second étage, sur de petites colonnes qui tapissent le pourtour du dôme. A l'extérieur, les cannelures qui ornent cette tour ainsi que ses parois sont garnies de crochets qui ont la forme de fleurs ovoïdes. L'extérieur de Notre-Dame de Coutances est d'une simplicité sévère. Les belles colonnes du chœur s'élancent d'un seul jet jusqu'au sommet des murs, où viennent plonger les arceaux des voûtes. Le chœur, comparativement plus long que la nef, occupe la partie centrale du transept, disposition particulière à la plus ancienne époque de la période ogivale.

Une autre cathédrale, celle d'Amiens, est considérée par un grand nombre d'artistes comme le chef-d'œuvre de l'art chrétien au moyen âge. Robert de Luzarches, le plus célèbre bâtisseur de l'époque, en fut l'architecte. Les innombrables colonnes, les ornements et les statues de tout genre qui enrichissent cette église, la rose centrale, les bas-reliefs qui décorent le portail, la clôture du chœur enrichie de statuettes, en font un monument hors ligne.

La basilique de Chartres est le premier monument religieux à la construction duquel les fidèles aient concouru. Une lettre écrite en 1145 aux religieux de l'abbaye de Tutteberg, en Angleterre, donne les détails suivants sur la manière dont la construction s'est effectuée. « C'est un prodige inouï que de voir des hommes puissants, fiers de leur naissance et de leurs richesses, accoutumés à une vie molle et voluptueuse, s'attacher à un char avec des traits, et voiturer les pierres, la chaux, le bois, tous les matériaux nécessaires à la construction de l'édifice sacré... » La construction de la cathédrale de Chartres, commencée au milieu du xiie siècle, a duré cent cinquante ans. L'ensemble de l'édifice offre la forme d'une croix latine dont l'abside est tournée vers le nord. La façade principale, à l'ouest, est plus remarquable par la grandeur de ses proportions que par la richesse de sa décoration. Précédée d'un perron de six marches et flanquée à droite et à gauche de tours surmontées de flèches, elle se compose d'un triple portail au-dessus duquel s'ouvrent trois fenêtres ogivales surmontées d'une rose splendide, d'une balustrade ajourée, d'une galerie ornée de seize statues de rois, et d'un pignon dont le galbe renferme dans une niche la statue de la Vierge-Mère, entre deux anges lampadophores. Au sommet de l'angle domine la figure du Christ bénissant.

Le portail, dont les trois baies donnent entrée dans la nef principale, est décoré de sept cent dix-neuf statues, distribuées sur les parois, les chambranles, les tympans et les voussures. En ajoutant à ce chiffre les statues qui se dressent sur les colonnes, sur les piliers, sur les trumeaux, on arrive au chiffre de dix-huit cents statues historiques et symboliques d'une hauteur variant entre vingt-deux centimètres et trois mètres. La charpente, aujourd'hui brûlée, était extrêmement célèbre : les architectes avaient tellement prodigué le bois, que le peuple l'avait nommée la *forêt*.

L'intérieur de la cathédrale offre une parfaite harmonie. Il comprend une nef principale et un transept, accompagnés l'un et l'autre de deux collatéraux, un chœur et un sanctuaire entourés de deux bas côtés, sept chapelles absidales. Les piliers sont cantonnés de quatre colonnes légèrement engagées; les chapiteaux sont seulement ornés d'un double rang de crosses végétales.

Le chœur est le plus vaste qu'il y ait en France. Dans le pourtour s'ouvrent sept chapelles. Les bas-reliefs de la clôture du chœur, exécutés en 1514 par Jean Tixier, comptent parmi les ouvrages les plus célèbres de la sculpture française.

La cathédrale de Reims et celle de Beauvais datent de la même époque. Cent cinquante ans auparavant on avait déjà posé la première pierre de la cathédrale de Strasbourg (1); mais elle attendit près de deux siècles encore la venue de celui à qui « le génie devait inspirer la volonté d'élever

---

(1) On voit, par le style de la crypte sous le chœur, que cette partie est d'une bien plus haute antiquité que le reste.

cette masse énorme semblable à un grand arbre de Dieu, étendant au loin ses mille branches, ses milliers de rameaux, ses feuilles nombreuses comme les grains de sable au bord de la mer, pour proclamer partout la gloire du Seigneur son maître (1). »

L'exiguïté de notre cadre ne nous permet pas de décrire toutes les cathédrales dont le sol français est couvert. Nous dirons seulement quelques mots encore de Notre-Dame de Paris et de l'église du Mont-Saint-Michel.

L'église Notre-Dame a la forme d'une croix latine et possède cinq nefs et trente-sept chapelles. Les deux tours sont égales en hauteur, mais celle du nord est plus volumineuse que celle du midi. Nos architectes admettent généralement que les tours de Notre-Dame n'ont pas été terminées; au-dessus d'elles devaient s'élever deux pyramides de clochers comme sur les tours de Notre-Dame de Chartres. Plusieurs portes donnent accès dans l'église; les trois qui s'ouvrent sur la grande façade sont : la grande porte ou porte du Jugement, la porte de la Vierge, et la porte Sainte-Anne.

Les statues qui garnissent les vingt-huit niches de la galerie des rois ont provoqué d'ardentes polémiques entre les savants. Les uns, s'autorisant d'une tradition populaire très-ancienne, veulent y voir l'effigie des rois de France; les autres se prononcent pour les rois de Juda, qui, dans nos églises, forment le cortége généalogique du Sauveur, et figurent dans la décoration au même titre que les patriarches et les prophètes.

A l'intérieur, Notre-Dame de Paris est d'un aspect noble et majestueux. La clôture du chœur offrait autrefois des sculptures intérieures et extérieures. Les sculptures intérieures, qui représentaient l'histoire de la Genèse, avaient été exécutées en 1303, et ont disparu, ainsi que le jubé. Les sculptures de l'extérieur, aujourd'hui rétablies, sont l'œuvre de Jehan Ravi et de son neveu, Jehan Bouteille. Elles offrent une suite de scènes tirées du Nouveau Testament. Une foule de monuments sculptés décoraient l'intérieur de Notre-Dame. Telle était, à l'entrée de la nef, la statue colossale de saint Christophe, sculptée en 1413; près du jubé une Vierge opérait des miracles; près du maître-autel se dressaient une Notre-Dame-de-Consolation et une multitude de statues historiques, entre autres l'image de Philippe-Auguste surmontant une colonne de pierre; celles de deux évêques de Paris; de grandes figures de cire représentant le pape Grégoire XI, son neveu et sa nièce; trois statues d'archevêques, et celle d'un roi qui passait pour Louis VI; enfin la statue équestre d'un roi armé de toutes pièces avec son armure et la tunique blasonnée de France (2).

La basilique du Mont-Saint-Michel est un des plus beaux échantillons de

(1) Gœthe.
(2) Voir M. R. Ménard, *l'Art au Moyen Age.*

l'architecture ogivale. Elle se divise en deux églises bien distinctes, l'une souterraine et dédiée à la Mère de Dieu, l'autre aérienne et consacrée à l'Archange.

Resserrée entre les édifices qui l'entourent, l'église souterraine présente quatre cryptes qui lui donnent la forme d'une grande croix latine. Une de ces cryptes, vulgairement connue sous le nom de *crypte des Gros-Piliers*, est soutenue par dix-neuf pilastres aux bases octogones et aux nervures prismatiques. Autour du *deambulatorium* rayonnent cinq chapelles, où des ouïes ogivées laissent pénétrer un faisceau de lumière. Autrefois les chapelles, enfoncées dans les profondeurs du pourtour, étaient éclairées de lampes perpétuelles qui ressemblaient à des étoiles sous la voûte d'un ciel noir.

La crypte des Gros-Piliers surpasse celle de Notre-Dame de Chartres. Vauban en admirait la hardiesse, et, dans les Mémoires de la marquise de Créquy, le chevalier de Courchamp la signale « comme le plus magnifique produit de la science bénédictine ». — « Il n'y a, dit-il, que des moines et des bénédictins qui puissent avoir entrepris et fait exécuter une conception si savante et si grandiose. »

L'église aérienne est digne, à tous égards, de l'église souterraine. Élevée sur la cime abrupte du rocher et flanquée d'édifices qui s'étagent sur les aspérités du granit, la basilique de l'Archange porte la trace des difficultés que l'architecte a dû vaincre pour souder au mont l'abbaye-forteresse. L'exiguïté des collatéraux cadre mal, par exemple, avec les vastes proportions du monument. Contraint par le manque d'espace, l'architecte a dû disposer en fer à cheval les voûtes des bas côtés; l'arc de leurs cintres est plus développé que la moitié de la circonférence du cercle. Mais si l'on fait abstraction de ce défaut, l'harmonie de l'ensemble rachète surabondamment l'imperfection du détail.

Le chœur, construit tout entier en granit, est un des plus beaux spécimens du style ogival flamboyant. Entouré de douze arcades séparées par des colonnettes, dont les grandes et belles lignes s'élancent jusqu'à la voûte, qu'elles traversent pour se réunir à la clef, il reçoit la lumière de deux fenêtres carrées à meneaux trifoliés, surmontées elles-mêmes d'une frise fleurdelisée et d'un second rang de fenêtres plus grandes que celles du premier. Autour du chœur s'épanouissent cinq chapelles; rarement il nous a été donné de voir plus de luxuriance dans les nervures et plus d'exubérance dans les arceaux prismatiques qui se croisent à l'intrados des voûtes.

Un élégant escalier en tourelle conduit à la plate-forme qui surmonte le clocher. C'est de cette plate-forme, sans rebord et sans parapet, d'un mètre de large environ, que l'œil découvre le plus beau paysage du littoral normand. Là les moines venaient contempler le paysage maritime dans lequel le Mont-Saint-Michel s'encadre. C'est de là qu'ils assistaient

aux vaillants coups d'épée que les chevaliers du capitaine d'Estouteville
échangeaient avec les soldats de lord Scale, et qu'ils suivaient toutes les
péripéties de l'épique combat de Geoffroy d'Anjou avec un géant.

Les bâtiments claustraux ne sont pas inférieurs à la basilique. On vante
surtout le cloître, qui n'a d'égal en France que celui de Saint-Trophime
d'Arles.

Qu'on se figure une cour rectangulaire entourée de galeries qui reposent
sur un double rang de colonnettes en stuc, en calcaire et en granitelle.
Cent de ces colonnes s'espacent sur les murailles latérales ; leurs chapiteaux, aux gracieuses efflorescences, supportent de sveltes arcatures que
des trilobes séparent les unes des autres. Cent vingt de ces mêmes colonnes forment une double colonnade à jour. Dans les tympans des arceaux
s'épanouissent des rosaces, des bas-reliefs, etc., et au-dessus s'étend une
frise où le sculpteur a, de la même main prodigue, parsemé les chardons
et les roses. Trois fenêtres découpent leurs ogives sur la muraille occidentale et regardent la mer, qui mugit à trois cents pieds au-dessous d'elles.

VI

CONCOURS DES POPULATIONS

Nous avons déjà vu que le clergé prit une part considérable à la construction des églises ; la plupart des « bâtisseurs » du moyen âge se recrutaient dans ses rangs. Mais les prêtres et les moines ne se contentaient
pas de tracer le plan des édifices et d'en surveiller au besoin l'exécution ;
ce furent eux qui suscitèrent le grand mouvement artistique du XIII° siècle,
et organisèrent ces savantes et laborieuses confréries d'artistes sans lesquelles les cathédrales ne seraient jamais émergées de terre.

Grâce aux associations dont le clergé fut le promoteur et à l'enthousiasme qu'il sut communiquer aux âmes, le moyen âge vit s'élever les plus
remarquables monuments que le sol de l'Europe ait jamais fait germer.

M. Viollet-Leduc croit que rien, si ce n'est le mouvement actuel des
chemins de fer, ne peut donner une idée de l'activité prodigieuse des
évêques, de l'empressement des populations au XII° siècle pour la construction des grands édifices sacrés.

Parlant plus spécialement de l'architecture ogivale, il ne peut s'expliquer les prodigieux résultats obtenus de 1180 à 1240 que par une confédération non-seulement de manœuvres, mais de milliers d'artistes. La foi

seule n'explique pas ce mouvement. Il fallait que, depuis la fin du
xi⁰ siècle, un grand développement de richesse et de liberté se fût produit
au sein de la classe moyenne et inférieure; ce fut ce développement qui
fit surgir de terre un nombre si considérable de constructeurs, d'appa-
reilleurs, d'hommes instruits dans la mécanique et dans l'art de suspendre si hardiment les voûtes sur nos têtes, et enfin de sculpteurs et de
peintres.

Ce réveil des arts commença dans l'Ile-de-France, lors de la construction de la basilique de Saint-Denis, sous l'inspiration de l'abbé Suger.
« La divine Providence, d'après les annales de Saint-Benoît, apporta,
contre tout espoir, à Suger, le secours des populations pieuses, qui arra-
chaient d'immenses pierres des entrailles de la terre pour les employer à
la construction de l'église abbatiale. »

Hamion, abbé de Saint-Pierre-sur-Dives, dans une lettre qu'il adresse
à Tewkesbury, en Angleterre, se fait l'écho des sentiments d'enthousiasme
dont surabondaient alors les cœurs.

« Voilà un fait nouveau, inouï dans les siècles! Qui jamais a vu, qui a
jamais entendu dire dans les générations passées que les seigneurs les
plus fiers, les grands de la terre les plus vains de leurs honneurs et de
l'immensité de leurs richesses, les châtelains et les châtelaines soumet-
taient leurs épaules orgueilleuses et superbes au joug des chariots, et,
semblables aux animaux qui servent l'homme, traînaient jusqu'à la demeure du Christ ces chariots chargés de vin, d'huile, de pierres, de bois,
de tout ce qui était nécessaire à la nourriture des ouvriers et à la construction des églises? Chose admirable! souvent mille personnes s'attèlent à ce
char, tant le poids est grand; et cependant le silence est profond, nulle
voix ne se fait entendre... Lorsque sur le chemin cette foule s'arrête, on
entend seulement la confession des péchés et la voix des prêtres qui prêchent la paix et la concorde. Quand on arrive à l'église, les chariots,
comme un champ sacré, sont disposés autour de son enceinte; sur chacun
d'eux des cierges sont allumés. Toute cette armée veille la nuit en chantant des hymnes et des cantiques. »

La Normandie vit, elle aussi, toutes les classes de la société laïque
concourir à la construction des églises. « Cette année (1145), dit un chroniqueur, dans toute la Normandie et dans quelques autres pays, on fit des
chariots que l'on chargeait d'une quantité d'objets; des personnes de tout
état et de tout sexe, animées d'une fervente dévotion, s'attelaient aux
chars et travaillaient aux églises; ils y passaient les nuits, s'infligeaient
la discipline et chantaient avec ardeur les louanges du Seigneur. Dieu les
combla de tant de grâces, que de nombreux miracles eurent lieu dans les
églises et par les chemins (1). »

____

(1) *La Paix et la Trêve de Dieu,* par Semichon, t. II.

Nous devons à un vieux chroniqueur la description des solennités qui accompagnèrent la pose de la première pierre de l'église abbatiale de Croyland. Les moines consacrèrent quatre années à rassembler d'immenses provisions de fer, cuivre, or, argent, pierres, mortier et tous les matériaux qu'exige la construction d'un temple. Enfin parut le jour tant désiré où les bâtisseurs devaient mettre la main à l'œuvre. Des émissaires, dépêchés dans les environs, annoncèrent partout la cérémonie. De tous côtés arrivent aussitôt des abbés, des moines, des religieuses, des prêtres, des comtes, des barons, des chevaliers, des artisans et des hommes du peuple. L'abbé Geoffroi monte en chaire et prononce un sermon si touchant, que des larmes de joie brillent dans tous les yeux. Puis le vénérable abbé, en présence d'une foule émue, pose la première pierre angulaire, entre l'ouest et le nord ; la seconde est posée par le chevalier Richard de Rulos, grand ami de Geoffroi : le bon chevalier laisse sur la pierre un don de vingt livres. Ensuite viennent le chevalier Geoffroi Riedel, son épouse Geva et sa sœur Aricie. Le mari place sur sa pierre dix marcs, et chacune des dames offre de payer pendant deux ans les gages d'un tailleur de pierres. La dalle du second angle est fixée dans son alvéole par l'abbé de Thorney. Le baron Alain de Crown et trois autres membres de sa maison remettent entre les mains de Geoffroi chacun un diplôme qui transfère à l'abbé le droit de patronage sur trois églises. D'autres seigneurs, des comtes, des barons, des chevaliers, des demoiselles, offrent de l'argent, des diplômes, des terres, pour contribuer à l'érection du monument sacré. Les pierres des deux angles nord et sud sont encastrées par les religieux des deux abbayes ; celles des trois piliers du côté nord, par les curés de trois paroisses voisines. Cent quatre laboureurs accompagnent le premier ; ces braves gens s'engagent à travailler gratuitement un jour par mois jusqu'à l'achèvement de l'édifice. Le second curé est escorté de soixante paroissiens, et le troisième de quarante-deux, qui tous offrent libéralement le travail de leurs mains. Trois autres curés promettent le même concours, l'un au nom de deux cent vingt hommes, le second au nom de tous ses paroissiens ; quatre-vingt-quatre paysans, amenés par le troisième, donnent six marcs, autorisent l'exploitation de leurs carrières et la coopération gratuite de leurs ouvriers. Les autres s'engagent à fournir dix marcs, vingt mesures de froment et autant d'orge.

Tous les personnages qui figurent dans la cérémonie sont, à tour de rôle, harangués par l'abbé. Geoffroi les incorpore dans sa confrérie et leur accorde une part dans les prières et les bonnes œuvres de l'abbaye. La fête terminée, Geoffroi réunit à sa table tous les assistants, au nombre de cinq mille personnes. Le repas, dit la chronique, fut plein de cordialité, et, quand les convives furent partis, les maçons mirent aussitôt truelle en main.

VII

LA SCULPTURE

Souveraine en quelque sorte des autres arts, l'architecture leur emprunte à tous une partie de leur prestige et de leur éclat. Sans ces utiles auxiliaires, les temples qu'elle suscite seraient des livres muets ou des poëmes mutilés, où l'œil chercherait en vain un reflet de l'idée divine. Verbe de la Cathédrale, c'est la Sculpture qui traduit les élans des colonnes, des ogives et des voûtes, et qui fait palpiter toute cette épopée lapidaire. Les statues des saints, les effigies des martyrs, les sarcophages des rois confessent le Dieu que les peuples invoquent sous les arceaux de ces nefs, et célèbrent la foi qui fit surgir ces tours.

Mais si les arts donnent un langage à l'architecture et l'animent de leur propre vie, l'architecture à son tour entraîne la sculpture et la peinture dans son orbite, et les fait graviter avec elle. Tabernacle de l'idéal, elle les surnaturalise et les grandit. Isolés, ils végèteraient; dès qu'ils se mettent à son service, ils quittent la terre et s'associent à son essor. Symbole de l'Église, la cathédrale, *alma mater*, les emporte dans les hauteurs aériennes où elle plane, et les offre au Dieu qu'elle adore.

Telle fut d'abord la sculpture.

On pourrait dire des sculpteurs qu'ils furent, presque autant que les architectes, les créateurs des cathédrales. Du sol à la voûte, dans les ogives, dans les niches, sous les tours, aux colonnes, le vil granit pense, agit, tressaille. Toutes les pierres ont une voix. Que les regards s'abaissent vers les tombeaux des évêques, des chevaliers, des châtelaines, ou qu'ils s'élèvent vers les statues des apôtres, des vierges et des martyrs, — chevaliers, confesseurs, barons, martyrs, évêques, duchesses, pages, vierges, qui lisent éternellement leurs livres de pierre, tous nous invitent à nous agenouiller devant le Dieu que leurs lèvres nomment; dans tous le même esprit rayonne et la même âme respire.

La sculpture antique n'avait pour objectif que la représentation de la beauté physique : son idéal était une certaine équation géométrique, une harmonieuse proportion des biceps et du thorax; en un mot, l'apothéose de l'homme. Tout autre est l'idéal de la sculpture chrétienne. Ce n'est plus de la beauté sensible, c'est de la beauté intelligible, c'est de l'âme qu'elle

veut soulever les voiles. La sensualité païenne est condamnée : la sculpture cherche désormais ses formes dans le monde supérieur que le Christ
a révélé à la terre. Après avoir élevé des autels à l'homme, la statuaire
n'en élèvera plus qu'à Dieu.

Héritière de l'art grec, la sculpture ne pouvait d'abord se soustraire à
la marche générale de l'histoire; mais, en se développant avec elle, elle la
pénétra du souffle chrétien, et produisit des œuvres dont la majesté, la
profondeur et la grâce éclipsèrent bientôt les plus radieuses manifestations de l'art païen. Sans doute, la sculpture ne fut pas un organe aussi
favorable que la peinture, et, comparée aux autres arts plastiques du
moyen âge, elle occupe un rang inférieur. Elle avait pendant trop longtemps immortalisé la créature pour se prêter tout de suite à la glorification
du Créateur. Et cependant le génie chrétien tailla dans la pierre, dans le
marbre et dans le bronze, des types et des formes comme l'ébauchoir des
Phidias n'en montra jamais au monde antique.

VIII

LA SCULPTURE DANS LES PREMIERS SIÈCLES DE L'ÉGLISE

L'histoire de la sculpture nous présente trois principales époques.

La première s'étend depuis le commencement de l'ère chrétienne jusqu'à
la fin du xe siècle.

La seconde va de la fin du xe jusqu'au milieu du xiiie siècle.

La troisième part de 1250 et s'arrête à la prise de Constantinople.

La manifestation initiale de l'art ne commence guère avant Constantin. Durant les trois premiers siècles de l'Église chrétienne, tout l'art
se réduit à dégrossir des autels rectangulaires, ou à graver sur les tombeaux l'épitaphe des martyrs. Lorsque les sculpteurs chrétiens enfantent
d'autres œuvres, ils les tiennent secrètes : les bourreaux s'acharnent
contre les artistes comme contre les vierges. A la crainte de la persécution
s'en ajoute une autre, non moins légitime; les évêques se demandent si
l'introduction des statues dans les temples ne favoriserait pas le retour de
ce déplorable anthropomorphisme, dont les apôtres avaient eu tant de
peine à guérir la société païenne.

Mais peu à peu les catacombes se dépeuplent, l'encens fume dans les
basiliques, Constantin monte sur le trône. Aussitôt commence l'émanci-

pation de l'art. Les anciens obstacles disparaissent, et la décadence du paganisme lève toutes les répugnances. On baptise l'art païen comme on avait baptisé la société païenne. Le christianisme s'approprie les œuvres de l'antiquité classique, et il en sanctifie l'usage ; s'il respecte, par exemple, les ornements profanes, il les accompagne d'une inscription qui signale leur destination nouvelle. C'est ainsi qu'une chaise curule, sur laquelle défilent les douze travaux d'Hercule, devient la chaire de saint Pierre. Enfin, autorisés par les évêques, les sculpteurs chrétiens revêtent les crucifix, les calices et les reliquaires, de bas-reliefs et de ciselures empruntés à l'antiquité ; telles sont les figurines du sarcophage de Leyde, dont les types portent les visibles reflets de l'esthétique grecque. Ce n'est pas tout. Les artistes adoptent les inoffensives allégories du Panthéon hellénique. L'enlèvement des pommes du jardin des Hespérides par Hercule, sculpté sur des vases et des gemmes, traduit l'histoire du péché originel ; le dragon qui veille à la garde de ces fruits rappelle le serpent du paradis terrestre. Le char du soleil mené par Apollon devient le char de feu sur lequel Élie fut enlevé de la terre au ciel.

Quant aux figures des héros et des dieux, on leur donne mission de personnifier les saints de la Bible, et quelquefois le Christ lui-même. Un des mythes préférés est celui d'Orphée. La fin tragique du poëte, qui scelle d'un sang généreux l'inviolabilité du foyer et de l'autel, semble s'ajuster mieux que tout autre aux exigences du symbolisme chrétien. Orphée fut représenté la tête coiffée du bonnet phrygien, assis au pied d'un arbre, dont les branches pleines d'oiseaux s'inclinent comme pour écouter une mélodie supraterrestre, tandis que ses doigts font vibrer la lyre qui, victorieuse des lions et des tigres, sera plus tard impuissante à le protéger contre les Ménades.

Si la permanence d'un tel mythe s'explique, nous comprenons bien mieux encore l'adoption et la présence de la noble figure de l'*Orante*. Vivant symbole de la prière, c'est-à-dire de la force la plus douce et la plus irrésistible qui puisse fléchir le cœur de l'homme et la justice de Dieu, l'Orante est l'image préférée des peintres de cet âge héroïque. Telle est la grandeur du caractère qu'ils lui ont départi, telle est la puissance extatique de son regard, que l'âme reste confondue comme devant l'image même du Christ. Dans ses traits, on voit déjà poindre cette expression idéale qui caractérisera plus tard les vierges de l'Ombrie. Tantôt l'Orante porte l'éclatant costume des matrones de Rome ; tantôt, vêtue d'une simple tunique flottante, mais les yeux tendus vers le ciel, elle semble proclamer que, dans la sainte égalité de l'Évangile, la prière, consolation du riche et du pauvre, est la meilleure arme de la foi.

Après l'Orante, le *Bon Pasteur* portant la brebis égarée sur ses épaules est une des personnifications les plus usitées de notre Sauveur. Souvent le berger est entouré de son troupeau, et le nombre de ses brebis a tou-

jours un sens mystérieux ; s'il y en a douze, ce sont les douze apôtres.
Jésus-Christ lui-même est quelquefois représenté sous la forme d'un
agneau symbolique (1). Mais bientôt les artistes, élargissant le cadre de
cette allégorie, appliquent la figure de l'agneau non-seulement à Jésus-
Christ, mais encore aux héros bibliques. Une suite de sculptures latines
du IV° siècle, gravées dans l'*Histoire de Dieu,* de Didron, nous donne un
curieux exemple de cet usage. Un agneau tenant dans sa patte une
baguette frappe un rocher d'où jaillit une eau vive : c'est Moïse frappant
l'Horeb. Un agneau tend sa patte et lève la tête, en regardant une main
qui sort des nuages et tient une tablette : c'est Moïse recevant les tables
de la loi (2). Une colombe, planant dans le ciel, darde des rayons sur la
tête d'un petit agneau qui, plongé dans une piscine, reçoit les oblations
d'un autre agneau beaucoup plus fort : c'est le baptême de Jésus par saint
Jean-Baptiste, etc.

L'Agneau divin se distingue toujours des autres par la croix qu'il
porte sur la tête.

Tous ces monuments montrent combien est injuste l'accusation dirigée
par nos adversaires contre les premiers chrétiens. Des hommes qui donnaient une si large place aux représentations artistiques, peuvent-ils être
considérés comme des contempteurs de l'art? Il y a longtemps, du reste,
que les apologistes ont fait bonne justice de ces reproches. Les fidèles,
ne craignons pas de le dire, loin de détruire les chefs-d'œuvre de l'antiquité, les respectèrent quand ils ne les utilisèrent pas. Il arriva même
que ce respect souleva quelques murmures ; témoin cette réponse de Prudence à Symmaque :

> Liceat statuas consistere pulchras,
> Artificium magnorum opera.

« Nous méprisons les puériles cérémonies du paganisme; mais qu'il
nous soit permis d'en garder les statues, chefs-d'œuvre des grands
artistes. »

En citant ce texte, d'Agincourt rappelle qu'un des principaux protecteurs de l'Église, Théodose, fit conserver les spécimens les plus remarquables de l'art païen.

La conversion de Constantin ouvrit une carrière nouvelle aux artistes :
mais cinquante ans à peine s'étaient écoulés depuis l'affranchissement de
l'art, que l'hérésie des iconoclastes mettait à néant toutes les merveilles
écloses sous les premières influences du christianisme. L'Orient fut surtout

---

(1) *Agnus occisus ab origine mundi,* dit saint Jean (*Apoc.*). « L'Agneau immolé depuis
le commencement du monde. »

(2) Ces agneaux préfiguraient l'Agneau divin et l'annonçaient.

victime du vandalisme de la secte; mais l'Occident, bien que réfractaire aux prédications des iconoclastes, en ressentit néanmoins les funestes effets.

Le monde gallo-romain était inquiet; l'irruption des barbares du Nord, de jour en jour plus menaçante, jetait partout l'alarme; chaque cité, chaque famille, on pourrait dire chaque individu, ne songeait plus qu'à sa propre conservation; on rassemblait ses forces pour tenir tête à l'orage; de là, une paralysie générale des facultés, que la paix et la sécurité seules développent; imagination, esprit et cœur, tout était muet; mais hâtons-nous de le dire, tout n'était pas mort.

Pendant que l'évêque vole aux portes de la cité, et, la croix à la main, arrête le *fléau de Dieu*, l'artiste chrétien, dans sa solitude, perpétue par la sculpture les mystères de sa foi. C'est l'âge des diptyques. Issue de la Grèce en décadence, l'école byzantine est devenue cosmopolite, elle inspire cette petite sculpture domestique, d'un intérêt médiocre peut-être au point de vue de l'art, mais d'un prix inestimable aux yeux de la foi.

Le diptyque se compose de deux plaques en matière dure, ivoire, bronze, argent ou or, accouplées ensemble par des charnières. Sur les faces internes et parfois même sur les faces extérieures, sont gravés ou sculptés en relief les faits importants de l'histoire religieuse; des scènes, des allégories, des figures symboliques rappellent au chrétien ses croyances, ses devoirs et ses espérances.

Les perturbations politiques qui, du VIIe au Xe siècle, assombrissent l'histoire, continuent d'entraver l'art et d'intimider les artistes. A peine l'Église a-t-elle fini de dompter les barbares, et s'est-elle assise avec Charlemagne sur le trône d'Occident, que de nouvelles catastrophes l'empêchent d'imprimer aux arts l'impression qu'elle médite.

Pendant les siècles qui succèdent au règne de Constantin, la sculpture chrétienne se développe et progresse: ses meilleures œuvres datent de cette période. Mais en Occident elle dégénère bientôt, et le VIe siècle n'est pas écoulé, que les traditions artistiques s'altèrent et périclitent. Les dernières œuvres que la sculpture enfante ne soutiennent pas l'examen. Soyons justes : cette décadence n'est pas seulement le fait des artistes, mais de l'époque. Dans ces temps troublés, l'homme a de la peine à se replier sur lui-même et lutte sans succès contre l'indifférence qui l'enveloppe. L'invasion des Normands et les guerres féodales arrêtent l'initiative de l'Église. Néanmoins le christianisme poursuit discrètement sa mission civilisatrice; mais si, dans les humbles sanctuaires qu'elle élève, les frises, les chapiteaux et les murs deviennent un livre où les pauvres peuvent épeler l'Évangile, ces manifestations artistiques sont encore trop rudimentaires pour que nous puissions les mettre en parallèle avec celles de l'âge suivant.

Il faut, en effet, attendre jusqu'à la fin du Xe siècle, pour voir l'architecture se relever de sa décadence. Alors commence la seconde période, pendant laquelle l'architecture et la sculpture s'épanouissent sous l'influence du style roman. Les imagiers adornent le portail des églises de bas-reliefs en pierre; ils entrelacent des chardons et des roses sur les chapiteaux des colonnes; ils parsèment les autels d'arabesques et de moulures, accrochent des guirlandes de trèfle et de lierre aux rinceaux des balustrades. Partout l'ébauchoir fouille, creuse, anime les portes et les chaires, les tombeaux et les baptistères. D'abord roide d'aspect, cette végétation sculpturale s'adoucit peu à peu, s'ensoleille, et, vers la fin du xiiie siècle, elle est en pleine efflorescence.

De même que l'architecture chrétienne, la sculpture religieuse parvient à son apogée, et se fraie un chemin à travers l'histoire : c'est au siècle de saint Louis que nous entrons alors dans la troisième période. Toutes les œuvres qu'elle crée attestent un esprit religieux que la prière entretient et fortifie. Poëte dans le sens le plus élevé du mot, c'est-à-dire « créateur », l'artiste chrétien, en pétrissant la pierre, lui communique, pour ainsi dire, son souffle, et « fait » la statue « à son image et à sa ressemblance ». De l'art païen, il adopte, il est vrai, les procédés techniques ; mais ces bras qui prient, ces mains qui pardonnent, ce front qui se courbe, ces lèvres qui adorent, ces regards qu'illuminent des clartés intérieures, et toute cette physionomie enfin, autour de laquelle on entend comme des battements d'ailes, tout cela n'est bien qu'à lui. Dépourvue de l'idéal chrétien, la statuaire antique ne transmettait au marbre que sa pensée indigente ou ses passions sans gloire; le chef-d'œuvre de l'antiquité païenne, la Vénus de Milo, pense, regrette peut-être, mais n'aspire pas. Le Désir! voilà ce qui manque à tous ces dieux! La satisfaction qui se lit parfois sur leurs traits est celle que procurent une conscience tranquille ou une digestion bien faite. Aussi le spectateur moderne s'intéresse-t-il moins au héros qu'à l'artiste, et même plaint-il sincèrement l'homme de génie qui fut obligé de tailler dans le marbre tous ces gymnastes retirés des affaires.

Telle n'est pas l'impression que laissent dans l'âme les créations du xiiie siècle. Chaque statue, au lieu de vous rappeler le parfait notaire du coin, évoque devant vous l'image de la vertu qui vous manque, et le souvenir de l'idéal que vous oubliez. Les regards s'enfoncent dans l'âme comme l'acier d'une épée dans la chair. Qu'importent alors, dans ces moments où la conscience se sent remuée jusque dans ses plus intimes profondeurs, qu'importent alors vos noms, à vous, Robert de Luzarches, Juste de Tours, Michel Columbe, Pierre Bontemps, Robert de Coucy, Gautier de Meulan, Hugues Libergier, Jean de Montereau, Thomas et Renaud de Cormont? Si nous pensons à vous, c'est moins pour vous témoigner notre admiration que notre gratitude. Et, d'ailleurs, avez-vous jamais songé, pauvres grands hommes, à « léguer vos noms à l'histoire »? Cette préoccupation pouvait convenir au dilettantisme de l'art païen; mais vous, naïfs imagiers, n'êtes-vous pas assez payés de vos peines, et votre ambition n'est-elle pas suffisamment satisfaite, si vous nous rendez meilleurs ?

IX

STATUES DES CATHÉDRALES

Les statues de saints et de saintes des parois latérales des portes sont presque toujours de grandeur naturelle, et généralement c'est à la Bible que l'artiste a emprunté ses personnages. Quelquefois aussi, néanmoins, le sculpteur a taillé dans la pierre l'image d'un pieux fondateur, ou d'un héros de l'histoire locale.

Ainsi, les bas-reliefs romans de Notre-Dame de Semur représentent la mort de Dalmace Ier, seigneur de Semur, et beau-père de Robert le Vieux, qui l'empoisonna dans un festin. On voit d'abord cinq personnes à table; l'une d'elles tombe à la renverse après avoir bu, tandis qu'un chien s'enfuit avec une main, symbole de la bonne foi et de la fidélité chassées du festin. Dans la scène suivante, remords de Robert, qui se frappe la poitrine. Plus loin, l'aumônier de Robert, pour montrer que le meurtrier veut réparer son crime par l'aumône, met dans les mains d'un lépreux et d'un cul-de-jatte une corbeille remplie de sols parisis. Troisième bas-relief : La femme de Robert pleure, en songeant à son père assassiné auprès d'elle; le meurtrier, à genoux, implore son pardon. Voici maintenant une barque sur les flots; est-ce Caron qui conduit Robert au jugement? est-ce plutôt, comme on le croit criminel, un pèlerinage pieux où Robert va solliciter le pardon? *sub judice lis est.* Enfin, dernière scène : Robert fonde l'église Notre-Dame pour expier son meschief.

Au-dessus de ces bas-reliefs domine le Père éternel, entouré d'anges qui lui offrent de l'encens.

Les artistes les plus célèbres sont, dans la première partie du moyen âge, des évêques ou des saints. L'Église n'eût pas voulu laisser peindre ou sculpter par des mains indignes les images présentées à la vénération des fidèles. La légende de Hugues de Moutier témoigne de ces pieux scrupules. Placé dès son enfance dans une abbaye bénédictine pour y étudier les principes de l'art, Hugues s'échappe du couvent et mène une vie désordonnée; réintégré plus tard dans le cloître, il est chargé de sculpter un crucifix ; mais le Christ ne veut pas être représenté par des mains si profanes, et Hugues est frappé d'une grave maladie.

La sainteté morale est souvent, au moyen âge, l'auréole du génie. Dans une légende du IXe siècle, nous lisons qu'un bénédictin de Saint-Gall, nommé Tutilon, aussi renommé par ses talents que par ses vertus, fut mandé à Metz pour y sculpter l'image de la Vierge. L'œuvre venait d'être terminée ; tout à coup, des mains de la statue jaillissent des gerbes de rayons : deux anges, sous forme de pèlerins, surgissent en même temps devant Tutilon : « La Mère de Dieu, lui disent-ils, est-elle ta sœur ou ta parente, pour que tu puisses en retracer si fidèlement les traits ? »

Le lendemain, autour de la Madone veillait l'image de deux prêtres. Frappés de ce prodige, les habitants de Metz pensèrent, ajoute la légende, que c'était la Vierge elle-même qui, satisfaite de l'œuvre, avait ajouté ces deux acolytes à son portrait.

La supériorité des artistes du moyen âge ne consiste pas seulement dans cette expression surhumaine qu'ils savent donner à leurs héros et à leurs saints. De même que, dans la *Somme* du Docteur Angélique, tous les arguments et tous les axiomes s'engrènent les uns dans les autres, et font partie intégrante de l'œuvre générale, de même, dans les basiliques du moyen âge, chaque statue concourt à la manifestation de l'idée divine, et ne peut être distraite de la cathédrale sans en altérer la physionomie et le symbolisme.

Tous les édifices ne sont pas construits, bien entendu, d'après le même système ; mais, en étudiant, d'après Vincent de Beauvais, le plan métaphysique de Notre-Dame de Chartres, on s'initie au rhythme de ces poëmes lapidaires, et on entrevoit les mystiques préoccupations auxquelles obéissaient les artistes.

Au-dessus des portes s'élèvent les fondateurs et les bienfaiteurs de l'église : leurs mains tutélaires s'étendent sur les générations qui se succèdent au pied de la cathédrale, et leurs regards semblent les inviter à franchir le seuil du temple ; là dominent aussi les souverains dont l'Église n'implora pas en vain la justice. Rangés sous les voussures du portail, les martyrs, les évêques et les vierges célèbrent la force, la joie et la paix que leur communiqua la prière sous les arceaux de ces nefs. Au sommet des voûtes planent les saints qui, du levant au couchant et du nord au midi, rassemblèrent les peuples et les firent participer au sang du Juste. Plus loin, les confesseurs de la foi, adossés aux colonnes, rendent encore témoignage au Fils du Dieu vivant. Enfin, çà et là, se profile le visage émacié des ascètes : leurs joues creuses racontent les angoisses qui labourèrent ces âmes et l'incurable nostalgie qui les mina.

Si l'on considère maintenant que chacune de ces statues est le frag-

ment d'une épopée, et qu'un grand nombre figurent parmi les chefs-
d'œuvre de l'art, on ne nous en voudra pas sans doute si, avec M. Ménard, nous plaçons les artistes du moyen âge au‑dessus de leurs devanciers et de leurs successeurs. La Renaissance exécuta certainement des
œuvres plus raffinées; mais, de grâce, qu'on nous montre la cathédrale
qu'elle peupla de pareilles iliades de pierre!

X.

PEINTURE

La peinture chrétienne naquit des mêmes besoins que la sculpture.

Pendant qu'un peuple corrompu se courbait devant le César qui lui
donnait du pain et les jeux du Cirque, une autre foule s'isolait de cette
décadence, et, cachée dans de profonds hypogées, adorait mystérieuse-
ment le Verbe divin entrevu par Platon, annoncé par les prophètes et
proclamé à la face du monde par douze pêcheurs de Galilée. Le spiritualisme chrétien attaquait par la base le sensualisme raffiné qu'enfantent
toutes les sociétés valétudinaires, et qu'il devait vaincre au nom même de
cette supériorité immortelle que, de toute éternité, l'Esprit possède
sur la matière. Mais, si spiritualiste que fût la doctrine évangélique, elle
avait besoin d'être représentée par des signes extérieurs qui la rendissent
sensible aux yeux des fidèles. Une société ne peut pas plus, en effet, se
passer des symboles que l'homme ne peut fermer son cœur aux sollici-
tations de la religion, de la poésie et de l'art. Pour répondre aux éter-
nelles aspirations de l'âme humaine, les chrétiens devaient donc créer une
esthétique nouvelle; et à quelle source pouvaient-ils mieux demander
leurs inspirations qu'à la Bible, dont le cadre oriental se prête si bien aux
allégories et aux symboles? Un instinct mystérieux dirigea les peintres
dans cette voie. Toutes les parties du Nouveau et de l'Ancien Testament
furent appelées à traduire les croyances et les émotions religieuses des
fidèles. La colombe rapportant vers l'arche un rameau d'olivier, l'odyssée
de Jonas, l'histoire de Lazare, eurent mission de rappeler le dogme de la
résurrection, dénoûment réparateur de l'existence humaine. Mais, avant
d'aller rejoindre ses frères, le fidèle devait souvent gravir un calvaire ensan-
glanté. Contre les édits des Césars, les menaces des préteurs et les joutes
des belluaires, il était nécessaire de fortifier à l'avance l'âme des victimes,
en leur offrant des représentations capables de leur communiquer la
sérénité du confesseur, et au besoin l'impassibilité du martyr. De là les

images si éloquentes des souffrances et de la résignation de Job, du courage des trois jeunes gens dans la fournaise, et de la confiance de Daniel
jeté dans la fosse aux lions. Toutefois, aux jours d'oppression et de combat
devaient succéder les jours de triomphe et de délivrance. Aussi, le passage
de la mer Rouge, le désastre de Pharaon englouti avec son armée dans
les flots ; puis la manne nourrissant les Hébreux au désert, et l'eau sortant
du rocher, présentaient d'autres scènes consolantes et relevaient les âmes
que gagnait le désespoir.

A côté de ces figures, le symbole par excellence, celui qui avait le don
d'amener toujours une prière sur les lèvres du fidèle, et d'évoquer le souvenir de l'union et de son incorporation au Christ, par les sacrements et
par la foi, c'était le Poisson. Les cinq lettres qui composent son nom
grec, ΙΧΘΥΣ, sont les initiales de ces mots : Ἰησοῦς Χριστὸς Θεοῦ Υἱὸς
Σωτήρ, c'est-à-dire *Jésus-Christ, Fils de Dieu, Sauveur*. Cet assemblage
ingénieux se présentait aux chrétiens comme la première pensée qui devait
les envahir, lorsque, se dépouillant de tout leur passé, et même matériel-
lement de leurs habits pour recevoir le baptême, ils ne songeaient qu'à
revêtir les vertus, les forces et les énergies du Sauveur.

Mais le Poisson resta-t-il longtemps le seul signe idéographique du
Christ ? S'il faut en croire quelques savants, l'Église, pendant les premiers siècles, respecta l'interdiction mosaïque des images. Deux critiques
« érudits », M. Maxime du Camp et M. Viardot, l'un dans la *Revue des
Deux Mondes* (1) et l'autre dans l'*Indépendance belge*, assuraient encore
naguère que jusqu'au concile quinisexte de Constantinople (692), cette
prohibition ne fut pas levée. Or les découvertes de M. de Rossi infligent
le démenti le plus catégorique aux assertions de MM. Viardot et du Camp.
Jamais les chrétiens ne se crurent liés par la défense faite à la Syna-
gogue. Nous avons déjà vu précédemment que le Christ fut souvent
représenté sous la figure du Bon Pasteur. Mais là ne se borna pas l'initiative des peintres.

Dès le second siècle, le cimetière de Saint-Calixte nous offre un portrait en buste du Sauveur. Le visage est de forme ovale, légèrement
allongé, et la physionomie est empreinte de cette gravité, de cette mélan-
colie et de cette douceur qui caractérisèrent dans la suite toutes les
images du « plus beau des enfants des hommes ». Sauf quelques différences d'exécution, nous retrouvons ce type hiératique non-seulement
dans les peintures des catacombes, mais encore sur la face des cinq sarcophages du Vatican.

A côté du portrait du Christ, tel qu'il sera longtemps propagé par l'art
chrétien, soit en Orient, soit en Occident, figure dans les mêmes lieux le

(1) *Revue des Deux Mondes* du 1ᵉʳ octobre 1873.

type primitif et traditionnel de la Vierge. Le cimetière de Saint-Calixte nous en a révélé un spécimen, contemporain du portrait du Christ; mais M. de Rossi a trouvé d'autres images qui témoignent d'une antiquité plus reculée, et qu'on peut même faire remonter au ii° siècle.

Cependant, affranchi par l'édit de Constantin (313), l'art va bientôt déserter l'obscure enceinte des catacombes, et d'un coup d'aile gagner les sphères les plus éthérées. Sous la main des mosaïstes et des peintres, les basiliques se couvrent de moulures, d'entrelacs, d'allégories, de scènes bibliques, et, par-dessus tout, de l'image du Christ et de la croix.

Le type de Marie vient aussi consteller les murailles des temples. D'abord simplement aimable, puis gracieux, il finira par exprimer ce que la virginité a de plus pur, la maternité de plus tendre, et l'amour divin de plus radieux. Outre cette belle tête de Madone peinte, qu'une croyance moins éclairée peut-être que naïve attribue à saint Luc, mais dont Sainte-Marie-Majeure ne paraît s'être enrichie que sous le pontificat de Sixte III, quel autre type majestueux ne présente pas la Vierge de Saint-Jean-de-Latran, à laquelle l'admiration populaire a donné le nom d'*Impératrice?* Si la merveilleuse légende qui s'y rattache n'expliquait la vénération dont les Romains l'entourent, la beauté de ce portrait justifierait suffisamment le prestige qu'il exerce depuis quelques siècles sur toutes les âmes.

En triomphant avec l'Église, et en émergeant avec elle à la lumière, l'art chrétien s'écarte peu à peu des traditions qui, dans les catacombes, avaient ombragé son berceau. L'image d'Orphée, celle de l'Orante disparaissent, et aux mythes succèdent les symboles de l'Ancien Testament. Devenus libres, les artistes rejettent les voiles sous lesquels la surveillance jalouse de César les forçait de dissimuler le nouveau culte. Les manifestations artistiques vont s'épurant de plus en plus, et, s'il faut en juger par les mosaïques de la basilique de Ravenne, les peintres allaient incontestablement créer de nouveaux types, lorsque l'invasion du style byzantin vint paralyser leur élan et stériliser leurs efforts. Aussitôt les églises se parsèment de ces portraits peints sur un fond d'or, et dont la dureté, la roideur et la sécheresse accusent l'inspiration byzantine. Bien que les têtes soient quelquefois empreintes d'une beauté grecque, les figures sont presque toujours dénuées d'expression et de vie; les yeux sont très-ouverts, et la carnation des chairs est basanée. Ajoutons que les artistes byzantins se contentent d'indiquer l'ombre des vêtements par une ligne en or, qui marque l'extrémité supérieure des plis, mais qui ne remplace point, hélas! ces ombres et ce clair-obscur sans lesquels les dessins les plus corrects ne sont que des images sans vie (1).

(1) V. *Étude sur l'art des catacombes,* par M. Alphonse Dantier.

Au vi⁰ siècle, chassés par les empereurs iconoclastes, les artistes
byzantins trouvèrent un asile à la cour des rois lombards et chez les
nouveaux maîtres de Rome. En 817, le pape Pascal I⁰ʳ leur confie l'exécution des fresques de la vie de sainte Cécile. Le Christ et sa mère à *Santa
Maria in Trastevere*, et quelques autres peintures disséminées dans les
églises romaines remontent à la même époque. Tous ces tableaux manquent
de perspective et pèchent par la composition et le dessin ; ils n'ont qu'un
mérite, mais le mérite est inappréciable, c'est d'appartenir aux premiers
temps du christianisme, et d'en exprimer fidèlement les traditions et
l'esprit.

L'influence de l'école byzantine se fait sentir jusqu'aux premières
années du xii⁰ siècle. En France, les peintures de l'église de Saint-Savin,
près de Poitiers, sont le plus curieux échantillon français de ce style, et du
système décoratif en vigueur au xi⁰ siècle. Les couleurs, appliquées par
larges teintes plates, sont dépourvues de parties ombrées ; d'où l'impossibilité pour le spectateur de déterminer le point d'où vient la lumière. Cependant, en général, les saillies sont accusées par des teintes claires, et les
contours par des teintes foncées. Peut-être, au surplus, ces combinaisons
de nuances n'ont-elles eu d'autre but que d'obtenir une espèce de modelé
de convention, semblable à celui de notre peinture en grisaille. C'est là,
du moins, l'avis de Mérimée. Dans les draperies, quelle que soit la couleur
de l'étoffe, les plis se révèlent par l'assombrissement des teintes. D'autres
traits blancs, assez mal fondus dans la couleur générale, dénoncent les
reliefs de l'étoffe et les saillies des membres. Nulle part l'ombre ne vient
adoucir l'éclat de la lumière, et quant à la perspective aérienne, ou même
à la perspective linéaire, il est évident que pour les « imagiers » de Saint-
Savin, c'est là une science qu'ils n'ont pas même soupçonnée.

Les sujets de ces peintures sont exclusivement empruntés à l'histoire
sacrée ; au premier rang figurent l'*Offrande de Caïn et d'Abel*, l'*Ivresse de
Noé*, la *Tour de Babel*, la *Mort d'Abraham*, la *Fuite en Égypte*. Un grand
nombre d'églises romanes sont décorées, d'ailleurs, de compositions
analogues.

Dès le commencement du viii⁰ siècle, le pape Constantin avait placé
dans l'église Saint-Pierre plusieurs tableaux, représentant les séances
des six premiers conciles œcuméniques. Du temps de l'abbé Jean, vers la
fin du x⁰ siècle, vivaient à Farfa trois religieux, qui décorèrent de peintures une église nouvellement construite.

Vers le milieu du xii⁰ siècle, l'abbaye de Saint-Albans possédait un
grand nombre de tableaux. En France, ce Nicolas, qui fut brûlé en 1204
pour crime d'hérésie, était considéré, nous dit Hurter, comme le plus
grand peintre de l'époque. En Allemagne, vers le même temps, des peintures ornaient les églises de Salzburg, de Minden, de Diessen et de Wein-

garten. L'évêque Bermward, de Hildesheim, était un peintre très-
renommé ; il remplit son église de tableaux si admirables, « que l'on
eût dit, observe un pieux chroniqueur, qu'il l'avait changée en une église
toute nouvelle. »

Un certain nombre de peintres habitaient, dans le même siècle, les villes
de Maestricht et de Cologne. Il nous reste d'eux plusieurs tableaux, notamment à Saint-Géréon de Cologne, que signale une étonnante habileté
d'exécution.

XI

L'ART ITALIEN

Ce fut seulement au milieu du XIII\u00b0 siècle que la peinture s'affranchit
des traditions de l'école byzantine, et inaugura le style que devaient
immortaliser les chefs-d'œuvre de Giotto, de Raphaël et de Michel-Ange.

Berceau de l'art régénéré, l'Italie donna naissance aux deux premières
écoles catholiques ; l'école florentine et l'école ombrienne, appelée d'abord
« école de Sienne ». Toutes les deux, s'inspirant de la même pensée, as-
sumèrent la mission d'exprimer l'idéal révélé par le Christ. L'histoire
sainte et les *Acta Martyrum* fournirent aux nouveaux artistes les thèmes
de leurs tableaux, et l'Évangile les principes de leur art. Au prestige de
la beauté plastique et de l'harmonieuse proportion des lignes, ils firent
succéder celui de la beauté intérieure, que la grâce ennoblit, et que la
sainteté transfigure. Les héros qu'ils créèrent, animés d'un souffle surna-
turel, portèrent sur leur front l'empreinte d'une pensée extra-terrestre.

Nées des mêmes aspirations, l'école florentine et l'école ombrienne
ne les traduisaient pas toutes deux avec la même fougue ni avec les mêmes
couleurs.

L'école florentine est plus dramatique : l'action, la lutte, la nature
objective prédominent dans ses œuvres ; on la reconnaît à la vigueur du
dessin et à la luxuriance des couleurs. L'école ombrienne, au contraire,
tendre, délicate, lyrique, préfère à ce monde prosaïque les régions
éthérées, et ne choisit ses héros que parmi les âmes patriciennes dont le
front s'irradie d'une auréole sur le vélin enluminé des missels.

Les premières compositions des deux écoles répercutent encore la sécheresse et la rigidité byzantines ; les artistes négligent la forme, pour
représenter surtout l'idée ; mais leur foi est si profonde et si vraie, et leur
essor vers l'infini si vigoureux, que d'un seul bond ils atteignent au

sommet de l'art et fixent sur leurs tableaux l'expression la plus parfaite de l'idéal chrétien.

Les scènes de la vie de la sainte Vierge et de l'enfant Jésus, tels sont les sujets qu'affectionnent les maîtres de Sienne et de Florence. Un sourire doux et calme égaie leurs figures; les paupières sont à demi fermées; les regards, dépassant la terre, se replient au dedans et contemplent le ciel. Le symbolisme des accessoires s'ajoute à la scène et en fait ressortir le sens; des fleurs naissent sous les pas de l'Enfant divin, un agneau broute l'herbe à ses côtés, et plus loin une source épanche tranquillement ses eaux bleues. Le fond, éclairé de lueurs sidérales, annonce une sphère supérieure.

Disons maintenant quelques mots des principaux représentants de l'art italien.

Cimabue prend place parmi les premiers maîtres de l'école florentine. Né en 1240, cet éminent artiste peignit à Santa Croce de Florence des panneaux sur fond d'or, puis décora de ses tableaux l'église d'Assise, où près du tombeau de saint François un art nouveau venait de s'épanouir. La roideur du style byzantin ne dépare pas les œuvres de Cimabue. Chargé de peindre une Vierge Mère pour l'église Santa Maria Novella de Florence, il sut donner tant de grâce et de morbidesse à la Madone, que le peuple florentin, enthousiasmé, porta processionnellement le tableau de l'atelier du peintre au temple. N'oublions pas une des gloires de Cimabue, et peut-être la plus grande : il découvrit la vocation de Giotto.

Giotto (1), contemporain et ami de Dante, naquit en 1266 à Vespignano, près de Florence. Un jour qu'il gardait les troupeaux et s'amusait à dessiner une brebis avec la pointe d'un silex aigu, Cimabue le rencontra. Du premier coup d'œil, l'illustre Florentin devine un artiste chez cet humble pâtre; il l'admit parmi ses élèves, et ne tarda pas à trouver dans Giotto, non pas seulement un rival, mais un maître.

Les églises de Florence occupèrent beaucoup Giotto : ce fut lui qui termina les peintures de l'église d'Assise, que Cimabue avait ébauchées. Les compositions de l'ancien pâtre de Vespignano sont pleines de feu, de naturel et de vérité. Personne n'a donné une plus large place au symbolisme chrétien, et n'en a mieux compris la signification et la poésie. C'est ainsi qu'il représente la chasteté sous la figure d'une femme assise sur un rocher, insensible aux couronnes et aux palmes qu'on lui tend; — la Pénitence, un fouet à la main, chassant devant elle l'Impureté; — la Pauvreté, marchant pieds nus à travers les ronces, etc. (2).

(1) Par corruption, pour Angiolotto, diminutif d'Angelo.

(2 On a de lui, au Louvre, un saint François d'Assise recevant les stigmates. On voit également à Saint-Pierre de Rome une mosaïque de Giotto représentant saint Pierre marchant sur les eaux.

Fra Giovanni da Fiesole, surnommé *il Beato Angelico,* étudia la peinture en 1385. Il entra de bonne heure chez les dominicains de Fiesole, et quand il fut en état de marcher seul, il se rattacha par ses tendances plutôt à l'école ombrienne qu'aux artistes de Florence. Le Fiesole couvrit de fresques les murs de son monastère et une chapelle du Vatican. Peindre, était pour lui entrer en communication intime avec l'infini; jamais il ne prenait un pinceau sans se préparer au travail par la prière, et quand un tableau était fini, il en distribuait le prix aux pauvres. Les saints du Fiesole sont peut-être un peu roides; mais une ferveur si angélique illumine leurs traits que cette rigidité passe inaperçue. Ajoutons que dans les tableaux de Fra Giovanni la lumière rivalise avec la couleur.

Le génie le plus original, le plus puissant et le plus hardi de l'école, fut Michel-Ange Buonarroti. Né en 1474, au château de Capière en Toscane, Buonarroti fut à la fois sculpteur, architecte, peintre, musicien et poëte. Toutes ses œuvres portent le cachet de la grandeur et du sublime. Il n'a pas, comme Léonard de Vinci, le charme et la grâce; il ne connaît que la force et l'élévation. Son dessin est magistral, ses raccourcis sont pleins d'audace, son coloris énergique. Il peignit à fresque la chapelle Sixtine. Tout le monde connaît ses scènes de la création : la *Naissance d'Adam,* la *Création du monde,* le *Péché originel* et surtout son *Jugement dernier.* Michel-Ange mourut en 1564.

Au nombre des disciples de cet homme de génie figure au premier rang Daniel Bizarelli, né en 1566. Le chef-d'œuvre de Bizarelli est la *Descente de la Croix* qu'on voit encore à l'église de la Trinité-du-Mont, à Rome.

Au-dessous de Léonard et de Michel-Ange, s'étage une série d'artistes, que les historiens qualifient de « classiques », et parmi lesquels brillent surtout Fra Bartolommeo, André del Sarto (1488-1530), Raphaël Limo del Garbo, Albertinelli Roso et Ridolfo Ghirlandajo, ami et disciple de Raphaël.

Telle est, en résumé, l'histoire de l'école florentine.

L'école ombrienne ne produisit pas assurément une aussi longue génération de maîtres; mais l'homme de génie qu'elle compte dans son rang, Raphaël Sanzio, suffirait à lui seul pour éterniser le nom de cette école. Avant elle, l'école de Sienne avait groupé quelques peintres d'élite, dont les plus connus sont Giovanni di Siena, Matteo di Siena, Anseno di Pietri. Chez ces naïfs imagiers, les longs profils des personnages trahissent encore l'influence du style byzantin; mais on y découvre déjà cette impression surnaturelle que confère le principe chrétien, et qui sera désormais la qualité distinctive de l'école ombrienne.

Pierre Pérugin (1446-1524), maître de Raphaël, fut le premier artiste hors ligne de l'Ombrie. Ses tableaux nous offrent surtout des scènes de la vie de la sainte Vierge. Parmi les plus remarquables on cite : l'*Assomption*, l'*Adoration des Pasteurs*, l'*Enfant Jésus dans un panier de roses* et la *Madeleine*. Dans toutes ces compositions, le Pérugin unit la vigueur à la délicatesse, et donne aux figures d'hommes une énergie qu'on ne trouve pas dans les tableaux de ses devanciers. Les formes sont encore maigres ; mais les fonds sont clairs, chauds et brillants.

Raphaël Sanzio ne nous appartient pas. Il appartient au xve et au xvie siècle ; son époque est la grande époque de la peinture ; puis la Réforme arrive, et, avec elle, le paganisme et la décadence.

XII

PEINTURE SUR VERRE

Un édifice chrétien n'était pas complet si de riches verrières fixées aux fenêtres ne venaient décomposer les rayons solaires en nuances multicolores. Ainsi que la sculpture, la peinture sur verre suivit donc les mêmes développements que l'architecture religieuse.

Mais quelle fut l'époque précise où les artistes tracèrent pour la première fois des dessins sur le verre? Les savants n'ont jamais pu déterminer exactement cette époque. L'opinion la plus accréditée fait remonter l'emploi des vitraux à la période carlovingienne. « Le règne de Charles le Chauve ou de Louis le Débonnaire, dit M. Émeric David, nous offre un fait très-mémorable : c'est l'invention de la *peinture sur verre*. L'historien du monastère de Saint-Bénigne de Dijon, qui écrivait vers l'an 1052, assure qu'il existait encore de son temps, dans l'église de ce monastère, un très-ancien vitrail représentant le mystère de Sainte-Paschasie, et que cette peinture était destinée à la vieille église restaurée par Charles le Chauve. Il faut croire, par conséquent que ce monument rustique et élégant, suivant les expressions de la chronique, datait au moins du règne de l'empereur ; mais il ne saurait remonter beaucoup au delà ». D'un autre côté, le moine Théophile, qui écrivait vers le xiie siècle, assure que notre pays comptait à cette époque de nombreux peintres verriers. M. Champollion-Figeac transporte au ive siècle la découverte de cet art ; saint Grégoire de Tours en fait mention au vie ; Fortunat, au ve siècle, vante l'éclat des verrières d'une église de Paris, qui ne peut être que l'église Saint-Vincent, placée depuis sous le vocable de Saint-Germain-des-Prés.

En étudiant mieux les textes, peut-être trouverait-on que les verrières d'alors étaient très-vraisemblablement des mosaïques transparentes sans dessins bien arrêtés.

Une des premières églises de France qu'éclairèrent des vitraux peints fut la basilique de Saint-Denis. Un fait qui tendrait à nous faire croire que l'art de la peinture sur verre était alors très-répandu, c'est que les peintres auxquels l'abbé Suger fit appel appartenaient à plusieurs pays différents. Les vitraux de Saint-Denis représentaient les exploits de Godefroi de Bouillon, lors de la première croisade. C'était, paraît-il, une œuvre du plus grand mérite; l'abbé Suger, du reste, attachait un si grand prix à ces vitraux, qu'il établit un inspecteur spécialement chargé de les garder et de les entretenir. Quelques années plus tard, nous voyons l'abbé Odon de Sainte-Geneviève conduire le moine Guillaume auprès d'une fenêtre sur laquelle était peinte l'image de Jésus crucifié.

A peu près vers la même date, les chroniqueurs allemands signalent des vitraux peints dans le couvent de Weingarten, en Allemagne; mais il faut croire que les progrès furent peu rapides chez les peuples transrhénans: si l'on consulte l'histoire, en effet, on trouve que, trois siècles après l'abbé Suger, les fenêtres de l'hôtel de ville de Zug étaient encore recouvertes de toile. Quant à l'Angleterre, comme elle ne reçut qu'assez tard de la France l'usage des vitraux, on peut conclure de là que la peinture sur verre n'y fut pas connue de très-bonne heure.

L'exécution des verrières a toujours exigé des dépenses considérables; aussi s'étonne-t-on souvent de la profusion avec laquelle le moyen âge les multiplia dans ses églises. Voici comment M. de Caumont explique ce luxe : « Si la fabrication de ces verrières, dit l'éminent archéologue, occasionnait des frais considérables, on avait alors de grandes ressources pour subvenir à ces dépenses; non-seulement les riches seigneurs, les abbés et les autres dignitaires du clergé, mais encore toutes les corporations d'ouvriers concouraient au vitrage d'une église. Chaque corporation fournissait une vitre entière ou un panneau de vitre, et c'était l'usage de figurer au bas du vitrail, au-dessous des autres tableaux, les membres des corporations avec leurs attributs. Ainsi, au bas des vitres données par les poissonniers, on voit, comme à la cathédrale de Rouen, des poissons exposés sur des tables et des personnages présidant à la vente; la corporation des changeurs est figurée par des hommes comptant de l'argent sur une table, comme à Chartres; celle des bouchers, par un boucher tuant un bœuf; celle des boulangers, par un homme portant du pain ou en vendant; celle des maréchaux, par des ouvriers ferrant un cheval et battant une enclume; celle des cordonniers, par des personnages dont l'un taille le cuir et l'autre coud des souliers. Ces diverses industries, et beaucoup d'autres encore, sont ainsi représentées au bas des vitres de Chartres, ce qui prouve que toutes les corporations d'arts et métiers y avaient contribué. Les évêques et les abbés, les barons et les chevaliers sont représentés de même au bas des verrières qu'ils ont données. Cette espèce de signature

posée au bas des vitres est très-curieuse à examiner, puisqu'elle indique
infailliblement qu'ils en furent les donateurs. Dans les fenêtres, composées de lancettes surmontées d'une rose, l'image du donateur a quelquefois été encadrée dans la rose qui forme le couronnement de la fenêtre;
c'est ainsi qu'à Chartres on voit représentés dans ces vitres circulaires des
rois, des ducs, des comtes, des barons, bienfaiteurs de cette cathédrale,
revêtus de leurs armures, montés sur des chevaux richement harnachés
et caparaçonnés, ayant leur écu chargé d'armoiries; mais cette place me
paraît avoir été réservée aux grandes notabilités de l'époque. »

XIII

MOSAÏQUE

Dès les premiers siècles, les mosaïques forment les principaux ornements des églises italiennes. Il en est question sous Théodoric, dans le
nord et dans le midi de la péninsule tout à la fois. C'est en Italie que cet
art atteignit la plus grande perfection.

Les tableaux en mosaïque dont l'abbé Didier orna l'église du Mont-
Cassin imitaient si parfaitement la nature, que « les fleurs et les feuilles
paraissaient, dit un moine, nouvellement cueillies ».

Saint Bernard blâma les Cluniciens d'avoir représenté des anges et
d'autres figures sur le pavé de leur église.

Il n'est pas possible de décider à présent si les artistes du moyen âge
avaient sous les yeux des modèles, ou s'ils suivaient exclusivement leur
inspiration personnelle. Toujours est-il qu'il nous ont laissé plusieurs tableaux en mosaïque des plus remarquables : tels sont une *Sainte Vierge*,
de grandeur naturelle, faite par maître Guido pour la cathédrale de
Sienne; un *Jésus sur la croix*, par Giunta de Pise, dans l'église *degli
Angioli* à Assise; une fort belle niche d'autel, dans l'église Saint-Jean
de Florence, par Jacques de Turrita. Maître Solferno, le plus ancien de
tous, décora le côté nord de la cathédrale de Spolète d'ouvrages en mosaïque qui attirent aujourd'hui encore les regards des artistes.

Employée au pavage des églises pendant les premiers siècles de la
monarchie française, la mosaïque fut remplacée, dans la période ogivale,
par un système de dallage en pierres ou en carreaux de terre cuite. Ces
carreaux émaillés étaient disposés de manière à former des dessins et des
rosaces, dont les couleurs se mariaient avec grâce aux reflets des vitraux.
Quelquefois aussi l'artiste y dessinait des personnages, et même des sujets

figurés par des bas-reliefs très-peu saillants qui se détachaient sur un fond que garnissait un mortier de couleur. Un système de pavage caractéristique, qui se plaçait généralement dans la grande nef, consistait à disposer les carreaux de manière à former un labyrinthe. Considéré comme l'emblème du temple de Jérusalem, les fidèles parcouraient le labyrinthe à genoux, et souvent, pour en suivre tous les circuits, il ne leur fallait pas moins d'une heure. Il reste encore quelques-uns de ces damiers dont la plupart des grandes églises étaient autrefois pourvues; celui de Notre-Dame de Chartres, par exemple, est encore célèbre.

XIV

ORFÉVRERIE

En dehors de la sculpture et de la peinture, d'autres arts, aujourd'hui tombés dans le domaine de l'industrie, concouraient à la décoration intérieure des églises. Au premier rang figure l'orfévrerie, qui non-seulement égala la peinture et la sculpture, mais encore les surpassa souvent. Supériorité bien explicable, d'ailleurs : l'orfévrerie avait plus de temps pour se développer que l'art des sculpteurs, et n'était pas subordonnée, comme celui des peintres, à ces mille conditions qui le rendent si difficile.

Naturellement contrariée pendant la période d'agitation et de souffrance que traversa l'Église sous les successeurs de Constantin, l'orfévrerie religieuse ne commence à prendre son essor que vers la fin du viiie siècle. Mais à peine l'art a-t-il reçu le premier élan, qu'il se manifeste par des œuvres dont notre civilisation n'a pas l'idée. Le temps, du reste, n'était pas encore bien loin, où nos pères étalaient les jours de bataille plusieurs colliers d'or sur leur poitrine nue. Au viiie siècle, sans être aussi répandu, l'or était de toutes les fêtes et entrait dans toutes les décorations. C'est ainsi que, suivant des calculs très-rigoureux, la valeur pondérable des pièces d'orfévrerie dont le pape Léon III (795-816) enrichit les églises, ne s'éleva pas à moins de 1,075 livres d'or et 24,744 livres d'argent.

De la même époque date le fameux autel d'or de la basilique de Saint-Ambroise de Milan, exécuté par Volvinius en 835, sous les ordres de l'archevêque Angilbert. « Les quatre côtés du monument, dit à ce sujet M. Labarthe, sont d'une grande richesse. La face de devant, toute en or, est divisée en trois panneaux par une bordure en émail. Le panneau central présente une croix à quatre branches égales, qui est rendue par des

filets d'ornement en émail, alternant avec des pierres fines cabochons
(polies, mais non taillées). Le Christ est assis au centre de la croix. Les
symboles des Évangélistes en occupent les branches. Les Apôtres sont
placés trois par trois dans les angles. Toutes ces figures sont en relief.
Les panneaux de droite et de gauche renferment chacun six bas-reliefs
dont les sujets sont tirés de la vie du Christ; ils sont encadrés par des
bordures formées d'émaux et de pierres fines alternativement disposés.
Les deux faces latérales, en argent rehaussé d'or, offrent des croix très-
riches traitées dans le style de ces bordures. La face postérieure, également en argent rehaussé d'or, est divisée aussi en trois grands panneaux;
celui du centre contient quatre médaillons, et chacun des deux autres six
bas-reliefs dont la vie de saint Ambroise a fourni les motifs. Dans l'un des
médaillons du panneau central, on voit saint Ambroise recevant l'autel
d'or des mains de l'archevêque Angilbert; dans l'autre, saint Ambroise
donne sa bénédiction à Valvinius, maître orfévre (*magister faber*), comme
le dit l'inscription qui nous a transmis le nom de l'auteur de cette œuvre,
dont aucune description ne saurait donner une idée exacte. »

Évidemment, les ouvrages d'art n'étaient qu'à la disposition des églises
pourvues de richesses considérables; aussi ne voyons-nous d'abord que
Rome occuper les orfévres. Parmi les travaux que leur commanda le pape
Léon III, on cite notamment une statue de saint Pierre en or pur, et
tout incrustée de pierres précieuses. Pascal Ier y fit ajouter des ciselures
d'argent doré. Une incalculable quantité d'ouvrages de ce genre s'accu-
mulèrent pendant des siècles dans la Ville éternelle; les fourneaux des
orfévres ne s'éteignaient jamais. Pour les crucifix, les images de la sainte
Vierge et celles des saints, les papes n'employaient d'autre métal que
l'or et l'argent, et souvent, afin d'en rehausser la valeur, ils les faisaient
enchâsser de pierres précieuses et de camées antiques. On se représente
difficilement les énormes masses d'or et d'argent que les dignitaires de
l'Église prodiguaient parfois aux objets du culte. La cathédrale de Mayence
possédait un christ dont l'exécution avait exigé l'emploi de plus de douze
cents marcs d'or; dans la cavité des yeux étincelaient deux gros rubis.
Œuvre de Wiligis, premier évêque de Mayence, ce christ était plus grand
que nature; les membres s'engrenaient les uns dans les autres, et un
mécanisme aussi simple qu'ingénieux permettait de les désarticuler au
besoin.

Un autre prélat, Bermward, évêque de Hildesheim, fut, ainsi que
Wiligis et saint Éloi, un orfévre des plus distingués. On lui attribue un
crucifix enrichi de pierres précieuses et de filigranes, et deux candélabres
colossaux qui font encore partie de l'église dont il fut le pasteur. A la
même époque, on admirait le travail d'une croix et de plusieurs crucifix
dont Henri le Lion gratifia l'abbaye de Saint-Jean-Saint-Blaise. L'évêque

Thiémon de Verden fit don à sa cathédrale d'une statue de la sainte Vierge en or massif. Aux grandes fêtes, Weingarten plaçait sur son autel un buste de saint Martin en vermeil, et Petershausen, sur le sien, les statues en même métal de Marie et de saint Pierre.

Vers la même époque, c'est-à-dire dans la première partie du xie siècle, un moine de Dreux nommé Odorain, qui s'était rendu célèbre en France par ses travaux d'orfévrerie, exécuta pour le roi Robert un grand nombre de pièces destinées aux églises que ce monarque avait fondées. Les croisades imprimèrent dans toute l'Europe une vive impulsion à l'art de l'orfévrerie. Les chevaliers rapportèrent de leurs voyages un si grand nombre de corps de martyrs et d'ossements de saints, que, pour recueillir ces restes vénérés, ils durent faire exécuter beaucoup de châsses et de reliquaires. On vit se multiplier aussi dans le même siècle les offrandes de vases sacrés et d'*antipendium*. On enferma les livres saints dans des étuis somptueux dont les orfévres ciselèrent les fermoirs. Plus tard, les ressources des seigneurs diminuèrent, et les arts, en perdant leur clientèle, perdirent des protecteurs zélés. Mais le pli était pris ; d'autres classes de la société continuèrent l'œuvre des croisés, et, grâce à la direction religieuse que toutes les industries avaient reçue, les arts ne périclitèrent ni ne déchurent.

L'illustre ministre de Louis le Gros, Suger, est considéré comme le premier protecteur déclaré des artistes.

A côté du puissant abbé, un simple moine mérite une mention spéciale : c'est l'artiste Théophile, qui nous a laissé une intéressante description des arts industriels, et particulièrement de l'orfévrerie, à laquelle l'auteur consacre soixante-dix-neuf chapitres de son livre. Ce précieux traité nous montre, de la plus irrécusable manière, que les orfévres du xiie siècle devaient posséder tout un cycle de connaissances et se livrer aux manipulations les plus diverses. L'orfévre devait être à la fois modeleur, ciseleur, fondeur, émailleur, monteur de pierres, nielleur ; il lui fallait savoir mouler en cire ses modèles, aussi bien que les dégrossir au marteau ou les creuser au burin ; il lui fallait confectionner successivement le calice, les burettes, les ciboires, les croix, les torchères des églises métropolitaines, où se trouvaient prodiguées toutes les ressources de l'art, et produire, par le procédé du vulgaire estampage, les gaufrures de cuivre destinées à l'ornement des psautiers populaires.

A l'époque de la Révolution, le trésor de l'abbaye de Saint-Denis possédait encore quelques chefs-d'œuvre créés par les artistes dont Théophile avait décrit les procédés, notamment la riche monture d'une coupe en agate orientale, qui portait le nom de Suger, et dont l'illustre abbé se servit pour dire la messe. On y remarquait aussi la monture d'un vase antique de sardonyx, connue sous le nom de *coupe des Ptolémées*, cadeau

de Charles le Simple à l'abbaye. Apportés au cabinet des médailles
de 1793, la monture de la coupe des Ptolémées et le calice de Suger en
firent l'ornement jusqu'en 1804, date où nos richesses numismatiques
furent dévalisées par un voleur resté inconnu.

Parmi les pièces de cette époque qui subsistent encore, nous pouvons
signaler, avec M. Labarthe, outre la « grande couronne de lumières »,
suspendue sous la coupole de la cathédrale d'Aix-la-Chapelle, et la magnifique châsse dans laquelle Frédéric Ier recueillit les ossements de Charlemagne : au musée du Louvre, un vase en cristal de roche monté en or
et enrichi de pierreries, donné à Louis VII par sa femme Éléonore; au
musée de Cluny, des candélabres; à la Bibliothèque nationale de Paris, la
couverture d'un manuscrit portant le numéro 622, une coupe en agate
onyx, bordée d'une ceinture de pierres fines se détachant sur un fond de
filigrane, et le beau calice d'or de saint Remi, qui, après avoir figuré
dans le Cabinet des antiques, a été rendu, en 1861, au trésor de Notre-
Dame de Reims. »

Des formes sévères, un style noble, distinguent les œuvres d'orfévrerie
des xie et xiie siècles. Parmi les principaux éléments de décoration acces-
soire, figurent invariablement les perles, les pierres fines et les émaux
dits *cloisonnés*, qui ne sont autre chose, d'après la description de Théophile, que de délicates mosaïques dont des lames d'or séparent les seg-
ments diversement colorés.

Le règne de saint Louis, en imprimant une énergique et salutaire impulsion aux sentiments religieux des grandes familles féodales, contribua
vivement par là même à la décoration des églises et au progrès de l'art. Ce
fut alors que l'artiste parisien Bonnard, s'entourant des meilleurs orfévres, travailla pendant deux années consécutives à l'exécution de la châsse
de sainte Geneviève. Cent quatre-vingt-treize marcs d'argent et sept marcs
et demi d'or (1) furent employés aux bas-reliefs et aux niellures de cette
œuvre monumentale. Hâtons-nous de dire que des contributions volontaires défrayèrent les dépenses. Un riche seigneur, Robert de Courtenay,
fournit à lui seul la plus grande partie de la somme. Installée en 1212,
la châsse de sainte Geneviève avait la forme d'un édicule, avec des
statuettes et des bas-reliefs rehaussés de pierreries. Elle fut portée,
en 1793, à la Monnaie; mais la dépouille n'en produisit que vingt-trois
mille huit cent trente livres.

Au xiie siècle, les plus célèbres orfévres allemands travaillèrent, pendant dix-sept années consécutives, à la fameuse châsse en argent doré
dite des *grandes reliques*, que possède encore la cathédrale d'Aix-la-Chapelle. Elle fut fabriquée à l'aide des dons déposés par les fidèles pendant

---

(1) Le marc valait huit onces.

cet espace de temps dans le tronc du parvis. Un édit de l'empereur Frédéric Barberousse avait appliqué le total des offrandes à cette destination, « tant que la châsse, disait l'édit, ne serait pas achevée. »

Comme nous venons de le voir, toutes les richesses de l'art et de la matière étaient consacrées aux châsses. Les reliquaires présentent souvent une quantité de figures, une variété d'ornements, une délicatesse d'exécution qui semblent défier les plus habiles artistes de notre époque. Mais là ne se borne pas leur mérite. On y découvre fréquemment une idée profonde dans le choix, la disposition et les rapports des figures avec l'objet que cette précieuse enveloppe renferme. Quand l'église n'était pas assez riche pour pouvoir se permettre une grande dépense, on se contentait d'employer le bois recouvert d'une pellicule d'or ou d'argent.

Dijon possédait alors la châsse de saint Bénigne, dont un évêque vendit le métal par un temps de disette, pour secourir les pauvres. La châsse de l'abbaye de Vicogne, dans le diocèse d'Arras, était plus belle et plus riche encore. Mais la plus magnifique de toutes était la châsse de saint Albans; complétement revêtue d'or et d'argent, elle avait exigé plusieurs années de travail. Sur le devant, l'artiste avait représenté la décollation du saint; les faces latérales reproduisaient les principaux événements de sa vie; à l'extrémité, tournée vers l'Orient, était sculptée l'image de Jésus crucifié, entouré de Marie et Jean, et, à l'autre face, la sainte Vierge, sur un trône, portait l'enfant Jésus dans les bras. Le couvercle s'élevait comme un dôme avec des tours crénelées à chacun des quatre angles.

La châsse qui renfermait autrefois les reliques de la landgrave Élisabeth était non moins remarquable. La valeur du métal était surpassée par celle des pierres précieuses que l'artiste y avait serties. Enfin la châsse de saint Olaf, qui faisait la gloire de la cathédrale de Drontheim, pesait trois mille deux cent cinquante onces, mais la matière n'en faisait pas le seul prix; les niellures étaient du plus beau travail. La châsse fut malheureusement jetée plus tard au creuset pour employer l'argent à d'autres usages.

L'abbé Suger honora d'une manière à peu près semblable les restes de saint Denis. Il plaça devant la châsse une tablette d'or étoilée de topazes et d'émeraudes fournies par les bagues des rois, des princes, des évêques et des seigneurs.

Les grands luminaires des églises, chandeliers, lustres, candélabres, lampes, torchères étaient souvent aussi d'or massif et niellés avec le même goût. Un des chandeliers les plus remarquables et les plus anciens est celui qui fut fabriqué vers la fin du XIe siècle, sur l'ordre de l'évêque Hezilo, et que montre encore aujourd'hui l'église d'Hildesheim; il a vingt-quatre branches et peut supporter soixante-douze cierges. La sollicitude dont on entourait tous les objets qui servaient au culte nous prouve, à défaut d'autre témoignage, qu'on ne négligeait rien pour les rendre dignes de leur destination. Ainsi l'évêque Hildebert du Mans vante le beau travail de deux chandeliers d'or que la reine Mathilde d'Angleterre avait donnés à son église. Les vases sacrés et surtout les calices étaient en harmonie avec ce riche ensemble. Saint-Albans possédait un calice de l'or le plus pur enguirlandé de fleurs ciselées, et l'historien qui nous le décrit pense que le nom de l'artiste mérite de passer à la postérité. Les ostensoirs, les burettes, etc., rivalisaient avec les calices.

XV

MUSIQUE

C'est au ve siècle de notre ère que l'histoire signale en France le premier éveil de la science musicale. Dès 456, nous voyons Clovis demander au roi Théodoric de bons chantres et de savants musiciens. Théodoric charge aussitôt Boèce d'écrire à Clovis une lettre dont Cassiodore nous a conservé le texte. Dans cette épître, le roi d'Italie fait allusion aux cinq modes principaux, et s'étend sur les quinze modes qui constituent alors toute la gamme.

Quelque temps après, un artiste vint dans le camp du roi franc donner des « leçons de musique instrumentale et vocale » aux antrustions et aux leudes, et organiser une sorte de « chapelle de cour » où la nouvelle méthode de chant fit de rapides progrès. Témoin de ces résultats, saint Germain introduit le même système musical à la cathédrale de Paris. La méthode est à peine connue, que le pieux évêque, plein de zèle pour tout ce qui concerne le chant, invite les fidèles à mêler leurs voix à celles des chantres. Le livre de Gerbert sur la musique sacrée nous donne de nombreux détails sur cette immixtion du peuple dans la psalmodie religieuse. D'après le savant moine, les femmes n'en étaient qu'exceptionnellement exclues.

Disons, par parenthèse, que les mêmes usages se retrouvent dans l'Église orientale. Sozomène nous raconte, par exemple, que si saint Athanase eut le temps de se dérober aux poursuites de ses persécuteurs, ce fut grâce à la déférence des soldats, qui refusèrent de troubler le chant des fidèles par une invasion brutale dans le temple.

A mesure que les cérémonies du culte se régularisent, à mesure aussi

les évêques sentent le besoin de ne confier la direction de la musique
sacrée qu'à des hommes spéciaux. De là l'institution des *cantores*, ou
chantres. Au II° siècle, saint Ignace écrit : *Saluto sanctum presbyterum,
saluto lectores, cantores*. La charge de chantre était un des offices propres
aux lecteurs. Les *cantores* se virent interdire le droit de porter l'*orarium*.
Le concile de Laodicée, qui prononça cette interdiction, fit en même temps
défense à tout autre qu'aux *cantores* d'entonner dans le temple, où l'Église
leur réservait un siége spécial réservé dans le chœur. En face d'eux, se
dressait un pupitre sur lequel se déroulaient les antiphonaires.

Vers 984, saint Ambroise, archevêque de Milan, détermine le mode de
chant des hymnes, des psaumes et des antiennes, et choisit, parmi les
chants de la Grèce, les mélodies les plus lyriques et les plus pures.

Deux siècles ne s'étaient pas écoulés, qu'une réforme était devenue nécessaire; de regrettables licences s'étaient introduites dans la musique;
l'hymnologie sacrée était abandonnée aux capricieuses inspirations des
cantores et des artistes. En un mot, on était en pleine anarchie musicale.

C'est alors que Dieu suscite saint Grégoire le Grand. Pour remédier à
d'aussi graves désordres, l'illustre pontife commence par éliminer les
chants suspects, puis il rassemble ce qui reste des mélodies helléniques,
il en recueille d'autres, et, les joignant à celles de saint Ambroise, il compose avec tous ces éléments l'antiphonaire qui porte son nom. Là ne s'arrêtent pas ces judicieuses réformes. Esprit essentiellement pratique, saint
Grégoire fonde cette fameuse école de Rome, qui alimente les chœurs et
forme depuis quinze cents ans les artistes de la chapelle Sixtine. Les fils
des plus nobles familles manifestent, dès le début, une prédilection toute
particulière pour l'école grégorienne; mais à ces élèves capricieux, mobiles, instables, saint Grégoire le Grand préfère les orphelins de Rome.
Les enfants qu'il ramasse dans les faubourgs deviennent dans la suite si
nombreux, que l'école de chant finit par devenir en même temps une
espèce d'orphelinat, *orphanotrophium*.

C'est là que, pendant tout le moyen âge, la chrétienté vient chercher
ses maîtres de chapelle et ses chantres. Plus tard, d'autres institutions
analogues se fondent non-seulement en Italie, mais dans tous les pays où
le christianisme étend ses conquêtes; et nos « conservatoires » d'aujour-
d'hui ne font que continuer sous un autre nom l'œuvre commencée par
Grégoire le Grand et l'enseignement donné par ses écoles.

Pendant toute sa vie, saint Grégoire n'avait poursuivi qu'un seul but :
l'établissement de l'unité dans la liturgie comme dans la foi. Si nous étudions la vie de ce grand pontife, nous sommes obligés de reconnaître que
les immenses efforts déployés par saint Grégoire ne demeurèrent pas sté-
riles. Le chant grégorien se répandit dans toute l'Europe occidentale, et

cette expansion, favorisée par la beauté du rhythme, ne seconda pas médiocrement la diffusion de l'Évangile. Ainsi, nous voyons saint Grégoire envoyer comme missionnaires les disciples qu'il instruit, et, grâce au concours de ces élèves, introduire partout le chant réformé.

Parmi les quarante missionnaires que saint Grégoire adjoignit à saint Augustin pour évangéliser l'Angleterre, se trouvaient plusieurs chantres qui vulgarisèrent d'abord à Kent les notions du mode grégorien. Pendant le viie et le viiie siècle, d'autres chantres se firent autant remarquer par leur zèle scientifique que par leur ferveur religieuse. Le *cantor* Eddi, surnommé Étienne, initia le premier les Anglo-Saxons à la connaissance de la langue et de la littérature grecques et latines.

Peu de temps après, ces leçons étaient malheureusement perdues; le chant grégorien était complétement altéré. Alors Benoît, évêque d'York, se trouve forcé d'entreprendre, à cinq reprises différentes, le voyage de Rome pour se procurer la complète connaissance de la liturgie romaine, et pour obtenir du pape Agathon des artistes capables de dégager la méthode grégorienne de toutes les superfétations dont l'ignorance saxonne l'avait embarrassée. En 678, Benoît fonde, au couvent de Weremouth, une école de chant que fréquente tout le nord de l'Angleterre. Malheureusement, en dépit des prescriptions du concile de Cloveshoven, le chant grégorien est tellement dégénéré dès le xe siècle, que le moine Turstin, appelé de Caen, au début du xie siècle, par Guillaume le Bâtard, et préposé à l'abbaye de Gladstonebury, doit presque recourir à la force pour restaurer le chant romain parmi les moines. Si le concile que nous venons de citer constate déjà que les couvents sont devenus l'asile des poëtes, des citharistes et des musiciens, il n'est pas étonnant de voir, en plein xie siècle, les églises de la Grande-Bretagne employer, outre les orgues, les violons, les harpes, la cithare, le psaltérion et le crwth (*crota*).

Après la chute de l'empire d'Occident et la conversion de Clovis et de son peuple, de nombreuses tentatives furent aussi faites en France pour y répandre le chant romain; ces essais échouèrent devant l'attachement obstiné des anciens Gaulois à leurs cantilènes nationales. Et qu'étaient pourtant ces cantilènes? une série de quatre ou cinq notes tout au plus, alternant sans norme et sans rhythme. Dans la suite, quelques évêques renouvelèrent ces essais; mais le peuple continua de s'y montrer réfractaire, et cette fin de non-recevoir ne céda que devant un ordre formel du pape. Sur la demande de Pépin, le souverain pontife Paul envoya dans la Gaule le chantre romain Siméon, sous-directeur de l'école de Rome. Siméon choisit pour résidence la ville de Reims et y fonda la première école de chant romain. Les moines de Saint-Remi adoptèrent aussitôt la méthode du docte musicien, et la propagèrent dans les écoles monastiques.

Bien avant l'établissement de l'école de Reims, le chant ambroisien s'était introduit dans les paroisses de la Gaule romaine. S'il s'était con-

servé pur, peut-être Charlemagne l'aurait-il maintenu ; mais, effrayé des
déviations que ce choral avait subies, le successeur de Pépin crut devoir
recourir à des mesures législatives pour le frapper d'interdiction et rétablir
du même coup le chant grégorien. En prenant ces mesures, le but du
grand empereur était de soumettre toutes les églises à la même méthode
et de créer une sorte d'orthodoxie musicale. Mais comment discerner la
vraie méthode parmi les mélodies parasites qui jouissaient alors de la faveur populaire? Afin d'arriver à une solution pratique, Charlemagne envoya deux clercs à Rome et les chargea d'apprendre le chant grégorien
pour l'enseigner ensuite aux Francs. Seize ans plus tard, il pria Paul
Warnefried de recruter des chantres dans la cité pontificale et de restituer au chant ecclésiastique sa physionomie et son allure. Lui-même,
dans un de ses voyages à la Ville éternelle, ramena de Rome une troupe
de musiciens dont les uns reçurent le gouvernement de l'école de Metz,
et les autres celui de l'école de Soissons.

Charlemagne avait obtenu du pape Adrien un exemplaire authentique
de l'Antiphonaire grégorien ; toutes les écoles reçurent une copie de cet
exemplaire. En même temps, un capitulaire leur interdit l'enseignement
de toute autre espèce de chant que le grégorien, et menaça même de la
prison les chantres rebelles. Vers 806, le grand empereur data de Ni-
mègue un édit qui chargeait les commissaires impériaux (*missi dominici*)
d'inspecter l'empire et d'y constater l'état des connaissances musicales.

Nul clerc ne pouvait paraître devant l'empereur s'il ne savait couram-
ment le chant grégorien. Lorsque, dans ses voyages, le vainqueur des
Saxons entrait dans une ville, il allait droit à l'église, mêlait sa voix à
celle des *cantores,* et les officiers de son escorte d'imiter cet exemple.

Passionné pour les études musicales comme pour toutes les grandes
choses, l'ami d'Alcuin assistait souvent aux leçons données par les maîtres
de l'école Palatine, et, un petit bâton à la main, désignait les clercs qui
devaient chanter, afin de se rendre compte lui-même de leurs aptitudes
et de leurs progrès.

Il faut absolument rejeter l'ancienne tradition qui veut que Charlemagne ait essayé de mêler le chant grégorien à l'ancien système musical
des Grecs, et ajouté aux quatre modes authentiques et aux quatre modes
plagaux du système romain quatre modes nouveaux portant les noms
étranges de *Annano, Noëane, Nonannoëane* et *Noëane.* Toute la vie de
Charlemagne contredit cette assertion. Loin de vouloir, en effet, donner
une place quelconque au chant ambrosien, il fit tous ses efforts pour l'a-
néantir. Dans ce but, il se rendit lui-même à Milan, où le chant ambrosien s'était conservé. Là il fit confisquer tous les livres que possédait la
cathédrale, et les ordres de l'empereur furent si scrupuleusement exécutés,
que l'évêque Eugène, auquel le pape accorda plus tard l'usage du mode

ambrosien, ne trouva plus qu'un missel, et fut obligé de rétablir le rhythme sur les données verbales de quelques vieux chantres. Faisons remarquer, en passant, que Charlemagne, dans toute cette affaire, n'avait point entièrement agi de son chef; il avait eu l'approbation des principaux évêques de la Gaule. Néanmoins il n'atteignit pas complétement son but; le choral ambrosien conserva de nombreux partisans. On s'en aperçut bien vite à la mort de l'illustre empereur.

Lorsque l'extinction de la race carlovingienne eut de nouveau séparé l'Allemagne de la France, les évêques allemands ne se firent aucun scrupule d'introduire, à côté du chant grégorien, celui de saint Ambroise. Sous Conrad le Salien, au commencement du xi⁰ siècle, l'église de Ratisbonne se fit envoyer par un prêtre milanais un « antiphonaire noté ». Ainsi, malgré les efforts de Charlemagne pour faire dominer le chant grégorien tant en Allemagne qu'en France, malgré la création des écoles de Fulde, de Saint-Gall, de Mayence, de Trèves, de Corbie, de Reichenau et d'Hersfeld, nous trouvons, surtout chez nos voisins d'outre-Rhin, une tendance marquée vers le rhythme ambrosien. Les cantiques de l'ancien archevêché de Mayence ont même conservé jusqu'à nos jours quelques réminiscences de ce choral. A Milan, au contraire, toute trace en disparut rapidement : un historien nous apprend qu'au xiiᵉ siècle les chanoines de la cathédrale chantaient des mélodies qu'ils appelaient *melodias francigenas.*

Metz resta longtemps l'école modèle du chant grégorien. Mais bientôt, en dehors de la capitale de l'Austrasie, il se fonda d'excellentes écoles à Soissons, Orléans, Sens, Lyon, Toul, Cambrai, Dijon et Paris. Malheureusement, faute d'un contrôle sévère, le chant se corrompit au bout de peu d'années, et, dès le règne de Louis le Débonnaire, Amaury dut se rendre à Rome pour y puiser auprès des maîtres la connaissance de la véritable méthode. Ce voyage eut peu de succès. Grégoire IV se vit obligé de répondre par un refus au délégué de Louis le Débonnaire : « Je ne possède, dit le souverain pontife, aucun antiphonaire que je puisse envoyer à mon fils et seigneur; les derniers que j'avais conservés ont été envoyés en France avec Walla, qui était à Rome en qualité d'ambassadeur. »

L'invasion des Normands, sous Charles le Chauve, entrava pour quelque temps tout progrès musical. Pour entrer dans une nouvelle phase, l'art dut attendre la création de l'Université de Paris.

XVI

LES SÉQUENCES

Du mélange du chant grégorien et du chant ambrosien naquirent les deux espèces de chant liturgique, l'accent, *accentus*, et le choral, *concentus*, tels qu'ils existent encore dans l'Église catholique. L'accent, exécuté par l'officiant, s'est conservé dans sa simplicité primitive. Il comprenait les oraisons ou collectes; de là le nom sous lequel on désigne quelquefois, d'une manière générale, le chant des collectes; puis les leçons, les prophéties, le martyrologe, l'épître et l'évangile, dont la modulation particulière est déterminée en partie par le caractère du texte, et en partie par le temps et les fêtes. Les principales qualités de cette déclamation chantée sont ce que les musiciens modernes appellent la *maestria*. On lui donnait aussi le nom lecture chorale, *choraliter legere*, preuve évidente que le peuple entendait encore la langue de l'Église à l'époque où remonte ce chant.

La Préface, avec l'introduction *Sursum corda*, déjà connue du temps de saint Cyprien, se rapproche d'un degré du chant proprement dit. De même le *Pater noster*, bien que fortement mélangé, comme la Préface, de traits mélismatiques, porte tous les traits du chant déclamatoire. A l'*accent* appartient le chant de la Passion, qui, rhythmé d'abord sur le ton de la lecture, fut plus tard dramatisé. Le chef-d'œuvre de ce genre est l'*Exultet jam angelica turba* du samedi saint.

Les diverses formes actuelles de l'*accent* sont plus anciennes et mieux conservées que le chant choral, *concentus*. Cette pureté s'explique facilement, du reste; l'accent ne tomba jamais au pouvoir des compositeurs, comme ce fut le cas du choral.

Celui-ci embrasse les parties liturgiques auxquelles le peuple prend part, soit par lui-même, soit par un chœur qui le représente. Ces parties sont la psalmodie, les litanies et les psaumes, le *Magnificat*, le cantique de Siméon, le *Te Deum*, etc.; puis les chants liturgiques de la sainte Messe, exécutés par le peuple ou le chœur, comme les antiennes (l'Introït, l'Offertoire, la Communion), les répons (le Graduel), les hymnes (le *Gloria* et le *Sanctus*), le Symbole, l'*Agnus Dei*, l'*Ite, Missa est* et le *Benedicamus Domino*.

Après l'Épître, on intercala encore l'*Alleluia* avec ses *neumes*, les *tropes*, le *Trait* et les *séquences*.

Les *neumes* sont des formules mélodiques, des vocalises répétées non
sur des mots entiers, mais sur la dernière syllabe d'un trait ou d'un graduel. Comme il paraissait souvent difficile à des *cantores* malhabiles de
chanter des voyelles sans consonnes, au lieu de chanter « alleluia », ils
scandèrent *allelu-hu-hu-hu-ia-ha-ha-ha.* Bien que l'Église réprouve les
roulades et les vides de sens, et malgré le décret de Grégoire le Grand qui
permet de solfier seulement quelques notes sur chaque syllabe, un certain
nombre d'églises n'ont pas encore fait disparaître ces vocalises de leurs
antiphonaires.

Les *tropes* appartiennent comme les *neumes* à l'époque où les chantres,
au lieu d'édifier les fidèles par un chant simple et solennel, brodèrent des
variations, et surchargèrent de fioritures les majestueuses mélodies de
saint Grégoire. Les tropes dont il est ici question ne doivent pas être confondus avec les tropes des modes, qui n'étaient autre chose que des formules d'intonation pour les modes ecclésiastiques. Si anormales qu'elles
fussent, ces intonations avaient néanmoins une grande valeur pratique
au milieu d'une société dont le système musical était encore rudimentaire.
Aussi Charlemagne les toléra-t-il. Malheureusement, dans la suite, certains
chantres mêlèrent les tropes à des textes tout à fait arbitraires, ainsi que
nous l'apprend, dans ces quelques lignes, le savant Gerbert : « Le prêtre,
dit-il, commence l'Épître sur le ton courant; par exemple : *Lectio Actuum
Apost.* Alors le chœur interrompt et dit : *Vernante sortia sanctorum tro-
phœa in cœlis regia.* Le prêtre continue : *In diebus illis,* et le chœur reprend : *Facta Ascensionis novis solemnia.* »

Les tropes furent parfois chantés comme une espèce de commentaire,
même dans la langue romane, tandis que le prêtre lisait l'Épître en latin.
On les chantait encore à la façon des neumes, c'est-à-dire sans paroles,
comme une série de traits mélismatiques rhythmés sur de simples
voyelles.

Chanté depuis le dimanche de la Septuagésime et pendant tout le Ca-
rême, le trait était une mélodie à l'allure lente et pénible. Plus tard, le
psaume qui composait le trait fut réduit à quelques versets. L'*Alleluia*
chanté, les neumes sans paroles en étaient la conclusion et comme les
échos prolongés. Ce chant sans paroles fut d'abord nommé *séquence.* Au
xe siècle, désireux de faciliter l'étude des séquences, l'abbé de Saint-Gall,
Notker Balbulus, les enrichit de textes, et de cette réforme sortit la création d'une nouvelle série de poésies chrétiennes qui devinrent à leur tour
autant de motifs de compositions musicales. Notker lui-même ajouta de
nouvelles mélodies à ses séquences.

A l'origine, chaque fête avait sa séquence, et parfois même elle en avait
plusieurs; le cardinal Bona remarque ces particularités dans un missel de
son temps. Au xvie siècle, toutes les séquences, sauf cinq, furent mises

de côté. Comme elles ne se rattachaient qu'aux sons existants, et n'avaient qu'un rhythme semblable à celui des psaumes, les séquences furent désignées plus tard sous le nom de « proses » et assimilées aux hymnes. Les séquences conservées dans la liturgie latine sont celles de Noël, de Pâques, de la Pentecôte, de la Fête-Dieu et celle des Morts, ainsi que la prose de la Compassion de la sainte Vierge.

XVII

LA GAMME ET LE DÉCHANT

La principale modification qu'éprouva la notation de la musique au commencement du xie siècle est due au moine Bénédictin Gui d'Arezzo. Pour faciliter la lecture des neumes, il les appliqua sur des lignes et distingua même ces lignes par des couleurs. La deuxième, celle du *fa*, est rouge ; la quatrième, celle d'*ut*, est verte ; la première et la troisième, au moyen âge, sont seulement tracées sur le vélin au moyen d'un tire-lignes. Pour mieux graver les sept notes dans la mémoire, il donna comme exemple les trois premiers vers de l'hymne de saint Jean-Baptiste, où les syllabes *ut, ré, mi, fa, sol, la* correspondaient aux sons de la gamme.

> *Ut* queant laxis *Re*sonare fibris
> *Mi*ra gestorum *Fa*muli tuorum,
> *Sol*ve polluti *La*bii reatum,
> Sancte Joannes.

En chantant cette hymne, les enfants de chœur augmentaient d'un degré l'intonation de chacune des syllabes soulignées. De là l'adoption de ces syllabes pour indiquer les six notes de la gamme. Afin de suppléer à la septième, qui n'était pas nommée dans ce système, on imagina la théorie des *nuances*, et ce ne fut qu'au xviie siècle que le nom de *si* fut répandu en France.

Disons maintenant quelques mots des mélodies profanes.

S'il faut en croire M. de Coussemaker, le peuple et surtout les poëtes avaient, dès le xe siècle, inventé des chants rhythmés qui différaient entièrement de l'hymnologie religieuse. L'harmonie, formée de successions d'intervalles divers, avait reçu, dès le xie siècle, le nom de *discantus*, en

vieux français *déchant*. Francon, de Cologne, est le plus ancien auteur
qui se serve de ce mot. Pendant tout le cours du xiie siècle, la composition de la mélodie était indépendante de l'harmonie, et dès lors la composition de la musique se divise en deux parties bien distinctes. Le
peuple, les poëtes et les gens du bel air inventaient la mélodie et les paroles; et comme ils ignoraient la musique, ils allaient chez un musicien
faire solfier leurs inspirations. Les premiers s'appelaient avec juste raison
les *trouvères (trobadori)*, les seconds des *déchanteurs* ou *harmoniseurs*.
L'harmonie alors n'était qu'à deux voix, une combinaison de quintes, des
mouvements à l'unisson.

Au xiie siècle, l'invention de la mélodie continue d'être le partage des
poëtes. Les déchanteurs ou harmoniseurs sont des musiciens de profession. Les chansons populaires deviennent très-nombreuses. Les troubadours se multiplient dans toute l'Europe, et les plus grands seigneurs
s'honorent de cultiver la poésie et la musique. L'Allemagne eut ses
maîtres chanteurs, qui furent recherchés dans toutes les cours. Chez
nous, le châtelain de Coucy, le roi de Navarre, le comte de Béthune, le
comte d'Anjou et cent autres, se font une brillante réputation par leurs
chansons, dont ils créent les vers et la mélodie. Le plus célèbre de ces
trouvères est Adam de la Halle, en 1260.

Pendant le xive siècle, ce fut en France, où résidaient les papes, que
les études musicales firent le plus de progrès. A cette époque remonte une
espèce de *déchant* qu'il ne faut pas confondre avec celui dont nous venons
de parler. C'était un ensemble de formules mélismatiques que les chanteurs, après s'être entendus d'avance, ajoutaient au plain-chant. Au commencement, deux voix chantaient à l'unisson. Arrivait-on à certains passages où le plain-chant permettait des tierces, la seconde voix se séparait
de la première pour exécuter les mélodies appelées « déchant »; quand, plus
tard, les sixtes se substituèrent aux tierces, la sixte, à la fin du concert,
se résolvait dans l'octave. De ce faux bourdon (*falso bordone*), dériva le
contre-point qui, dès 1322, provoqua un décret très-sévère du pape
Jean XXII. Ce décret ne rejetait pas l'exécution harmonique du chant
grégorien, mais prohibait les altérations dont il était l'objet. Quarante ans
plus tard, en 1364, une messe à quatre parties composée par le contra-
pontiste Guillaume de Machault était, pour la première fois, exécutée
dans la cathédrale de Reims, au sacre du roi Charles V.

Parmi les contrapontistes auquel l'art fut redevable de ses plus grands
progrès, on cite Guillaume Dufay, Éloy, Vincent Faugues, Binchois et
Brasart.

Dufay fut le premier qui laissa vides les notes (*quadrangula*), que
dans sa jeunesse il écrivait encore en noir. C'est de cette époque que date
l'abus des moyens artificiels; de là les divers décrets qui les interdirent et

les répugnances bien naturelles que le chant harmonique provoqua chez beaucoup d'évêques. Malheureusement, ces censures n'exercèrent qu'une faible influence sur les musiciens en vogue. Les compositeurs poussèrent le mépris de leur art jusqu'à vouloir flatter la rue. Des miniaturistes peignirent les notes en noir quand il s'agit de ténèbres, de tristesse et de douleurs; en rouge, lorsqu'il fut question de lumière, de soleil ou de pourpre; en bleu, s'il était parlé du ciel; et en vert, si le texte mettait en scène des forêts, des champs et des arbres. C'était le prélude de la musique wagnérienne. Tout résidait dans l'association artificielle des tons. L'enlacement ingénieux de ces tons était indépendant des paroles, et celles-ci n'étaient ajoutées que plus tard.

Les compositeurs ne s'arrêtèrent pas en si beau chemin : ils ajustèrent au texte liturgique les mélodies populaires les plus répandues et leur accordèrent le droit de société dans l'Église. Les chants populaires des Pays-Bas, de l'Allemagne, de la France et de l'Espagne devinrent les thèmes favoris de toutes les compositions musicales, et les contrapontistes n'eurent pas honte de donner aux messes les noms de ces thèmes. C'est ainsi qu'on cite la messe des *Rouge-Nez*, la messe de l'*Homme-Armé*, etc. Pour couronner leur œuvre, les musiciens insérèrent les textes mêmes de ces mélodies populaires dans le texte canonique des motets et des messes. Hâtons-nous de dire que les évêques, bravant le mauvais goût de leurs contemporains, protestèrent de bonne heure contre ces odieuses profanations, et forcèrent les compositeurs à respecter et leur art et l'Église.

Dès le XIIIe siècle, des voix austères s'étaient élevées pour demander la fin de tous les abus. Le concile de Trèves en 1227, le concile de Vienne, le pape Jean XXII à Avignon en 1322, et le concile de Bâle se distinguèrent particulièrement dans cette croisade. Mais il était réservé au concile de Trente d'opérer la réforme du chant ecclésiastique. L'enseignement du chant grégorien à la jeunesse fut ordonné par les Pères, et la restauration de la musique d'Église inscrite au nombre des œuvres dont le concile s'engageait à prendre l'initiative. Sur la demande formulée par l'empereur Ferdinand Ier de ne pas décréter le rejet absolu du chant figuré, le concile répondit qu'il n'avait blâmé que les excès. Trois ans après, une commission de huit cardinaux, nommée par les Pères de Trente, proclamait les trois points suivants :

« 1° Il ne sera plus chanté de messe et de motet avec des mélanges de texte; 2° avec des thèmes profanes; 3° défense d'exécuter des chants sur des textes arbitrairement arrangés et tirés soit des Écritures, soit des poëtes chrétiens. »

Ces quelques pages suffisent pour montrer que les papes et les évêques, pendant le moyen âge, ne furent étrangers à aucune science et à aucun art. Sans être « clérical », on est même obligé de reconnaître qu'en ce qui concerne le chant, le clergé montra pour les études musicales une sollicitude aussi vigilante qu'éclairée. Sans l'Église, quelques airs barbares nous seraient seuls parvenus, et, livré à des mains ignorantes, le patrimoine scientifique de la France aurait été perdu. Mais, hélas! quel musicien, quel compositeur moderne se rappelle aujourd'hui que le travail des prêtres et des moines nous a épargné des siècles de tâtonnements et d'essais, et quel mélodiste, en savourant les sonates de Mozart et de Beethoven, remercie l'Église d'avoir ouvert la voie à ces deux grands hommes?

CHAPITRE SIXIÈME

LES SCIENCES

I

GERBERT

Au siècle dernier, les encyclopédistes ne laissaient jamais s'échapper une occasion d'insulter le moyen âge. « Époque barbare, époque ténébreuse, » tels étaient les qualificatifs qui venaient naturellement se placer sous leur plume, dès qu'ils avaient à parler du siècle de Charlemagne, du siècle de Philippe-Auguste et du siècle de saint Louis. Aujourd'hui, l'écrivain qui risquerait une pareille épithète serait tout de suite jugé.

Quelques écrivains rétrogrades nous parlent encore de la « nuit du moyen âge », et insinuent qu'avant les bateaux à vapeur, les chemins de fer et les télégraphes, l'humanité sommeillait « dans les langes de l'obscurantisme » ; mais ces plaisanteries sont tellement démodées, que les savants les moins catholiques n'y répondent que par un dédaigneux sourire.

Il faut être, en effet, affligé d'une incurable ignorance ou doué d'une mauvaise foi systématique, pour refuser de rendre hommage à l'esprit éminemment scientifique du moyen âge. Tous les historiens qui se sont occupés de cette époque reconnaissent qu'aucun autre âge n'a été plus passionné pour l'étude et plus altéré de doctrine.

Au moment où le christianisme surgit au milieu de l'empire en décadence, il ne restait presque plus rien de la culture intellectuelle du paganisme. Seuls, les docteurs de l'Église entretinrent le feu sacré de la science et l'empêchèrent de s'éteindre. Imprégnés des traditions patristiques, les missionnaires envoyés parmi les barbares n'eurent rien de plus pressé que de plier leurs esprits, inquiets d'activité intellectuelle, à l'étude tranquille de la religion, de la philosophie, des lettres et de la science.

Des monastères s'élevèrent partout, asiles de paix et de travail. En
Espagne, saint Isidore de Séville sauve ce qu'il peut de l'héritage scientifique de l'antiquité. En Angleterre, dans le royaume de Kent, le vénérable Bède participe à une renaissance littéraire. L'avénement de Charlemagne est le signal d'un nouveau progrès; les écoles se multiplient, et
des savants viennent de tous les coins de la péninsule italienne peupler la
cour de « l'empereur à la barbe grifaigne ». A cette époque où, comme le
dit Loup de Ferrières, il n'y avait pas en France un exemplaire de Térence, de Cicéron et de Quintilien, l'Italie soumise fournit au maître du
nouvel empire les principaux agents de la civilisation qu'il inaugure :
Paul Diacre, Théodulphe, Georges de Venise, l'Anglais Alcuin et Pierre
de Pise, fondent les écoles françaises. Après Charlemagne, l'établissement de la féodalité et l'extension du pouvoir des pontifes élargissent le
domaine littéraire. Rhaban Maur, Scot Érigène, Dangall, sous Charles le
Chauve, continuent la tradition scientifique, au IX° siècle. Au X° siècle,
pendant que Heiric donne des leçons à Remi d'Auxerre, son frère Bruno,
appelé à la cour d'Othon, échange ses connaissances avec les savants
grecs, venus de Constantinople avec la fille de Nicéphore. A la fin du
X° siècle, et pendant les XI° et XII° siècles, des écoles se fondent, de grandes
communautés littéraires s'établissent à Gorcum, à Gembloux, à Trèves,
à Toul, à Metz.

Si la littérature occupe une grande place dans ces foyers d'enseignement, le rôle prépondérant appartient toutefois à la science proprement
dite. Rappelons d'abord que l'ensemble de ce qu'on pourrait appeler les
études classiques des clercs comprend alors les sept arts libéraux, ou,
en d'autres termes, le *Trivium* et le *Quadrivium*. La partie littéraire est
représentée par le *Trivium*, dont le programme renferme la Grammaire,
la Rhétorique et la Dialectique; et la partie scientifique, par le *Quadri-*
vium, qui embrasse l'Arithmétique, la Géométrie, l'Astronomie et la
Musique. Aujourd'hui, chacune de ces sciences est considérée *in abstra-*
cto; au moyen âge, elles sont vivifiées, animées, spiritualisées par l'étude
concomitante de la Théologie, qui, proclamée à juste titre la souveraine
des sciences, occupe le sommet du Quadrivium. Les sciences ne sont-
elles pas, en effet, plus ou moins intimement liées à la Théologie et à la
Religion, considérée alors comme le coefficient de toute civilisation et de
toute culture?

L'*Arithmétique* avait une grande valeur pour le savant ecclésiastique,
et cela se comprend : on était alors convaincu que le nombre avait joué un
grand rôle dans le mystère de la création. L'Arithmétique, s'appuyant sur
les œuvres de Nicomaque, néo-pythagoricien de Gérasa, en Arabie, fut
l'objet des travaux d'Adelhard, de Strabon, de Cassiodore et de Bède le

Vénérable. Mais cette science était surtout importante pour l'élaboration du comput, ou calendrier ecclésiastique.

Jusque vers la fin du x° siècle, l'alphabet grec et l'alphabet latin fournirent les signes de la numération. Rhaban Maur expose en détail comment le calcul du calendrier fut fait avec les lettres de l'alphabet romain, conformément aux articulations et changements de situation des dix doigts et de leurs phalanges. Le traité le plus généralement en usage était celui de Boëce, dont on retrouve le nom dans tous les catalogues de livres du vii° au x° siècle. Suivant Boëce, l'Arithmétique était la base de trois autres sciences : *Propterea quod musica, et geometrica, et astronomice, quæ sequuntur, indigent arithmetica, ut virtutes suas valeant explicare.*

L'étude de la *Musique* fut introduite par Charlemagne dans les écoles et les cathédrales; l'enseignement en était à la fois théorique et pratique. C'est dans Cassiodore qu'on trouve la première esquisse d'une théorie musicale. Après une définition assez obscure de la Musique, Cassiodore divise les instruments, les modes et les tons, d'après un point de vue déterminé, et il cherche à démontrer l'importance de cette science d'après la puissance de ses effets. On comprend qu'au milieu des exercices multiples du culte le côté pratique de la Musique dut l'emporter sur la théorie, et il est possible que tout l'enseignement explicatif fut restreint à une simple explication de Boëce. Toutefois, les œuvres de *Hucbald*, Bénédictin du couvent de Saint-Amand, en Flandre (vers 858) : *de Harmonica institutione, de Mensuris organicarum fistularum, de Modis, de Quinque Symphoniis, Musicæ Enchiridion*, les travaux du célèbre Bénédictin *Gui d'Arezzo*, sont si souvent cités dans les catalogues des couvents, qu'on peut, avec assez de certitude, en conclure qu'ils étaient d'un usage très-général. C'est de bonne heure aussi qu'on trouve introduite dans tous les livres de chœur la solmisation de Gui d'Arezzo, *ut, ré, mi, fa, sol, la, si*, ainsi que les clefs et les notes qui furent inventées par ce savant moine, sur les données de Gerbert. Puisque nous parlons de Sylvestre II, disons en passant que son traité de la *Musique sacrée* renferme des renseignements curieux sur les facilités que trouvait, à cette époque, un musicien capable pour se créer une position avantageuse.

La *Géométrie* était moins répandue : on enseignait simultanément, et sans les distinguer, la Géométrie et la Stéréométrie. Avant l'introduction des lettres, le mode de démonstration était long et diffus, et se bornait souvent à la simple intuition; le calcul était compliqué et pénible; les unités de mesures étaient vagues et indéterminées. La plus petite mesure de longueur, le doigt, *digitus*, avait l'étendue de trois grains de froment, et la plus grande était la verge, *pertica*. Quant aux instruments de mesure,

le commentaire d'Adelhard signale parmi les plus connus l'astrolabe,
l'horoscope, le miroir, le bassin et la toise.

Bien que les Arabes d'Espagne eussent fait faire de grands progrès,
au moyen âge, à l'*Astronomie,* l'étude de cette science n'était guère cultivée en Occident, et se réduisait, en général, à la connaissance du cours
du soleil et de la lune, du zodiaque, de quelques constellations, des
éclipses, et à la pratique de l'astrolabe. On pensait que la voûte céleste,
dans son mouvement perpétuel et rapide, également éloignée de tous les
points du globe terrestre, n'était préservée de la chute que par le mouve-
vement inverse des planètes. Là encore on s'occupait bien plus du côté
pratique que du côté théorique; c'est, du reste, ce que nous apprend
Rhaban Maur, dans son dialogue sur le calcul : *Ad dignoscendum ergo
horas nocturnas,* dit-il, *non parum adjuvant hæc signa calculatorem,
necnon et viatoribus et nautis valde necessaria sunt.* « Ces signes aident
beaucoup au calculateur à connaître les heures de la nuit, et sont très-
nécessaires aux voyageurs et aux marins ». L'enseignement n'avait pas
d'autre but. Ainsi qu'il résulte du traité d'Hermann Contractus, l'astrolabe, pris aux Arabes, formait à lui seul tout le matériel astronomique
du temps.

On commentait également l'essai de Boëce sur l'Astronomie, et les
écrits cosmographiques d'Ethelwold (894), d'Abbon de Fleury, de Remy
d'Autun, de Hermann Contractus et de Guillaume de Hirschau.

Comme on le voit, ce programme était vaste, et une époque où de
pareilles études prospérèrent ne saurait sans injustice être taxée de
barbare.

Mais là ne s'arrêtèrent pas les investigations scientifiques du moyen
âge. L'homme de génie qui, de gardeur de moutons, devint pape, sous
le nom de Sylvestre II, donna aux sciences une impulsion énergique.
Quand il parut, l'Église était à l'abri de ces luttes terribles qu'elle eut à
soutenir plus tard avec l'hérésie ; l'âme s'abandonnait de préférence aux
spéculations philosophiques, sans se douter combien elle aurait besoin,
à l'avenir, des armes de l'intelligence pour défendre le précieux dépôt de
la foi contre des novateurs hardis et d'autant plus dangereux, « qu'ils
savaient couvrir leurs attaques, dit M. l'abbé Axinger (1), sous les dehors
spécieux de la science ». C'est alors que, dans le sein de l'Église, une
phalange d'intelligences d'élite se forma, destinée à combattre l'esprit
des ténèbres. Le promoteur de ce mouvement fut Gerbert. Ce grand
homme aborda tout ce que l'antiquité profane ou chrétienne avait étudié;
il sut tout embrasser, tout comprendre et tout pressentir. Non-seulement,

____

(1) *Histoire de Sylvestre II,* par M. Hock, trad. de M. Axinger.

en effet, les recherches théologiques, philosophiques, historiques, physiques, occupèrent l'attention de Sylvestre II; mais son regard, perçant l'avenir, entrevit les découvertes dont notre siècle est si fier. Les conférenciers d'estaminet sont loin de se douter, par exemple, qu'il y a neuf cents ans, un moine (Gerbert était alors à l'abbaye d'Aurillac) connut la force motrice de la vapeur, et sut en tirer parti. Rien cependant n'est plus authentique. Guillaume de Malmesbury, qui écrivait vers l'an 1150, nous raconte que Gerbert fut le maître du roi Robert, fils et successeur de Hugues Capet. Comme preuve du savoir de ce jeune monarque, il cite un orgue, dont le roi avait fait don à la métropole de Reims, et dont le mécanisme était mis en jeu par la vapeur (1).

Ce n'est pas tout encore. Gerbert fut le premier qui popularisa la connaissance des chiffres « arabes », et pressentit le système décimal moderne. Il est vrai que les contemporains de ce grand homme ne mirent pas à profit ses découvertes, et que les astrologues furent les seuls à s'en servir; mais l'honneur d'avoir posé les fondements de toute notre numération actuelle n'en revient pas moins à Gerbert. Non pas que cet éminent esprit inventa lui-même les chiffres qu'une dénomination mensongère qualifie encore aujourd'hui « d'arabes »; ces *apices* de l'arithmétique étaient contenus en germe dans les *Commentaires philosophiques* de Boëce, qui lui-même les avait empruntés à Pythagore. L'œuvre de Gerbert fut une œuvre de simplification. Avant lui, on se contentait de tracer des caractères au hasard sur une tablette appelée *abacus*, recouverte de poudre. Gerbert divisa l'*abacus* en vingt-sept cases, où les neuf chiffres représentèrent tous les nombres, et produisirent à l'infini toutes les multiplications et toutes les divisions, exactement comme dans nos combinaisons numériques actuelles.

Faut-il parler de ses connaissances astronomiques et géométriques? Gerbert a laissé un Traité de Géométrie aussi remarquable par la vigueur et la clarté des démonstrations que par la précision et la variété de la méthode. Astronome de génie, il divorça le premier avec les astrologues, et, devançant le chanoine Copernic, il détermina la manière de trouver le méridien et la circonférence de la terre, et de construire des sphères armillaires avec horizon et représentation des signes célestes. La plupart des savants se contentent d'enrichir la science de leurs théories, et laissent à d'autres le soin de donner un corps à leurs découvertes. Gerbert, plus heureusement doué, sut également faire l'application pratique de ses connaissances spéculatives. Si nous ouvrons, en effet, l'histoire de Richer, nous voyons que Sylvestre II façonna de ses propres mains une sphère en bois. « Plaçant cette sphère obliquement sur l'horizon avec les deux pôles, il plaça les signes ou constellations septentrionales au pôle

---

(1) V. *Gerbert*, par l'abbé Quéant, p. 288.

supérieur, et les australes au pôle inférieur. Il régla la position de cette sphère par le cercle que les Grecs appellent *horizon*, et les Latins *limitant* ou *déterminant*, pour distinguer les constellations visibles des constellations qu'on n'aperçoit pas. La sphère ainsi posée sur l'horizon pour indiquer le lever et le coucher des planètes, il démontrait par cette disposition la nature des choses, et l'établissait sur l'intelligence des signes.

« En effet, ne se bornant pas à l'exposition dans l'intérieur de la salle, il conduisait ses élèves en plein air pour observer les astres. Il donnait le temps de la nuit aux étoiles scintillantes, et avait soin qu'on les marquât à leur lever et à leur coucher avec leur position oblique dans les diverses parties du monde.

« Les cercles qui sont appelés *parallèles* par les Grecs, *équidistants* par les Latins, et qui, sans aucun doute, sont incorporels, il les fit comprendre par ce moyen : il traça un demi-cercle exactement divisé par un diamètre en forme de tube (*fistula*) aux extrémités duquel il marqua les deux pôles, celui du nord et celui du sud. Il divisa le demi-cercle d'un pôle à l'autre en trente parties ou degrés. En ayant distingué six, à partir du pôle, il posa un tube pour indiquer le cercle du pôle arctique; de là, après cinq degrés, un second tube pour indiquer le cercle du tropique d'été; enfin, après quatre autres degrés, un troisième tube, pour indiquer le cercle équinoxial ou l'équateur. Le reste de l'espace jusqu'au pôle central fut également gradué.

« Le mérite de cet instrument était tel, que quand on en dirigeait le diamètre vers le pôle, et qu'on tournait le demi-cercle sur lui-même, il rendait intelligibles à la science et fixait dans la mémoire les cercles invisibles à l'œil.

« Les cercles des étoiles errantes, qui se décrivent dans l'orbite du monde et s'efforcent d'en sortir, Gerbert trouva l'art de les rendre visibles. Il construisit d'abord une sphère circulaire, c'est-à-dire composée de cercles seuls. Il y circonscrivit les deux cercles que les Grecs nomment *colures* et les Latins *incidents*, à cause de l'incidence de l'un dans l'autre. Il fixa les pôles à l'extrémité. A travers les colures il posa les cinq autres cercles appelés parallèles, de manière à diviser l'hémisphère d'un pôle à l'autre en trente degrés. Il en établit six du pôle au premier cercle; cinq du premier cercle au second; quatre du second au troisième; quatre encore du troisième au quatrième; cinq du quatrième au cinquième; six du cinquième à l'autre pôle. A travers ces cercles, il posa obliquement celui que les Grecs appellent *zodiaque* et les Latins *vital*, parce qu'il contient dans ses étoiles des figures d'animaux ou d'êtres vivants. Au dedans de ce cercle oblique, il suspendit artistement les cercles des étoiles errantes, dont il démontrait à ses élèves les absides, les hauteurs et les distances réciproques.

« Outre cette sphère, il en fit une autre circulaire, au dedans de laquelle il ne plaça point de cercle; mais au dehors il coordonna avec des fils de fer et d'airain les figures des signes ou constellations, et, en guise d'axe, il la traversa d'une tige pour marquer le pôle céleste, afin qu'en la considérant on pût adapter la machine au ciel. Par là, les étoiles de chaque signe ou constellation étaient renfermées dans chaque signe de cette sphère, et le plus ignorant en astronomie, si on lui montrait un seul signe, pouvait, sans aucun maître, connaître tous les autres, grâce à ce procédé (1). »

Un autre jour, nous raconte Ditmar, évêque de Mersbourg, et un des historiens les plus consciencieux du xe siècle, Sylvestre II, se trouvant à Magdebourg avec l'empereur Othon II, « construisit une horloge dont il régla le mouvement sur l'étoile polaire, qu'il considérait à travers un tube. » Cette horloge était-elle une horloge à roue, et ce tube une lunette à longue vue, en d'autres termes, un télescope ? Ici, les commentateurs se divisent en deux camps. Les Bénédictins prétendent, par exemple, qu'il ne s'agit dans le récit de Ditmar que d'un cadran solaire; et le marquis de Jouffroy, faisant remonter à une date plus éloignée l'invention de ce mécanisme, cite parmi les constructeurs ou les possesseurs d'une horloge à rouage Pacificus, archidiacre de Vérone, mort en 846 ; le khalife Haroun-al-Raschid, mort en 817 ; le pape Paul I, mort en 760, et enfin Cassiodore et Tumulcion. Mais d'un autre côté, les partisans de Gerbert invoquent un texte de Guillaume de Malmesbury, dans lequel il est question d'une horloge mécanique, *horologium, arte mechanica compositum.*

Après avoir imprimé une direction nouvelle à toutes les parties du Quadrivium, Sylvestre II ne pouvait oublier la Musique, qui tenait une place si importante dans l'enseignement au moyen âge. Précurseur de Gui d'Arezzo, il disposa dans un monocorde les diverses clefs de la musique, distinguant leurs consonnances en symphonies, en tons, demitons, ditons et dièzes, et distribuant rationnellement les tons en sons.

Enfin Gerbert pratiqua l'art médical avec une autorité et un succès qui lui valurent la confiance de ses amis; c'est ainsi qu'il prescrivit des remèdes à son maître Raymond contre une maladie de foie, et opéra de la pierre l'évêque Adalbéron de Verdun (2). Que le xıx^e siècle nous montre donc un génie aussi universel !

(1) Jouffroy, *Dictionnaire des inventions,* t. II, p. 31 et 32.
(2) Ep. cl, clxxvi ; Migne, 15 duch., 2e vol.

II

INFLUENCE DE LA PHILOSOPHIE SCOLASTIQUE SUR LES SCIENCES

L'influence de Gerbert sur le moyen âge fut immense. Les écoles lombardes d'abord, puis les écoles épiscopales et monastiques de notre pays, acceptèrent avec enthousiasme l'enseignement de Sylvestre II et son ordonnance méthodique des sciences. Avec une hauteur de vues qu'on a signalée, mais dont on n'a peut-être pas senti tout le génie, Gerbert comprit la science d'une manière plus vaste que ses devanciers, et en traça le premier une organisation correcte. S'il faut en croire l'annaliste Richer, c'était par la dialectique et la poésie qu'il faisait commencer les études. Les esprits étant ainsi dégrossis, la rhétorique et l'analyse de la sophistique achevaient d'assouplir ces jeunes intelligences et les préparaient à une ascension vers des régions plus sublimes. Les mathématiques, c'est-à-dire l'arithmétique, la géométrie et l'astronomie formaient la troisième étape, et enfin, au sommet, s'élevait la science des sciences, la Théologie.

Cette classification est des plus importantes. Ainsi que le montre le dialogue de Gerbert avec Ottrick, elle avait pour but de prouver que l'ordre physique s'explique par des lois qui conduisent mathématiquement à la science théologique. Les différents biographes de Gerbert confirment, du reste, les données de Richer, et nous montrent le savant moine imperturbablement fidèle à ce programme. Après avoir livré ses élèves à la dialectique, il leur enseignait les sciences naturelles, et, ces deux degrés franchis, Gerbert les introduisait dans le sanctuaire de la Théologie. Magnifique plan d'études, et qui répondait trop bien aux besoins de la science pour que l'Église hésitât à l'adopter.

Il y eut bien quelques écoles qui se montrèrent réfractaires au mouvement scientifique inauguré par l'éminent pontife; mais ce furent là des exceptions. La philosophie reçue, officielle, et notamment celle des scotistes et des thomistes, c'est-à-dire des Franciscains et des Dominicains, fit, ainsi que le réclamait Gerbert, une large part aux sciences expérimentales. Par la bouche de tous ses grands docteurs, de saint Thomas et d'Albert le Grand, le moyen âge déclara que l'observation était le point de départ de toute science (1). Et non-seulement il enseigna l'observation,

____

(1) *Sensus sunt primi cognitionis nostræ duces.* C'est aussi l'opinion d'Ægidius Colonna, de Suarez, etc. Il ne faudrait pas donner un sens trop littéral à cet épiphonème : l'axiome

mais il eut son observateur illustre, Albert le Grand, que le naturaliste de Blainville proclamait, dans un ouvrage célèbre, « le fondateur de la méthode scientifique moderne. »

Une courte digression philosophique aidera nos lecteurs à saisir le sens de cette parole, et nous permettra de justifier l'éloge qu'elle renferme.

Commençons par dire que les théologiens du moyen âge se divisaient en deux camps. D'un côté militaient les *nominalistes*, et de l'autre les *réalistes*. « L'individuel seul existe, disaient les premiers, et l'universel, loin d'être un être, n'est qu'une apparence, *flatus vocis*, qui ne répond à rien de réel. Ainsi, l'homme vertueux est une réalité, mais la vertu n'est qu'un mot. Aucun lien n'existe entre les parties du tout; aucune loi générale ne gouverne les individus. Par conséquent, chercher l'idée qui unit les êtres, c'est chercher une chimère; il faut se contenter de porter ses regards et de diriger ses investigations vers ce qui tombe sous les sens, et non vers des abstractions. »

Les nominalistes tombaient dans le matérialisme, et, appliquant leur système aux choses de la foi, ils s'abîmèrent dans l'hérésie.

A l'encontre des nominalistes, saint Anselme et, à sa suite, les plus savants docteurs, s'empressèrent de soutenir que l'universel est réel et qu'il pénètre l'intelligence. « Il n'a pas, disaient les réalistes, une existence substantielle en dehors des individus; il n'existe pas en dehors des hommes un être à part qui soit l'Humanité ; mais il n'en est pas moins vrai que les individus n'existent, ne se ressemblent et ne forment un genre que par l'unité de l'humanité qui est en chacun d'eux. »

Plus tard, précisant cette doctrine, saint Thomas proclama que les types des êtres existaient en Dieu. Chaque individu d'une même espèce a la même nature que les autres individus, et c'est, concluait l'Ange de l'école, la quantité de matière contenue diversement pour chacun de nous dans notre nature qui nous particularise les uns et les autres.

Admettons un moment que l'Église, au lieu d'adopter l'enseignement des réalistes, eût donné raison à leurs adversaires et fait triompher le système de Roscelin et de Bérenger de Tours. Que serait-il arrivé? L'intelligence humaine aurait été pour jamais enchaînée dans l'étude exclusive de l'individu; personne n'aurait tenté d'arracher à la nature le secret des forces constitutives qui président à ses mouvements, et sans lesquelles les corps, réduits à l'élément matériel, n'auraient ni détermination ni actualité. Car, en même temps que les théories de l'école hétérodoxe de

sensus sunt primi, etc., est exact en ce que les premières connaissances arrivant à l'âge de raison viennent des sens; mais on ne doit pas nécessairement conclure que l'observation est le point de départ de toute science formée.

Roscelin supprimaient la révélation et l'autorité dans l'enseignement théologique, elles abolissaient, dans l'ordre des sciences naturelles, l'observation et l'expérience. Plus de lois générales à découvrir, plus de vues synthétiques sur l'ensemble des choses ; les investigations se seraient circonscrites dans le cercle des faits et n'auraient pas atteint le monde suprasensible. Pour donner, du reste, une idée exacte de la situation intellectuelle et morale que la victoire des nominalistes eût créée, il suffit de jeter un regard sur le xiie siècle. A côté de l'enseignement des Guillaume de Champeaux et des Anselme de Laon, à côté des prédications quotidiennes de l'Église, quelle fermentation de doctrines absurdes ou impies! quel déchaînement de théories insensées ou criminelles! Toute l'époque se ressent des sophismes de Roscelin et d'Abeilard, de David de Dinant et d'Amaury de Chartres; c'est le siècle où les Albigeois, les patarins, Tranchelme, les pétrobusiens, les cathares, les henriciens, les Vaudois, les publicains, les disciples d'Arnaud de Brescia, les passagiens, les bonshommes, les pauliciens, les apostoliques de Périgueux, les hérétiques de Cologne, etc. etc., donnent carrière à leurs folles rêveries et désolent la chrétienté de leurs tristes exploits. Il ne faut donc pas s'étonner si le bilan scientifique du xiie siècle est des plus faciles à dresser : autant le nombre des hérésiarques est considérable, autant celui des savants spéciaux est limité. M. le docteur Fredault cite en tout un physicien, un mathématicien, un astronome et un naturaliste (1).

Grâce à Dieu et à l'Église, la vérité l'emporta cette fois encore sur l'erreur. La Providence ne permit pas que l'humanité,

Passant comme un troupeau, les yeux fixés à terre,

ne considérât que le contingent et négligeât l'absolu, abandonnât le fini pour l'infini. Non, protestèrent les docteurs, l'universel n'est pas un vain mot, ni même une collection d'analogies éparses que l'entendement abstrait et coordonne. C'est l'expression dans l'esprit humain des genres et des espèces qui existent dans le monde, et ces genres et ces espèces, réalisés dans la nature, ont eux-mêmes leur fondement immuable dans la pensée divine; ils sont une des faces du plan providentiel.

Voilà ce que répondirent les théologiens autorisés, et telle est, en effet, la doctrine catholique.

Nous avons essayé de faire entrevoir les désastreuses conséquences qu'eût fatalement entraînées la victoire de Roscelin et de ses pareils;

____

(1) V. *Revue du Monde catholique*, an. 1867. Nous devons dire toutefois que ce calcul ne nous paraît pas exact. Il suffit de consulter les ouvrages spéciaux de M. le docteur Hoefer. Mais il n'est pas moins certain que les savants spéciaux furent peu nombreux.

veut-on connaître maintenant quels furent les résultats de leur condamnation et de leur défaite? Le jour où le concile de Clermont anathématisa les doctrines de Roscelin, ce jour-là les sciences naturelles et les sciences cosmologiques furent fondées. A partir de cette date, les théologiens et les savants, convaincus de l'existence des lois qui maintiennent l'existence des êtres dans les cadres rigoureusement déterminés des espèces et des genres, tentèrent d'établir des classifications naturelles, ou, en d'autres termes, de reproduire dans une hiérarchie idéale la hiérarchie réelle, que ces lois, toujours mystérieuses et toujours agissantes, introduisent parmi les êtres. Ils allèrent plus loin encore : ils essayèrent de déterminer le nombre des agents qui concourent à la formation des phénomènes, et sans lesquels le mouvement dans l'univers n'aurait pas de sens. Les rapports constants des phénomènes, c'est-à-dire la manifestation extérieure de ce principe d'unité qui relie le monde, voilà ce qu'ils aspirèrent à constater.

En marchant dans cette voie, les nouveaux explorateurs ne pouvaient que réaliser des découvertes. Tel fut, en effet, le résultat de leurs efforts. Les investigations furent laborieuses et longues; un grand nombre de métaphysiciens se perdirent ou s'égarèrent, mais le succès qui, en définitive, vint couronner leurs recherches, a fait oublier tous les mécomptes. N'était-on pas sûr, du reste, de parvenir un jour ou l'autre à la connaissance de quelques-unes des lois qui gouvernent le monde?

Avec le système de Roscelin, c'est l'anarchie qui prédomine. Rien de fixe, rien de permanent dans l'univers. Flux et reflux perpétuel d'accidents, étranger à toute loi et à toute mesure, le monde est un chaos où nul regard ne peut pénétrer. Alors à quoi bon étudier l'ensemble des phénomènes cosmiques? Vouloir en chercher la pensée déterminante, n'était-ce pas s'acharner après des chimères? Disons-le donc : en supprimant les idées générales, Roscelin et les hérétiques supprimaient la science elle-même.

Comme l'aspect change, au contraire, comme l'univers s'illumine dès qu'on admet le point de vue des réalistes! Si l'enseignement de saint Anselme n'avait pas obtenu l'appui de l'Église, les découvertes générales de la cosmologie moderne n'auraient jamais été possibles. C'est l'école réaliste qui fonda ce principe de notre astronomie que « la matière brute, quelle que soit sa place dans l'espace, est gouvernée par des lois identiques et revêtue des mêmes propriétés ». C'est elle qui, par le procédé de l'induction, a fait considérer comme applicables au mouvement des corps célestes les lois qui président, dans le monde sublunaire, à la chute des graves.

Sans vouloir rabaisser Newton, on peut dire que le système réaliste devait irrésistiblement conduire à la découverte de l'attraction universelle. Expliquer le cours des astres par la formule qui explique les mouvements terrestres était une idée *a priori* que les nominalistes devaient, en vertu de leurs principes, repousser comme absurde, mais à laquelle les docteurs orthodoxes étaient tenus de faire un accueil d'autant plus sympathique, qu'elle concordait avec leur système, et qu'elle justifiait l'enseignement des conciles.

Exagérons-nous cette affinité de la vérité doctrinale et de la vérité scientifique ? Si nos lecteurs pouvaient nous faire un reproche, ce serait plutôt de ne pas assez faire sentir l'intimité de ces rapports. L'histoire, en effet, n'atteste-t-elle pas à chaque page le rôle éminemment progressif joué par les savants sortis de l'Église ? Est-ce un disciple de Roscelin, est-ce un hérétique, par exemple, qui refusa le premier d'admettre l'immobilité de la terre ? Non, c'est un prince de la sainte Église romaine, c'est le cardinal Cusa. Guidé non par l'analyse des phénomènes astronomiques, mais par l'étude de la métaphysique catholique, le contemporain de Nicolas V nie l'existence d'un centre fixe et immobile dans le mécanisme universel. Devançant l'astronomie moderne, il assimile la terre aux étoiles, et va même jusqu'à donner des habitants aux planètes comme à la terre.

L'illustre Copernic n'appartient pas davantage au camp hétérodoxe ; ce grand novateur est un prêtre. Chanoine de la cathédrale de Fravembourg, il s'empare des prémisses de Cusa, les développe et compose un livre sur la *Révolution des globes célestes,* lequel produit lui-même une révolution dans le monde intellectuel. L'Église reste-t-elle étrangère à cette œuvre ? Les chefs de la hiérarchie en désavouent-ils les hardiesses ? Non ; le pape Paul III, consulté, ne se contente pas seulement d'encourager le plan de l'auteur, il accepte la dédicace de son livre. Ainsi, de Gerbert à Copernic la science ne cesse de grandir entre les mains et sous la tutelle de l'Église.

Les catholiques ont donc le droit d'être fiers de Copernic ; mais ils peuvent considérer avec non moins de fierté les découvertes qui suivirent celles du chanoine polonais. Ces découvertes furent, en réalité, le corollaire naturel des travaux du prêtre catholique et, par conséquent, l'œuvre de l'Église, dont le savant chanoine fut l'élève.

Tout se tient dans l'organisation des sciences. En définitive, la science des corps bruts est la base de la science des corps organisés, et l'astronomie est une partie constitutive, essentielle, de la première de ces deux sciences. C'est la conception de Copernic qui, guidant Kepler et Galilée, créa la physique proprement dite. Sans l'astronomie nouvelle, l'optique n'aurait probablement pas existé ; démentie par les yeux, la cosmogonie copernicienne avait besoin, en effet, de recourir à des instruments spéciaux pour démontrer l'exactitude de ses assertions. Proclamer l'immensité des mondes, c'était inviter d'autres savants à les rapprocher de nos yeux. Et n'était-il pas naturel, après tout, que le champ du regard humain s'étendît à mesure que le ciel se peuplait de nouvelles sphères (1)?

Le système de Nicolas de Cusa et de Copernic contenait également en germe la théorie de l'attraction terrestre. Si, d'après le savant cardinal et son disciple, le centre de la terre n'était pas le centre de l'univers, il fallait que le mouvement des corps pesants vers la terre fût expliqué par une sorte de tendance des éléments matériels, quels qu'ils fussent, à s'attirer les uns les autres. On comprend dès lors que de déductions en déductions les savants devaient arriver à l'étude des phénomènes de l'attraction moléculaire et de l'électricité magnétique. Nous pourrions faire ressortir avec la même rigueur les rapports de la mécanique avec les découvertes du protégé de Paul III. Mais l'exposé que nous venons de faire suffit pour mettre en relief les salutaires conséquences de l'astronomie nouvelle, et par là même établir la filiation légitime de cette dernière avec la philosophie catholique. N'est-ce pas là, du reste, ce que nous disions en commençant cette étude? Au faîte de l'arbre généalogique de la science moderne que trouve-t-on? La doctrine des réalistes (2). De la philosophie de saint Anselme émanent et dérivent tous les travaux qui ont étendu le domaine de la puissance humaine.

Mais nous n'avons pas tout dit sur le rôle et l'influence de l'ontologie orthodoxe. Cette ontologie proclamait, comme on le sait, que la *matière* est le *substratum* fondamental et universel de toutes les formes, soit génériques, soit spécifiques, soit individuelles. Quant à la *forme*, elle était à ses yeux (prise d'une manière abstraite) le type dont parle Platon, à savoir la loi qui règle l'action de la matière; et, au concret, elle était la détermination même de la matière combinée avec la loi. En d'autres termes, la scolastique considérait les différentes substances, les modifications de la même matière et tous les phénomènes physiques comme les manifestations variées de l'énergie dynamique répandue dans l'univers.

Tel est, notamment, l'enseignement de Guillaume de Champeaux et la doctrine contre laquelle s'insurgeaient, Abeilard à leur tête, les libres penseurs du moyen âge. Or qu'arrive-t-il aujourd'hui? Plus les explorations de la physique et de la chimie s'étendent, plus nous voyons se vérifier les données de la philosophie scolastique. Grâce aux recherches des

(1) Voir *Albert le Grand et son siècle*, par le docteur Pouchet. — Comme Galilée n'appartient pas au moyen âge, nous n'avons pas à nous occuper de lui. Qu'il nous suffise de dire que Galilée, le grand Galilée, ne comprenait guère la loi de la gravitation, puisqu'il croyait que la terre tournait dans l'air qui l'entoure, et non l'air avec elle. Aussi fut-il moins favorisé que Copernic, et mérita-t-il à bon droit la correction paternelle que l'on connaît.

(2) Nous n'avons pas besoin de dire qu'à cette époque le mot *réaliste* n'avait pas la même signification qu'aujourd'hui : au xix⁰ siècle, ce mot désigne les matérialistes; au moyen âge il désignait les spiritualistes. (Voir Pouchet, *passim*.)

savants contemporains, le nombre des substances premières et des corps simples, c'est-à-dire irréductibles, diminue, et les fluides admis autrefois tendent à n'être plus que les modes d'un fluide unique ou les produits condensés d'une même matière, dont les combinaisons variées détermineraient les phénomènes de lumière, de chaleur, d'électricité, de magnétisme, d'attraction terrestre, etc. Voilà ce que pensent non pas des théoriciens nébuleux, mais des savants comme Arago, Ampère, Cauchy, Faraday, Jamin, Isidore Geoffroy Saint-Hilaire, Boscowitch, l'abbé Moigno et le père Secchi. L'unité des forces cosmiques fait le fond de toutes leurs doctrines. Sans doute, la démonstration de ce capital problème est encore inachevée; mais n'est-il pas merveilleux que l'étude approfondie de la vérité dogmatique ait communiqué aux docteurs du moyen âge la prescience de ce qui sera peut-être la plus grande découverte de la science moderne?

III

LE BIENHEUREUX ALBERT LE GRAND

Ainsi que nous l'avons vu par l'exemple du cardinal Cusa, le moyen âge ne se contenta pas de jeter les fondements de la science. N'eût-il fait que poser les prémisses des théorèmes qui, vers son déclin, préoccupèrent Copernic, Kepler et Galilée, que ses titres à notre respect n'en seraient pas moins des plus incontestables et des plus glorieux. Mais cette admirable époque, bien loin de s'en tenir à un culte exclusif des théories, s'éprit des sciences expérimentales, et en fit avec ardeur le point de mire de ses études. Au milieu du choc des nations, parmi les cataclysmes des royaumes qui s'écroulaient, on vit des prêtres et des moines poursuivre sans relâche le vaste drame intellectuel, et, coopérateurs des théologiens et des philosophes, sonder les arcanes de la nature pour en mieux célébrer le Divin Auteur. A côté de la *Summa theologica*, de la Somme théologique, s'élabora la *Summa de creaturis*, la Somme des créatures, la première consacrée aux sciences théologiques et divines, la seconde aux sciences physiques et naturelles (1).

Albert le Grand entra le premier dans cette voie. L'influence de ce grand homme fut trop considérable pour que nous ne nous arrêtions pas un peu sur son nom.

(1) *Summa*, Somme, c'est-à-dire ensemble des connaissances.

Albert, à qui ses vastes connaissances valurent le surnom de Grand, descendait de la famille des seigneurs de Bollstaedt. Après avoir achevé ses études au couvent de Padoue, il fut admis, à vingt-trois ans, dans l'ordre des Dominicains, qui venait de se former. Le jeune novice ne fit pas d'abord prévoir le rôle auquel la Providence l'avait destiné. Une lourdeur tout allemande semblait engourdir son intelligence; inhabile à la réplique, l'argumentation la plus superficielle le pétrifiait sur-le-champ; sa mémoire ingrate repoussait la science acquise; sa parole lente et embarrassée ne savait ni développer une thèse, ni réfuter un sophisme. Le cadet des Bollstaedt était, enfin, le moins docte des Frères Prêcheurs. Confondus par tant d'impuissance, les supérieurs d'Albert en vinrent même à délibérer s'ils ne devaient pas débarrasser leur ordre d'un sujet qui leur procurait si peu d'honneur.

Pour être juste, nous devons dire que le jeune religieux n'était pas le moins humilié de son incurable médiocrité. Il vit successivement tous ses condisciples plus jeunes que lui monter en grade et devenir docteurs, tandis que, malgré la lutte courageuse de sa volonté contre son intelligence réfractaire, il ne pouvait parvenir à surprendre les secrets de la science. Alors, pris de désespoir et cédant aux conseils à peine dissimulés de son maître Jordanus, Albert s'apprêtait à quitter l'ordre de Saint-Dominique pour entrer dans un milieu moins sévère, quand tout à coup un miracle vint transformer le malheureux novice.

Albert de Bollstaedt parut s'éveiller d'une léthargie. Dans l'espace d'une nuit, l'obscur religieux devint un métaphysicien profond, un théologien pénétrant, un logicien irréfutable et un orateur disert. L'ordre tout entier fut ébloui de la science du jeune novice. Bientôt il surpassa ses maîtres, et le frère Jordanus, n'hésitant pas à se déjuger, le pressa de prononcer les trois vœux monastiques.

Les biographes d'Albert expliquent à l'aide d'une gracieuse légende la métamorphose aussi complète qu'inattendue qui s'opéra dans l'intelligence du jeune religieux.

Un jour, disent-ils, l'adolescent déshérité se promenait sous les longues charmilles du couvent de Pavie, gémissant sur son ignorance, et déplorant la triste inaction à laquelle elle condamnait sa jeunesse. Son âme passionnée songeait à cet Éden de la science qui lui était obstinément fermé, et, les mains suppliantes, les regards au ciel, il se demandait si la Providence ne laisserait pas fléchir un jour la rigueur de ses décrets. Brisé par l'émotion, il alla tomber aux pieds d'une statue de la sainte Vierge qui cachait le long manteau constellé d'or dont l'artiste byzantin l'avait revêtue, sous une niche tapissée de lierre. Bien souvent le jeune cadet de Bollstaedt était venu, solitaire, épancher ses larmes près de la statue et confier à la Mère de miséricorde le secret de ses angoisses. Les prières d'Albert furent-elles ce jour-là plus ferventes, et le Ciel fut-il enfin touché de ses douleurs? Dieu seul le sait. Mais le pauvre écolier crut voir les plis du manteau s'agiter, le visage de la statue s'animer, et ses lèvres prononcer les paroles suivantes :

— Eh bien ! oui, mon enfant, je réaliserai tes vœux, tu t'initieras aux arcanes de la science, et la théologie te livrera tous ses secrets. Une période glorieuse marquera le cycle de tes jours; mais ce cycle inflexible te ramènera un jour à ton point de départ. Tu te retrouveras au déclin de la vie ce que tu étais à son aurore!... Crois et prie, Albert, c'est là l'absolu (1).

. . . .

Transfiguré, le moine de Pavie parcourut l'Europe, et fit admirer dans toutes les universités allemandes et françaises l'immensité de son savoir et la profondeur de son génie. Surpassant tous ses prédécesseurs, il venait fortifier l'influence d'un ordre qu'illustraient déjà tant de grands hommes, Jordanus, Vincent de Beauvais, Hugues de Thier, etc.

C'est à Paris qu'Albert remporta ses plus grands succès et fut l'objet des ovations les plus enthousiastes. La Sorbonne n'était pas encore fondée, et la rue de Fouarre était trop étroite pour contenir tous les admirateurs du maître. On fut obligé de lui construire une tribune en plein air sur une place triangulaire du faubourg Saint-Victor. Des milliers d'étudiants vinrent aussitôt faire cortége au Dominicain, et tous les esprits supérieurs de la France et de l'Europe se donnèrent rendez-vous autour de sa chaire. Rien ne saurait aujourd'hui nous donner une idée de l'ardeur de cet « âge de ténèbres ». L'empressement était tel, que des grappes de têtes humaines s'accumulaient à l'estuaire des rues, aux fenêtres des maisons, et bientôt le peuple n'appela plus la place où s'entassaient ces milliers de disciples que la place Maubert, *magni Alberti*, la place du grand Albert (2).

Jaloux de tant de succès, les professeurs de l'Université essayèrent de susciter des obstacles au Frère Prêcheur, en adressant une plainte aux évêques contre les influences toutes puissantes de l'ordre de Saint-Dominique. Procédé vexatoire, indigne de ces doctes personnages. Aussi les évêques n'en tinrent-ils nul compte, et le docteur Albert demeura-t-il maître du terrain et de sa chaire.

Mais le Dominicain de Cologne ne pouvait rester longtemps simple docteur. En 1248, le chapitre général des Frères Prêcheurs résolut de fonder une école savante dans les quatre principales maisons de l'ordre. Le but de l'institut était de substituer ces écoles aux universités, dont l'accès

(1) M. l'abbé Sighart, historien d'Albert le Grand, n'admet pas l'authenticité de cette pieuse légende.

(2) Voir E. Loudun, *Revue du Monde catholique*, an. 1868.

n'était possible qu'à quelques frères. Le couvent de Bologne fut désigné.
Dans la province de Lombardie, le chapitre désigne le couvent de Bologne, la Lombardie; en Angleterre, celui d'Oxford; en France, celui de
Montpellier, et le monastère de Cologne en Allemagne. L'homme choisi
par les supérieurs pour diriger la nouvelle et importante création de
Cologne fut Albert le Grand (1). Cologne était alors le foyer de la science
rhénane. Albert le Grand accepta donc avec bonheur le poste auquel la
confiance de ses chefs l'appelait; il espérait profiter des ressources que lui
offrait cette résidence, pour se livrer à ses études favorites, et conquérir
l'Allemagne à la philosophie scolastique.

Mais à peine l'illustre Dominicain avait-il établi son laboratoire dans
une des cellules du couvent, que le pape conçut le projet de le fixer dans la
capitale du monde chrétien. Nommé par Alexandre IV maître du sacré
Palais, Albert obéit à l'appel de son souverain pasteur, et se rendit à
Rome pour y recevoir l'investiture de ses nouvelles fonctions. Pendant
son séjour dans la ville éternelle, Albert ouvrit des conférences théologiques qui grandirent encore sa renommée. Mais bientôt, lassé de l'importante charge qui lui avait été conférée, le fils de saint Dominique
obtint du Saint-Père la permission de retourner à Cologne.

Le chapitre de Strasbourg venait de nommer Albert « définiteur de
l'ordre », lorsqu'une bulle du Souverain Pontife le nomma évêque de
Ratisbonne. Le Bienheureux déclina, pendant longtemps, cet honneur;
mais le Pape ayant insisté, il fallut bien se soumettre à l'onction épiscopale. Un homme comme le docteur Albert ne pouvait manquer d'être un
prélat exemplaire. Aussi les chroniqueurs contemporains nous appren-
nent-ils que son inépuisable charité, et surtout la simplicité de ses mœurs,
lui gagnèrent toutes les âmes. Cependant les honneurs de l'épiscopat
n'eurent que fort peu de charmes pour notre éminent religieux. Après trois
ans d'exercice, le puissant docteur déposa définitivement la mitre, et re-
gagna Cologne, où l'appelait invinciblement l'amour de la science. Réin-
stallé dans l'ancien cloître, Albert reprit ses leçons de théologie; mais un
nouvel ordre du pape vint encore le ravir aux nombreux disciples qui,
comme autrefois, se rangeaient autour de sa chaire. C'était le temps où
l'Europe, commençant à s'ébranler à la voix de saint Bernard, se précipitait vers l'Asie. Les princes chrétiens brûlaient de venger leurs derniers
désastres, et saint Louis allait, pour la seconde fois, jeter le cri de *Diex el
volt* (Dieu le veut!), et planter sa royale bannière sur la terre sarrazine.
Choisi par le pape Clément IV pour être un des promoteurs de la guerre,

(1) Voir *Albert le Grand, sa vie et ses sciences*, par le docteur Joachim Sighart, Paris,
1862, et *Albert le Grand et son époque*, par M. F.-A. Pouchet, Paris 1853, *passim*. Cet
auteur doit être consulté avec réserve; mais il donne de très-précieux renseignements sur
l'état des sciences naturelles au moyen âge.

maître Albert dut parcourir toute l'Allemagne et la Bohême pour y prêcher la croisade. Quelque temps après, il assistait au concile de Lyon, et venait reprendre possession de sa cellule et de sa chaire de Cologne. Il jouit peu de temps, hélas! de la chaire. Un jour, entouré de ses disciples, il développait une thèse théologique, lorsque sa mémoire s'obscurcit subitement; la parole commencée expira sur ses lèvres. Le religieux se souvint alors de la révélation de la sainte Vierge : ce signe devait être le présage de la mort prochaine d'Albert. Aussi, plein d'une pieuse résignation, le pieux moine s'empressa-t-il de dire un éternel adieu à ses élèves, pour se préparer saintement à quitter le monde. Ce fut après avoir en quelque sorte assisté à sa propre agonie qu'Albert mourut, le 12 novembre 1289.

Après avoir résumé la vie de ce grand homme, indiquons maintenant la part qu'il a prise au mouvement scientifique de son siècle.

Initié à toutes les sciences, il les fit toutes concourir à la recherche des lois qui régissent le monde moral et le monde physique, et travailla de tous ses efforts et dans toutes les directions à la glorification de l'œuvre divine. Une étude opiniâtre de la scolastique avait livré à maître Albert le *criterium* des recherches purement scientifiques vers lesquelles son ardeur le portait. L'esprit fortement imprégné des principes théologiques, il était mieux armé contre l'erreur, et plus apte à percevoir la vérité scientifique dont la vérité religieuse est le fondement. Disciple d'Abeilard ou de quelque autre hérésiarque, maître Albert eût-il, en effet, manié avec le même zèle, non-seulement le syllogisme du logicien, mais, si je puis m'exprimer ainsi, le scalpel du naturaliste, la cornue de l'alchimiste et le fourneau du physicien? Eût-il dépensé tant d'efforts et consacré tant d'années à la recherche d'un principe dont sa philosophie eût nié l'existence? C'est parce que le Dominicain de Cologne était réaliste, c'est parce qu'il admettait avec la grande école de théologie catholique la subsistance des types divins, dans chaque chose et dans chaque être, qu'Albert le Grand orienta naturellement son intelligence vers les mystères de la nature, et opéra des découvertes qui immortalisèrent son nom (1).

Traçant le portrait du philosophe chrétien, saint Basile avait dit « *qu'il embrasse Dieu et ses œuvres en prenant l'homme comme base et comme mesuré de celles-ci* ».

Tel fut, en raccourci, le vaste plan d'Albert. Ainsi que l'avait demandé Gerbert, à l'enseignement des sciences divines il ajouta l'étude de la philosophie et des sciences naturelles, afin de compléter le cercle des connaissances humaines.

Depuis Aristote, les sciences attendaient leur coordonnateur. L'obser-

____

(1) Chaque être est la représentation d'une idée de Dieu; après la création ces idées, ces formes substantielles sont toujours en lui.

vation avait pris naissance dans les habiles mains du philosophe de Stagyre, et Pline, se servant d'un autre moyen, avait compilé tous les faits historiques connus de son temps. Mais lorsqu'on le considérait seument sous ses deux faces, le tableau de la création n'était qu'incomplétement embrassé. L'Aristote chrétien en devina l'immense lacune, et, montrant aux générations futures une voie féconde et inexplorée, la *recherche des causes*, il ouvrit aux esprits un champ plus vaste, et leur imprima un essor surhumain.

Voyons d'abord les découvertes que réalisa le Dominicain allemand sur le terrain de la zoologie.

« En ce qui concerne là méthode ou de l'art d'exposer clairement et nettement ses idées, Albert le Grand, » dit de Blainville, « a été plus loin qu'Aristote ; il y a chez lui des subtilités, mais elles sont éclaircies par des exemples et des définitions. »

Le *Traité des animaux*, conçu sur un plan alors nouveau, contient le germe d'une foule de lois scientifiques, que notre époque n'a fait que développer : c'est un tableau exact et complet de l'état de la zoologie au XIII° siècle.

Entraînés par l'apparence de la tête et par l'importance des organes qu'elle renferme, la plupart des anatomistes commencèrent généralement leurs traités d'ostéologie par la description du crâne : méthode vicieuse, qui ne fut réformée que par les zootomistes modernes. Dès le XIII° siècle, notre savant Dominicain avait tracé la marche philosophique que notre époque elle-même ne devait adopter qu'après beaucoup de tergiversations et de tâtonnements infructueux. Albert commence, en effet, l'histoire du système osseux par la description de la colonne vertébrale, base de tout le premier embranchement de la série animale; et c'est cette méthode que suivra l'école anatomique moderne. On peut donc dire qu'Albert a, six siècles avant R. Owen, entrevu l'organisation vertébrale du crâne.

La physiologie d'Albert le Grand contient quelques paragraphes qui, s'ils n'offrent rien qu'on puisse ranger parmi les connaissances positives, intéressent vivement l'histoire. Tels sont les chapitres qui concernent la phrénologie et la physiognomonie.

On attribue généralement à Gall et à Spurzheim l'idée de juger des penchants et des affections par l'inspection de l'extérieur de la tête; cependant, comme l'ont déjà avancé Porta, Broussais et de Blainville, c'est encore à notre grand homme qu'il faut faire remonter cette conception (1).

---

(1) Il est le premier, dit de Blainville, qui ait pensé à déterminer les facultés de l'âme d'après les organes extérieurs du crâne. Aristote avait déjà donné un *Traité de physionomie*, et Théophraste y avait ajouté ses *Caractères*; mais la *Physiologie* d'Albert le Grand, dans le siècle duquel cette science était en grande vogue, contient en germe la théorie de Gall et de son disciple Spurzheim.

Les bases de la phrénologie, une fois posées par Albert le Grand, s'élargirent bientôt après, grâce aux études de saint Thomas d'Aquin et de saint Bonaventure. Ce dernier expose même, de fond en comble, une idée fort ingénieuse que Gall s'est attribuée, et dont ses sectateurs, trop empressés, lui ont fait honneur; à savoir : la possibilité de changer la tendance des facultés intellectuelles et morales, en imprimant une direction spéciale aux idées, afin d'opérer une réaction sur l'organisme, et d'en corriger les vices primitifs. Cette opinion était tellement acceptée par Albert le Grand, qu'il raconte un fait pratique tendant à la confirmer (1).

Avant d'embrasser l'étude des animaux, Albert donne à l'homme le rang qui lui est assigné dans la nature. Il le pose comme le chef-d'œuvre de la création, comme le dominateur de la série animale, et détermine la distance infranchissable qui sépare de l'homme les animaux, dépourvus d'un principe intellectuel.

Après avoir restitué à l'homme son rang suprême, et l'avoir élevé au point culminant de la création, le religieux naturaliste s'en sert comme de terme de comparaison, pour suivre pas à pas la gradation descendante des êtres organisés. De l'espèce humaine il passe à toutes les autres formes qu'offre la série zoologique, à mesure que les appareils vitaux se simplifient et s'effacent. En suivant cette voie et en assistant à la disparition successive des éléments complexes de la vie, le Dominicain de Cologne descend graduellement du mammifère jusqu'à l'éponge, qui, pour lui comme pour les naturalistes modernes, représente le dernier terme de l'animalité.

Dans son XXII⁰ livre, intitulé : *De la nature des animaux en particulier*, on trouve l'histoire de toutes les principales espèces connues alors; et celles-ci, pour la première fois, y sont disposées par ordre alphabétique : l'évêque de Ratisbonne devient en quelque sorte l'inventeur de nos dictionnaires modernes.

La botanique d'Albert forme un ouvrage important. Dans la partie consacrée à l'anatomie végétale, Albert ne se contente pas de décrire les organes les plus apparents des végétaux; sa profonde sagacité y expose, avec une égale lucidité, la structure des plus infimes membranes, agents souvent presque invisibles, chargés d'accomplir les incompréhensibles opérations de la vie.

Parmi cette multitude d'organes qui concourent à la formation du végétal, la graine est un des plus complexes et des plus difficiles à ana-

(1) Voir Pouchet, *Les Sciences naturelles au moyen âge, passim*. Est-il besoin de dire que nos grands théologiens n'ont rien de commun avec la phrénologie fataliste ?

tomiser : véritable plante microscopique, son existence latente n'attend
que l'humus pour s'épanouir. Aujourd'hui le savant en pénètre la structure avec le secours d'une loupe. A une époque où les moyens d'investiga-
tion manquent absolument, Albert parvient à reconnaître la partie la plus
essentielle et souvent la moins apparente de cet organe, à savoir l'em-
bryon, et c'est avec la plus rigoureuse exactitude qu'il expose la situation
et les formes. Eh bien, malgré l'incontestable antériorité des investigations d'Albert, les micrographes modernes n'en continuent pas moins
d'attribuer l'honneur de cette découverte à Leuwenhoeck et à Malpighi.
Ces deux anatomistes n'eurent pourtant que le mérite d'appliquer le
microscope à la connaissance des plantes.

Dans un autre chapitre, l'évêque de Ratisbonne se livre à d'assez
longues digressions sur le sommeil des plantes, et là encore ce génie
novateur semble montrer du doigt un vaste champ d'observation à la
science contemporaine. Dès le XIIIe siècle, Albert disserte sur l'engourdis-
sement nocturne des végétaux. L'immortel Linnée ne devait démontrer
ce phénomène que cinq siècles plus tard, et c'est au XIXe que d'habiles
expérimentateurs en conjecturent les causes.

De l'aveu de tous les naturalistes, Albert a le premier posé la botanique
sur ses véritables bases. Si de nouvelles classifications n'étaient venues
détrôner les anciennes, la distinction que le savant Dominicain établit
entre les animaux et les plantes satisferait encore aujourd'hui les esprits
les plus rigoureux. Au XIIIe siècle, Albert proclame en zoologie les principes qui sont de nos jours la base de l'enseignement scientifique. Pour
lui, comme pour nous, les animaux se caractérisent par le luxe des appareils sensitifs et locomoteurs; les végétaux, par leur immobilité et leur
insensibilité.

Cette ardeur dévorante qui entraînait Albert vers l'étude de l'histoire
naturelle ne lui permit pas d'en négliger une seule partie. La minéralogie devint, elle aussi, l'objet des méditations du saint moine. Le traité
De mineralibus et rebus metallicis est considéré par M. Pouchet comme
l'une des plus remarquables productions de cet austère génie. Il décrit les
métaux, les pierres, les sels, et il expose les propriétés chimiques avec
une exactitude et une sagacité qui nous confondent. Le plus savant chi-
miste de notre époque, M. Dumas, ayant exploré le traité d'Albert, n'a
pu s'empêcher de rendre hommage au talent du Dominicain de Cologne.
« Ce qui caractérise le traité *De rebus metallicis,* dit M. Dumas, c'est
l'exposition savante, précise et souvent élégante des opinions des anciens
et de celles des Arabes; c'est leur discussion raisonnée, où se décèle
l'écrivain exercé en même temps que l'observateur attentif. »

Le *Traité des minéraux* offre cette particularité remarquable qu'on y
trouve peut-être pour la première fois l'emploi d'une expression qui, depuis
lors, a fait fortune dans la science chimique : c'est le mot *affinité.* « Le

soufre, y est-il dit, noircit l'argent et brûle les métaux par l'*affinité* qu'il a pour ces corps. » On voit par cette courte citation que déjà Albert le Grand donnait à ce mot la même signification qu'aujourd'hui.

Une autre science naturelle, la physique du globe, a reçu d'Albert une impulsion puissante. Nous en appelons au témoignage de Humboldt, qui s'exprime ainsi sur le compte de l'éminent Dominicain :

« Je me suis beaucoup occupé, à Paris, de ce grand homme, lorsque je travaillais à mon histoire d'une vue générale du monde; et dernière-ment, dans l'examen critique de la géographie du xv⁰ siècle, j'ai montré comment son ouvrage *De natura locorum* renferme le germe d'une excel-lente description physique de la terre; comment Albert le Grand connais-sait ingénieusement l'influence qu'exerce sur les climats, non-seulement la latitude, mais encore la disposition des surfaces pour modifier le rayonnement de la chaleur. »

Humboldt aurait pu ajouter que l'évêque de Ratisbonne explique comme on le fait aujourd'hui, dans toutes les chaires, l'origine des eaux thermales. Aux yeux d'Albert le Grand, ces eaux ne sont que le résultat des courants souterrains, qui, chauffés par l'action de la chaleur cen-trale, viennent enfin s'épancher à la superficie du sol. Nos lecteurs ne reconnaissent-ils pas là la théorie si péniblement élaborée, quelques siècles plus tard, par les savants de la Renaissance, avant d'être définitivement consacrée par les travaux des hydrographes modernes ?

Le traité d'Albert détermine la longitude et la latitude des lieux habi-tables, les antipodes et les pays qu'ils renferment, et les sept variétés de climats au point de vue de la chaleur et du froid. Parlant de l'hémisphère inférieur (*inferius hemispherium*) : « De ce que personne, dit le Domi-nicain, n'est venu à nous de l'autre hémisphère, il ne s'ensuit pas qu'il ne contient pas d'habitants; c'est l'immensité de l'Océan intermédiaire, qui environne ces régions de toutes parts, qui nous empêche d'y parvenir par la navigation. Si toutefois on a jamais abordé quelque part, ç'a dû être sous la zone torride, où les rivages sont beaucoup plus rapprochés. Il ne faut pas croire ceux qui disent que personne ne peut habiter dans ces parages, sous prétexte qu'on tomberait de la terre : croire à la chute de ceux dont les pieds sont opposés aux nôtres, est la plus grossière des ignorances ; car, lorsqu'il est question de l'hémisphère inférieur du globe, on ne parle jamais relativement à nous, mais *simpliciter*. »

En astronomie, Albert n'a pas d'intuitions moins profondes. Voici dans quels termes il s'exprime sur la voie lactée. « La voie lactée n'est autre chose qu'un grand nombre de petites étoiles placées les unes à côté des

autres dans l'orbite où se répand la lumière du soleil; voilà pourquoi elle
nous apparaît comme un cercle blanc semblable à la fumée; il s'y trouve
aussi des étoiles d'un volume plus considérable, qu'il est facile de distinguer. » Au moyen âge et même à la Renaissance, les esprits les plus éminents croyaient à l'influence des astres et à l'action des comètes. Albert
s'élève contre ces préjugés : « La révolution des astres, dit-il, n'entraîne
jamais avec elle de nécessité fatale, par rapport à la vie de l'être engendré.
Les comètes ne peuvent ni signifier ni amener la guerre, et ne sont ni
causes, ni puissances, ni signes. »

Sur la question de l'alchimie, Albert ne partage pas davantage toutes
les croyances et toutes les illusions de son siècle : « Nous ne nions pas précisément, dit-il, qu'à l'aide d'un feu bien entretenu, ardent et tranquille
à la fois, on ne puisse faire de l'huile, du nitrate et de l'or avec toutes
sortes de choses, comme le prétendent les chimistes; mais ce sont là des
systèmes très-difficiles à comprendre, et la science ne saurait complétement en constater les principes. » Par conséquent, si théoriquement la
fabrication de l'or lui semble possible, en revanche, il la considère pratiquement comme irréalisable. Les minéralogistes modernes ne disent
pas autre chose.

Mais citons encore : « Lorsque le soufre pur rencontre du mercure, dit
Albert, il se fait de l'or au bout d'un temps plus ou moins long, et par
l'action permanente de la nature. *Les espèces sont immuables, et ne peuvent à aucune condition être transformées les unes dans les autres ;* mais
le plomb, le cuivre, le fer, l'argent, etc., ne sont pas des espèces, c'est
une même essence, dont les formes diverses nous semblent des espèces. »
Depuis, la science a déclaré que les métaux sont des corps différents, et
la proclamation de cet axiome a suffi pour ruiner l'alchimie; mais la loi
de l'espèce, si bien formulée par Albert le Grand, est demeurée intacte.

Puisque nous parlons de l'alchimie, nos lecteurs nous permettront de
reproduire sur cette science l'appréciation d'un homme compétent, de
M. Littré. Beaucoup de prétendus savants se croient le droit de persifler
les docteurs du moyen âge qui se sont occupés de la transmutation des
métaux; le langage de M. Littré est plus respectueux. « Guidé, dit-il,
par une hypothèse que rien ne dit être fausse, mais que rien ne dit être
vraie, à savoir que les différentes substances ne sont que des modifications
d'une même matière, le moyen âge chercha la transmutation des métaux
et créa pour la chimie une ébauche semblable à celle que l'antiquité avait
créée pour la biologie : le service est pareil et de haute importance. »
Rien de plus exact. Veut-on savoir, par exemple, à quelles découvertes
les pratiques de l'alchimie ont conduit Albert? Il a reconnu la nature du
cinabre en le décomposant, il a constaté les divers états par lesquels
passe le soufre et expérimenté l'action de cet agent contre la gale; le pre-

mier, il a préparé la potasse caustique à la chaux, indiqué la préparation
de l'azur, de l'acide nitrique, de l'eau régale à l'ammoniaque, découvert
une poudre fulminante composée de charbon, de soufre et de salpêtre,
comme notre poudre à canon, et enfin proposé l'emploi des *engrais arti-*
ficiels, dont la science moderne a su tirer un si grand parti.

IV

SAINT THOMAS D'AQUIN

Saint Thomas d'Aquin ne cultiva pas les sciences naturelles avec le
même zèle que son ami; ou plutôt, il s'occupa moins de la partie pratique
et expérimentale de la science que du côté théorique et abstrait. Les commentaires dont il enrichit les traités spéciaux d'Aristote contiennent des
aperçus aussi justes qu'ingénieux sur le mécanisme céleste, les phénomènes atmosphériques, la minéralogie, les forces motrices qui sollicitent
les corps et les lois qui régissent leurs mouvements. Saint Thomas nous
apprend aussi la composition du *lac virginum* des alchimistes : cette sub-
stance, correspondant à l'eau de Goulard des pharmaciens, était une simple
solution d'acétate de plomb. Son livre sur l'essence des minéraux contient
des renseignements curieux sur la fabrication des pierres précieuses artificielles, ou, en d'autres termes, sur la coloration des verres, base de cet
art, si merveilleusement appliqué par les artistes du moyen âge à la peinture des vitraux des abbayes et des cathédrales. On imite à s'y tromper,
dit saint Thomas, les hyacinthes et les saphirs; l'émeraude se fait avec de
la pierre verte d'airain (oxyde de cuivre), le rubis avec du safran de fer
(oxyde de fer), la topaze avec du bois d'aloès; en un mot, tout cristal peut
être coloré.

Une autre application de la chimie, qui avait donné naissance depuis
longtemps en Europe à une industrie fort différente de la première, est
également indiquée par saint Thomas. « En ajoutant, dit-il naïvement, à
un alliage de cuivre et d'arsenic la moitié de son poids d'argent, on obtient
de l'argent pur. » Les alchimistes n'avaient pas attendu cette révélation
pour battre de la fausse monnaie; dès le début du Bas-Empire, ils en
fabriquaient, malgré les terribles châtiments édictés par quelques empereurs. Plus tard, les gouvernements trouvèrent commode de recourir eux-
mêmes à cette immorale industrie, et, à la fin du moyen âge, presque
tous les souverains endettés se transformèrent en faux monnayeurs.

Saint Thomas d'Aquin enseignant la théologie
à l'école de Paris.

Charles VII, entre autres, renvoya, dit-on, les Anglais avec une monnaie fausse (1).

Pour revenir à saint Thomas, ajoutons que l'Ange de l'école a écrit tout un livre sur les aqueducs, et un autre sur les machines hydrauliques. Voilà certes des titres scientifiques dont s'honorerait plus d'un savant du xixᵉ siècle. Si l'on nous objecte que saint Thomas fut néanmoins, en ce qui concerne les sciences profanes, inférieur à l'évêque de Ratisbonne, nous répondrons, avec son éloquent panégyriste, le P. Lacordaire, « que ce qui lui manquait de ce côté, il le retrouvait au dedans de lui par la souveraineté de la plus sublime raison qui fut jamais (2). Et, en effet, quelle éclatante revanche ne prit-il pas sur le terrain de la théologie! Prince, moine, disciple, saint Thomas d'Aquin pouvait monter sur le trône de la science divine; il y monta, en effet, et depuis six siècles qu'il y est assis, la Providence ne lui a point encore envoyé de successeur ni de rival (3). »

L'Église a de bonne heure canonisé l'Ange de l'école. Le pape Jean XXII, ce grand ami des sciences, l'inscrivit en 1323 au catalogue des Saints. La cause d'Albert fut instruite plus tard : le 15 septembre 1622, seulement, le pape Grégoire XV déclara qu'il était permis à l'Église de Ratisbonne de célébrer tous les ans, le 15 novembre, un office en l'honneur du bienheureux Albert. Aujourd'hui la cause de l'illustre Dominicain est reprise à Rome; il s'agit de le faire nommer docteur de l'Église.

La dernière assemblée épiscopale de Fulda s'est d'autant plus occupée de cette question, que l'hagiographie allemande ne compte jusqu'ici aucun docteur. Si de nombreux miracles n'avaient déjà manifesté la gloire immortelle d'Albert, deux vers que Dante lui a consacrés dans sa *Divine Comédie* auraient éternisé sa mémoire. Espérons qu'un décret pontifical lui conférera bientôt une immortalité plus grande encore.

V

ROGER BACON

A côté d'Albert le Grand et de saint Thomas d'Aquin, le xiiiᵉ siècle nous offre une figure non moins originale dans la personne du moine Franciscain Roger Bacon. Contemporain de ces deux grands hommes, Roger

(1) *L'Étude de la nature au moyen âge*, par A. Proust. *Revue catholique de Louvain*, 1875.

(2) R. P. Lacordaire, *Discours sur la translation du chef de saint Thomas d'Aquin*, p. 29-36; Paris, 1852.

(3) *Ibid.*

Bacon profita de leurs découvertes, et, sur le terrain des sciences naturelles, alla quelquefois plus loin qu'eux. Cette supériorité s'explique facilement. La théologie avait trouvé dans les deux illustres Dominicains ses interprètes les plus éminents et les plus applaudis. Grâce à maître Albert et à saint Thomas, « la science des choses divines » était assise sur des bases solides, et n'avait plus à redouter les attaques d'un Roscelin ou d'un Abeilard. La controverse entre les nominalistes et les réalistes était à peu près terminée; arbitre de la querelle, saint Thomas avait donné au problème une solution que la majorité des docteurs avait acceptée. Dans ces conjonctures, quelle pouvait être l'attitude de Roger Bacon? Son rôle était tout tracé. Pendant que les deux Frères Prêcheurs soutenaient le choc des hérésiarques, et, à la lumière de la tradition patristique et conciliaire, construisaient le majestueux édifice de la métaphysique chrétienne, le Cordelier d'Oxford poursuivait le même but, mais assumait une autre tâche. Au lieu de déterminer les rapports de l'homme avec l'Absolu, il étudiait ceux de la nature avec Dieu. C'est donc à tort que presque tous, ou plutôt que tous les biographes de Roger Bacon affectent de considérer le moine anglais comme un des adversaires déclarés de la scolastique : il en est, au contraire, un des disciples les plus dociles. Les écrivains qui ont porté sur Roger Bacon un jugement aussi superficiel ne se sont pas aperçus que le célèbre Cordelier, ouvrant la voie dans laquelle le cardinal Cusa et bien d'autres religieux devaient le suivre plus tard, s'était strictement conformé au programme imposé par Gerbert.

Rappelons-nous le plan de Sylvestre II.

L'illustre pontife avait conçu trois degrés d'études superposées : à la base, la dialectique, ou l'étude des lois qui président au gouvernement de la pensée; en second lieu, les sciences naturelles, ou l'étude de Dieu d'après ses œuvres; et, enfin, la théologie, ou l'étude de Dieu, d'après la parole révélée. Plan philosophique s'il en fut jamais : il inaugurait le règne de la synthèse dans l'esprit humain. En établissant cette hiérarchie de connaissances, Gerbert avait voulu que l'intelligence, s'élevant d'étage en étage à des recherches de plus en plus hautes, à des principes de composition de plus en plus affranchis des limitations matérielles, arrivât de degrés en degrés à l'étude de la perfection absolue que rien ne limite. Sylvestre II ne croyait pas, comme aujourd'hui, qu'il faut se cantonner dans une spécialité philosophique ou littéraire pour la mieux comprendre; à ses yeux, isoler les sciences et les facultés de l'esprit humain, c'était se priver de toute la lumière qui leur vient du dehors, et s'exposer à des erreurs fondamentales.

De même, en effet, qu'il est impossible d'étudier une plante sans faire mention du sol qui la nourrit, de la latitude sous laquelle elle végète, des gaz atmosphériques qu'elle absorbe, et des usages auxquels elle est propre;

de même, l'écrivain qui se circonscrit étroitement dans la monographie d'une science ne nous en donnera jamais qu'une idée insuffisante. Telle est la pensée de Gerbert et de tout le moyen âge. Pour les savants de cette grande époque, il n'y a pas de législation sans morale, de morale sans politique, de politique sans art, ni d'art sans industrie; ce sont là des cordes de la même lyre qui vibrent toutes ensemble dès que la main frappe l'une d'elles (1). La faiblesse d'un esprit médiocre peut faire le tour d'une science, et même en pénétrer les profondeurs; mais à peine a-t-il fait quelques pas, qu'il se trouve arrêté par la multitude des rameaux et des embranchements que les autres sciences projettent sur celles qu'il cultive. Naturaliste, il ne peut aborder la paléontologie sans connaître, non-seulement l'anatomie, mais encore la géométrie et l'algèbre; littérateur, il ne peut comprendre la *Chanson de Roland*, sans s'être familiarisé avec les traditions, la métaphysique, l'histoire, la géographie et la métrique du temps; historien, il faut qu'il se fasse tour à tour jurisconsulte, poëte, botaniste, cosmographe, théologien, astronome, physicien, stratégiste, philosophe, médecin, peintre, etc. A défaut de la démonstration des scolastiques, tous ces exemples prouveraient victorieusement l'impuissance de l'analyse; il est évident que, soit pour construire l'histoire de la civilisation, soit pour édifier celle des faits, l'emploi de la synthèse est indispensable. L'analyse fragmente, décompose, classe, distingue, et, ramenant le supérieur à l'inférieur, la pensée à une simple perception de formules, elle la pulvérise et la réduit, en définitive, à l'inertie et à la torpeur. C'est le procédé du matérialisme. La synthèse, au contraire, perçoit les rapports, établit les points de contact, forme des agrégats naturels, et met chaque chose à sa place dans l'ensemble. Se servir de l'une sans l'autre, c'est isoler les parties sans avoir soin de les grouper ensuite; c'est ne pas se souvenir que la partie détachée de l'ensemble n'est pas même cette partie qu'on a voulu scinder; car elle a cessé d'être vivante; branche séparée de son tronc, non-seulement elle ne reçoit plus la séve qui l'animait, mais elle a perdu tous ses points de rapport, c'est-à-dire une fraction de sa vie propre (2).

Les docteurs du moyen âge avaient bien vu les inconvénients de cette méthode, et n'avaient eu garde de l'adopter. Qu'on parcoure d'un bout à l'autre l'histoire de la scolastique. Parmi les théologiens postérieurs à Gerbert, on ne pourra pas constater une seule dérogation au programme tracé par ce grand penseur. Esprits encyclopédiques, les docteurs de l'âge féodal embrassent dans leurs vastes conceptions toutes les cultures de l'esprit humain, et font rayonner sur elles toutes les lumières de leur incomparable savoir.

(1) M. Pouchet, *Les Sciences naturelles au moyen âge, passim.*
(2) Voir M. Ravaisson, *la Philosophie contemporaine, passim.*

Chaque théologien, il est vrai, imprime à son œuvre le cachet de son propre génie; les uns accordent une plus large place à la dialectique; chez les autres, c'est la théodicée qui reçoit les développements les plus étendus. Mais tous, quelles que soient leurs tendances particulières, se croient obligés de recourir à la synthèse. De là, dans le catalogue des œuvres de chaque docteur, cette variété inouïe de traités sur toutes les matières qu'un lien quelconque rattache à l'une des catégories de Sylvestre II; voilà pourquoi, parmi les vingt et un in-folio d'Albert le Grand, par exemple, nous trouvons pêle-mêle un commentaire philosophique d'Aristote et un formulaire de médecine; un Enchiridion des vraies vertus et un Manuel de l'apprêteur de laine; une somme musicale et une géographie; un Miroir astronomique et une géométrie; un traité de l'art stratégique, nautique et théâtral, et un dictionnaire zoologique; des annotations sur la Bible et le Livre des Sentences, et des remarques sur les ouvrages de saint Augustin, d'Euclide, de Columelle, d'Avicenne, d'Hermès, etc. etc.

Eh bien! pour en revenir à la thèse que nous soutenions tout à l'heure, ce caractère encyclopédique, dont toutes les grandes œuvres du temps portent la trace, manquerait-il par hasard à l'œuvre du Franciscain anglais? Il suffit de jeter les yeux sur la liste des ouvrages de Bacon pour se convaincre, au contraire, qu'il assujettit son esprit à la même discipline et qu'il adopta la même méthode que les plus fameux docteurs de son époque. Si nous ouvrons, en effet, les ouvrages de Bacon, qu'y trouvons-nous?

A côté d'un commentaire d'Euclide, un traité de métaphysique, un écrit sur la morale auprès d'un autre sur les mathématiques, etc. Seulement, le Cordelier d'Oxford s'attarda plus longtemps que maître Albert et saint Thomas sous le portique de la théologie, et même, lorsqu'il eut franchi le seuil du temple, nous reconnaissons qu'il revint vers les sciences naturelles avec une ardeur qu'expliquaient les tendances particulières de son génie. Était-ce donc là s'insurger contre la scolastique? Disons plutôt que Roger Bacon en respecta scrupuleusement les lois, et c'est justement cette déférence qui lui permit d'opérer tant de découvertes, et de plonger dans les profondeurs ténébreuses de l'avenir des regards si hardis et si assurés.

Mais à quoi bon insister? La mauvaise foi seule peut sur ce point travestir l'histoire, et d'un disciple soumis faire un fils rebelle. Jaloux de toutes nos gloires, les adversaires de l'Église voudraient calomnier le Cordelier d'Oxford pour l'introduire dans leur panthéon : calcul adroit, tactique perfide, mais dont nous ne devons être ni les dupes ni les complices.

Né d'une famille considérée, près d'Ilchester, dans le Somersetshire, en 1214, Roger Bacon vint étudier de bonne heure à l'université d'Oxford, puis à celle de Paris, où le grade de docteur lui fut conféré par la célèbre faculté de théologie.

A l'époque où vivait Roger Bacon, un homme, quel que fût son mérite, ne pouvait accomplir son œuvre dans l'isolement; l'association seule lui procurait la force et les ressources nécessaires. Libre de choisir entre l'Université et les Franciscains, Roger Bacon opta pour ces derniers, chez lesquels il était sûr de trouver plus d'indépendance (1). Dès ce jour, il se mit avec ardeur au travail, et, en 1267, il terminait son principal ouvrage, l'*Opus majus*, dont il offrit aussitôt la dédicace au pape Clément IV. Un disciple dévoué fut chargé de remettre entre les mains du souverain pontife le travail de Bacon et divers instruments astronomiques parmi lesquels se trouvait une lentille de cristal.

L'année suivante, Clément IV mourait. Roger Bacon fit transmettre à son successeur, Grégoire X, son livre de philosophie *Compendium philosophiæ*. L'auteur espérait pour cet ouvrage un aussi bon accueil que pour l'*Opus majus*. Malheureusement, nous devons l'avouer, le *Compendium philosophiæ* était peu susceptible, par sa nature même, de concilier à Bacon la protection du pontife. Affligé, comme il arrive à beaucoup de grands hommes, d'un caractère inférieur à son génie, Bacon s'était laissé aller à des invectives violentes contre les légistes et les princes, contre les religieux et les prélats. Le général de l'ordre, Jérôme d'Ascoli, fut d'autant plus mécontent de ces philippiques, qu'à la même époque un grand nombre d'hérétiques attaquaient l'Église avec une violence inouïe. C'était là une fâcheuse coïncidence. Aussi, ce que les supérieurs de l'éminent Cordelier auraient considéré, dans un autre temps, comme un inoffensif accès de misanthropie, fut, avec raison, regardé comme une faute des plus condamnables. La punition toutefois fut légère; envoyé en exil dans un couvent français, Bacon fut, au bout d'un certain temps, rendu à la liberté par Jérôme d'Ascoli lui-même, devenu pape sous le nom de Nicolas IV. Revenu en Angleterre, Roger écrivit sous les yeux de son supérieur un nouveau traité de théologie, et, deux ans après, il expirait dans cette même ville d'Oxford, théâtre de ses premiers travaux.

Parmi les écrits de Roger Bacon, les plus remarquables furent ceux qu'il composa de 1267 à 1268 pour déférer aux vœux de Clément IV. Ces écrits comprennent trois parties : 1° l'*Opus majus*, où l'auteur recherche les causes de nos erreurs, montre la dignité de la philosophie, et nous révèle pour la première fois ses idées sur la grammaire, les mathématiques, la science de l'expérience et la morale; 2° l'*Opus minus*, qui traite

____

(1) Voir *Annales d'économie charitable; les deux Bacon*, par A. Valson, 1868.

de l'alchimie pratique, des sept défauts de la théologie et de l'alchimie spéculative ; 3° l'*Opus tertium*, consacré à la grammaire et à la logique et embrassant les mathématiques, la physique, la métaphysique et la morale.

Avant d'élaborer ces trois Sommes, Roger Bacon avait déjà composé divers traités moins importants, entre autres, un commentaire sur la physique et la métaphysique, une série de lettres sur l'*admirable puissance de la nature*, et un *Comput des choses naturelles*. Plus tard, en 1272, il donna son *Compendium philosophiæ*, ou *Liber sex scientiarum ;* en 1276, un traité *sur les moyens de retarder les accidents de la vieillesse ;* et enfin, en 1292, son *Compendium theologiæ*.

Joignant l'exemple aux préceptes, Bacon ne négligeait rien pour ouvrir des voies nouvelles. Livres, voyages, veilles, instruments et expériences, tout y concourut, et M. Valson a supputé que le Franciscain anglais ne dépensa pas, dans l'espace d'une dizaine d'années, moins de deux mille livres sterling, ou environ cinquante mille francs de notre monnaie.

L'un des plus importants chapitres de l'*Opus majus* est celui de l'Optique, qui figure, dans quelques éditions, sous le titre de *Traité de la Perspective*. C'est dans ce chapitre que Bacon discute et contrôle toutes les notions de son époque sur cette partie de la physique. Après avoir médité les auteurs qui, tels qu'Euclide, Ptolémée et Alhazen, s'étaient occupés de l'optique, il résolut de composer un traité supérieur à tous les écrits dont se nourrissaient les savants du moyen âge. Cette résolution pouvait sembler téméraire, mais l'illustre moine sut en justifier l'audace. Non-seulement il donna dans son œuvre l'analyse des ouvrages anciens, mais il signala une foule de faits nouveaux, et notamment tous les phénomènes relatifs aux réfractions astronomiques.

Mais entrons dans quelques détails.

Avant d'étudier les rapports du fluide impondérable avec l'organe de la vision, le physicien d'Oxford décrit l'œil et la sensation dont il est le siége, puis les lois de la réfraction et de la réflexion. En ce qui concerne l'anatomie et la physiologie de l'appareil oculaire, il professe les idées les plus saines et regarde le nerf optique comme la seule partie essentielle à la fonction visuelle, toutes les autres concourant seulement à perfectionner celle-ci sous le rapport dioptrique.

Un passage du chapitre de l'Optique prouve, à n'en pas douter, que les verres grossissants furent connus de Bacon. Voici ce passage : « Si un homme regarde des lettres ou d'autres menus objets à travers un cristal, un verre ou tout autre objet placé au-dessus de ces lettres, et que cet objectif ait la forme d'une portion de sphère dont la convexité soit tournée vers l'œil, l'œil étant dans l'air, cet homme verra beaucoup mieux les lettres, et elles lui paraîtront plus grandes. »

. Mais le paragraphe de l'Optique sur lequel les commentateurs se sont livrés aux plus longues et aux plus vives controverses, est celui qui concerne les propriétés des télescopes et la manière de construire ces instruments. Voici comment s'exprime Bacon : « Il est facile, en effet, de conclure des règles établies plus haut que les plus grandes choses peuvent paraître petites, et réciproquement, et que des objets très-éloignés peuvent paraître très-rapprochés, et réciproquement; car nous pouvons tailler des verres de telle sorte et les disposer de telle manière à l'égard de notre vue et des objets extérieurs, que les rayons soient brisés et réfractés dans la direction que nous voudrons, de manière que nous verrons un objet proche ou éloigné, sous tel angle que nous voudrons; et ainsi à la plus incroyable distance *nous lirions les lettres les plus menues, nous compterions les grains de sable et de poussière,* à cause de la grandeur de l'angle sous lequel nous les verrions, car la distance ne fait rien directement par elle-même, mais seulement par la grandeur de l'angle. Et ainsi un enfant pourrait nous paraître un géant, un seul homme nous paraître une montagne. Nous pourrions même multiplier cette figure autant de fois que nous pourrions considérer un homme sous un angle assez grand pour qu'il nous paraisse grand comme une montagne, et de même pour la distance. De façon qu'une petite armée nous paraîtrait très-grande, que, placée très-loin, elle paraîtrait très-proche, et réciproquement. De cette manière aussi nous ferions descendre le soleil, la lune et les étoiles en rapprochant leur figure de la terre. »

Ce passage, si déparé qu'il soit par certaines assertions dépourvues d'exactitude, indique néanmoins sinon que le grand homme avait construit un télescope, du moins qu'*a priori* il en avait conçu la théorie. Peut-être, postérieurement à la rédaction de l'*Opus majus*, expérimenta-t-il l'instrument qu'il décrit dans cet ouvrage; l'*Opus tertium* mentionne, en effet, divers instruments d'optique dont le nom figure dans les catalogues astrologiques du xive siècle.

Quelques savants vont même beaucoup plus loin; ils attribuent sans restriction au Franciscain d'Oxford l'invention du télescope et des lunettes d'observatoire. Selon eux, ces instruments se trouvent indiqués dans l'*Opus tertium* avec une précision telle, qu'il serait injuste de ne pas en mettre la découverte à son actif.

Cette opinion a été surtout soutenue par Wood, historien de l'université d'Oxford, et par S. Jebb, éditeur de l'œuvre du célèbre physicien; d'autres historiens ont suivi leur exemple. Cuvier lui-même applique au télescope la phrase controversée de Bacon, et ne doute pas que l'astronome d'Oxford ne se soit servi de cet instrument. Ce fut, dit-il, l'emploi du télescope qui

le conduisit à reconnaître l'inexactitude du calendrier, « ce qui seul suffirait, » ajoute l'illustre naturaliste, « pour démontrer combien le génie de
Bacon l'avait élevé au-dessus de son siècle. »

Malgré les assertions de ces savants, le fait du télescope n'est pas
encore éclairci, et Bailly, bien que d'un avis contraire à celui de Cuvier,
reconnaît lui-même la force des arguments sur lesquels les partisans du
moine anglais échafaudent leurs hypothèses.

L'édition du *Traité de l'optique* publiée à Francfort renferme un chapitre supplémentaire sur les miroirs concaves. Dans cet écrit, Bacon
semble, au xiiiᵉ siècle, convoiter la gloire d'Archimède, comme le fera
plus tard Buffon, au xviiiᵉ. Les miroirs avec lesquels le physicien de Syracuse incendiait la flotte romaine ont été certainement connus du religieux
d'Oxford ; l'évaluation qu'il donne de leur prix indique même qu'il en a
construit. Dans un autre passage, Bacon nous parle d'un instrument à
la fabrication duquel un de ses amis a travaillé pendant trois ans. Quel
était cet instrument ?...

Une découverte d'optique non moins importante est encore attribuée à
Roger Bacon ; c'est celle des conserves. Cependant la vérité nous oblige à
dire qu'aucun renseignement bien positif ne confirme cette donnée.

Le *Traité de la puissance de l'art et de la nature* mentionne la poudre
à canon et en décrit les effets. C'est sur cette description sans doute que
s'appuient les biographes qui font de Bacon l'inventeur de la poudre.
Peut-être serait-il plus exact d'attribuer seulement au Cordelier d'Oxford
le mérite d'en avoir énuméré pour la première fois les éléments. Disons en
passant que Bacon range, le premier, le manganèse parmi les métaux et
mentionne une espèce de « feu inextinguible » qui, selon M. Jourdain, doit
être le phosphore.

Le *Miroir de l'alchimie* n'est qu'un opuscule d'une douzaine de pages,
qui figure d'ordinaire dans la nomenclature des livres hermétiques sur la
question de l'art transmutatoire. Bacon y montre un esprit plus scientifique que les fauteurs habituels du grand œuvre. La recherche de la pierre
philosophale se réduit, pour le savant Anglais, à une simple opération
métallurgique. Il la croit possible ; mais il n'en parle qu'avec une froide
raison, et ne se vante pas de l'avoir pratiquée. Bref, c'est un alchimiste
judicieux et non un adepte halluciné.

Mais si Bacon ne sut pas se soustraire aux entraînements de son siècle
lorsqu'il accepta les errements des alchimistes, on doit lui rendre cette
justice qu'il fut, grâce à ses travaux, un des créateurs de la chimie. Sans
doute ses idées générales en cette matière ne sont pas très-correctes ; mais,
en revanche, les notions scientifiques qu'on rencontre dans ses œuvres
nous autorisent à le considérer comme le premier écrivain chimique de
l'Europe et l'ancêtre incontesté de Lavoisier.

Ajoutons qu'aucun savant n'a plus de droit que lui d'être compté parmi les philosophes et les penseurs. C'est, en effet, autant l'induction que l'expérience qui a livré au moine anglais tous ces secrets et suggéré toutes ces découvertes. Si, dans son *Opus majus*, Roger Bacon professe que le génie de l'homme peut indéfiniment agrandir le champ des acquisitions scientifiques en appelant à son aide les ressources de la nature, hâtons-nous de dire que la hardiesse du savant religieux n'alla pas jusqu'à prétendre franchir la sphère du possible. L'austère Franciscain entendait tellement, au contraire, respecter les limites assignées par la Providence à l'intelligence humaine, qu'il ne cessa, tant qu'il vécut, de combattre et de flétrir les procédés de la magie. « Tout cela, dit-il, est inutile ou criminel. »

Nous dédions cette phrase aux détracteurs de Bacon.

VI

CÉLÉBRITÉS SCIENTIFIQUES DU MOYEN AGE

Gerbert, Albert le Grand, Roger Bacon, voilà les trois grandes figures scientifiques du moyen âge; ces trois grands hommes résument en eux toute la science de leur temps. Pour dresser le bilan intellectuel du Xe et du XIIIe siècle, il suffit d'ouvrir leurs livres; on y trouve l'état exact des connaissances qui circulaient dans les monastères et les universités de l'époque. Mais Roger Bacon, Albert le Grand et Gerbert furent-ils, pendant l'ère féodale, les seules intelligences d'élite que préoccupa l'étude des sciences naturelles? Si glorieuses qu'aient été leurs recherches, ce serait singulièrement amoindrir et méconnaître le mouvement scientifique du moyen âge que de le restreindre à ces trois savants. La vérité c'est que, loin d'être isolés, le Cordelier d'Oxford, le Dominicain de Cologne et le Bénédictin d'Aurillac entraînèrent dans leur orbite nombre de leurs contemporains avides, comme eux, de connaître et de discipliner au besoin les forces de la nature.

Afin de mieux faire apprécier le concours de ces travailleurs, tantôt célèbres, tantôt obscurs, nous passerons successivement en revue chacune des principales sciences qui ont fixé l'attention de ces « temps barbares ». Est-il besoin de dire que nos aperçus contiendront de nombreuses lacunes? Pour donner un inventaire à peu près complet, un in-quarto au moins serait nécessaire.

§ I

GÉOGRAPHIE

« L'immobilité du moyen âge » est une des thèses favorites de la presse antireligieuse. Pas de journaliste, pas d'historien « indépendant », qui ne représente les hommes de ce temps comme claquemurés dans leurs terres, leur commune et leur patrie. De l'invasion des Barbares à la prise de Constantinople, les Français, les Anglais, les Scandinaves, les Espagnols, etc., sont restés chez eux sans se voir et sans se connaître. Les villes étaient des casernes, et les maisons des casemates. Voilà ce qu'enseignent quotidiennement les écrivains de l'école démocratique. Eh bien, répondrons-nous hardiment à ces fantaisistes, aucune époque n'a peut-être vu autant de déplacements et d'excursions que l'ère féodale. Si paradoxale que puisse paraître de prime abord cette assertion, on verra qu'elle a pour elle l'autorité des faits et l'appui de l'histoire.

Loin d'être exceptionnels, les voyages étaient familiers à toutes les classes de la nation : rois, prélats, gentilshommes, moines, commerçants, trouvères, professeurs, savants, chevaliers, étudiants, ouvriers, parcouraient d'un bout de l'année à l'autre les principaux chemins de l'Europe, obéissant les uns aux exigences de la politique, les autres à la soif des aventures; ceux-ci poussés par l'amour de l'humanité, et ceux-là par la passion de la science.

Et d'abord, est-il besoin de rappeler ces grandes odyssées religieuses qu'on appelle les croisades, et auxquelles prirent part tous les rois et tous les princes de la chrétienté? Parmi ces hauts barons, l'un fonde le royaume de Jérusalem, l'autre revêt à Constantinople la pourpre impériale. Guillaume de Normandie passe le détroit et conquiert l'Angleterre. Henri de Bourgogne s'adjuge la Lusitanie et se fait couronner roi de Portugal. Voilà pour les rois et les grands feudataires. Leurs vassaux sont-ils moins aventureux? Un pauvre gentilhomme de Coutances, Tancrède de Hauteville, se trouvant trop à l'étroit avec ses cinq fils dans l'humble gentilhommière patrimoniale, quitte un beau matin la patrie de Rollon et va, l'épée à la main, arracher aux Sarrasins la possession des deux Siciles.

Ambassadeurs des rois, médiateurs des princes et protecteurs des peuples, les évêques vont à Rome, à Constantinople, en Angleterre et en Espagne; ils négocient les traités, concluent les trêves, pacifient les querelles, font la guerre à l'hérésie, surveillent la discipline, prêchent la croisade, bref, se portent sur tous les points où la guerre sévit, où le schisme éclate et la foi périclite.

Et les trouvères, quels touristes intrépides ! De châteaux en châteaux, Bertrand de Born, Blacas d'Aulps, Guillaume de Figueros, Pierre Cardinal, Armand Vidal et Sordello de Mantoue vont déclamer leurs ballades ou leurs sirventes; ou bien, comme Taillefer à la journée d'Hastings, ils accompagnent les chevaliers, et, la lance d'une main, la viole de l'autre, ils entonnent avant la bataille le bardit de guerre.

De la même race sont ces chroniqueurs dont le chanoine Froissart est le type. La vie de ce vaillant chroniqueur n'est qu'une longue chevauchée à travers la Flandre, l'Espagne, l'Écosse, l'Allemagne, la France, l'Italie. Il rédige en courant ses chroniques; il puise de toutes mains à la table des châteaux et des hôtelleries. Trottant sur sa mule grise, avec sa malle en croupe, et menant en laisse un blanc lévrier, il saisit au passage les nouvelles qui courent comme lui par les chemins; c'est ainsi qu'un beau jour, sur la route d'Orthez à Blois, il fait la rencontre d'un homme d'armes, messire Espaing du Lion, qui met sa monture au pas de la sienne, et, chevauchant côte à côte, l'informe de tout ce qui concerne les châteaux et les villes échelonnés sur leur passage. Clerc de Philippe de Hainaut, reine d'Angleterre, Froissart se rend à sa cour et s'y répand en « beaux dictiés »; il prend part aux fêtes d'un mariage princier; puis du Milanais passe en Brabant, chez le duc Wenceslas; pousse une pointe en Zélande, où il se lie avec un seigneur portugais; de là, revenant sur ses pas, il gagne Blois, où il voit le comte Gui, et ensuite Gaston Phébus à Foix. On dirait que Froissart pressent où sont les germes des événements, et, en chroniqueur scrupuleux, veut assister à leur éclosion.

Aussi ses voyages sont-ils les plus brillants tableaux qui se puissent voir, pleins de tumulte, étincelants de couleurs, splendides de costumes : batailles, fêtes, tournois, siéges de villes, prises de châteaux, grandes chevauchées, escarmouches hardies, nobles faits et maniements d'armes, entrées des princes, assemblées solennelles, bals et habillements de cour, toute la vie militaire et féodale du xive siècle s'y presse, s'y accumule dans une magnifique profusion. Froissart est l'ancêtre de nos *reporters*.

Le nom de Froissart nous ramène naturellement à ces paladins épiques qui, nuit et jour, s'en allaient par le monde, à l'affût du crime et au service du droit. Au milieu de cette époque tourmentée, le chevalier errant était le grand justicier de la Providence. Comme l'a dit le poëte :

> . . . . Dans l'horrible balance
> Où les princes jetaient le dol et violence,
> L'iniquité, l'horreur, le mal, le sang, le feu,
> Sa grande épée était le contre-poids de Dieu.

Les ouvriers et les commerçants sont des excursionnistes non moins intrépides que le chanoine de Douai et les chevaliers errants. Les premiers sont obligés de faire leur tour de France, d'Angleterre ou d'Allemagne , pour acquérir la compétence et l'habileté voulues dans l'art auquel ils se sont voués ; les seconds vont exhiber leurs produits de foire en foire, à Beaucaire, à Troyes, à Guibray et à Nowogorod, vastes entrepôts où s'accumulent, à périodes fixes, les richesses de l'Europe, de la Perse, de l'Égypte et de l'Asie. Mais c'est parmi les républiques italiennes que la passion du commerce prend surtout son essor. Venise et Gênes dominent l'Archipel ; Pise fonde des établissements sur les côtes d'Afrique et s'empare des îles de la Méditerranée ; les négociants florentins ont des comptoirs en France et en Angleterre. Plusieurs colonies italiennes s'établissent autour de la mer Noire ; le Vénitien Sanuto pousse jusqu'au Cambodge ; des marchands de Breslau et de Pologne rencontrent au fond de la Barbarie des trafiquants de Pise et d'Amalfi. Le monde connu est tout entier exploité par les nobles marchands de ces républiques, souvent réunies en confédération commerciale, qui font la guerre et la paix, ressemblent à des nations libres plutôt qu'à des compagnies, et jouissent d'immenses priviléges. On paraît croire que l'industrie est née d'hier ; on en a fait une divinité moderne ; mais qu'on lise Pagnini, Baldelli, Sundi, Munzi, Muratori, on y verra les Génois, en moins de trente jours, armer une flotte de deux cents voiles portant cinquante mille combattants équipés à leurs frais ; et, au commencement du xve siècle, soixante-dix familles florentines payer, en vingt-trois ans, cinq millions de florins d'or d'impôts. On y verra un marchand génois, Megello Lercaro, se mesurer seul contre un empereur grec, et, après la victoire, donner l'exemple de la modération et de la générosité (1). »

Gagnée par ce mouvement, la Provence y participe à son tour ; tous les ans, nos compatriotes de Marseille vont vendre des quantités de vin aux Arabes ; un orfévre de Paris s'établit en Chine, et les marchands navarrais et basques font concurrence, sur tous les marchés, aux riches négociants de Gênes et de Venise.

Restent maintenant les étudiants, les savants, les professeurs, les pèlerins et les missionnaires ; ce sont eux qui sillonnent le plus souvent les routes, ou qui, du moins, rapportent de leurs voyages les impressions les plus utiles à la science. Les célèbres professeurs courent le monde, et surtout les professeurs italiens, justement renommés pour la subtilité de leurs commentaires et la facilité de leur éloquence. On voit même les grandes villes italiennes se disputer ces célébrités scientifiques et ren-

(1) Voir M. Eugène Loudun, *loc. cit.* M. Loudun a merveilleusement dépeint cette vitalité scientifique et industrielle.

chérir les unes sur les autres pour s'abreuver à leur savoir. L'enchère que
l'on établit ainsi coûte quelquefois aux républiques, avides d'instruction
et de gloire, des sommes considérables. Bologne, par exemple, dépense
vingt mille ducats, la moitié de son revenu, pour son université seulement. Quelquefois on fait jurer au professeur de ne jamais quitter l'université dans laquelle il enseigne, ou de ne jamais répéter dans une autre
ville les commentaires dont son cours est composé.

Rien de plus remarquable, au moyen âge, que l'ardeur scientifique qui
s'empare de toutes les intelligences. Un même souffle anime la France,
l'Espagne, l'Angleterre, l'Allemagne, et pousse les esprits vers l'étude.
Dès le xiiie siècle, les Français, les Flamands, les Allemands, les Portugais, les Espagnols, les Anglais, les Écossais fréquentent l'université de
Bologne, qui compte dix mille élèves. Les papes la protègent. Frédéric II
invite spécialement les étudiants à venir à Naples, et toutes sortes de priviléges leur sont octroyés. Il en est de même, du reste, dans presque
toutes les universités. A Paris, Abeilard compte plusieurs milliers d'auditeurs, parmi lesquels vingt cardinaux et cinquante évêques. Le centre de
ce grand mouvement intellectuel, c'est la France; et « la source qui alimente le ruisseau de la science dans le monde entier », pour nous servir de
l'expression de saint Bonaventure, c'est Paris. On s'en va étudier la médecine à Salerne et à Padoue, l'astrologie à Tolède, le droit à Bologne ou
à Orléans; mais il faut rester à Paris pour se familiariser avec les arts
libéraux et s'initier à la théologie, ce *summum scientiæ* (1). Paris contient un si grand nombre d'Italiens riches et savants (nommés alors *Lombards*), que le nom de rue des *Lombards* reste à l'une de ses rues habitée
principalement par des Italiens. Dante, Pétrarque, Boccace passent une
partie de leur vie à Paris; Brunetto Latini y vient comme ambassadeur.
Lanfranc, dans une de ses préfaces, remercie les Parisiens de l'accueil
bienveillant qu'il a reçu d'eux. Quelquefois, à cette époque où toutes les
langues romanes étaient confondues, les Italiens écrivaient leurs ouvrages
en français; ainsi Brunetto Latini, proscrit, écrit son *Trésor* dans notre
langue, et l'on croit que la première rédaction des voyages de Marco Polo
fut également française.

Les écoles abondent dans la capitale; indépendamment du centre uni-
versitaire de la montagne Sainte-Geneviève, un grand nombre d'églises
ont la leur : Notre-Dame, Saint-Germain-l'Auxerrois, Saint-Nicolas-du-
Louvre, Saint-Julien-le-Pauvre, etc. Les Dominicains, à peine arrivés,
ouvrent celle de la rue Saint-Jacques, qui devient en peu de temps la plus
florissante, malgré l'opposition des docteurs séculiers; Robert de Sorbon
viendra plus tard apporter à ces différentes œuvres le complément de sa
fondation. A Toulouse, à Montpellier, l'enseignement jette aussi le plus

(1) Elinand, dans Tissier, *Biblioth. Patr. Cister.*, vii, 257.

vif éclat. Élinand, Alain de Lille trouvent là, parmi les écoliers, des auditeurs instruits et des disciples empressés. De tous les pays de l'Europe,
les étudiants affluent autour des maîtres que leur savoir distingue et po-
pularise. La plupart des savants étrangers, comme Étienne de Langton
et Robert Grosse-Tête, sont en rapport avec l'Université de Paris, soit
comme élèves, soit comme professeurs ou dignitaires. Cette expatriation,
à laquelle l'amour des sciences condamne la jeunesse de l'Allemagne, de
l'Angleterre, de l'Écosse, du Portugal et de l'Espagne, est fort utile aux
étudiants, si l'on en croit le cardinal Jacques de Vitry; car, « dans leur
patrie, dans leur famille, ils vivent au milieu des délices et de mille occupations qui les empêchent de travailler; aussi aiment-ils mieux, quand
ils sont sages, s'en aller ailleurs (1). »

Et quels obstacles ne franchissent-ils pas lorsque l'ardeur scientifique
les domine? Au vi⁰ siècle, Fortunat passe les Alpes pour aller chercher
ses titres de médecine à Ravenne; au xi⁰, Richer franchit les Pyrénées
pour se rencontrer en Espagne avec des étudiants anglais; au xii⁰, c'est
Pierre le Vénérable qui, sur le conseil du Pape, fait le même voyage
pour aller apprendre l'arabe et présider à la traduction du Koran. On
supplée à l'imprimerie et à la rapidité des communications par les voyages,
qui deviennent beaucoup plus rares après la découverte de Gutenberg.
Et d'ailleurs, cette coutume, forçant les élèves à voir beaucoup de peuples
et de pays avant d'écouter un professeur, ajoute l'expérience de la vie à
l'expérience des livres. Grâce à ce réseau d'étudiants, les ouvrages nouveaux se répandent d'un bout du monde à l'autre.

Mais il est une classe de voyageurs que leur enthousiasme entraîne
encore plus loin, et auxquels la science géographique est encore plus
redevable : ce sont les missionnaires; tous les chemins de l'ancien et du
nouveau monde portent la trace de leurs sandales. C'est ainsi que les
Franciscains vont jusqu'en Chine « sur le cheval de saint François », c'est-
à-dire à pied, en traversant, chose prodigieuse, tout le continent asiatique; ils fondent une chrétienté florissante à Pékin, où naguère la France
et l'Angleterre, alliées, n'entrèrent qu'à coups de canon, pour obtenir un
résultat beaucoup moins certain et assurément plus imposé.

Mais ce n'est pas tout, et c'est ici que nous touchons presque au merveilleux.

Lorsque, au xi⁰ siècle, les Scandinaves abordent au Groënland, les
Esquimaux leur apprennent qu'au Sud, au delà de la baie de Chesapeake,
on voit des hommes blancs, vêtus de longs habits de la même couleur, qui
marchent en chantant et portant devant eux des bannières. Eh bien, ces
hommes blancs, ce sont des moines, des Bénédictins. Une tempête les

____

(1) M⁵ N.-D., f⁰ 100, cité par M. Lecoy dans ses remarquables *Études du* xiii⁰ *siècle*.

avait jetés, au viiie siècle, sur la côte d'Amérique, lorsqu'ils croyaient voguer vers l'Islande (1).

Nos archives historiques concordent, du reste, avec celles du Nord pour constater le grand fait de la découverte antécolombienne de l'Amérique. La relation du voyage que deux nobles Vénitiens, les frères Zeni, firent au Groënland en 1380, et surtout la carte exacte qu'ils donnèrent de cette contrée suffiraient seules pour le démontrer. Quelques documents nous renseignent, en outre, sur l'état de la religion dans les anciens établissements scandinaves de l'Amérique. D'après ces pièces, les rapports de l'Amérique avec l'Europe étaient si bien établis, que, dès 1056, une bulle du pape Victor II range l'Amérique septentrionale parmi les contrées soumises à la juridiction de l'archevêque Adalberg de Hambourg. Des députés du Groënland viennent demander des missionnaires à Adalberg, et celui-ci s'empresse de déférer à leurs vœux. Plus tard, en 1181, un évêque nommé Éric se rend du Groënland au Vinland, dans le but de convertir ceux de ses compatriotes encore retenus dans les liens de l'idolâtrie (2). Il est donc permis de considérer comme d'incontestables vestiges de cet apostolat primitif les traditions chrétiennes dont les explorateurs modernes retrouvèrent plus tard les débris.

D'autres documents complètent nos connaissances sur la situation de l'Église catholique dans l'Amérique septentrionale. Les colons norwégiens, nous apprennent ces documents, avaient avec eux des évêques; et, jusqu'en 1418, on les voit payer au saint-siége une contribution de deux mille six cents livres pesant de dents de morses, à titre de dîme et denier de Saint-Pierre (3). Les monuments viennent eux-mêmes offrir leur tribut à l'histoire antécolombienne de l'Amérique. En effet, des voyageurs ne découvrent-ils pas dans le nord de cette partie du monde, et notamment sur les rivages du Groënland, non-seulement des inscriptions runiques, mais les ruines de plusieurs églises?

Durant le xiiie siècle, on fait encore de nouvelles découvertes dans l'Amérique du Nord, et surtout vers le pôle arctique. On les doit aux religieux qui habitèrent le Groënland : après s'être avancés jusqu'au fond de la mer de Baffin, où les pêcheurs du Nord avaient une station d'été, ces moines entrèrent dans le détroit de Barrow (4). Voilà comment de simples prêtres groënlandais traçaient la route d'une exploration qui de-

---

(1) Ce fait résulte des Mémoires laissés par les navigateurs norwégiens, et que M. Christian Kahn a soigneusement recueillis.

(2) Rohrbacher, *Hist. univ. de l'Église cath.* Paris, 1849, t. XIV, p. 80.

(3) Malte-Brun, *Annales des voyages*, t. X, p. 65.

(4) Christiani Rafn, *Antiquitates americanæ.* Copenhague, 1837, p. 80.

vait être, six siècles plus tard, le plus beau titre de gloire des navigateurs de la Grande-Bretagne, de G. Parry et de John Ross (1).

D'autres moines allèrent encore plus loin et s'enfoncèrent plus avant dans l'intérieur des terres, jusqu'au Mexique peut-être. Telle est du moins la conclusion que tire dom Pitra d'un ouvrage qu'il cite dans son *Histoire de saint Léger*. Mais, en dehors de ces explorateurs héroïques, nous pouvons en citer d'autres non moins hardis qui rendirent, eux aussi, de précieux services à la science, soit en décrivant de nouvelles contrées tout à fait inconnues, soit en rectifiant les erreurs de leurs devanciers.

La science du géographe n'a que fort peu à puiser dans les écrits de l'époque franco-gothique. Cependant on peut citer l'ouvrage d'un évêque arménien, Moyse de Chorène, composé au v⁰ siècle, et dans lequel on trouve quelques notions sur certaines régions de l'Asie (2); puis celui de Jornandès, écrit un siècle plus tard, et qui contient de curieux détails sur la géographie du Nord (3). Au vi⁰ siècle, un moine égyptien, nommé Cosmas, visite l'Éthiopie et l'Inde; ses fréquentes excursions dans cette dernière région lui avaient même fait donner le surnom d'*Indopleustes*. Le zèle qui porte les regards des chrétiens vers la Terre-Sainte suscite, au vii⁰ siècle, les premières descriptions de Jérusalem et de ses environs; les pèlerins qui s'y rendent écrivent parfois, à leur retour, l'itinéraire qu'ils ont suivi.

La plus ancienne relation de voyage à la Terre-Sainte est celle de saint Porphyre, évêque de Gaza, qui vivait quelques années après sainte Hélène. Au vii⁰ siècle, saint Antonin parcourt les lieux saints avec un égal esprit de piété. Au siècle suivant, nous trouvons saint Guillebaut, évêque d'Eichstædt en Bavière; ce saint prélat visite quatre fois Jérusalem. Ayant perdu la vue à Gaza, il fut pendant plusieurs mois obligé de se servir du bras d'un de ses compagnons pour marcher. Ce fut dans son second pèlerinage à la ville sainte que ses yeux se rouvrirent, au moment même où il entrait dans l'église où la croix du Seigneur fut trouvée. Citons encore saint Bononius, abbé d'un monastère de Lucques. Ce saint homme avait conçu la pensée du grand pèlerinage, mais avec la même intention que saint François d'Assise, celle de prêcher la foi aux musulmans de l'Égypte et de la Palestine. Il obtint seulement la mise en liberté de tous les captifs chrétiens soumis au roi de Babylone, et, suivi de cette troupe qui le bénissait, revint en Europe par Constantinople.

____

(1) J. Ross, *Narrative of a second voyage in search of a north-west passage.* London, 1835.

(2) Moyse de Chorène ou Korenatzy, *Historia armena, acced. ejusd. epist. geograph.* edit. *Whistonii.* Lond., 1736.

(3) Jornandès, *De rebus gothicis.* Amst., 1665.

En 1035, Robert Ier, duc de Normandie, va pieds nus à Jérusalem avec une suite nombreuse de peuple. Sweyn, le frère d'Harold, tombé à Hastings le 14 octobre 1066, se rend à pied de la Flandre à Jérusalem. En 1064, Siegfried, archevêque de Mayence, Othon, évêque de Bamberg, et les évêques de Ratisbonne et d'Utrecht se rendent en Terre-Sainte, accompagnés de plusieurs ecclésiastiques de tout rang, de comtes et de chevaliers, formant un total de sept mille personnes. Le jubilé de l'an 1300 amena, dit Villani, plus de deux cent mille pèlerins en Palestine.

Les premières croisades provoquèrent de grands voyages. Supposant que les Tartares, toujours en guerre avec les possesseurs de la Terre-Sainte, n'hésiteraient pas à s'allier aux chrétiens, les papes leur expédièrent plusieurs ambassades, et ce furent des religieux qu'on chargea de cette périlleuse mission. Saint Louis fit ensuite les mêmes tentatives. Telle fut l'origine de nos premières explorations au centre de l'Asie. C'était la voix de la religion qui faisait franchir tous ces déserts et braver des peuplades plus redoutables encore.

Chargé par le pape Innocent IV de se rendre près du khan de Tartarie, saint Jean de Plano Carpini partit en 1246, accompagné d'un religieux polonais nommé Benoît. Les deux voyageurs traversèrent l'Europe en s'arrêtant à la cour de divers souverains, et, à la suite de nombreuses haltes, ils arrivèrent enfin près d'un prince auquel on décernait le titre d'empereur, et qu'ils trouvèrent assis sur un trône d'ivoire constellé de pierreries. Peu d'années après le voyage de Carpini, le Pape tente de nouveau d'entrer en relation avec les peuples de la Tartarie. Une seconde ambassade fut donc décidée. Elle se composa de quatre religieux commandés par un Dominicain, nommé Nicolas Ascelin (1). Les voyageurs traversèrent une partie de l'Asie, et se rendirent d'abord à l'armée du khan, qui se trouvait alors en Perse. Là, ils subirent les traitements les plus barbares, et ce ne fut qu'après un séjour de trois ans et demi en Perse qu'Ascelin put rentrer à Rome. Les intérêts du catholicisme portèrent aussi le Franciscain Oderic de Portenau à parcourir l'Asie; Oderic partit vers 1314, et ne revint que quinze ans après.

Tels sont les principaux voyageurs de l'ère féodale; malgré leur instruction insuffisante, ils tirèrent cependant de leurs dangereuses courses plus de bénéfice qu'on ne pouvait raisonnablement en espérer. Ajoutons que leurs récits eurent l'avantage de charmer les lecteurs du moyen âge, dont ils piquaient la curiosité. Le seul reproche qu'on puisse faire à ces charmants conteurs, c'est leur excessive crédulité. A. de Humboldt, dont l'autorité est si grande en pareille matière, leur rend néanmoins justice, et

(1) La relation de cette ambassade est insérée dans les mémoires de Simon de Saint-Quentin et dans l'œuvre de Vincent de Beauvais.

voici comment il apprécie leur œuvre : « L'intérêt qui s'attachait alors aux relations de voyages, dit-il, était presque tout dramatique. Le mélange facile et nécessaire du merveilleux leur donnait presque une couleur épique. Les mœurs des peuples, dans ces récits, ne sont pas exposées sous forme de description, elles sont mises en relief par le contact des voyageurs avec les indigènes. Les végétaux n'ont pas encore de nom et passent inaperçus, si ce n'est que de temps à autre on signale un fruit d'une saveur agréable ou d'une forme étrange, ou bien un arbre qui frappe les regards par les dimensions extraordinaires de son tronc et de ses feuilles. Parmi les animaux, on dépeint de préférence ceux qui se rapprochent le plus de la forme humaine, ceux qui sont le plus attrayants ou le plus dangereux. Les contemporains croyaient encore à tous les périls dont on les effrayait, et que peu d'entre eux auraient affrontés. La longueur des traversées faisait paraître le pays de l'Inde (on nommait ainsi toute la zone des tropiques) comme reculé dans un lointain incalculable. Colomb n'était pas encore en droit d'écrire à la reine Isabelle : « La terre n'est pas immense ; elle est beaucoup moins grande que le vulgaire ne se l'imagine (1). »

§ II

MÉDECINE

La médecine est peut-être, avec la géographie, la science qui occupe le premier rang dans l'ordre chronologique.

Durant les premiers siècles du moyen âge, la médecine, considérée comme une œuvre pie, est, chez les nations chrétiennes de l'Europe occidentale, totalement confiée aux moines. Déjà Cassiodore nous indique ce caractère religieux de l'art médical, lorsque, décrivant la bibliothèque de son monastère de la Calabre, il recommande aux moines de ce couvent la lecture des livres touchant l'art de guérir. Jusqu'à la fin du xi° siècle, le nombre des couvents où l'on enseignait la médecine était considérable. Aussi cette science resta-t-elle longtemps dans les mains du clergé. Les rois de France, pendant cette période, demandent souvent leurs « archiatres » aux ordres religieux : le médecin de Philippe-Auguste est un moine de Saint-Denis, nommé Rigord ; Louis VI a pour médecin Obison, chanoine de Paris ; Louis VII, Lombard, chanoine de Chartres ; Jean le Bon, Pierre d'Auvergne, chanoine de Paris, et Jean de Cisco, chanoine

(1) Humboldt, *Cosmos ou Essai d'une description physique du monde.* Paris, 18.. t. II, p. 77.

de Nantes ; Charles V, Gervais Chrétien, chanoine de Paris ; saint Louis, Robert de Douai, chanoine de Senlis ; Charles VI, Jean Tabari, évêque de Térouanne ; et Charles VII, Jean Avantaigne, évêque d'Amiens.

Au XIIe siècle, les religieuses rivalisent elles-mêmes de zèle avec les moines, et prodiguent leurs soins aux malades. A cette époque, Abeilard ne craint pas d'engager les moniales du Paraclet à se livrer à la chirurgie (1). La renommée de quelques-unes de ces pieuses femmes a franchi les murs de leurs cloîtres, et s'est étendue jusqu'à nous. Une des plus célèbres fut sainte Hildegarde, abbesse du couvent du mont Rupert, sur les bords du Rhin. On doit à cette religieuse un traité d'histoire naturelle médicale (2). De temps à autre aussi, les villes sont fréquentées par des « mires » ou des espèces de charlatans, qui débitent des remèdes dans les rues et sur les places publiques. On n'ose pas commencer d'opérations sans consulter les étoiles, ni saigner un malade dans le dernier quartier de la lune. On traite la léthargie en attachant une truie dans le lit du malade ; la maladie des reins, en peignant un cœur de lion sur une feuille d'or que l'on suspend au cou au moment où le soleil passe sur le méridien ; la chair de lion, l'huile de scorpion, les cloportes, les toiles d'araignée, la corne de cerf, la râpure de tête de mort, toutes les substances les plus excentriques sont préconisées comme des remèdes. Dans les campagnes, la médecine est pratiquée, sinon d'une façon plus éclairée, au moins avec une louable abnégation dans les châteaux, où les femmes des seigneurs étudient empiriquement la vertu des plantes.

L'Italie est le berceau de l'enseignement médical en Europe. Vers le milieu du moyen âge, les Bénédictins y fondent les écoles du Mont-Cassin et de Salerne, les plus anciens établissements de la chrétienté. L'école du Monte Cassino avait son siège dans le couvent fondé au VIe siècle par saint Benoît, sur l'une des pentes de l'Apennin, dans le site appelé *Terra di Savor*. Dès le IXe siècle, cette école acquiert un certain renom. L'abbé Berthier fait alors des cours de médecine, et compose des ouvrages sur cette science. Plus tard, les moines de tous les pays se rendent au Mont-Cassin pour y étudier, et les malades vont y chercher leur guérison (3). Au XIe siècle, la célébrité du Mont-Cassin est telle, que Henri II, roi de Bavière, s'y rend pour se faire traiter de la pierre. Les chroniqueurs racontent, à ce sujet, que le monarque guérit, mais grâce à l'intervention miraculeuse du saint fondateur. Saint Benoît lui pratiqua l'opération pendant son sommeil, lui mit le calcul dans la main, et cicatrisa immédiatement la plaie.

(1) Abeilard, *Epist.* Paris, 1606, p. 155.
(2) Sainte Hildegarde, *Hildegardis physica sacra.* Argent., 1544.
(3) Sprengel, *Histoire de la médecine.* Paris, 1815, t. 11, p. 554.

L'école de Salerne fut plus célèbre encore que celle du Mont-Cassin. Les chroniques du temps nous apprennent qu'au viii⁰ siècle elle avait acquis une renommée européenne ; mais ce fut seulement au xi⁰ que les moines de cette corporation commencèrent à délaisser la méthode un peu primitive qu'ils avaient d'abord employée, pour lui substituer une médication basée sur les connaissances scientifiques de leur époque. S'il existe quelque incertitude à l'égard de la fondation de l'école de Salerne, on sait au moins exactement que ce fut au xiii⁰ siècle qu'elle parvint à son plus haut degré de splendeur. Frédéric II réorganisa l'enseignement, améliora le sort des professeurs, et leur réserva la collation des grades. Les candidats qui satisfaisaient aux examens de médecine recevaient le titre de *magister*. Si l'examen portait sur la physique d'Aristote, on y ajoutait celui de *magister artium et physicæ*. Le titre de docteur conférait le droit de professer (1). Cuvier trouve dans cette institution primitive une organisation si savante, qu'il n'hésite pas à la considérer comme l'origine et le modèle des universités postérieures (2). Frédéric II ne se contenta pas d'imprimer une vigoureuse impulsion à l'enseignement médical, il décida que les candidats subiraient, avant d'être reçus, un examen sur l'anatomie. Tout candidat qui n'avait point satisfait aux épreuves ne pouvait pratiquer la moindre opération chirurgicale, ni même traiter une plaie ou soigner un ulcère.

L'homme dont le mérite a le plus influé sur la célébrité de l'école de Salerne est Constantin l'Africain. Après avoir, pendant près de quarante ans de sa vie, fréquenté les écoles de l'Orient, ce savant revint se fixer dans sa ville natale ; mais ses compatriotes, méconnaissant un mérite qu'ils n'attribuaient qu'à la magie, le persécutèrent avec acharnement. Ils allaient le livrer au dernier supplice, lorsque Constantin s'échappa furtivement, et vint se réfugier à Salerne, où le duc Robert lui fit un sympathique accueil. Plus tard, ce prince en fit son secrétaire ; mais Constantin renonça peu de temps après à cette dignité, et vint humblement prendre l'habit monacal au Mont-Cassin. Ce fut même dans ce cloître qu'il écrivit ses principaux ouvrages.

L'école de Montpellier, créée postérieurement à celle de Salerne, reçut la même organisation que son aînée.

Paris ne fut pas bien longtemps après favorisé d'une institution analogue.

L'enseignement supérieur de la médecine prit naissance vers le milieu du xii⁰ siècle, et sous le règne de Louis VII. Choisis parmi les hommes

____

(1) Sprengel, *Histoire de la médecine.* Paris, 1815 ; t. II, p. 363.
(2) Cuvier, *Histoire des sciences naturelles.* Paris, t. I, p. 397.

lettrés, les premiers membres du professorat appartenaient tous à l'état ecclésiastique, et même, selon Hazon, l'école de médecine de Paris eut primitivement son siège dans le monastère de Saint-Victor. Aussi, pour se conformer à cette maxime : *Ecclesia abhorret a sanguine*, les prêtres abandonnèrent-ils aux laïques toutes les opérations manuelles. C'est de cette époque que date la séparation de la médecine et de la chirurgie (1). Cette scission était tellement dans le principe de l'institution, que les médecins, en recevant l'investiture de leur charge, s'engageaient, par serment, à renoncer à la pratique chirurgicale, regardée alors comme incompatible avec la dignité de l'art.

Les médecins, d'après les règlements de l'université, ne pouvaient contracter mariage, ce qui les fit embrasser les ordres (2). Les scrupules que dut naturellement faire naître leur situation, donnèrent à l'exercice de la médecine une physionomie toute particulière. L'exploration d'un certain nombre de maladies étant incompatible avec la pureté du sacerdoce, ils en abandonnèrent le traitement aux chirurgiens. D'un autre côté, ne pouvant se multiplier assez, ceux-ci s'accoutumèrent à confier aux barbiers, qu'ils employaient comme de simples serviteurs (*frater*), les pansements et les saignées (3). Les médecins respectèrent jusqu'au milieu du xvᵉ siècle la loi du célibat. Ce fut seulement en 1452 que le cardinal d'Estouteville leur permit de se marier (4).

Les annales de l'art médical rappelleront toujours avec reconnaissance le souvenir de Jean Pitard, le fondateur, en quelque sorte, de la chirurgie française. Né en 1228, il avait à peine trente ans, lorsque saint Louis le choisit pour son chirurgien. Après avoir suivi ce monarque en Orient, dès qu'il fut de retour en France dans sa patrie, son premier soin fut d'y organiser l'enseignement de l'art chirurgical. Pitard obtint de saint Louis que désormais la chirurgie eût une existence dans l'État, et qu'elle reçût une réelle organisation. Jusqu'alors les chirurgiens n'avaient été astreints à aucune règle ; Pitard leur fit donner des professeurs, et depuis lors tout individu de cette corporation n'obtint la permission d'exercer qu'après des examens rigoureux. L'institution nouvelle prit le nom de *Collège* ou de *Société de Saint-Côme*, patron des chirurgiens. L'humanité du monarque ne mit qu'une seule condition à sa libéralité : Pitard et ses confrères durent s'engager à donner gratuitement leurs soins aux malades incurables qui se réfugiaient dans les *charniers* établis autour des églises.

(1) Fournier, *Dictionnaire des sciences médicale s*. Paris, 1813 ; t. V, p. 116.

(2) *Ibid.*, p. 117.

(3) A Barcelone, les perruquiers sont encore investis du même privilége. A leurs vitrines les flacons d'eau de Cologne alternent avec les bocaux de sangsues, et sur leurs enseignes brille le mot de *sangrador*.

(4) Étienne Pasquier, *Recherches de la France*, liv. III, chap. xxix.

Arnaud de Villeneuve mérite d'occuper la première place dans l'histoire médicale du moyen âge. La célébrité, la variété de ses connaissances et le nombre considérable de ses écrits, font de ce savant une des plus grandes figures de l'époque. Arnaud de Villeneuve s'adonna tout à la fois à la médecine et à l'alchimie. Ses travaux alchimiques ne furent pas sans utilité; il connaissait le bismuth et l'émétique, et sut préparer l'eau de la reine de Hongrie; enfin, il soupçonna la cause de l'action des vapeurs de charbon.

Arnaud de Villeneuve se plaça tellement haut dans les bonnes grâces de Clément V, que, lorsqu'il mourut, le Souverain Pontife exprima publiquement son deuil; mais, non content de manifester ses regrets, Clément IV voulut se consoler de la perte de son médecin en recueillant religieusement ses œuvres. Une lettre encyclique, adressée à tous les évêques et à toutes les universités, enjoignit aux sujets du Saint-Siége de chercher et de découvrir le traité de médecine qu'Arnaud avait composé pour Clément V, et menaça de l'excommunication ceux qui le lui déroberaient (1). Tel était le prix que l'Église attachait à la science.

Pierre d'Apono, ou mieux d'Abono, né vers 1250, en la ville d'Abono, dans le Padouan, fut, après Arnaud de Villeneuve, le plus célèbre médecin du xiiie siècle. Le pape Honorius le payait quatre cents ducats par jour, lorsqu'il l'appelait dans ses maladies (2).

Vers la fin du xiiie siècle, la France comptait comme un de ses plus remarquables médecins Bernard de Gordon, professeur à l'école de Montpellier. Un des ouvrages de Gordon, le *Lys de la médecine*, contient un document précieux pour l'histoire des sciences. Parmi une foule de recettes qui y sont entassées, on rencontre celle d'un collyre capable, selon l'auteur, de faire lire à un vieillard les lettres les plus fines, sans qu'il ait besoin d'employer des lunettes...; cette assertion ne donne-t-elle pas à croire que l'invention de ces instruments est antérieure à l'époque qu'on lui assigne d'ordinaire?

La plus pure réputation médicale de tout le moyen âge fut, sans contredit, celle de Guy de Chauliac, originaire du village de Chauliac, situé sur la frontière de l'Auvergne, dans le Gévaudan. Chauliac fut le médecin de Clément VI, d'Innocent VI et d'Urbain V, qui lui donna le titre de

---

(1) Andry, *Biographie d'Arnaud de Villeneuve; Encycl. méth.*, t. II, p. 296. *Biographie médicale*; Paris, 1820, t. I, p. 335. Ce traité était sans doute celui intitulé : *Practica summaria, seu regimen ad instantiam Domini papæ Clementis*, qui n'est qu'un sommaire du *Breviarium practicæ*; Milan, 1483.

(2) Hœfer, *Histoire de la chimie*. Paris, 1842, t. I, p. 395.

chapelain ou de lecteur de la chapelle pontificale (1). L'anatomie doit beaucoup à Guy de Chauliac. Personne n'avait avant lui aussi vivement recommandé aux chirurgiens l'étude de cette science. Son traité d'anatomie renferme quelques conceptions ingénieuses. Nous avons déjà signalé dans les écrits d'Albert certains aperçus qui semblent préluder à la doctrine de Gall; Guy de Chauliac émet des vues semblables, et fait, lui aussi, des lobes du cerveau les organes distincts et indispensables des diverses facultés intellectuelles.

Parmi les illustrations médicales et chirurgicales du xiiie siècle, citons encore : Brunus, Jean de Saint-Amand, chanoine de Tournay, abréviateur d'Hippocrate, de Galien et de Mesné; Roger, qui pratiqua son art à Salerne, et rédigea un Manuel de Chirurgie, que les étudiants désignaient sous le nom de Rogérine; Pierre d'Espagne ou de Portugal, successeur du pape Adrien V; Thaddée; Roland, professeur à Bologne; Simon, de Gênes; Théodoric, qui, d'abord Frère Prêcheur et par la suite évêque, s'acquit un grand renom à Bologne, et enfin Guillaume de Salicet.

Une remarque à propos de ce dernier. On peut reconnaître, en lisant les ouvrages de Salicet, que le mot *algèbre* vient du verbe *djabas*, qui veut dire *restituer*, et du substantif *djebr*, dont le sens propre est réduction des os, et le sens figuré : réduction mathématique *fractionum ad integritatem*. Un des livres de Salicet porte, en effet, le titre suivant : *Liber tertius de algebra, id est, de Restauratione convenienti circa fracturam et dissolutionem ossium.* Voilà pourquoi, sans doute, en espagnol et en portugais, le mot *algebrista*, signifie chirurgien. Ce Guillaume de Salicet, qui pratiquait de son temps l'opération de la pierre et soupçonnait même la possibilité de la lithotritie, avait signé l'engagement de soigner pendant deux années consécutives un étudiant allemand, moyennant trente-six livres de Bologne, s'il était atteint d'une maladie déterminée. Singulier contrat, qui n'est plus dans nos mœurs, et qui éclaire d'un certain jour les rapports qu'entretenaient au xiiie siècle les malades avec leurs médecins. Les praticiens du moyen âge semblaient avoir usurpé l'influence politique des médecins orientaux : les uns devenaient évêques, les autres jouissaient de priviléges et d'immunités considérables, et même, dans certaines républiques italiennes, du droit de porter un costume plus riche que les autres citoyens.

A l'étude de leur art la plupart des médecins joignaient l'étude de la théologie. Grâce à cette double instruction, ils étaient naturellement moins accessibles aux idées matérialistes qui font tant de victimes parmi les savants de notre époque. Autre supériorité du moyen âge sur le nôtre : aux termes des statuts de leur corporation, les médecins devaient s'intéresser

(1) Renouard, *Histoire de la médecine.* Paris, 1846; t. I, p. 455.

aux besoins spirituels de leurs malades, et ne pas les laisser mourir sans sacrements (1).

§ III

ASTROLOGIE ET ASTRONOMIE

Dans l'antiquité, et pendant le moyen âge, les deux mots inscrits en tête de ce paragraphe étaient presque synonymes. Le mot astrologie désignait à la fois l'astronomie et les pratiques des astrologues ; et, toutefois, l'expression *astrologia judiciaria*, « l'astrologie judiciaire, » servait souvent à distinguer l'astrologie de l'astronomie, plus spécialement connue sous le nom d'*astrologie* naturelle, *astrologia naturalis*, ou simplement *astronomia*. L'astrologie judiciaire était la prétendue science des influences astrales sur les existences terrestres. Les hommes qui pratiquaient cet art se nommaient *mathematici, astrologici* ou *chaldæi*.

On s'est beaucoup moqué, et on a eu raison, de la science astrologique ; mais le principe sur lequel elle repose n'en est pas moins incontestable. Il est impossible de nier, en effet, que les sphères célestes exercent une action sur la terre et sur les corps. Cette action, les sens, il est vrai, ne peuvent l'apprécier, mais elle n'échappe pas à l'âme. Il est certain, du moins, que chez les personnes douées d'une sensibilité exaltée, comme les lunatiques, l'âme est sujette à des influences sidérales que ne subissent pas la majorité des mortels. Maintenant, cette influence astrale provient-elle de notre insensibilité ou de son absence ? Ce n'est pas ici le lieu d'examiner ce problème. Quoi qu'il en soit, le devoir de la science est de réunir les faits, afin de pouvoir se prononcer, et, jusqu'à ce qu'une décision intervienne, la question doit rester pendante. Malheureusement, les créateurs de l'astrologie ne crurent pas devoir attendre cette décision, et, partant d'une conception *a priori*, ils ne prirent d'autre guide que leur fantaisie. Ils cherchèrent d'abord quelle action chaque corps sidéral exerce sur les êtres physiques lors de leur conception ou de leur naissance, et ensuite l'influence qu'ils font prévaloir à travers les différentes périodes de leur existence. C'est ainsi, par exemple, qu'ils désignent la planète Jupiter comme l'astre sous lequel naissent les hommes sages, beaux, bons, sérieux, prudents, justes, généreux, riches, fidèles, honorés, heureux, et qui veille, parmi les organes humains, sur le poumon,

____

(1) Humbert de Romans, *Max. Biblioth. Patrum*, xxv, 489.

le foie, les reins, les artères et le pouls; parmi les pierres précieuses, sur
l'émeraude, le saphir, l'améthyste, la turquoise; parmi les métaux, sur
l'étain; et parmi les plantes, sur les roses, les lauriers, le safran, le
santal, l'ambre, le camphre, la canne à sucre, le musc, etc. (1).

Mais comme le ciel, loin d'être constellé d'un seul astre, est parsemé
de planètes, il fallut déterminer non-seulement l'influence isolée d'un seul
astre, mais son influence collective. A cet effet, les astrologues divisèrent
le ciel en douze sections, correspondant aux douze signes du zodiaque,
et qu'on nomma zones. Chacune de ces zones fut à son tour subdivisée
en sphères d'un diamètre plus restreint. On eut, par exemple, la première
zone nommé *horoscope*, qui décide de la naissance, de la durée de la vie,
du tempérament, etc.; la seconde, qui concerne les richesses, les biens
meubles, le commerce, les transactions, etc.; la troisième, qui agit sur les
frères et les sœurs; la quatrième, sur les parents, etc. Voulait-on consulter les sphères célestes, l'astrologue observait et marquait d'abord la
disposition des astres, à un moment donné, dans les diverses zones du
ciel. Cette disposition se nommait thème, *thema*. Il fallait chercher et
calculer la zone dominante, et, dans celle-ci, l'astre dominant; puis dans
quelle proportion, jusqu'à quel point l'influence de cet astre pouvait être
modifiée par les autres constellations plus ou moins éloignées. Le résultat
de ces calculs était nommé jugement, *judicium :* de là, la dénomination
« d'astronomie judiciaire ». Les règles du calcul astral étaient nettement
fixées. Ainsi, l'astrologue déterminait l'influence que Saturne exercerait
dans la première, la seconde, la troisième zone, etc. Comme ces règles
dépendaient de l'imagination de ces charlatans, il est inutile de faire observer qu'elles n'étaient pas invariables; Rantzow, par exemple, nous
donne un tableau synchronique des interprétations les plus autorisées, et
ces interprétations sont tellement contradictoires, que le ridicule en saute
tout de suite aux yeux. Eh bien, malgré le discrédit qui devait frapper
un système aussi arbitraire, l'astrologie n'en obtint pas moins la confiance
des peuples. Dès l'origine du monde jusqu'au XVIIIe siècle, nous voyons
l'humanité interroger le ciel, et demander aux orbites planétaires l'intuition de l'avenir (2).

Ne nous étonnons donc pas que le moyen âge, dont les connaissances
scientifiques étaient naturellement moins complètes que les nôtres, se soit
livré aux pratiques de l'astrologie. Mais là aussi, comme partout, du
reste, apparaît l'action véritablement bienfaisante de l'Église : seuls parmi
leurs contemporains, les papes et les évêques s'élèvent contre ce charlatanisme médical. A partir des premiers Pères de l'Église jusqu'au dernier
d'entre eux, en Occident, les auteurs ecclésiastiques le combattent, et en

(1) Welper, *Tractatus genethlialogicus,* p. 20.
(2) Voir Ch. Aberlé, *Encyclopédie théologique.*

déclarent l'exercice « un grave péché ». En 1357, le Franciscain Jean de la
Roquetaillade, convaincu de s'être mêlé d'astrologie judiciaire, et d'avoir
répandu des prophéties sur le compte des princes du temps, est condamné
à la prison par ordre du Souverain Pontife.

Le cardinal de Vitry émet, au xiii° siècle, le jugement suivant sur les
astrologues : « Certains individus ont avancé que les constellations influent
sur *le libre arbitre*, et une foule d'autres témérités, dans l'espoir de passer
pour de grands-savants. Tous ces professeurs de vanité sont à fuir (1). »
Un peu plus loin, le même prélat s'élève contre les vaines prédictions des
astrologues, abus qui n'était pas près d'être déraciné. Il en est de même
de la magie. Déjà poursuivie au xii° siècle, et surtout au xiii°, elle est de
nouveau condamnée par Benoît III. En 1408, l'université de Paris la
confond dans le même anathème avec l'astrologie, qu'elle taxe « de science
réprouvée »..

L'astronomie, comme nous le disions tout à l'heure, ne se distinguait pas
au moyen âge de l'astrologie. Elle en était une branche complétement indépendante et séparée. Le plus ancien astronome européen qui mérite une
mention spéciale, et celui dont l'œuvre remonte à la date la plus ancienne,
est un moine anglais, appelé Jean de Sacrobosco, qui florissait vers les
premières années du xiii° siècle. Ce savant religieux vint faire un cours de
philosophie et de mathématiques à Paris (2). Aussi adonné à la philosophie qu'aux mathématiques, Sacrobosco conçut le projet d'imprimer
un nouvel essor à l'étude de l'astronomie. A cet effet, il commença par
donner un abrégé de l'Almageste de Ptolémée. Son *Traité de la Sphère*,
écrit plus tard, servit longtemps de guide aux astronomes. C'est une sorte
de rudiment, dans lequel se trouvent réunies toutes les notions scientifiques de l'époque. Sacrobosco est, en outre, l'auteur d'un traité d'arithmétique, et d'un ouvrage sur les quadrants (3).

Dans le même siècle, deux puissants monarques, l'empereur Frédéric II
et Alphonse X de Castille, rivalisent de zèle scientifique et cultivent les
arts avec la plus vive ferveur. Alphonse, qui dut le surnom de *Sage* à
l'étendue de ses connaissances, ne s'occupe pas seulement d'étudier les
œuvres des anciens, il en rectifie aussi les erreurs. Avant de monter sur
le trône, il conçut le projet de corriger les *Tables* de Ptolémée, et, pour
y parvenir, il convoque à Tolède les savants les plus en renom de son
époque, et préside lui-même les assises de ce congrès. L'ouvrage auquel
la collaboration de tous ces doctes personnages donna naissance fut naturellement attribué au souverain, et prit le nom de *Tables alphonsines*. Par

(1) Ms N.-D., 76, f° 31.
(2) Bailly, *Histoire de l'astronomie moderne*. Paris, 1779; t. I, p. 676.
(3) Delambre, *Histoire de l'astronomie au moyen âge*. Paris, 1815; p. 24.

une remarquable coïncidence, les *Tables* parurent le jour même du couronnement d'Alphonse, en 1252. On dit que cette œuvre ne lui coûta pas moins de quarante mille ducats. Une pareille initiative justifie surabondamment le surnom d'*Astronome* accordé par les contemporains au roi de Castille (1).

Le cardinal Cusa, dont nous avons déjà parlé, a sa place marquée parmi les astronomes de cette époque. Ses rectifications des *Tables alphonsines* suffiraient pour lui donner ce droit. Mais là ne se bornent pas les titres de Cusa. L'éminent cardinal est le premier parmi les modernes qui, renouvelant l'opinion de Philolaé de Crotone et de quelques autres disciples de Pythagore, proclama que la terre tourne autour du soleil (2). C'était se mettre hardiment en opposition avec le système de Ptolémée; mais qu'importait à Cusa? Il aimait mieux braver l'opinion de ses contemporains que de faillir à la vérité.

L'Autrichien Pembach suivit la voie du savant cardinal et donna la *Theoria planetarum*, dont la publication remonte à l'année 1488. L'Anglais Batecombe fut aussi un mathématicien astronome; ses traités *De Sphæræ concavæ fabrica et usu, De Sphæra solida, De Operatione astrolabii* sont restés célèbres. Condova, un médecin astronome de Séville, compléta l'*Almanach perpétuel* de Zacuth et l'enrichit de tables astronomiques. J. Muller, dit Regiomontanus, occupa la chaire de l'astronomie à l'université de Padoue. Son œuvre comprend des *Ephemerides astronomicæ, Kalendarium novum, Tabulæ directionum, de Triangulis planis et sphæris*. La *Philosophie hermétique*, ou *Alchimie*, et la *Recherche de la pierre philosophale* de Bernard de Trévise furent longtemps en vogue. L. B. Alberti, neveu du cardinal Degli Alberti, chanoine de Florence, construisit une chambre noire destinée à l'observation des étoiles. On doit au médecin Bernard de Lates l'invention d'un anneau dont les savants se sont longtemps servis pour mesurer la hauteur des étoiles et du soleil. Dès le xiiie siècle, la rotondité du globe était affirmée comme une *vérité* banale par un anonyme anglo-normand. « L'Esprit-Saint, dit ce chroniqueur, a *raempli tot le siècle qu'il apele orbem, cercle, pur ço que li siècle est tot rouns* (3). » L'abbé de Cluny dit à son tour, en comparant la lune à l'âme humaine, qu'elle reçoit sa lumière du soleil sans avoir par elle-même aucun éclat. Un chanoine prémontré, Robert de Wimi, se montre particulièrement versé dans cette science. L'astronomie est également familière au Dante. Tout en suivant le système planétaire de Ptolé-

---

(1) Sacrobosco, *Algorithmus; De compositione quadrantis simplicis et compositi et utilitatibus utriusque*. Mss Bibl., n. 7196.

(2) Cardinal Cusa, *De docta ignorantia*, lib. II et lib. XII.

(3) Ms fr. 13316 5° 148.

mée, l'illustre poëte signale les quatre étoiles situées près du pôle antarctique, celles que les Européens ne connurent que longtemps après, lorsqu'ils avancèrent vers les régions équinoxiales. Ces constellations de l'hémisphère austral lui avaient sans doute été indiquées par Albert le Grand. De même que ce dernier, le Dante fait souvent allusion aux antipodes. Homme étonnant, peintre, musicien, cultivant les arts avec succès, philosophe et théologien, tout en composant son grand poëme, il se livre à l'astronomie, cultive la géométrie, et, dans son *Convito*, affirme la rotondité de la terre et en détermine le diamètre.

A la même époque, François Stabili, plus connu sous le nom de Cecco d'Ascoli, affirme que la terre est ronde, et que la voie lactée n'est qu'un amas de petites étoiles. « Les étoiles filantes sont, dit-il, des vapeurs enflammées ». Stabili parle des pierres, de la foudre et des aérolithes métalliques, explique la formation de la rosée, la naissance de l'écho par la réflexion des *ondes sonores*, compare l'arc-en-ciel à la réfraction du verre, et développe des idées fort justes sur la formation des éclairs. L'Italie fournit alors les plus illustres savants de l'Europe ; on se dispute surtout ses astronomes géomètres et ses physiciens. Quelques savants de cette nation savent dès lors évaluer le temps qui s'écoule entre deux phénomènes ; ils se servent de l'astrolabe, avec lequel ils mesurent l'arc que décrit le soleil entre deux observations. Au IX\ :sup siècle, un Florentin constate une erreur de trois jours dans le calendrier. Un tel fait ne prouve-t-il donc pas que l'Italie possédait des instruments assez exacts pour déterminer le solstice ?

§ IV

LA CHIMIE

Malgré ses ridicules erreurs et ses pratiques absurdes, l'alchimie n'en a pas moins devancé la physique et la chimie. Au milieu d'une multitude de procédés et d'appareils ridicules, les chercheurs de la pierre philosophale opéraient, sans le vouloir, les découvertes les plus utiles. La distillation de l'alcool s'accomplissait à peu près comme de nos jours ; on fabriquait, à l'aide de l'aimant, de petits cygnes dont on dirigeait les mouvements à volonté ; d'ingénieux savants faisaient fleurir les végétaux en hiver ; la combinaison de plusieurs miroirs produisait une espèce de fantasmagorie qui trahissait des connaissances géométriques très-étendues, et l'on sait combien les savants modernes ont eu de peine à trouver la véritable composition du feu grégeois, qui n'est pas encore bien connu.

et dont les diverses recettes sont complétement contradictoires. Tantôt on le lançait avec des machines comme une bombe, tantôt c'était un liquide enflammé qu'un long tube éparpillait sur l'ennemi.

Les connaissances chimiques du moyen âge se révèlent plutôt dans ses conceptions artistiques et monumentales que dans ses livres. Les cathédrales gothiques, les mosquées de l'Orient, les collections de Palerme, de l'Escurial et de Paris attestent un savoir et des connaissances que notre époque n'a pas encore surpassés.

Pour ne parler que des peintres, les couleurs avaient un éclat et une fixité dont nous avons complétement perdu le secret; il suffit de comparer, par exemple, les tableaux d'Horace Vernet avec les quelques toiles qui nous restent de Masaccio, d'Andrea del Sarto, etc., pour être convaincu de l'incontestable supériorité du moyen âge en cette matière. Les premiers, au bout de vingt ans à peine, se noircissent et s'écaillent; quatre siècles n'ont pas amorti les magnifiques reflets des seconds.

Le XIXᵉ siècle a également perdu l'art de mettre l'or en relief sur les manuscrits.

Un traité, encore manuscrit, d'Héraclius, *De coloribus et artibus Romanorum*, nous prouve l'antiquité de la peinture à l'huile. On y remarque un chapitre *De oleo, quomodo aptatur ad distemperandum colores*. La métallurgie ne manquait pas aux arts renaissants. Dès l'année 1180, Bonanno avait exécuté les portes en bronze du Dôme de Pise. Florence, en 1252, frappe des florins d'or, et Dante jette dans son *Enfer* plusieurs faux monnayeurs de la même époque. Un écrivain du XIVᵉ siècle, Pegolotti, a laissé sur les opérations métallurgiques un livre qui prouve que les alliages, les proportions des métaux et les règles de la fonte n'étaient pas inconnus de ses contemporains.

Les chefs des grandes exploitations métallurgiques, les ouvriers ingénieux qui fabriquaient les verres colorés ou les émaux, et les artistes qui les peignaient, tous pratiquaient leur art avec une discrète réserve. Les nouveaux procédés qu'ils inventaient n'étaient jamais livrés à la publicité. Quand un élève favori n'en devenait pas à temps le religieux dépositaire, tout le fruit de leur expérience périssait avec eux. Quelques artistes dont Moehsen a eu le soin de nous léguer l'histoire et de reproduire les œuvres ont seuls fait exception. Tels furent, au XVᵉ siècle, Isaac et Jean Hollandus, fabricants d'émaux et de pierres précieuses artificielles; puis Alexandre Sidonius et Michel Sendigovius, son élève, qui, tout en pratiquant l'alchimie, fabriquaient des couleurs.

Nous avons parlé dans un autre chapitre de la peinture sur verre; mais ici qu'il nous soit permis d'insister sur le caractère scientifique de cet art. Notre siècle, qui se vante d'être le « siècle de la science », n'a pas en-

core pu produire une verrière comparable aux plus modestes vitraux du
xiii⁰ siècle. Impossible de reproduire aujourd'hui cet azur et cette pourpre
qu'enflamment les rayons du soleil couchant. Nos vitraux sont froids,
mats, livides, comme le scepticisme moderne, et ne tamisent qu'une lueur
souffreteuse.

La chimie féodale n'a pas seulement enfanté la peinture sur verre;
elle a aussi favorisé l'extension de la mosaïque. C'est grâce à ses procédés
que les mosaïstes purent donner aux émaux des teintes aussi riches que
variées. Au vi⁰ siècle, on exécutait déjà des portraits en mosaïque: témoin
celui qu'on voyait alors au forum de Naples, et pour lequel les Goths pro-
fessaient le plus grand respect. Les églises de Ravenne reçurent de Théodoric plusieurs sujets en mosaïque; mais l'art subit probablement une
éclipse; car, au xiii⁰ siècle, les artistes en mosaïque étaient fort rares
dans l'Europe occidentale, et ceux qui concouraient à la décoration des
basiliques venaient presque tous de Constantinople.

Nous touchons maintenant à l'invention de l'imprimerie, dont les premiers propagateurs furent accueillis par les monastères et les couvents.
Dès l'origine, la cour de Rome profite de cette admirable découverte. Les
Litteræ indulgentiarum de Nicolas V, imprimées en caractères mobiles
en 1454, sont le plus ancien monument typographique portant une date
certaine. Gutenberg, par sa magnifique invention, centuple la marche de
l'intelligence. La cour des Médicis offre aux sciences et aux arts la plus
magnifique hospitalité. François Iᵉʳ et Charles-Quint rehaussent la majesté de leur trône en l'environnant de tous les hommes éminents de l'é-
poque. Le génie des arts se réveille sur sa terre de prédilection; les pin-
ceaux de Léonard de Vinci et de Raphaël enfantent des chefs-d'œuvre;
et la même main qui s'immortalise en traçant le *Jugement dernier* suspend
un nouveau Panthéon dans les nuages. Par la boussole l'ancien monde
prend possession du nouveau. Colomb retrouve l'Amérique; Vasco de
Gama plante ses étendards dans les ports de l'Inde; et Magellan ceint le
globe dans le sillage de son vaisseau. L'esprit chrétien plane dans les deux
hémisphères. Enfin, les sciences s'enorgueillissent de compter dans leurs
rangs Vesale et Galilée! Et ceux-ci laissent après eux une longue traînée
de lumière, qui s'avance en s'élargissant pour illuminer majestueusement
le xix⁰ siècle.

Alors commence le xvi⁰ siècle, et avec lui la Renaissance, à laquelle
un concours de circonstances et d'hommes vient donner un éclat inconnu
dans les fastes des temps modernes (1).

____

(1) Voir Pouchet, *passim*.

§ V

LA THÉOLOGIE SCOLASTIQUE

Un chapitre sur les sciences du moyen âge ne serait pas complet si, comme dans le *quadrivium*, la théologie n'en couronnait le sommet. Les sciences, dont Dieu est la source première, doivent nous acheminer vers Dieu, c'est-à-dire vers la théologie. La physique, la chimie, l'arithmétique ne nous ont révélé que les lois de la création; il faut que notre regard, allant plus loin, pénètre jusqu'au Créateur, jusqu'au Rédempteur. Telle fut, dès l'origine, la pensée qui porta les chrétiens de la primitive Église vers les études philosophiques et théologiques.

Pour la philosophie comme pour l'art, nous pourrions remonter jusqu'aux Catacombes. L'Église naissante se cachait encore dans les hypogées de Rome, qu'elle se préoccupait des besoins de la pensée. Les travaux récents du P. Marchi ont démontré que, dans les souterrains de Sainte-Agnès, à côté des chapelles consacrées aux cérémonies du culte ou au souvenir des morts, étaient creusées des salles destinées à l'enseignement scientifique du christianisme.

Mais passons rapidement sur ces commencements obscurs, et arrivons tout de suite au ixe siècle. A cette époque, la théologie est exposée par quatre archevêques : saint Remi de Lyon, saint Odon de Vienne, Hincmar de Reims et Rhaban de Mayence. Au siècle suivant, il ne s'agit plus d'une simple explanation de la doctrine. La théologie se dilate, et aborde l'exposition savante des vérités qui touchent à la Trinité, à l'incarnation, à l'humanité de Jésus-Christ. Cette discussion scolastique est encore rudimentaire; elle se compose surtout d'axiomes et d'épiphonèmes seulement accessibles à de jeunes intelligences qui viennent de s'épanouir. En même temps, le clergé commente les œuvres philosophiques de Boèce, les traités d'Aristote, de Cicéron et de Porphyre. Tous ces travaux sont bien sommaires, et toutefois les controverses qui nous sont restées de cette époque attestent déjà une conception philosophique élevée, et, dans quelques traités théologiques, perce même une certaine tendance à coordonner la science et à en faire un tout unique et systématique. C'est à l'école du Bec, sous Lanfranc (1042-1089), que s'accuse avec le plus d'énergie le besoin de simplifier les connaissances et de les faire converger vers un principe universel. Ainsi que nous l'avons vu dans un autre chapitre, l'école du Bec était fréquentée par des élèves d'élite qui voulaient réfléchir et raisonner. Nul système ne pouvait donc mieux répondre à cet instinct que la méthode dont l'épigraphe du *Proslogium* de saint Anselme caractérise si bien l'esprit: *Fides quœrens intellectum*, « la foi cherchant l'intelligence. » Doué d'admirables aptitudes métaphysiques, saint Anselme regardait tout à travers une lumière abstraite; jusque dans les faits, il aimait à chercher les dogmes; et les choses pratiques elles-mêmes devenaient, comme le dit l'abbé Martinet, « spéculatives sous ses regards. » Ce grand homme comprit tout de suite les nécessités de son temps. Deux œuvres s'offraient à lui : il fallait d'abord montrer que la théologie catholique est une science, dont toutes les parties, assises sur une base historique inébranlable, sur le fondement de la révélation, forment entre elles un tout homogène et solidaire; et ensuite déduire une métaphysique complète qui donnât une solution satisfaisante à tous les problèmes vainement agités par la philosophie non chrétienne. Besogne ardue, coûteuse, mais devant laquelle ne pouvait reculer le génie d'Anselme. Avant tout, il importait de résoudre la question primordiale qui se dresse devant le philosophe et le penseur ; nous voulons parler de la réalité objective de nos idées générales. Après avoir tourmenté l'imagination des psychologues anciens, le problème allait, sous le nom des *Universaux*, passionner les métaphysiciens du moyen âge. La question de l'origine des *Universaux* se présentait ainsi : D'où viennent nos idées de l'Un et du Multiple; de l'Esprit et de la Matière; de l'Infini et du Fini; du Nécessaire; de l'Absolu; du Parfait; du Contingent; du Relatif; de l'Imparfait; de l'Éternel; de l'Incréé; de l'Immuable; de l'Universel et du Créé; du Variable; du Particulier? Ces idées sont-elles une pure abstraction inventée par l'esprit humain, un concept sans bases objectives?

Pendant que les nominalistes déclaraient que, si l'intellect conçoit l'idée générale d'un genre et d'une espèce, cette idée est simplement un fruit de l'esprit, saint Anselme répondait avec les réalistes que l'idée générale est chose vraie et réelle, pénétrant l'intelligence. Contrairement à Roscelin, il voyait dans la pensée divine l'*être* ou l'hypostase inévitable de tout ce qui existe réellement, c'est-à-dire ce par quoi les choses *sont* avant d'exister actuellement (1); et, partant de là, concluait à l'existence *réelle* de ce qui est commun chez beaucoup d'individus, de l'universel, de l'humanité, par exemple. « Le Fils de Dieu, disait-il, prit la nature humaine, l'humanité, mais non tel homme. »

Comme nous l'avons déjà dit, sous le nom de nominalisme et de réalisme s'agitait la vieille discussion du spiritualisme et du matérialisme. Le nominaliste était sensualiste, le réaliste était spiritualiste. Nier la réa-

----

(1) Les théologies distinguent dans la vie la *puissance* et l'*acte*. L'être *en puissance*, c'est l'être qui existe seulement dans la pensée divine; l'être *en acte*, l'être *actualisé*, c'est celui qui émerge à la vie, qui est créé.

lité des idées universelles et affirmer qu'on ne peut connaître chaque chose que dans sa réalité particulière, n'était-ce pas isoler Dieu de l'homme, éliminer le Créateur de la création et, par voie de conséquence, réduire la science à un ensemble de notions exclusivement expérimentales ? Reconnaître la réalité des concepts et les rattacher au monde objectif, n'était-ce pas, au contraire, admettre la présence de Dieu dans le monde ?

Ce problème, « sur lequel, dit Jean de Salisbury, le monde en travail a vieilli, pour lequel il a été consumé plus de temps que la maison de César n'en a usé à gagner et à régir l'empire romain, pour lequel il a été versé plus d'argent que n'en a possédé Crésus dans toute son opulence (1), » ce problème, disons-nous, souleva des controverses tellement ardentes et provoqua surtout, chez certains esprits comme Abeilard, Roscelin et Gilbert de la Porrée, une telle explosion de sophismes, qu'on vit le moment où la dialectique, cet admirable instrument de la pensée, allait devenir une arme d'autant plus dangereuse, que les passions qui la maniaient étaient plus ardentes et moins disciplinées.

L'esprit humain courait les plus graves périls ; le rationalisme d'Abeilard ne tendait à rien moins qu'à supprimer la révélation et l'autorité de l'enseignement dans l'ordre théologique pour leur substituer les caprices de la fantaisie et les décisionsde la sophistique. Afin de prévenir ce malheur, Dieu fit surgir saint Bernard, qui, sans se laisser éblouir par le prestige du brillant professeur, l'aborde avec une apostolique hardiesse et entame contre lui cette lutte grandiose d'où le vrai christianisme devait sortir vainqueur. Comme on le sait, Abeilard se tut ; le moine de Clairvaux se contenta d'énumérer brièvement les erreurs de l'homme. La dialectique et l'éloquence restèrent muettes ; on n'entendit que les paroles calmes et majestueuses de l'autorité proclamant la vérité et foudroyant l'erreur (2).

Ici nous remarquerons que le rôle joué par saint Bernard dans ce grave débat a fait porter un jugement inexact sur la méthode théologique du moine de Clairvaux. Sans aucun doute, saint Bernard n'était pas d'avis que la théologie fût une argumentation perpétuelle ; il est incontestable qu'il désirait ramener vers les divines Écritures, vers les Pères et les méditations mystiques, ses contemporains, trop passionnés pour la dialectique ; mais ce n'était pour lui qu'une question de mesure. D'ailleurs, il ne voulait ni faire école, ni établir un système scientifique. Que l'on relise attentivement les trois premiers chapitres du livre V de *la Considération*, on y verra le saint docteur conduire son illustre disciple de la vie active à la vie contemplative, et lui proposer de gravir les hauteurs de la contemplation pour se rapprocher de l'ange, qui seul voit le Verbe. Mais il ne confond point les divers ordres d'idées ; il distingue, outre l'*opinio*, qui n'a rien de

____

(1) *Metalogicus.* Paris, 1610.

(2) M. Fredault, *la Scolastique et la Science moderne.*

certain, deux voies de la considération : *Quorum intellectus rationi inni-
titur, fides auctoritati. Habent illa duo certam veritatem; sed fides clau-
sam et insolutam; intelligentia nudam et manifestam.* Saint Bernard ne
repoussait donc pas la raison.

Après saint Bernard, le xii⁰ siècle vit naître l'école à laquelle Hugues
et Richard de Saint-Victor ont donné leur nom. Dans son célèbre ouvrage
intitulé *la Somme des sentences,* Hugues part, comme Abeilard, des trois
idées de la foi, de l'espérance et de la charité; mais il pose immédiatement la foi comme le fondement de l'espérance et de la charité, et désigne
comme objet de la foi le mystère de la Divinité et celui de l'Incarnation.
Hugues proclame que la théologie est la science centrale, autour de laquelle
les autres sciences doivent converger comme des satellites. Cet attachement à la foi se traduit chez le pieux moine en effusions contemplatives, qui
le font considérer comme le chef de l'école mystique. Ajoutons que Hugues
ne divorce jamais avec la méthode scolastique; il examine, au contraire,
avec un profond respect et une sagacité magistrale les questions les plus
ardues de la philosophie courante, et laisse apercevoir dans ses recherches
une ineffable tendresse pour tout ce qui est divin, dirigeant toutes ses
ineffables méditations vers le but final, c'est-à-dire l'union en Dieu dans la
foi, la science, la contemplation et l'amour (1).

Hugues, pressé par le temps, ne put suffisamment faire ressortir la partie
objective de la nouvelle dialectique qu'il venait d'instituer. Sans doute,
les vérités et les doctrines qu'il expose sont appuyées sur les documents
historiques de la foi chrétienne; mais ces documents ne sont pas textuel-
lement reproduits, et les idées développées ne sont pas énoncées sous la
forme qu'elles revêtent dans ces documents primitifs. Pierre Lombard, le
Maître des Sentences, acheva l'œuvre de Hugues. Il réunit, ainsi qu'il le
dit lui-même, « les propositions les plus sûres de la foi contre l'hérésie
des opinions purement humaines, » qui prétendent se dresser contre la
foi. Le livre des *Sentences* devint le manuel classique de toutes les écoles.
Systématiser était alors le mot d'ordre de la science. Pierre Lombard eut
le premier le mérite d'élaborer un système dans lequel les idées chrétiennes figuraient à la fois comme de célestes axiomes, et comme les parties solidaires d'un puissant organisme.

Avec Albert le Grand la scolastique parvint à son apogée. Jusque-là,
comme on l'a vu, les théologiens avaient suivi deux voies : les uns, pour
exposer les dogmes, avaient eu recours à la dialectique, les autres s'é-
taient contentés d'une indication mystique des fruits surabondants que la
foi fait germer dans les âmes. Restait une troisième voie à prendre et une

____

(1) Voir pour ce chapitre l'abbé Martinet : *De la Méthode théologique.*

autre démonstration à faire. Pour manifester l'accord parfait qui existe entre la foi religieuse et les connaissances naturelles, Albert voulut former un système de sciences naturelles où l'on pût voir se réfléchir la vérité chrétienne. La philosophie d'Aristote lui parut la plus capable de remplir cet office. Elle embrasse, en effet, toute l'étendue des connaissances naturelles, elle offre une grande finesse de conception, une merveilleuse clarté d'exposition et des conclusions qui mènent à la vérité révélée. Déjà, bien avant maître Albert, on s'était emparé d'Aristote, on avait lu et commenté avec ardeur ses écrits et sa doctrine. C'est ce que firent surtout les nouveaux ordres appelés à la défense de l'Église. Mais ce fut le moine dominicain qui, le premier, osa tenter ce pas difficile avec pleine conscience de son succès, et ce fut lui qui mit le premier au service de l'Église la science encyclopédique du philosophe de Stagyre.

Cependant le temps allait venir où un plus grand théologien encore allait systématiser l'universalité des connaissances et donner au monde chrétien l'unité scientifique. Les croisés revenaient alors de l'Asie avec des idées nouvelles; la trêve de Dieu, en supprimant les guerres locales, dirigeait vers l'étude l'ardeur belliqueuse des races occidentales; les universités retentissaient des disputes des docteurs; les flèches des cathédrales se profilaient dans l'air, et la sculpture, la peinture ajoutaient leur prestige et leurs pompes à ces théologies lapidaires. Pour couronner ces créations gigantesques, il ne manquait plus qu'une architecture scientifique, qu'une synthèse lumineuse du christianisme et de ses dogmes. Il fallait qu'un radieux génie signalât à la raison humaine la profonde unité et les inébranlables assises des principes catholiques, et qu'il fît converger sur chaque point exposé les lumières de la tradition, de l'Écriture et de l'ontologie conciliaire. Il devait faire voir que « l'incrédulité sous toutes ses formes, athéisme, panthéisme, manichéisme, hérésie, etc., atteste une orgueilleuse ignorance des Écritures, de la tradition et des conclusions d'une philosophie sérieuse ». Tel avait été depuis saint Anselme le point de départ des controverses et des apologies, telle fut la pensée qui inspira saint Thomas d'Aquin et qui lui suggéra la *Somme*.

Il nous serait difficile de donner ici un aperçu complet de ce monument. Qu'il nous suffise de dire, avec l'abbé Martinet, dont nous nous approprions l'analyse, que la *Somme* se divise en trois parties. La première considère Dieu en lui-même et dans ses œuvres; la deuxième étudie l'homme dans le monde de l'épreuve et dans sa marche vers le monde éternel; et la troisième, Dieu fait homme pour rouvrir le chemin à l'humanité égarée et marchant vers l'éternelle nuit.

« Écrite pour un siècle éminemment questionneur et pour des universités amoureuses de discussions, la *Somme* offre dans son ensemble une série de six cent douze questions (1). Chaque question, engendrant un certain nombre de sous-questions ou articles (en moyenne six), et chaque article donnant naissance à une proposition discutée, démontrée avec réponse à un certain nombre de difficultés ou d'objections (en moyenne quatre), il en résulte une chaîne d'environ trois mille six cents articles dans lesquels saint Thomas expose, discute et résout, presque toujours au double point de vue donné par la révélation et par la philosophie rationnelle, l'universalité des questions que peut agiter ou qu'agitait, du moins à cette époque, la raison humaine touchant l'existence, la nature et les rapports mutuels de tous les êtres, depuis la Trinité éternelle, incréée et créatrice, Père, Fils, et Saint-Esprit, jusqu'à la trinité des créatures, l'ange, pur esprit, l'homme uni à la matière, et la matière. Chaîne merveilleuse, dans la concaténation de laquelle on admirera toujours une haute synthèse s'unissant à une rigoureuse analyse pour discuter à fond chacune des questions et former de tant de parties un seul corps doctrinal, dont le lumineux ensemble fait évanouir plus de douze mille difficultés ou objections. » La *Somme* est, avant tout, théologique et procède synthétiquement. Le maître prend pour base de ses spéculations les vérités révélées; il les expose dans un ordre scientifique, et leur donne pour fondement l'autorité de l'Écriture et de la tradition. Ce n'est qu'à la lumière de l'enseignement divin qu'il descend au dépôt des connaissances naturelles de l'esprit humain pour en dissiper les erreurs et les incertitudes, s'emparer des vérités qu'il y trouve, les consolider, les rallier aux vérités d'un ordre supérieur, et former ainsi la science complète des choses divines et humaines. A ce procédé synthétique, qui descend de la révélation à la raison et donne une forme scientifique aux connaissances surnaturelles pour leur incorporer ou subordonner les connaissances naturelles, sans jamais confondre les unes avec les autres, saint Thomas ajoute, dans ses *Quatre Livres de la vérité de la foi catholique contre les gentils*, le modèle du procédé analytique, qui s'appuie sur les données de la philosophie naturelle pour disposer les esprits non chrétiens à reconnaître la nécessité, l'existence et la vérité de la révélation chrétienne. Bien que dirigée principalement contre lès diverses formes de l'antichristianisme contemporain (le judaïsme, le mahométisme, le manichéisme), cette nouvelle Somme n'en est pas moins un arsenal plein d'excellentes armes contre l'antichristianisme actuel. Mais revenons à la *Somme*. Pour les universités dont l'enseignement embrassait toutes les connaissances, la *Somme théologique* était un système scientifique complet, un arbre généalogique rattachant toutes les branches du savoir au tronc de la science révélée, qui les féconde

---

(1) Les cent dernières, complétant l'œuvre inachevée du Docteur Angélique, ont été extraites par l'auteur du *Supplément* (Henri de Gorrœhen, Franciscain bavarois du xv⁰ siècle) du Commentaire de saint Thomas sur le *Livre des Sentences*.

par une séve inépuisable. C'était une mappemonde, une carte routière des
intelligences, montrant d'abord à l'universalité des connaissances leur
centre commun, Dieu, premier principe de toute spéculation vraie , parce
qu'il est le premier principe de tous les êtres objets de nos spéculations ;
traçant ensuite à chaque espèce de connaissances la route par laquelle elle
peut, sans s'égarer, aider l'homme à marcher vers la fin suprême où , par
la connaissance parfaite (la vision) de Dieu et de ses œuvres, il deviendra
participant de la félicité divine. Pour la théologie en particulier, la *Somme*
était son titre de gloire, la démonstration de ses droits au trône dans le
monde scientifique. Elle dépassait évidemment le but que s'était d'abord
proposé l'auteur. Elle n'était pas, elle ne pouvait pas être un livre *élé-
mentaire* à mettre entre les mains des étudiants pour servir de texte aux
commentaires du maître. Car le commentaire le plus bref d'un texte aussi
étendu eût demandé un demi-siècle de leçons. Ce gigantesque édifice était, pour ainsi dire, le panthéon de la science, où tous, maîtres et
élèves, théologiens, juristes, philosophes, médecins, orateurs, poëtes,
artistes, devaient s'orienter, prendre les vues d'ensemble et de détail
nécessaires à chacun dans les études spéciales de la vérité universelle.
Tous les docteurs peuvent y chercher des leçons : on y trouve l'art de
définir, d'exposer et de démontrer les vérités de la foi avec la clarté et
l'exactitude que la théologie exige; l'art de mettre en évidence ce que ces
vérités portent de lumières en elles-mêmes, dans leur ensemble et dans
leurs rapports avec les vérités d'un ordre inférieur; l'art, enfin, de donner
aux instructions théologiques cette base solide sans laquelle il n'y a ni
clarté dans l'exposition, ni vigueur dans la démonstration, ni justesse
dans les comparaisons et les images. La méthode thomistique est nécessairement sèche et ne s'adresse qu'à la raison; mais, à côté du chef-
d'œuvre de raisonnement enfanté par le savant Dominicain, l'école théo-
logico-mystique du xiiie siècle produisait aussi des chefs-d'œuvre capables
de corriger cette sécheresse, et de faire goûter à l'imagination et au cœur
ce que le travail de saint Thomas présentait à l'esprit scientifique. Telles
étaient, entre autres, les œuvres de l'illustre ami du Docteur Angélique,
le Docteur Séraphique, saint Bonaventure, lui aussi théologien et philosophe sublime, obligeant toutes les connaissances et tous les arts à se
mettre au service de la théologie, traçant l'itinéraire de l'âme s'élevant de
la vue des choses sensibles à la dernière hauteur du monde invisible; auteur lui aussi de deux Manuels de théologie, où la philosophie la plus
haute déploie les richesses de l'imagination la plus brillante, dans le langage de la piété la plus tendre (1).

Cependant, en face de l'école thomiste, s'éleva une autre école, issue de

(1) V. l'abbé Martinet, *Introd. aux études théolog.*

la famille franciscaine, et dont le chef fut un puissant logicien. Celui-ci
était Jean Duns Scot, mort en 1308, appelé le *Docteur subtil*, et qui dans
ses *Questions sur les quatre livres des Sentences*, comme aussi dans ses
Questions quodlibétiques, posa, sur divers points de théologie et de philosophie, des thèses opposées à celles de la *Somme*. Cette école exerça
sur la précédente, en plusieurs points, une critique, une correction
utile.

Dans le conflit des discussions de ce temps, Aristote acquit une importance qu'il n'avait point encore eue. Avec ses procédés et ses formules,
plusieurs reproduisirent insensiblement les principes de sa philosophie
panthéiste et fataliste, et retombèrent dans les excès repris et condamnés,
dès 1228, par le pape Grégoire IX, dans sa lettre aux docteurs et maîtres
en théologie de l'université de Paris, qui, disait-il, « emportés par l'esprit de vanité et enflés comme des outres, s'appliquent par une nou-
veauté profane à déplacer les limites posées par les Pères. »

Mais bientôt deux courants s'établirent dans les écoles. Parmi les théologiens, pendant que les uns divisaient la théologie en catégories et en
formules scientifiques, les autres s'affranchirent de cet appareil dialectique, et à l'exposition doctrinale substituèrent une prédication purement
homilétique. Cinquante ans après saint Thomas, les deux écoles suivirent un chemin différent. Nous rencontrons, en effet, deux séries parallèles de travaux scientifiques. La première série se compose de travaux
qui sont à peine autre chose que la reproduction des œuvres théologiques
antérieures, auxquelles s'ajoutent des développements prolixes, des divisions, des questions, des distinctions minutieuses, des subtilités sans
nombre. La plupart de ces travaux sont des commentaires sur les Sentences
de Pierre Lombard, sur les Sommes de saint Thomas, de Duns Scot,
des *Compendium* arrangés d'après l'une ou l'autre des Sommes, qu'il est
inutile d'énumérer ici; enfin des Sommes de casuistique, *Summœ casuum
conscientiœ*, telles que celles de *Monaldus, Barthélemy, De sancta con-
cordia* (vers 1340). Ce caractère se retrouve même dans les travaux origi-
naux d'hommes savants d'ailleurs. Parmi les théologiens du plus haut
mérite que vit cette époque, il convient de citer *Pierre d'Ailly* (1425),
Alphonse Tostat (1455), *Antonin* (1459), *Jean Torrecremata* (1468),
Denys de Leewis (1471), *Nicolas de Cusa*. A côté de ces docteurs, nous
trouvons toute une série d'hommes qui traitent les vérités de la foi chrétienne autant que possible d'une manière pratique, ascétique, mystique,
et cherchent à exercer par là une salutaire influence sur le peuple. Les
hommes qui appartiennent à cette catégorie, la plupart prédicateurs, sont
presque tous connus du monde entier : *Jean Tauler* (1361), *Henri Suso*
(1363), *Jean Ruysbroch* (1381), *Raimond Jordan* (1380), *Henri de Hesse*
(1397), *Gérard*, fondateur des Frères de la Vie commune (1398), *Vincent
Ferrier* (1419), *Jean Gerson* (1429), *Jean Nieder* (1438), *Bernardin de*

Sienne (1444), *Thomas a-Kempis* (1471). Plusieurs mystiques, tels que
Eckhart, Harphius, s'égarèrent parfois. C'était une conséquence inévitable de leur esprit exclusif et, par là même, défectueux, comme l'esprit
opposé des systématiques purs. Gerson le vit clairement quand il voulut
réagir contre cette pente funeste et rétablir l'union rompue : *Nostrum hac-
tenus studium fuit concordare theologiam hanc mysticam cum nostra
scholastica* (1); de même que Nicolas de Cusa avait cherché à rétablir la
concorde entre la partie philosophique et la partie théologique de la
scolastique.

Au moyen âge, comme de tout temps et dès l'origine, il ne manqua pas
de gens qui tâchèrent d'adultérer la foi de l'Église, et cherchèrent à faire
prévaloir leurs opinions personnelles aux dépens de la doctrine catholique. Il ne faut pour cela qu'une certaine dose d'amour-propre et d'orgueil. Cependant, même en pleine anarchie féodale, ces révoltes furent
rares, isolées, plus ou moins transitoires; elles n'eurent pas d'influence
grave, elles ne laissèrent pas de traces durables. Sans doute, on voit à
travers tout le moyen âge une sorte de courant d'opinions et d'efforts
hérétiques qui se grossit au moment même où la scolastique est le plus
florissante. On voit paraître alors les noms connus d'*Amaury de Chartres*,
David de Dinant; on voit même des populations entières, les Albigeois,
les Vaudois, les frères et les sœurs du libre Esprit s'abandonner aux plus
tristes excès (2). Malgré cela, la foi en l'Église est si forte, si universelle,
elle pénètre si bien tout homme et toute science, que les assertions hérétiques disparaissent dans cette union des esprits et des âmes. Mais lorsque
les sciences multiples ne reconnurent plus pour leur légitime reine la
théologie, quand elles prétendirent être vraies dans les points mêmes où
elles s'opposaient à la foi, les esprits se divisèrent, l'erreur revendiqua
pour elle-même l'autorité de la vérité; les choses prirent une face nouvelle. L'hérésie put s'implanter, s'étendre, poser et augmenter son empire. Wiclef et Jean Huss déterminent un mouvement scientifique sans
analogie avec les résultats des hérésies antérieures. En donnant leurs
opinions pour l'expression de la vraie foi chrétienne ; en faisant prévaloir
une doctrine nouvelle sur celle de l'Église; bien plus, en niant celle-ci,
en prétendant l'abolir comme fausse et lui substituer l'autorité de leur
raison individuelle, ils obligent les théologiens catholiques à donner plus
d'importance à l'étude des sources et à consacrer à la critique des titres
de l'Église leurs méditations et leurs veilles. La scolastique proprement
dite cède la place à l'herméneutique sacrée. De là un changement de méthode qui donne à l'enseignement ecclésiastique une tout autre allure,

(1) *Sup. Cant.,* p. 54, édit. Dupin.
(2) Cf. Staudenmaier, *Philos. du Christ.,* I, 633.

sans en atténuer toutefois ni la force ni la portée. La théologie combat avec la même énergie le saint combat de Dieu pour la défense de la vérité antique; toujours la même et toujours jeune, elle modifie le choix de ses armes et les formes de la lutte, et, quelles que soient les évolutions de l'erreur, elle lui oppose un frein invincible.

CHAPITRE SEPTIÈME

LA LITTÉRATURE

I

AVÉNEMENT DU CHRISTIANISME

Entre la société antique, qui meurt avec l'empire romain, et le monde
moderne, qui se constitue au moyen âge, on compte six siècles de préparation laborieuse, pendant lesquels fermentèrent toutes les forces vivantes
d'où devait sortir la civilisation actuelle. Calomniée et méconnue, cette
époque fut une des plus fécondes, et mérite d'être considérée comme la
période intellectuelle et morale dont doit peut-être le plus s'enorgueillir
l'esprit humain. Et cependant, sur quel terrain ingrat travaillèrent les premiers pionniers de l'ère féodale!

Au moment où le christianisme prend possession du monde, la civilisation païenne commence à ressentir les premières atteintes d'une décadence qui doit s'accentuer de siècle en siècle. Longtemps avant qu'Odoacre
ait porté le dernier coup à l'empire romain, les études libérales périclitent.
Le droit en décadence, la philosophie dénaturée au point d'être méprisa-
ble, l'histoire presque muette, la langue de Cicéron envahie par les
dialectes barbares, la poésie livrée à l'insuffisance d'un Stace et à l'obs-
cénité d'un Pétrone : tel était le bilan de la culture latine.

Heureusement, le christianisme vint à point infuser un sang nouveau dans
cette civilisation décrépite, et restituer aux esprits l'idéal dont ils allaient
être sevrés. L'esprit humain, auquel la littérature romaine à son déclin
n'offrait plus pour exercice que de vaines déclamations de rhéteurs, voit
se rouvrir devant lui une vaste carrière, où les plus grands problèmes de
la philosophie s'agitent sous des noms nouveaux. Une nouvelle éloquence,
une nouvelle science, une nouvelle poésie, remplacent l'éloquence, la
science et la poésie gréco-romaine; le christianisme vainqueur anéantit le

paganisme comme religion, et le transfigure comme science. A la fois littérateurs et pasteurs des âmes, Hilaire, Ambroise, Irénée, Athanase, posent les bases de la société régénérée, et donnent au clergé cette autorité morale, nécessaire dans tous les temps, mais jamais plus salutaire qu'à cette époque orageuse, où la puissance sacerdotale pouvait seule arrêter les cruels abus de la force. C'est déjà le droit divin de l'intelligence, interprète de la raison et de la justice, qui s'oppose à l'usurpation des passions brutales (1).

II

LES ÉCOLES ÉPISCOPALES ET MONASTIQUES

L'instrument principal de cette domination spirituelle fut l'école.

Les premières écoles furent fondées en Orient, comme en Occident, dans les villes où siégeaient les évêques : à Alexandrie, à Édesse, à Césarée, à Antioche, à Rome, à Milan, à Carthage, etc. Créées sous le patronage des prélats et soumises à leur surveillance, elles peuvent être considérées comme le prototype des écoles qui fleurirent plus tard à l'ombre des cathédrales.

Bientôt à ces efforts de l'épiscopat s'ajouta le concours des communautés monastiques. Le besoin et la culture de la science résultent de l'idée même de monachisme. La vocation du moine est de tendre sans cesse à une union de plus en plus intime avec l'Infini. Plus la science demande un regard libre et pur, plus la cellule silencieuse et ascétique du moine semble appropriée à la contemplation de la vérité chrétienne. Aussi, dès que les monastères s'épanouissent, à côté du sanctuaire l'abbé construit une école. Depuis les déserts de Scété jusqu'aux profondeurs de la Cœlésyrie, en Mésopotamie comme en Perse, en Italie comme dans les Gaules, partout l'instruction fonde son empire. Le pape Sirice et Innocent Ier reconnaissent la vocation des moines à leur culture morale et intellectuelle. Il en est de même de saint Jérôme et de saint Jean Bouche-d'Or. Ce dernier exprime le désir que les couvents distribuent le pain de la science non-seulement aux clercs, mais aux laïques, « afin que de bonne heure une solide éducation les arme contre le doute et fortifie leurs vertus. »

(1) Voir *Histoire de la littérature française*, par Demogeot.

D'après les prescriptions de saint Basile, les moines devaient instruire
les jeunes garçons, et spécialement les orphelins, non pour se les adjoindre,
mais pour les préparer à l'état qu'ils voudraient choisir. A la fin du
IIe siècle, nous voyons le pieux et docte prêtre Protogène enseigner aux
enfants d'Édesse l'écriture et la lecture, et, dans le siècle suivant, une
foule d'institutions analogues se multiplier dans les provinces de l'empire
grec.

Mais, tandis qu'en Orient les païens et les hérétiques entravent les
progrès et paralysent les efforts des œuvres chrétiennes, en Occident
l'activité de l'Église peut s'exercer dans une sphère plus large et sur un
domaine moins circonscrit. C'est ce qui arriva notamment lorsque l'édifice vermoulu de l'empire romain fut tombé sous les coups redoublés des
barbares, et que l'Église ne trouva plus en face d'elle ces natures im-
pressionnables et prime-sautières.

Une nouvelle période s'ouvrit alors dans l'histoire : l'Église comprit
la haute mission qu'elle avait à remplir vis-à-vis des peuples. Importé
chez ces races encore grossières, le raffinement de la science orientale
n'eût été ni politique ni sage. Il fallait inculquer d'abord les notions pri-
mordiales ; il fallait commencer par soumettre les peuples à la foi, et
jeter avant tout dans leurs âmes les germes du christianisme. Les papes
et les évêques dirigèrent leurs actes dans ce sens, et trouvèrent bientôt
d'énergiques auxiliaires chez les moines, auxquels saint Benoît venait
d'imposer l'obligation rigoureuse d'instruire la jeunesse, qu'elle se des-
tinât ou non à la vie monastique.

Les écoles claustrales jouent le principal rôle dans cette initiation des
races nouvelles à la vie scientifique et religieuse. Retirés dans l'enceinte
de leurs hautes murailles, abrités contre les attaques des seigneurs par
d'inaccessibles donjons, les moines ouvraient indistinctement leurs portes
aux enfants des seigneurs et des « hommes de poeste ». A Jumiéges, où
saint Édouard le Confesseur fut élevé, les écoliers pauvres étaient
nourris aux frais du monastère. L'abbaye de Saint-Benoît-sur-Loire
instruisait jusqu'à cinq mille enfants recrutés parmi les familles rurales.

« Il eût été difficile, nous dit Udalrique, d'être élevé et nourri avec
plus de soin que ne l'était à Cluny l'enfant le moins fortuné. Aussi plusieurs fils de rois furent-ils instruits avec des enfants pauvres, dans les
abbayes bénédictines. Lothaire, fils de Charles le Chauve, fit son éducation à l'abbaye de Saint-Germain-l'Auxerrois ; plusieurs autres princes
fréquentèrent l'école claustrale de Saint-Denis. »

Les monastères bénédictins renfermaient deux écoles : l'une pour les
moines, l'autre pour les laïques. Le *scholastique* était le maître de l'école ;
non-seulement la science des divines Écritures devait lui être familière ; mais aussi la science profane, les mathématiques, l'arithmétique,

l'astronomie, la géométrie, la musique, la rhétorique et la poésie ne devaient pas posséder d'interprètes plus doctes que lui. Quand un abbé ne trouvait pas dans son abbaye un moine capable d'exercer les difficiles fonctions de professeur, un autre monastère le lui fournissait. Grâce à cette élévation constante du niveau des études, il n'était point rare de voir les évêques suivre eux-mêmes les cours des écoles monastiques ; plusieurs n'hésitèrent pas notamment à s'asseoir sur les bancs de l'abbaye de Fulde, où professait le fameux Raban Maur.

Les premières écoles monastiques de la Gaule furent celles de Tours, de Poitiers, et surtout celle de Lérins, d'où sortit saint Eucher, évêque de Lyon. Quand, plus tard, l'Italie et la Gaule furent bouleversées, et leur antique civilisation un instant compromise par l'irruption des barbares et les déchirements de l'époque mérovingienne, la Providence, veillant avec une égale sollicitude sur la science et sur la foi, leur ménagea dans l'Irlande et la Grande-Bretagne d'impénétrables asiles. Tels furent, en Irlande, à la fin du v⁰ siècle, les deux couvents de Bangor, d'où sortirent saint Colomban et saint Gall.

Mais bientôt, à l'exemple de Rome, où, dès les premiers siècles, des écoles épiscopales avaient été fondées, tous les évêques adossèrent à leurs cathédrales un établissement scolaire. L'Italie entre naturellement la première dans ce mouvement scientifique. Toutes ses écoles, hormis la *schola* de Pavie, avaient été détruites par les Goths. Pour réparer ce désastre, les évêques et le clergé non-seulement rétablissent les fondations épiscopales, mais créent des écoles dans toutes les paroisses rurales.

De l'Italie, le mouvement se propagea promptement dans notre pays. En 529, le concile de Vaison décrète ce qui suit :

« Il nous plaît que tous les prêtres de la campagne reçoivent chez eux, selon la coutume avantageusement établie en Italie, des jeunes gens non mariés, pour les élever et nourrir spirituellement comme de bons pères, leur faisant apprendre les psaumes, lire les diverses Écritures, et les instruisant dans la loi du Seigneur, afin de se préparer dans ces jeunes élèves de dignes successeurs, et de recevoir pour cette bonne œuvre une récompense éternelle ». Plus loin le concile ajoute : « Lorsque ces jeunes gens seront parvenus à l'âge parfait, si quelqu'un d'eux veut se marier, on ne lui en ôtera pas le pouvoir. » Ainsi, celui-là demeurait laïque, et la liberté de la vocation était sauvegardée. Conformément à ce décret, Chilpéric, roi d'Austrasie, ordonna expressément que les garçons, dans toutes les villes, apprissent à écrire avec les lettres latines, qu'il avait enrichies de lettres grecques. Nous avons parlé ailleurs de la sollicitude de Charlemagne pour les études. L'empereur ordonna que chaque couvent, chaque curé de paroisse, fournît aux paroisses limitrophes les moyens d'apprendre à lire, à chanter, à calculer, à écrire ; et, dès 813, des lois ecclé-

siastiques édictèrent les peines les plus sévères contre les parents qui
négligeraient d'envoyer leurs enfants à l'école. « Les prêtres, dit le quarante-
cinquième canon du concile de Mayence, avertiront les fidèles d'apprendre
le symbole et l'Oraison dominicale ; ils imposeront les jeûnes ou d'autres
pénitences à ceux qui les négligeront ; à cet effet, les parents enverront
leurs enfants aux écoles, soit des monastères, soit des prêtres, pour
apprendre leur créance et l'enseigner aux autres dans la maison ; ceux
qui ne pourront l'apprendre autrement l'apprendront en langue vulgaire. »

Un concile tenu à Rome en 826, sous le pape Eugène II, ordonna
d'établir trois espèces d'écoles dans toute la chrétienté : les écoles épiscopales dans les villes, les écoles paroissiales dans les villages, et des
écoles partout où le besoin s'en ferait sentir.

Voici les paroles du pape Eugène II à ce sujet : « Nous apprenons que,
dans quelques endroits, il n'y a point de maîtres, et que l'instruction
y est négligée. C'est pourquoi nous ordonnons à tous les évêques et à
tous les curés de leurs diocèses d'instituer des maîtres qui puissent
donner avec zèle des leçons de lecture, et enseigner les arts libéraux et la
doctrine du salut. » Peu de temps après, Léon IV déclara : « Dans le cas
où les professeurs d'arts libéraux seraient plus difficiles à trouver, nous
voulons, du moins, que les maîtres d'Écriture sainte ne manquent nulle
part, et qu'ils rendent compte tous les ans à l'évêque de la manière dont
ils ont rempli leurs fonctions. Car comment pourrait-on être capable
de bien servir Dieu quand on n'a pas été convenablement instruit ? »

En 823, Lothaire Ier décrète la création de huit écoles publiques dans
quelques cités importantes de l'Italie, « afin que la voie de la science soit
ouverte à tous, et que l'ignorance n'ait point d'excuse. »

L'irruption des Normands faillit porter un coup mortel aux établissements scolaires. Les Pères du concile de Toul, témoins des maux apportés
par l'invasion, promulguèrent, en 859, le décret suivant. « Les princes
et les évêques seront exhortés à établir des écoles publiques, tant pour les
saintes Écritures que pour les lettres humaines, dans tous les lieux où il se
trouvera des personnes capables de les enseigner, parce que la vraie intelligence des Écritures était alors, ajoutent les Pères, tellement déchue,
qu'à peine en restait-il quelque vestige. »

L'activité réformatrice des papes et des évêques réveilla la vie intellectuelle dans toutes les contrées où les guerres et l'anarchie avaient fait déserter les écoles. Les monastères travaillèrent avec une ardeur nouvelle à
défricher l'intelligence des Francs, et, en 1179, le troisième concile de
Latran vint enjoindre aux cathédrales de donner gratuitement l'instruction religieuse aux enfants pauvres, et de pourvoir en même temps à leur
entretien. Innocent III publie la même ordonnance en faveur de l'ensei-

gnement de la grammaire, et, pour rehausser la considération des maîtres, leur confère des privilèges qu'Honorius III et Grégoire IX étendirent encore dans la suite.

III

LA LANGUE ROMANE ET LES TROUVÈRES

Quelle langue parlait-on dans les écoles épiscopales et monastiques? Avec et même avant les rois germains disparaît du sol gaulois la langue tudesque, l'allemand. En 813, un canon du concile de Tours prescrit au clergé de prêcher en langue tudesque, aussi bien qu'en latin et en langue romane vulgaire : preuve certaine que l'idiome germanique était encore généralement répandu dans la Gaule. Vingt-neuf ans après, en 842, quand les deux fils de Louis le Débonnaire se jurent alliance et amitié à la tête de leurs armées, le prince germain Louis, voulant être entendu des sujets de Charles le Chauve, ne se sert que de la langue romane, tandis que Charles le Chauve parle tudesque aux soldats de Louis le Germanique.

Voici le texte de ce document historique, qui forme avec le cantique de sainte Eulalie le plus ancien monument littéraire de l'idiome roman :

« Pro Deus amur et pro christian poble et nostre commun salvament, d'est di en avant, en quant Deus saver et poder me donet, si salvarien cest meon fradre Karle, et en adjuda et en caduna cosa si cum om per dreit son fradre salvar deit, in o quid il mi altresi fazet. Et ab Lodher nul plaid nunquam prindrai qui a meon vol c'est mon fradre Karl in damne sit. »

Voici la traduction française de ce document :

« Pour l'amour de Dieu, pour le peuple chrétien et notre commune sécurité, de ce jour en avant, en tant que Dieu me donnera de savoir et de pouvoir, je soutiendrai mon frère Charles, et je l'aiderai en toutes choses, comme il est juste de soutenir son frère, à condition qu'il en agira de même avec moi. Et je ne ferai jamais avec Lothaire aucun traité qui, de ma volonté, soit préjudiciable à mon frère Charles. »

Ce langage quasi latin eut, en France, la même puissance et la même destinée que l'empire carlovingien. L'un et l'autre tombèrent ensemble et par les mêmes causes. La nouvelle langue se partage aussitôt en deux courants divers, dont l'un est parlé au nord et l'autre au sud de la Loire.

Ce furent les Northmans qui exercèrent la plus grande influence sur le dialecte du nord de la France. Ces conquérants du x\ :superscript:e siècle firent comme ceux du v\ :superscript:e : ils adoptèrent la langue du pays conquis ; mais ils l'adoptèrent en la modifiant selon le besoin de leurs rudes organes. Les syllabes sonores s'obscurcirent : les *a* devinrent des *é;* par exemple le mot latin *charitas* avait donné *charitat* à la langue romane ; les Northmans prononcèrent *charité*, et contribuèrent de la sorte à donner au dialecte du nord une physionomie de plus en plus distincte. Les traces qu'ils y laissèrent furent d'autant plus profondes qu'ils s'approprièrent plus sérieusement la langue française. Déjà, sous Guillaume 1\ :superscript:er, successeur de Rollon, on ne parlait plus à Rouen que le roman. Le duc, voulant que son fils sût aussi la langue danoise, fut obligé de l'envoyer à Bayeux, où quelques Northmans la parlaient encore. Pour les autres Gaulois, le français était un latin corrompu, un patois dédaigné ; pour les Northmans barbares, ce fut presque une langue savante, qu'ils étudièrent, comme le latin, avec la plus grande attention. Bientôt les Northmans fournirent à l'empire franc des poëtes et des maîtres de français, de même qu'autrefois les Gaulois avaient donné à Rome des maîtres de rhétorique et des grammairiens. Mais, au delà de la Loire, où les Northmans ne pénétrèrent point, la langue romane ne fut que peu ou point altérée, et bientôt elle s'établit sur des principes fixes qui, à partir du xii\ :superscript:e siècle, lui donnèrent un grand éclat.

Le provençal fut désormais une langue distincte du *roman wallon* ou *welsh* (c'est-à-dire gaulois). On distingua aussi ces deux idiomes par le mot qui, dans chacun d'eux, exprimait l'affirmation *oui :* l'un fut appelé langue *d'oc ;* l'autre, langue *d'oïl.* Par un singulier contraste, la langue romane ou provençale, après avoir brillé pendant quatre siècles, se corrompit et dégénéra en différents patois qu'on parle encore aujourd'hui dans le midi de la France, tandis que la langue d'oïl, après avoir enfanté des milliers d'ouvrages en prose et en vers, est devenue la langue française (1).

Parmi ces ouvrages, figurent au premier rang les poëmes héroïques des artistes ambulants. Bohèmes de la poésie, les trouvères et les jongleurs allaient les chanter de ville en ville, de château en château, tantôt richement récompensés, tantôt en proie à la misère et aux outrages, suivant les hasards du voyage, et aussi, sans doute, suivant la disparité de leurs talents et de leur conduite.

Les poëmes héroïques qui nous restent de cette époque, et qui sont connus sous le nom de *chansons de geste*, ont une étendue très-inégale. Ils renferment cinq, dix, vingt, trente, cinquante mille vers, qui se suivent par tirades de vingt à deux cents, et quelquefois davantage, sur une seule rime ou « assonance ». C'est ce qu'on appelait des couplets, des vers

(1) Voir Demogeot, ouvr. cité, *passim.*

ou des *laisses*. Les vers sont uniformément de dix syllabes ; quelques
poëmes néanmoins sont en vers dodécasyllabiques ; mais, en général, ceux
que distingue cette particularité ne sont pas des chefs-d'œuvre. Au
contraire, les poëmes primitifs sont courts et d'une facture simple,
populaire. La rime n'embarrasse guère le poëte, qui ne s'occupe que de
la dernière syllabe sonore. On fait rimer *Flandres* avec *fience*, *mescure*
avec *fuste*, *Charle* avec *marche*, etc.

Plus tard, on devint plus difficile ; les auditeurs exigèrent plus d'affinité
entre les rimes, et leurs réclamations devinrent si pressantes, que les
jongleurs du xııe siècle, pour obtenir la faveur publique, se crurent obligés
de remanier le thème primordial de toutes les chansons. Des preuves aussi
curieuses que concluantes, citées par notre savant maître M. Léon Gautier,
attestent ces métamorphoses. Ainsi, il arrive souvent qu'un manuscrit
renferma sous un seul titre plusieurs morceaux divers, relatifs au même
événement ; ce sont deux ou plusieurs poëmes sur le même sujet, que le
rédacteur recueillait de la bouche des jongleurs, et fondait, ou plutôt
juxtaposait dans sa recension. On trouve des chansons de geste où les
variantes successives sont au nombre de cinq ou de six. Les savants en
comptent neuf de suite dans celle de *Berthe aux grands piés*.

Bientôt ces remaniements ne suffirent plus. Les jongleurs, inquiets de
la diminution progressive de leur clientèle, imaginèrent, sous Philippe-
Auguste, un curieux expédient pour captiver l'attention des seigneurs, que
préoccupaient alors des épopées moins chimériques que celles de Huon
de Bordeaux et de Girars de Viane. Ils étudièrent de près tous les héros
des chansons, et, après en avoir soigneusement dressé la généalogie (1), ils
les distribuèrent en familles et en gestes. Parfois il fallut mettre beaucoup de bonne volonté pour faire rentrer dans telle famille tel héros
réfractaire et trop indépendant ; mais les jongleurs s'en tirèrent en le
mariant à une héroïne de la même geste.

Grâce à cette classification, tous les cycles se trouvent réduits à trois
gestes : celle du Roi, celle de Doon et celle de Garin.

Sur les cent ou cent cinquante poëmes épiques qui circulèrent au
xııe siècle, cinquante sont parvenus jusqu'à nous. Les plus célèbres sont :
la *Chanson de Roland*, *Aspremont*, *Gui de Bourgogne*, le *Voyage à Jérusalem*, *Huon de Bordeaux*, *Girars de Viane*, *Aimeri de Narbonne*, le
Couronnement Looys, le *Charroi de Nîmes*, la *Prise d'Orange*, le *Cove-
nans Vivien*, *Aliscans*, le *Moniage Guillaume*, *Ogier le Danois*, *Renaus
de Montauban*, *Antioche*, *Jérusalem*, les *Lorrains*, *Raoul de Cambrai*,
Girars de Roussillon, *Amis et Amiles*, *Jourdains de Blaives*, *Aiol et Mi-
rabel*, *Elie et Julien de Saint-Gilles*.

____

(1) Voir M. Léon Gautier, *Revue du monde catholique*, t. X, p. 682-683.

IV

LA CHANSON DE ROLAND

La plus ancienne et la plus remarquable épopée du cycle carlovingien,
c'est la fameuse *Chanson de Roland* ou de *Roncevaux*. Huit mots d'É-
ginhard, l'historien de Charlemagne, lui ont donné naissance, et ces
huit mots, les voici : *In quo prœlio Hruodlandus, limitis Britannici præ-
fectus, interficitur :* « Dans ce combat est tué Roland, préfet de la Marche
de Bretagne. » Voilà toute l'origine du poëme !

La première rédaction de la *Chanson de Roland* a été longtemps mise
sur le compte du trouvère normand Turold; mais M. Léon Gautier a,
dans sa savante édition du poëme, fait bonne justice de cette hypothèse,
et démontré que l'auteur véritable était un poëte anonyme de l'Avranchin.

Le poëme de Roland, plus voisin de sa forme première, moins surchargé
d'additions que les autres chansons de geste, présente à la lecture un plan
d'une simplicité homérique et d'une allure chevaleresque. Ici, nul épisode, nulle complication parasite : cinq chants suffisent au trouvère pour
développer cette pathétique légende, cette défaite triomphante d'un paladin vaincu par la félonie et trahi par sa téméraire ardeur.

L'Espagne est domptée; Saragosse seule résiste encore; le roi sarrasin qui la défend, Marsille, propose de rendre la ville et de recevoir le
baptême. Un chevalier, Ganelon, est envoyé vers lui pour traiter de sa
soumission. Mais Ganelon est un traître, il s'engage envers le roi païen à
faire tomber dans une embuscade Roland et l'élite des chrétiens qui for-
meront l'arrière-garde au moment de la retraite. Le complot s'exécute.
Déjà Charlemagne a repassé les monts, lorsque Roland et ses compagnons
sont attaqués à l'improviste dans la vallée de Roncevaux. Le preux guerrier pourrait aisément rappeler à son aide le gros de l'armée; il porte à sa
ceinture un cor d'ivoire, un *olifant* (*elephas*), dont le son formidable re-
tentirait jusqu'à l'empereur : mais il dédaigne cette mesure de prudence
que lui suggère Olivier, son frère d'armes. « Le combat s'engage : qui
pourrait décrire et nombrer les exploits de Roland, de l'archevêque
Turpin, d'Olivier? Ici tout est grandiose, et le champ de bataille et les
héros. Cette phalange indomptable, qui ne recule jamais, jonche le sol de
cadavres; mais elle périra sous les coups d'ennemis sans cesse renais-

sants (1). » Enfin Roland fait résonner son cor; et l'empereur, qui en reconnaît le son, revient à travers les montagnes pour secourir son brave neveu. Malheureusement il est déjà trop tard : tous les chrétiens ont péri; Olivier vient de succomber après des prodiges de valeur; Roland et l'archevêque mettent une dernière fois en fuite la tourbe des infidèles; mais, épuisés de force et de sang, ils meurent à leur tour, la face tournée vers l'ennemi, au moment où paraît leur vengeur.

Rien n'est beau comme cette mort héroïque du guerrier abandonné sur la montagne seul avec son épée, à laquelle il adresse des adieux suprêmes, et qu'il cherche à briser pour lui épargner la honte de tomber entre les mains des mécréants :

> Roland frappe une seconde fois au perron de sardoine.
> L'acier grince, sans rompre ni s'ébrécher.
> Voyant alors qu'il n'en peut rien briser,
> Il commence à la plaindre à part soi.
> « Eh! Durendal, comme tu es claire et blanche!
> Comme tu luis et flamboies au soleil!
> Je m'en souviens : Charles était aux vallons de Maurienne
> Quand Dieu du haut du ciel lui manda par un ange
> De te donner à un franc capitaine.
> Donc me la ceignit le grand, le noble roi.
> Par elle je lui conquis Anjou et Bretagne;
> Je lui conquis le Poitou et le Maine;
> Je lui conquis la libre Normandie;
> Je lui conquis Provence et Aquitaine,
> La Lombardie et toute la Romagne;
> Je lui conquis la Bavière et toute la Flandre,
> Et la Bourgogne et toute la Pologne,
> Constantinople, dont il reçut la foi;
> Le pays des Saxons, soumis à son plaisir;
> Je lui conquis Écosse, Galles, Irlande,
> Et Angleterre, son domaine privé.
> En ai-je assez conquis de terres et de pays,
> Qu'aujourd'hui possède Charles à la barbe blanche!
> Pour cette épée j'ai douleur et peine :
> Mieux vaut mourir qu'aux païens la laisser!
> Dieu veuille épargner cette honte à la France (2)! »

(1) E. Geruzez, *Hist. de la littérature française*, p. 16; et Demogeot, *ibid.*
(2) Texte original :

> Rollanz ferit el' perrun de sardanie;
> Cruist li aciers, ne briset ne s'esgraniet.
> Quand il ço vit que n'en pout mie fraindre,
> A sei meïsme la cumencet à plaindre :

V

LE CYCLE BRETON

Vers le milieu du xiie siècle, un archidiacre d'Oxford, Walter Calenius, rapporta, d'une excursion en Armorique, un très-ancien livre, écrit en celtique, et contenant un recueil des plus vieilles traditions de la Bretagne. Calenius fit présent de ce livre à l'évêque de Saint-Asaph, Geoffroy de Monmouth, qui le traduisit en latin. Quelques années plus tard, en 1155, un clerc jersiais, maître Wace, rime en vers français de huit syllabes le « roman de Brut », qu'il appelle le *Brut*, et où il raconte, à son tour, l'histoire des rois de la Grande-Bretagne, depuis la ruine de Troie jusqu'au viie siècle après Jésus-Christ. A cette histoire, Wace en joint une seconde en vers, non moins étendue, dans laquelle il consigne les faits et gestes des ducs de Normandie, depuis Rollon jusqu'à la sixième année du règne de Henri II.

C'est de ce roman du *Brut* que sortirent les romans du *Roi Artus*, de l'*Enchanteur Merlin*, du *Saint-Graal*, de *Lancelot du Lac*, de *Tristan de*

> « E! Durendal, cum ies e clere e blanche!
> Cuntre soleill si luis e si reflambes!
> Carles esteit es vals de Moriane,
> Quant Deus de l' ciel li mandat par sun angle
> Qu'il te dunast a un cunte catanie ;
> Dunc la me ceinst li gentilz reis, li magnes.
> Jo l'en cunquise Anjou e Bretaigne ;
> Jo l'en cunquis e Peitou e le Maine ;
> Jo l'en cunquis Normendie la franche ;
> Si l'en cunquis Provence e Aquitaigne
> E Lumbardie et trestute Romanie ;
> Jo l'en cunquis Bavière et tute Flandre,
> E la Burguigne et trestute Puillanie,
> Costentinnoble, dunt il out la fiance :
> E en Saisunie fait il ço qu'il demandet.
> Jo l'en cunquis Escoce, Guales, Islande
> E Engletere que il teneit sa cambre :
> Cunquis l'en ai païs e teres tantes,
> Que Carles tient, ki ad la barbe blanche!
> Pur ceste espée ai dulur e pesance :
> Mielz voeill murir qu'entre païens remaignet.
> Damnes Deus pere, n'en laissier hunir France! »

Léonnais, de *Perceval le Gallois*, et des autres chevaliers de la Table-Ronde. Dans ces compositions, le roi Arthur tient la place et le rôle qu'occupe Charlemagne dans nos chansons de geste. C'est le type du véritable paladin. Il parcourt le monde pour le délivrer des géants et des monstres ; aux grandes fêtes de l'année, il tient cour plénière à Caerléon-sur-Osk, en Galles, et s'entoure d'un cortége de rois, de barons et de chevaliers. Parmi ses compagnons, brillent au premier rang : Keu, le sénéchal ; Béduier, l'échanson ; Gauvain, l'ambassadeur. Un autre personnage armoricain qui joue un très-grand rôle dans le roman de Wace, c'est Hoël, souverain de la petite Bretagne, du pays même où la légende du monarque breton a reçu ses plus riches développements. Enfin, la principale originalité du poëme réside dans la confédération chevaleresque qui lie Arthur et ses compagnons :

> Fit roy Arthur la ronde table,
> Dont les Bretons disent maint fable.

La Table-Ronde est le domaine de l'égalité. Tous les convives y sont assis et servis sans distinction, quels que soient d'ailleurs leurs rangs et leurs titres (1). Français, Normands, Angevins, Flamands, Bourguignons, Lorrains, paladins de l'Orient et de l'Occident, se rendent à la cour d'Arthur. Les uns veulent y juger de la courtoisie du prince, les autres voir ses États. Ceux-ci tiennent à connaître ses barons, ceux-là désirent surtout recevoir ses présents. Les pauvres l'aiment, les riches lui rendent de grands honneurs ; les rois l'envient et le craignent ; tous les monarques ont peur qu'il ne conquière le monde et ne les destitue de la couronne.

Le cycle d'Arthur se divise en deux séries. La première, inspirée surtout par l'amour chevaleresque et l'héroïsme guerrier, comprend les romans de *Merlin*, de *Lancelot*, d'*Ivain*, d'*Erec* et d'*Enide*, de *Tristan*. C'est le cycle de la Table-Ronde proprement dit.

Dans la seconde série, tout imprégnée d'un sentimentalisme mystique, figure en première ligne le roman de *Perceval :* c'est l'histoire du Saint-Graal et des exploits qu'il provoque.

Le Graal est la coupe où, la veille de la Passion, Jésus-Christ et ses disciples trempèrent leurs lèvres. Après la Cène, le Graal, enlevé par les anges, fut déposé dans le ciel, d'où ses gardiens ne peuvent le descendre que le jour où se révèlera sur la terre une race assez pure pour en recevoir le dépôt. Cette famille fut à la fin trouvée : son chef était un prince d'Asie

---

(1) Voir Demogeot, p. 83, *passim.*

nommé Pérille, qui vint s'établir dans la Gaule, et dont les descendants
s'allièrent à la dynastie d'un prince breton.

Invisible aux païens, le Saint-Graal opère des miracles ; le chevalier qui
l'a vu reste pendant huit jours inaccessible aux traits de l'ennemi. Une
milice guerrière, les Templistes, est chargée de le garder et de le défendre.
Deux vœux sont imposés au Templiste : le vœu de chasteté et le vœu
de silence : il ne doit rien publier sur le mystère du Graal. Sa vie est une
série d'épreuves préparatoires au bonheur que doit lui procurer la contemplation du saint vase.

Comme on le voit, ces poëmes accusent évidemment une inspiration
sacerdotale. L'influence laïque se fit sentir à son tour. Un des meilleurs
poëmes qui lui sont dus est le roman de *Tristan de Léonnais*, composé
par Luces du Gast, et mis en vers par notre célèbre poëte Chrestien, de
Troyes.

Citons aussi le roman de Loherains, l'une des plus étonnantes épopées
de la nation franque. Ce poëme chante la lutte de deux races féodales :
l'une lorraine, c'est-à dire germanique ; l'autre artésienne, picarde, c'est-
à-dire française. Garin, l'un des héros de la première, a pour alliés toute
la nation teutonique ; tous ses partisans ont, comme lui, des noms dont
l'origine allemande est à peine déguisée sous des formes romanes : c'est
Herwy (Herwin), c'est Gauthier (Walter), c'est Thierry (Dietrich), c'est
Aubery (Alberich). Son adversaire, Fromont, a pour amis Hughes, homo-
nyme du premier roi capétien et comte de Gournay, Guillaume de Mont-
clin, Isoré de Boulogne. Le roi Pépin est un enfant dont l'âge cadre assez
bien avec ce caractère d'impuissance que le poëme donne au représentant
de l'autorité monarchique. Quand il grandit, la communauté d'origine et
la reconnaissance des services rendus le rapprochent des Lorrains ; mais
des intérêts positifs l'en détachent sans cesse : on sent en lui l'effort du
conquérant germain pour devenir enfin le roi de France. Les poëtes prennent partout le parti des princes lorrains ; leur partialité va si loin, qu'ils
ne laissent pas mourir en paix, dans son château, le brave et malheureux
Fromont ; ils le chassent de France, l'exilent en Espagne et le font mourir
Sarrasin. Le fragment suivant est un épisode de ce poëme ; on pourrait
l'intituler le *Hanap du roi Girbert*.

Fromont, comte de Bordeaux, a été vaincu, et s'est résigné à faire hommage de son fief de Bordeaux à Girbert, roi d'Arles. Ici commence
le récit du poëte :

« Un jour, le noble roi Girbert vint trouver à Bordeaux le généreux
Fromont. Il séjourna longtemps dans la ville, car il avait en pensée de
restaurer l'église du bienheureux saint Séverin. Il fit creuser de nouveaux
fondements, et il éleva d'une toise et demie les murailles ; puis il dit à Fro-

mont : « Sire vassal, savez-vous où gît le corps de Fromont le Vieux? »
Fromont dit : « Je ne vous le cèlerai pas; il est devant l'autel du noble
saint Séverin. » Puis, prenant Girbert par sa manche d'hermine, il le
conduisit jusqu'à la tombe du vieux Fromont. Le roi dit : « Il ne restera
pas là : il lui faut une plus honorable couche. — Comme vous l'ordonnerez, »
dit Fromont.

« Girbert appela Mauvoisin, son parent, son ami : « Cousin, faites lever
le corps de Fromont, vous recueillerez tous les os ; vous commanderez un
beau cercueil de marbre poli; nous les placerons dedans. » Les maçons
arrivent. « Seigneurs, dit Mauvoisin, je veux dans deux jours un tombeau
très-fort, très-poli et très-magnifique. » Le tombeau fut fait : nul n'en vit
jamais de plus riche. Girbert, en le voyant, témoigna toute sa joie.

Il fit exhumer le vieux Fromont. Comme on découvrait les os, le crâne
vint rouler à ses pieds. Le roi le prit, puis, le passant à Mauvoisin :
« Tenez, dit-il, gardez-moi ce crâne; je ne l'eus jamais en amour; mais,
parce qu'il fut autrefois hardi et courageux, je le ferai monter, si Dieu le
veut bien, en coupe richement dorée et travaillée. Mon vassal, le comte
Fromont, le tiendra, et il m'en fera servir au manger. » Mauvoisin dit :
« Je vous obéirai avec plaisir. »

« Girbert fit réunir les autres ossements : il éleva le cercueil sur six
colonnes de marbre bien taillées. Il fit ensuite reconstruire l'église : elle
fut deux fois plus belle et plus grande qu'auparavant; deux évêques la
consacrèrent, et il constitua de bonnes rentes pour son entretien. Après cela,
le roi prend congé de Fromont, et, accompagné de Mauvoisin, il retourne
dans sa ville d'Aix. La reine vient à sa rencontre, et ils entrent tous trois
dans une chambre de beau marbre vert; ils s'assoient sur un riche tapis,
et Girbert dit à Mauvoisin : « Où est la tête? — Beau sire, la voici. » Il
soulève son manteau de zibeline, prend le crâne qui y était enveloppé, et le
présente à Girbert; il le saisit, et un éclat de rire témoigne sa joie. Puis il
fait venir un orfèvre : « Ami, dit-il, apprenez pourquoi je vous ai demandé. Cette tête fut celle de Fromont de Bordeaux; vous m'en ferez une
coupe, dont Fromont le fils se servira devant moi. Le hanap sera
enchâssé dans l'or le plus pur; vous l'ornerez ensuite d'émeraudes et de
saphirs, et vous me jurerez que vous ne direz jamais un mot de cela à
personne. — Sire, dit l'orfévre, il en sera comme vous le désirez. »

« L'orfévre prend congé et revient à son hôtel. Il se met à l'œuvre : il
taille, il polit le hanap; il le découpe à fleur de lis, et sous le pied il pratique un trou que nul ne pourrait apercevoir de lui-même, quelque subtil
qu'il fût : mais celui qui en aura le secret pourra facilement plonger du
regard jusqu'au pâle contour du crâne. La coupe achevée, l'orfévre la
porte au roi Girbert, qui témoigne grande joie. « Jamais, dit-il, je n'ai vu
de hanap aussi beau. Tenez, ami, prenez ce manteau d'hermine, ce beau

destrier et deux cents marcs d'or fin. » L'ouvrier prend le tout, remercie vivement le roi Girbert, et s'éloigne.

« Quand vint la Pentecôte, fête réservée entre toutes les fêtes, Girbert
voulut tenir sa cour. Il mande Gérin, son cousin, le noble chevalier; il
mande Fromont le renommé, et le comte Hernaut de Gironville, frère de
Gérin. Chacun d'eux arrive escorté de vingt chevaliers au plus. Girbert
s'avance au-devant d'eux : il reçoit Fromont entre ses bras, il baise trois
fois Hernaut; car Hernaut était son *dru*, le chevalier qu'il aimait de préférence aux autres.

« Puis Girbert demande l'eau, et tous se disposent à dîner. Gerbert s'assied au plus honorable siége; à ses côtés viennent prendre place sa femme,
le roi Gérin et le sage Hernaut. Girbert appelle le vaillant Mauvoisin :
« Amis, hâtez-vous : apportez-moi ma coupe d'or : il n'en est pas d'aussi
belle d'ici en Orient. Fromont la tiendra, et nous en servira. » Mauvoisin
répond : « Sire, comme vous le commandez. » Il sort, va prendre la coupe
d'or, et revient la poser sur la table devant Girbert. Le roi la présente à
son cousin Gérin : « Cousin, dit-il, au nom du Dieu tout-puissant, vîtes-
vous jamais, devant roi ou amiral, une aussi belle, une aussi précieuse
coupe ? — Nenni, » répond Gérin. Alors Girbert appelle Fromont : « Ami,
lui dit-il, tenez s'il vous plaît la coupe, et servez-en gracieusement
devant moi. »

« Le vassal Fromont prend la coupe d'or, il l'emplit de vin et de piment,
et il en sert à tous les convives. Quand ils ont mangé, ils font rapidement enlever les nappes et descendent au jardin prendre leurs ébats. Un
tapis est étendu sur l'herbe verte, et ils se couchent tous dessus. Puis les
vêpres sonnent; ils vont les entendre, et, quand elles sont dites, les barons
remontent au palais de marbre et se mettent aux fenêtres : là, le pays se
découvre à leurs yeux; ils contemplent les prés verdoyants et fleuris. Ils
restèrent aux fenêtres jusqu'à la nuit. Leurs lits étaient préparés : ils
allèrent tous dormir.

« Le lendemain, les gentils chevaliers se levèrent. Chaussés et vêtus
tous, ils commencèrent par aller ouïr le service divin. L'offrande fut belle :
sur l'autel, Girbert mit deux marcs d'or pur; autant en offrit son parent
Gérin; Hernaut donna un poêle d'Alexandrie, Fromont un hanap d'or, et
Mauvoisin deux marcs d'argent. Bientôt après l'office, le sénéchal fait
crier l'eau : le roi et ses cousins lavent leurs mains, ils prennent place à
la table principale. Fromont, Mauvoisin et plus de trente chevaliers, dont
le plus pauvre avait une bonne forteresse à garder, les servent debout :
l'un porte la paix, l'autre le vin clair; celui-ci présente de bons paons
emplumés, ceux-là des cygnes, des poissons ou de la venaison. Fromont
tend à Girbert le hanap d'or plein de vin et d'hypocras. Quand les barons
ont mangé, les autres sergents prennent leur place. Devant Fromont brille
la coupe que Girbert a fait travailler : Fromont la remplit de vin et la

vide d'un trait. Un chevalier le voit, et, s'adressant à lui : « Sire, dit-il, vous avez grand tort de boire dans cette coupe avec plaisir. » — Pourquoi, ami? dit l'illustre Fromont. — Par ma foi, Sire, je vous en dirai la vérité : le crâne de Fromont est scellé dans l'intérieur. — Tais-toi, menteur, s'écria Fromont, et Dieu te punisse! Le roi Girbert est noble et généreux, il ne ferait pas ce que tu lui reproches pour tout l'or d'outre-mer. — Sire, reprend le chevalier, ce que je vous dis est vrai, vous pouvez vous en assurer. — Je vais donc le savoir, » dit Fromont.

« A ces mots, il quitte la table et va au jardin, où le roi reposait agréablement. De si loin qu'il le voit, le comte lui crie : « Sire, un mot : par la foi que vous devez à Dieu, je requiers de vous la vérité. » Girbert répond : « Vous exigez un engagement bien solennel : sachez que je ne mentirais pas pour tout l'or d'une cité. » Fromont répond : « Écoutez-moi. L'on m'a dit dans ce palais que, dans la coupe où je vous verse à boire, vous avez renfermé le crâne de mon père!... » A ces mots, Girbert, désespéré, répond le plus humblement qu'il peut : « Sire Fromont, merci, pour l'amour de Dieu! que Jésus-Christ me protége, si je l'ai fait par malice! mon intention fut glorieuse pour vous; votre père était si redouté, que je me fis un plaisir de ne pas m'en séparer. »

« Fromont reprend : « Vous avez eu grand tort : vous tenez à honneur ma honte. Or vous savez que ce matin encore j'étais votre homme; vous savez que nous étions bien accordés; je mets terme à cet hommage. » A ces mots, Fromont prend deux poils de son manteau d'hermine, et, les jetant aux yeux du roi : « Girbert, soyez dès ce moment défié; car, par la foi que je dois porter à Dieu, jamais nous ne pourrons plus être accordés! » Puis, en s'éloignant : « Bordeaux, s'écrie-t-il, mes armes, mon destrier! » On apporte les armes, on s'enquiert du motif de sa demande : « Beau sire, qu'avez-vous? — Vous ne le saurez que trop, car nous allons quitter cette cour sans prendre congé. » Les voilà tous montés sur leurs chevaux. En s'éloignant, le comte Fromont se prend encore à crier : « Eh! sire Girbert, cela va de mal en pis. Je vins ici en toute allégresse, je m'en dépars à grande douleur... Et je ne l'ai pas desservi. » Girbert l'entend. Il se dresse en pied, et avec lui le preux et vaillant Hernaut. « Fromont, Fromont! crient-ils, franc comte, gentil baron, prenez l'amende telle que vous voudrez. Nous vous donnerons deux mules chargées d'or fin et vingt destriers d'Arabie. » Fromont répond : « Tais-toi, roi parjure; aussi bien, au nom de Dieu qui jamais ne mentit, je ne compte pas avoir un seul moment de joie avant d'avoir mis à mort Girbert, le roi d'Arles. » A ces mots, il brandit son épieu et le lance contre Girbert. Un varlet se jette au-devant, reçoit l'épieu, et tombe mort aux pieds de son seigneur. La colère du roi est terrible : « Armez-vous, mes barons! Or verrai-je qui m'aime et me venge de ce fils de mécréant? Je donne à qui l'arrêtera mes trésors et les premiers fiefs vacants. » Chacun alors de courir aux armes. On poursuit les Bordelais ; mais Fromont a pris les devants ; il est sorti de la ville à la hâte, accompagné de ses vingt chevaliers ; il est rentré dans Bordeaux, dont il ferme les portes et relève les murailles, car la guerre terrible va recommencer entre les fils d'Hardré et les descendants de Lorrain Hervis. »

Ne retrouve-t-on pas dans ce fragment quelque chose de la noble simplicité de narration qui donne tant de grandeur aux récits d'Homère? Assurément le poëte français est loin d'atteindre le sublime du poëte grec, mais il se montre souvent aussi naïf, aussi vrai ; et si l'on tient compte de la différence entre une langue riche, harmonieuse, poétique, la plus parfaite, en un mot, qu'aient parlée les poëtes, et une langue rude, grossière, incomplète et sans règles, comme l'était alors le roman wallon, on doit reconnaître quelque mérite aux écrivains qui ont su, à travers de si grandes difficultés, exprimer clairement et fortement leurs pensées.

VI

LES TROUBADOURS

Nous venons de parler des ménestrels du nord ou trouvères. Les ménestrels du sud ou troubadours, bien que plus connus, sont loin d'occuper dans l'histoire littéraire de la France une place aussi considérable, et surtout un rang aussi élevé.

Malgré les protestations de quelques érudits, les travaux de la critique moderne viennent de jour en jour nous prouver, de la façon la plus concluante, que la poésie française n'est pas née dans le midi de la France. De la Méditerranée à la Loire résonnaient, il est vrai, les musicales intonations de la langue d'oc : un ciel radieux, un soleil étincelant, un climat presque toujours égal auraient dû, ce semble, faire éclore des stances dans les âmes. Il n'en est pas moins certain que la France du nord, malgré ses glaces, devança la France du midi. Avant de chanter sous les orangers de la Provence, l'âme de la patrie vibra dans les plaines normandes. On a écrit maintes fois, nous le savons, que la reine Constance, fille du comte de Provence, belle-fille de Hugues Capet, s'entoura de jongleurs qu'elle avait fait venir de Provence. S'autorisant de ce fait, les félibres insinuent que les troubadours allumèrent la flamme de la poésie chez les hyperboréennes peuplades d'outre-Loire. Que les jongleurs aient, les premiers, connu les principes de la prosodie, nous l'accordons; mais qu'ils aient balbutié les premiers hymnes, jamais!

En admettant même que les troubadours furent, sur ce terrain circonscrit, les maîtres des trouvères, nos adversaires les plus déclarés reconnaissent seulement que les élèves ne tardèrent pas à surpasser leurs professeurs. Le génie des poëtes de la langue d'oïl l'emporta bientôt en élévation, en énergie, en variété et en fécondité sur le génie des poëtes de la langue d'oc. Quel critique oserait mettre sur la même ligne les deux cents troubadours qui nous sont connus et les milliers de trouvères dont la France septentrionale s'honore? Est-il un romaniste qui pourrait placer au premier rang les cantilènes aux pensées uniformes et au rhythme monocorde des troubadours, et préférer leurs fades épithalames à cette multitude de poëmes de cinq, dix, quinze et vingt mille vers qui forment l'épopée chevaleresque?

Dans un temps où Guillaume de Normandie conquérait l'Angleterre, Robert Guiscard et Tancrède de Hauteville la Sicile, Baudouin de Flandre Constantinople, Godefroy de Bouillon Jérusalem, les troubadours ne trouvaient dans leur âme aucun chant pour célébrer ces Iliades. Quand, autour d'eux, les tournois, les fêtes, les cours plénières et les saints devoirs de la chevalerie allumaient les plus saints enthousiasmes, seuls ces poëtes *in petto*, restant à l'écart du mouvement général, ne parviennent à tirer de leur poitrine ni une strophe ni un poëme. Toute leur imagination se localise dans des sirventes, dont le moule uniforme reçoit implacablement les mêmes pensées. On dirait qu'ils ne soupçonnent d'autre poésie que ce qu'ils appellent la *gaie science*, le *gai savoir*, comme si la galanterie était l'essence même de la poésie!

Gérard de Roussillon, *Geoffroy et Brunissende*, la *Chronique des Albigeois*, le *roman de Flamence et de Fierabras*, trahissent, il est vrai, une impression plus haute; les poëtes Arnaud de Marvei et Bertrand de Born ne sont pas, nous l'accordons volontiers, indignes de figurer dans la même pléiade que les plus célèbres trouvères; mais une critique sérieuse peut-elle se prévaloir de ces exceptions? A côté d'un Bertrand de Born, combien de Geoffroy Rudel? Un beau matin, cet héroïque troubadour s'embarque pour la Terre-Sainte. Sans doute il brûle d'aller se prosterner au tombeau du Christ? Allons donc! Geoffroy Rudel s'en va, porté par un accès de sympathie ridicule pour la comtesse de Tripoli, qu'il n'a jamais vue, lui demander sa main et mourir sous ses yeux.

Telles sont les épopées que construisent les bardes de la Provence. Entre les mains de ces poëtes frivoles la poésie française n'aurait pu que péricliter.

> Dans une longue enfance ils l'auraient fait vieillir.

Il faut bien le dire, au nord était toute la séve de la pensée; au nord appartenaient les savantes, les patientes études, et, jusque dans les chansons légères, s'épanouissait ce bon sens peu brillant peut-être, mais durable, qui caractérise encore la race française.

VII

LA POÉSIE ALLEMANDE. — LES MINNESINGERS

De tous les pays, après la France, où la poésie compta les plus nombreux adeptes, ce fut incontestablement l'Allemagne.

M. Bossert, le plus récent historien de la littérature allemande, reconnaît trois formes à la poésie germanique : la poésie héroïque, la poésie chevaleresque et la poésie bourgeoise.

La poésie héroïque a son origine dans les souvenirs de l'invasion germanique. Ce grand événement avait profondément remué l'imagination des contemporains, et, tout pénétrés de la gloire de leurs redoutables ancêtres, les descendants des Huns, des Goths, des Avares, conservèrent pieusement la mémoire de leurs exploits. C'est ainsi que, sans d'autres secours que la transmission orale, se perpétuent de nombreuses légendes sur les héros de ces grandes luttes. Chaque tribu germanique avait ses légendes. Confiées à la mémoire du peuple, ces traditions se mêlèrent aux croyances mythiques, et de ce mélange naquirent les épopées nationales de l'Allemagne (1).

Laissant de côté le cycle lombard et réunissant celui des Francs et des Burgondes, les historiens de la littérature allemande distinguent quatre légendes principales dans la poésie héroïque : la légende de Théodoric, la légende d'Attila, celle de Sifrit, et les légendes de la Mer. Une des plus anciennes est, sans contredit, celle des Goths, les premiers envahisseurs de l'empire. La conquête de l'Italie par leur roi Théodoric, la destruction du royaume hérule étaient des faits trop considérables pour ne pas survivre dans l'imagination populaire; la *Bataille de Ravenne* en est le monument le plus authentique. Le *Chant d'Hildebrand,* un des compagnons du grand roi, nous reporte également au temps de la conquête.

Afin de donner à nos lecteurs une idée de cette poésie primitive, nous

(1) Voir *Revue critique*, 1852, n°ˢ 23 et 43 ; G.-H. Heinrich, *Hist. de la littérat. allemande*; et Bossert, *La Littérature allemande au moyen âge, passim.*

allons citer, d'après la traduction d'Ampère, le *Chant d'Hildebrand.* C'est le récit d'une rencontre entre deux guerriers, le père et le fils.

« J'ai ouï dire que se provoquèrent, dans une rencontre, Hildebrand et Hadebrand, le père et le fils. Alors les héros arrangèrent leur sarrau de guerre, se couvrirent de leur vêtement de bataille, et par-dessus ceignirent leur glaive. Comme ils lançaient leurs chevaux pour le combat, Hildebrand, père de Hadebrand, parla. C'était un homme noble, d'un esprit prudent. Il demanda brièvement à son adversaire :

« — Quel était ton père dans la race des hommes? » ou encore : « De quelle « famille es-tu? Si tu me l'apprends, je te donnerai un vêtement de « guerre à triple fil; car je connais, guerrier, toute la race des hommes. »

« Hadebrand, fils de Hildebrand, répondit :

« — Des hommes vieux et sages de mon pays, qui maintenant sont morts, « m'ont dit que mon père s'appelait Hildebrand; je m'appelle Hadebrand. « Un jour il alla vers l'est; il fuyait la haine d'Odoacre; il était avec Théo-« doric et un grand nombre de ses héros; il laissa seule dans son pays « sa jeune épouse, son fils encore petit, ses armes qui n'avaient plus de « maître; il s'en alla du côté de l'est... Mon père était connu de vaillants « guerriers, ce héros intrépide combattait toujours à la tête de l'armée; « il aimait trop à guerroyer, je ne pense pas qu'il soit encore en vie. »

« — Seigneur des hommes, dit Hildebrand, jamais du haut du ciel tu ne « permettras un combat semblable entre des hommes de même sang. »

« Alors il ôta un précieux bracelet d'or qui entourait son bras, et que le roi des Huns lui avait donné.

« — Prends-le, dit-il à son fils, je te le donne en présent. »

« Hadebrand, fils de Hildebrand, répondit :

« — C'est la lance à la main, pointe contre pointe, qu'on doit recevoir de « semblables présents. Vieux Hun, tu es un mauvais compagnon; espion « rusé, tu veux me tromper par tes paroles, et moi je veux te jeter avec « ma lance; si vieux, peux-tu forger de tels mensonges? Des hommes « d'un grand âge, qui avaient navigué sur la mer des Vendes, m'ont « parlé d'un combat où a été tué Hildebrand, fils de Hérébrand. »

« Hildebrand, fils de Hérébrand, dit :

« — Hélas! hélas! quelle destinée est la mienne! J'ai erré hors de mon « pays soixante hivers et soixante étés. On me plaçait toujours en tête des « combattants; dans aucun fort on ne m'a mis les fers aux pieds; et main-« tenant il faut que mon propre enfant me pourfende avec son glaive, « m'étende mort avec sa hache, ou que je sois son meurtrier. Il peut t'ar-« river, si ton bras te sert bien, de ravir à un homme de cœur son ar-« mure, de dépouiller son cadavre; fais-le, si tu crois en avoir le droit, « et que celui-là soit le plus infâme des hommes de l'est qui se détourne-« rait de ce combat, dont tu as un si grand désir. Bons compagnons qui « nous regardez, jugez dans votre courage qui de nous deux aujourd'hui

« peut se vanter de mieux lancer un trait, qui saura se rendre maître de
« deux armures. »

« Alors ils firent voler leurs javelots à la pointe tranchante, qui s'arrêtèrent dans leurs boucliers ; puis ils s'élancèrent l'un sur l'autre ; les
haches de pierre résonnaient... Ils frappaient pesamment sur leurs blancs
boucliers ; leurs armures étaient ébranlées, mais leurs corps restaient
immobiles. »

Ce chant, malgré le désordre moral qu'il accuse, n'a-t-il pas une grandeur et une simplicité dignes d'Homère?

Après la légende de Théodoric, vient celle d'Attila. Le roi des Huns
n'est point un héros germanique ; mais son histoire est tellement mêlée à
celle de l'invasion, qu'il occupe une place considérable dans les traditions
allemandes. Un trait caractéristique de ces légendes, c'est l'auréole dont
elles nimbent le front d'Attila ; pour elles, le Fléau de Dieu est un roi pacifique et bon. N'est-ce pas là un témoignage précieux du haut sens moral
dont les Germains étaient pourvus dès cette époque?

Dans l'épopée des Nibelungen palpitent tous les héros des légendes de
Sifrit et les chefs bourguignons de la conquête. Mais, à l'époque où les
Nibelungen furent rédigés, tout un côté du caractère du héros franc s'est
effacé ; son origine mythique et celle de Brunhilde a disparu dans le poëme
du vɪe siècle.

Les légendes de la Mer contiennent les derniers échos de la poésie héroïque. Les traditions des tribus lithuaniennes y complètent le cycle des
légendes allemandes : courses des pirates, exploits des rois de la mer,
secrets des abîmes, voilà ce qu'elles nous racontent. Le rapsode inconnu
qui réunit ces poëmes en forma le chant de *Kudrun*, poëme charmant où
s'agitent et se confondent les paladins des forêts germaniques et les dieux
de l'Océan.

Cependant l'influence du christianisme ne pouvait manquer aussi de
féconder l'esprit allemand : la *Prière de Wessobrun* et le *Poëme de
Muspilli* en marquent la première apparition dans la littérature ; l'*Héliand*
en est la manifestation la plus complète et la plus haute. La vie du Sauveur, que ce poëme retrace, est une œuvre magistrale, une épopée vraiment digne des grands faits qu'elle célèbre, et qui témoigne éloquemment
de la transformation profonde opérée par le christianisme dans les mœurs
et dans les idées des Germains. Deux autres chants incarnent la pensée
allemande et chrétienne pendant cette période ; c'est l'*Harmonie des Évangiles* du moine Ottfried (865) et le *Chant de victoire* de Louis.

Un long silence suivit malheureusement cette première éclosion de la
poésie nationale et religieuse ; l'influence latine put dominer ; les vieux
poëmes furent abandonnés à la tradition orale ; les lettrés délaissèrent

l'idiome national et adoptèrent la langue latine, qui devint à la fois la langue de l'Église et celle de la poésie. Des femmes elles-mêmes, la célèbre religieuse Hroswithe, entre autres, confièrent à la langue de Cicéron et de Virgile leurs inspirations et leurs pensées. Toutefois, pendant que la vieille langue germanique subissait cette éclipse momentanée, un idiome harmonieux et doux, merveilleusement propre à la poésie, le *haut allemand moyen*, succédait à l'*ancien haut allemand*. L'heure approchait où la langue germanique allait atteindre pour la première fois à un haut degré de perfection, à son premier âge classique. A cette époque, en France, les exploits de Charlemagne venaient de donner naissance à tout un cycle de traditions poétiques, à d'innombrables chansons de gestes. D'un autre côté, les souvenirs de l'antiquité, transformés au contact des idées du moyen âge, avaient donné naissance à de nombreux poëmes qui charmaient l'esprit peu critique de nos pères. En même temps aussi, les légendes galloises de la Table-Ronde et du Saint-Graal étaient pour nos trouvères une mine féconde. L'Allemagne également s'empressa de puiser à ces sources nouvelles (1).

Ce que le trouvère avait été pour la France, le minnesinger le fut pour l'Allemagne.

Alors, comme dit Schiller, parut le « chanteur qui apporte la joie, et dont les doux accents émeuvent les cœurs ».

Seulement l'Allemagne, et ce fut son tort, comme le dit très-bien M. Heinrich, restreignit l'expression de ce sentiment universel à l'amour renfermé dans le cadre de la vie chevaleresque. Elle s'assujettit aux conditions extérieures et sociales dans lesquelles la poésie se développait alors chez les autres peuples. Les sentiments, comme les légendes, franchissaient rarement les bornes du monde féodal. C'est là le vice d'origine du *Chant d'amour* allemand, ou *Minnegesang*. Cette réserve faite, nous devons convenir que la part de la louange doit dépasser celle de la critique.

La poésie provençale était exclusivement sensuelle. La poésie du *Minnesinger* est peut-être plus terne, les métaphores en sont moins fleuries et moins audacieuses; mais, en revanche, un je ne sais quoi de sérieux, de chaste et de contenu caractérise ses inspirations et ennoblit ses chants.

Le minnesinger qui porta le plus loin la perfection de son art fut Walther von der Vogel weide. Il débuta comme chevalier et comme poëte à la cour du roi d'Autriche, Frédéric le Catholique. Lorsque son protecteur mourut, au retour de la croisade en 1198, il en ressentit une vive douleur. « Il marchait, dit-il, aussi droit et fier qu'une grue; maintenant il a la démarche lente et le cri plaintif du paon. » Il faut qu'il trouve un

______

(1) V. la *Revue critique*, passage cité.

nouveau protecteur; car il est pauvre, quoique noble, et sa pauvreté lui a
inspiré parfois des traits amers. Cette pauvreté, qu'il partage avec le vilain, lui enseigne du moins l'égalité de tous les hommes; et, méprisé lui-
même par les riches, il apprend à estimer ses inférieurs. « O mon Dieu,
s'écrie-t-il, il en est plus d'un qui t'appelle son père, et qui ne voudrait
pas de moi pour son frère. Et cependant, après la mort, qui distinguerait
entre le maître et le valet, s'il fallait reconnaître leurs ossements? » '

Walther reçut à la cour du landgrave Hermann de Thuringe cette généreuse hospitalité qu'il sut si bien chanter ; mais il n'en restait pas moins
un barde errant et un chevalier sans domaine. Pour arriver à la fortune,
il avait embrassé le parti de Philippe de Souabe, et bombardé ce prince
de vers adulateurs. Dépense inutile ! A la mort de Philippe, nous retrouvons Walther aussi pauvre que jamais. Il lui fallut attendre plusieurs
années encore avant d'obtenir ce fief après lequel il avait tant soupiré.
Toute sa vie il avait récriminé contre l'insensibilité des hommes et l'in-
gratitude de son art, se plaignant de ne jamais se chauffer qu'à un foyer
étranger..., chevauchant dès le matin, et souvent frappant à une porte
derrière laquelle souvent il entend dire : « Maudit soit l'hôte qui arrive! »
Aussi rien n'égale la joie de Walther quand le but de ses désirs est atteint. « J'ai mon fief; tout le monde m'écoute; j'ai mon fief. A présent, je
ne crains plus pour mes pieds les neiges de février ; je ne serai plus l'hôte
importun des barons avares. Le noble et généreux prince m'a fait un don ;
par lui je puis me mettre l'été à l'ombre de mes arbres, et l'hiver sous
mon toit. Aussi mes voisins me trouvent meilleure mine; autrefois ils me
faisaient des yeux moqueurs. Je fus longtemps pauvre malgré moi; mes
paroles en étaient devenues amères. Le don du prince a purifié mon cœur
et mes chants. »

Le poëte, du reste, a conscience de sa force et de sa valeur. « Mes
chants ne sont pas sans pouvoir, » disait fièrement Wolfranc d'Eschen-
bach ; Walther est du même avis. Walther méritait bien d'ailleurs un
coin de terre dans cette Allemagne, pour laquelle il a brûlé tant d'encens.
« J'ai vu des pays étrangers, et je ne nie pas leur gloire. Mais malheur à
moi si mon cœur pouvait s'y plaire ! A quoi servirait de nier ce qui est
juste et vrai? Les mœurs allemandes l'emportent sur toutes les autres.
De l'Elbe au Rhin, du Rhin en Hongrie, les coutumes en vigueur sont
les plus nobles que je connaisse; j'en réponds sur mon bien et ma tête.
Les plus humbles femmes allemandes valent mieux que les plus hautes
dames d'ailleurs. Les chevaliers d'Allemagne ont les vraies maximes, et
leurs femmes sont pures comme des anges. »

C'est bien là l'accent du patriotisme! Et pourtant Walther, bon catholique après tout, ne craint pas, dans un autre lieu, de gourmander l'attitude de cette chère Allemagne pendant la lutte de Frédéric II contre Inno-

cent III. Voici comment il s'exprime sur le compte des « chevaliers » de
tout à l'heure. « L'honneur a déserté la terre allemande. C'est une honte
de voir riches et puissants assis à leur foyer, tandis que le saint sépulcre
est profané. Ils ne sont plus dignes de la récompense du Roi des cieux ni
du sourire bienveillant des hommes et des femmes. » Et quand, après de
longs délais, il peut suivre en Terre-Sainte l'armée de Frédéric, il n'y tient
plus de joie; « car il a, lui pécheur, vu de ses yeux ce qu'il a toujours
désiré, il a vu le pays sacré qu'a parcouru l'Homme-Dieu. » L'inspiration
religieuse ne lui est point étrangère; l'ardent gibelin est parfois un tendre
mystique : « Malheur! Les années des plaisirs s'avancent. Dans la coupe
de miel est l'absinthe. Le monde a au dehors des couleurs brillantes,
blanches, vertes, rouges; mais il est noir au dedans. Pourtant celui qui a
été trompé n'est pas sans consolation. Une seule larme suffit à expier de
grandes erreurs. Pensez-y, chevalier; c'est votre affaire. » Et ailleurs il
représente avec onction Marie évanouie au pied de la croix : « Elle est
tombée sur la terre en poussant un cri aigu; elle était devenue pâle et
blême; ses oreilles n'entendaient plus, ses lèvres ne remuaient plus; car
son cœur déchiré était plein de l'agonie du Christ (1). »

Depuis la Réforme, pas un poëte de l'Allemagne n'a retrouvé de tels
accents.

Après Walther, le Minnegesang ne put conserver le rang que ce poëte
lui avait donné; il déclina rapidement. On cite encore Nithard, l'ennemi
des paysans, Henri de Meissen et Ulrich de Lichtenstein, un minnesinger
des mieux doués, mais que son donquichottisme rendit ridicule. Ulrich
mort, il ne surgit plus d'autre poëte dont le nom mérite d'être connu. Le
Minnegesang ne pouvait survivre aux mœurs dont il avait été l'expression;
il fut entraîné dans la ruine de la chevalerie. Avant de mourir, il sembla
toutefois reprendre une vie nouvelle, en allant puiser ses inspirations dans
les idées religieuses de l'époque. C'est ainsi que Hartman von Ane, l'émule
de Wolfram, écrivit la légende de *Grégoire du Rocher;* Conrad de Würz-
bourg, celle de *saint Sylvestre;* Werner de Tegernsee, une *Vie de Marie;*
un autre poëte du même nom, l'*Enfance de Jésus.* La légende de *Pilate,*
celle de *sainte Véronique,* l'histoire de *Balaam* et de *Josaphat,* etc.,
eurent aussi chacune leurs poëtes; la légende de *saint Alexis* en trouva
jusqu'à six avant le xve siècle, et le *Passional,* recueil de traditions religieuses les plus diverses, ne compte pas moins de cent mille vers. Mais les
nouveaux minnesingers ne purent longtemps se soutenir à cette hauteur;
le caractère des récits change; l'imagination et la fiction y jouent un rôle
plus grand et moins acceptable.

Quel changement quand on passe de la poésie mondaine des maîtres
chanteurs aux écrits des mystiques! Depuis son apparition vers la fin du

_____

(1) Voir Heinrich, *loc. cit.*

xiii° siècle, le mysticisme ne cesse d'avoir d'illustres représentants ; c'est aux mystiques que revient l'honneur d'avoir fondé la prose allemande. Le plus grand peut-être d'entre eux est Tauler (1290-1360), à la fois orateur et poëte, et qui jouit dans son temps d'une immense réputation ; au siècle suivant, l'illustre mystique trouve un successeur digne de lui dans Geiler de Kaisenberg.

Mais, avant que la prose allemande fît son entrée dans le monde, la langue latine reste longtemps le véhicule de la théologie et de l'histoire.

L'histoire, après avoir d'abord été écrite en vers, le fut ensuite en latin. Ce fut également du latin que se servit le bienheureux Albert le Grand, le plus illustre représentant de la philosophie allemande au moyen âge ; une femme même, sainte Hildegarde, en qui semble se personnifier le mysticisme du xiii° siècle, recourut à cet idiome pour nous transmettre ses révélations consolantes. La langue allemande ne semblait pas encore en état de traduire les hautes spéculations de la pensée, et il lui faudra de longs siècles pour conquérir tous ses droits et se substituer complétement à la langue latine.

VIII

LA POÉSIE ANGLAISE

La littérature anglaise ne remonte pas au delà de la conquête. Les premiers en France, les Normands avaient, comme nous l'avons vu, débrouillé le français, le fixant, l'écrivant si bien, qu'aujourd'hui encore nous entendons leurs odes et leurs poëmes. Aussitôt qu'ils furent débarqués en Angleterre, leur premier soin fut de dégrossir l'intelligence des Saxons. Entre la conquête et la mort du roi Jean, ils dotèrent l'Angleterre de cinq cent cinquante-sept écoles. Henri Beauclerc, fils du Conquérant, fut instruit dans les sciences ; Henri II et ses trois fils étaient renommés par leur culture ; l'aîné, Richard Cœur-de-Lion, fut poëte. Lanfranc, premier archevêque normand de Cantorbéry, fondateur de l'école d'Avranches et logicien plein de vigueur, se distingua par sa lutte vigoureuse contre les hérétiques qui niaient la présence réelle ; saint Anselme, son successeur, le plus éminent penseur du siècle, découvrit une nouvelle preuve de l'existence de Dieu qui fit, cinq siècles plus tard, la gloire de Descartes. En même temps, plusieurs abbés s'installent en Angleterre et en défrichent le sol : l'un établit une bibliothèque ; un autre fonde une école et fait représenter à ses élèves le *Jeu de sainte Catherine ;* un troi-

sième écrit dans la langue de Cicéron des épigrammes aussi barbelées que
celles de Martial. Mais ce n'est pas tout : à côté de leurs chroniqueurs
latins, Henri d'Huntington, Guillaume de Malmesbury, hommes réflé-
chis qui savent non-seulement conter, mais juger, les Normands ont des
chroniques rimées, en langue vulgaire : celles de Geoffroy Gaimar, de
Benoît de Saint-More, de Robert Wace ; car la langue française leur tient
à cœur, et ils y attachent tant de prix, que les nobles de Henri II envoient
leurs fils en France pour les préserver des barbarismes (1). Pendant deux
cents ans, « les enfants à l'école, dit Hygden, contre l'usage et l'habitude
de toute nation, furent obligés de quitter leur langue propre, de traduire
en français leurs leçons latines et de faire leurs exercices en français (2). »
Les statuts des universités obligeaient les étudiants à ne converser qu'en
français ou en latin. « Les enfants des gentilshommes apprenaient à
parler français du moment où on les berçait dans leur berceau, et les
campagnards étudiaient avec beaucoup de zèle à parler français pour se
donner l'air de gentilshommes. » A plus forte raison, la poésie est-elle
française. Guillaume s'est fait accompagner du trouvère Taillefer, qui
« moult bien chantoit » ; il y a une jongleuse, Adeline, qui reçoit une
terre lors du partage. C'est en vers français que Robert Wace rédige
l'histoire légendaire de l'Angleterre et de la Normandie. Dans les abbayes
on ne trouve que vers latins et vers français. Les hommes qui ont assez de
loisir et de sécurité pour lire ou écrire sont Français ; c'est par eux que
l'on invente et que l'on compose. Même les Anglais se travaillent pour
écrire en français ; par exemple, Robert Grosthead, dans son poëme allé-
gorique sur le Christ ; Peter Langtoft, dans sa *Chronique d'Angleterre* et
dans sa *Vie de saint Thomas Becket;* Hue de Rotelane, dans son poëme
d'*Ipomédon;* Jean Hoveden et bien d'autres. Plusieurs écrivent la première moitié des vers en anglais, la seconde en français. Un des meilleurs
poëtes, Gower, sur la fin de ses œuvres françaises, s'excuse humblement
de n'avoir point « de Français la faconde ». — « Pardonnez-moi, dit-il,
que de ce je forsvoie ; je suis Anglais. »

Et pourtant l'idiome national ne périt pas. Obscur, méprisé, on ne l'entend d'abord que dans la bouche des *franklins* dégradés, des *outlaws*
de la forêt, des porchers, des paysans, de la basse classe. Puis, peu à peu,
comme il faut bien que le Normand apprenne l'anglais pour commander
à ses tenanciers, la langue nationale progresse de génération en génération et finit par s'imposer. Les termes savants, la langue du droit, les
expressions abstraites restent français ; mais pour ce qui est des actions
usuelles et des objets sensibles, c'est le saxon qui les dénomme.

Une traduction de Robert Wace par le prêtre Lazamon nous présente

(1) *Trevisa's translation of Hygden's Polychronicon.* Voir *Histoire de la littérature
anglaise,* par Taine.

(2) V. *Histoire de la littérature anglaise,* par H. Taine.

les premiers tâtonnements de la littérature anglaise. Vers le commencement du règne d'Édouard Ier, Robert, moine de Glocester, compose une chronique en vers, et, trente ans après, Robert Manning, moine de Brunne, versifie des annales qui trahissent encore l'influence française. Pendant le xive siècle, on traduit du roman presque toutes nos chansons de gestes. Mais ce ne sont là que de tristes ébauches et d'informes accumulations de rhythmes ; il faut aller jusqu'à Geoffroy Chaucer pour trouver un poëte vraiment inspiré et vraiment lyrique. Par la vivacité de son imagination et les ressources de son langage, Chaucer peut être mis sur le même rang que les plus grands poëtes du moyen âge. Il nous emprunta la stance iambique régulière et la mania avec une remarquable aisance. Le *Conte du chevalier* suffirait pour immortaliser son nom. Mais c'est dans le *Prologue des Contes de Cantorbéry* que son génie brille peut-être du plus vif éclat.

IX

L'HISTOIRE MONASTIQUE

Tandis que la société chevaleresque chantait l'histoire avec son imagination naïve et sa langue chevaleresque, la société monastique écrivait ce qui lui tenait lieu de « Chansons de gestes », ses chroniques universelles, domestiques et locales.

Le vénérable Bède fut le premier qui crut devoir recueillir les traditions éparses dans la mémoire de ses contemporains, et condenser dans un récit correct les principaux événements qui remuent le monde et agitent les hommes. Avant le savant anglo-saxon, les moines belges de Saint-Amand et Denys le Petit avaient, les premiers au viie siècle, et le second au vi^e, rédigé des annales sommaires qu'un professeur de rhétorique trouverait sans doute « arides », mais infiniment précieuses aux yeux de l'historien.

Le règne de Charlemagne fournit du travail aux chroniqueurs. Les chroniques de Fleury et de Limoges, celles d'Hépidan, moine de Saint-Gall, et, par-dessus tout, la chronique d'Eginhard témoignent de l'influence qu'exerça sur l'histoire l'ami d'Alcuin. C'est alors que la coutume d'écrire les annales dans les abbayes devint en quelque sorte une institution. « Il fut ordonné, dit le continuateur de la *Chronique d'Écosse*, J. Fordun, il fut ordonné dans la plupart des pays, ainsi que je l'ai entendu rapporter, qu'il y eût dans chaque monastère de fondation royale un religieux chargé d'écrire, suivant l'ordre du temps, tout ce qui se passait sous chaque règne dans l'étendue du royaume, ou du moins dans son monastère. Chacun de ces ouvrages était présenté au premier chapitre général qui se tenait après la mort du roi, et l'on y choisissait les plus habiles d'entre les assistants pour en faire l'examen et en composer une espèce de chronique ou de corps d'histoire qui était ensuite déposé dans les archives du monastère, où il avait une parfaite authenticité. » Souvent ces chroniques circulaient d'une abbaye à l'autre, et quand les copistes les avaient transcrites, l'historiographe du monastère y ajoutait le récit des événements survenus depuis la rédaction primitive. De là ces nombreuses copies des mêmes chroniques, et ces variantes qui permettent aux paléographes de contrôler les manuscrits l'un par l'autre.

De tous les travaux historiques dus aux moines, aucun n'égale la *Chronique de France* de l'abbaye de Saint-Denis. Non-seulement les doctes religieux du moustier royal consignèrent dans leurs annales les « gestes » de leur époque, mais ils poussèrent la passion de l'histoire jusqu'à colliger les anciennes chroniques, sans oublier toutefois de les coordonner et de les traduire. L'abbé Suger écrivit l'histoire de Louis le Gros, et peut-être la première partie de celle de Louis VII. Ces deux monographies continuèrent les chroniques d'Aimoin, d'Eginhard, du faux Turpin, de l'astronome anonyme de Louis le Débonnaire. Elles furent suivies des histoires de Rigord, de Guillaume le Breton, des Gestes de Louis VIII, des Vies de saint Louis et de Philippe le Hardi, par Guillaume de Nangis, avec la chronique du même auteur jusqu'à l'an 1301, et sa première continuation, qui se termine à l'an 1340. La deuxième continuation fut l'œuvre d'un moine du Mont-Saint-Michel. Un autre religieux de cette célèbre abbaye, Robert de Thorigny, enrichit d'un long et précieux appendice la Chronique de Sigebert de Gembloux.

Au xiie siècle, Orderic Vital rédige une histoire ecclésiastique en normand et en latin. Chez nos voisins d'outre-Manche, le Bénédictin Matthieu Paris relate tous les faits dont l'écho parvient jusqu'à lui. En Allemagne, Adam de Brême, Othon de Freisingen, Arnold de Lubeck, et, en Espagne, Rodrigue de Tolède rivalisent avec les moines annalistes de Saint-Denis.

Aujourd'hui tous ces noms sont peu connus ; à peine quelques érudits vont-ils de loin en loin remuer dans les bibliothèques publiques la poussière de leurs in-folio. Ainsi va le monde ; ces moines obscurs ont, pendant sept siècles, veillé sur les traditions de l'humanité, et l'humanité, qui sans eux ne connaîtrait pas un mot de son passé, les ignore, que disons-nous ? les méprise.

VIII

L'HISTOIRE PROFANE. — VILLEHARDOUIN

Il était naturel qu'à l'exemple des clercs et des moines quelques membres de la société laïque féodale s'efforçassent de transmettre à la postérité le souvenir des événements qui s'étaient passés sous leurs yeux. L'histoire devait être un besoin pour une civilisation basée sur des traditions de famille. Le blason en fut le langage initial; ses hiéroglyphes résumèrent les premières annales de la noblesse militante. Mais des formules aussi énigmatiques et aussi sommaires, excellentes pour indiquer au premier regard le rang féodal d'une famille, ne suffisaient pas pour en faire connaître tous les exploits. Quand les hommes d'armes purent écrire, les plus instruits éprouvèrent le besoin de dicter à leurs chapelains le récit des batailles et des campagnes où leur épée avait joué un rôle.

Le premier monument de ce genre qui soit parvenu jusqu'à nous, c'est la Geste historique de la quatrième croisade, due à Geoffroy de Villehardouin, maréchal de Champagne. Ce n'est pas sans motif que nous qualifions de « geste » son récit. L'œuvre de Villehardouin tient à la fois de l'épopée et de l'histoire. Grandeur du sujet, mœurs rudes et guerrières des héros, caractère grave et religieux du narrateur, naïveté de l'exposition, tout semble faire de l'*Histoire de la conquête de Constantinople* la suite des poëmes qui chantaient les Charlemagne et les Roland.

Ainsi que le dit M. Demogeot (1), « les événements et l'écrivain se trouvaient encore sur la limite de la poésie. Ils étaient merveilleux comme une fiction, héroïques comme un romancero castillan. L'imagination des trouvères n'avait rien rêvé de plus grand que cette conquête fortuite d'un empire par une poignée de pèlerins à peine assez nombreux pour assiéger une des portes de sa capitale : et, comme si le sort eût ménagé aux éléments de cette épopée naturelle un poétique contraste, il conduisait cette brave et rude féodalité toute bardée de fer, toute inculte et naïve, au sein d'une civilisation vieillie et corrompue, au milieu du luxe et des perfidies de Byzance; il donnait Nicétas pour antithèse à Villehardouin. »

L'historien français se distingue par un grand mérite: Villehardouin s'identifie si bien avec son sujet qu'il est impossible de les séparer l'un de l'autre. La narration et l'événement ne font qu'un corps : en lisant l'une,

(1) *Histoire de la littérature française*, p. 162.

on comprend l'autre. On suit tous les mouvements de l'armée, on prend part à toutes les délibérations des chefs : les dangers, les inquiétudes, les joies des pèlerins font vibrer toutes les cordes de notre âme. L'écrivain n'intervient jamais que pour glisser de courtes et vives formules qui sollicitent l'attention distraite du lecteur. « Or oïez une des plus grandes merveilles, et des greignor aventures que vous onques oïssiez ! — Or pourrez ouïr étrange prouesse. — Et sachez que onques Dieu ne tira de plus grands périls nuls gens comme il fît ceux de l'ost en cel jour. » En racontant les exploits ou les fatigues de ses héros, Villehardouin est tellement ému, qu'après sept siècles, nous aussi, nous sommes prêts à battre des mains ou à pleurer. Nous n'apprenons pas seulement ce qu'il nous expose avec une simplicité naïve, nous le voyons avec nos yeux, nous le sentons avec son âme; nous ne sommes pas seulement témoins, nous sommes acteurs. Villehardouin décrit-il la cour de Constantinople, alors entre en scène le nouveau prince rétabli par les croisés, « l'empereur Sursac, si richement vêtu, que pour néant demandât-on homme plus richement vêtu, et l'empererix sa fame à côté de lui qui ère (était) moult belle dame, soeur le roi de Hongrie; des autres hauts hommes et des hautes dames y avoit tant, que on n'y pouvoit son pied tourner, si richement atornées, que elles ne pouvoient plus, et tous ceux qui avoient été le jour contre lui étoient ce jour tout à sa volonté. » Veut-il dépeindre le butin que firent les croisés, on entend le cliquetis de l'or et le frôlement de la soie qu'emportent les chars des vainqueurs. « Et fut si grand le gain fait, que nul ne vous en sauroit dire la fin d'or et d'argent, et de vasselement, et de pierres précieuses, et de samis, et de drap de soie, et de robes vaires et grises, et hermines, et tous les chers avoirs qui onques furent trouvés en terre. Et bien li mareschaus de Champaigne à son escient pour verté, que puis que le siècle fut estoré, ne fut tant gagné en une ville. »

A chaque instant, dans cette expédition homérique, la bonhomie côtoie l'héroïsme, et les réflexions les plus candides viennent se placer sur les lèvres de ces preux. Si chevaleresque qu'elle soit, la valeur des croisés est de trop bon aloi pour être incompatible avec tous ces sentiments naturels, dont ne peuvent se défendre les caractères les mieux trempés. Quand Villehardouin et ses compagnons se virent en face de Constantinople, et qu'ils aperçurent les remparts, les palais et les basiliques sans nombre dont le soleil faisait étinceler les faîtes et les dômes, quand leurs regards se furent promenés « et de long et de lé (large) sur cette ville, qui de toutes les autres ère souveraine, sachez qu'il n'y eut si hardi à qui le cœur ne frémît... et chacun regardoit ses armes, que par temps (bientôt) en auront mestier (besoin). »

Ce mouvement secret d'inquiétude ne les empêcha pas d'aborder bravement au rivage ennemi. C'était par une claire et radieuse journée. « Et le

matin fut bel après le soleil un peu levant. Et l'emperère Alexis les attendoit à grands batailles et à grands corrois (préparatifs) de l'autre part. Et
on sonne les bozines (clairons, *buccinas*). Les croisés ne demandent mie
chacun qui doit aller devant : mais qui ainçois (avant) peut, ainçois arrive. Et les chevaliers issirent des vaisseaux, et saillent en la mer jusqu'à
la ceinture, tout armés, les heaumes lacés, les glaives ès mains, et les
bons archers, et les bons sergeants, et les bons arbalestriers, chacune
compagnie où endroit elle arriva. Et les Grecs firent moult grand semblant
del retenir (de les arrêter). Et quand ce vint aux lances baisser, les Grecs
leur tournent le dos et s'en vont fuyant et leur laissent le rivage. Et sachez
que onques plus orgueilleusement nul port ne fut pris. »

Une autre fois, ils s'en vont résolûment livrer une bataille rangée à
toutes les forces de l'empire grec. « Bien sembloit chose périlleuse, que
les croisés n'avoient que six batailles, et les Grieux en avoient bien
soixante, et toutes plus grandes que celles des Latins. Et tant chevaucha
l'emperéor Alexis, tant s'approcha, qu'on se tiroit des flèches d'une armée
à l'autre. Et quand ouit cela le doge de Venise, il quitta les tours de Constantinople, dont il étoit déjà maître, et dit qu'il vouloit vivre et mourir
avec les pèlerins... Et quand l'emperère Alexis vit ce, il commença ses
gens à retraire, et s'en retourna arrière... Et sachez qu'il n'y eut si hardi
qui n'eût grand joie. Ceux de l'ost se désarmèrent, qui étoient mult las et
travaillés, et peu mangèrent, et peu burent, car peu avoient de viande. »

Rarement Villehardouin interrompt son récit par des réflexions personnelles; il narre les faits, sans les enjoliver, chemin faisant, de commentaires fantaisistes. Si quelquefois il émet un jugement, la forme en est
grave et le ton sentencieux. « Moult tinrent mal leur promesse, dit-il par
exemple, et moult en furent blâmés. » Ou bien encore : « Sachez qu'il put
bien mieux faire. » Et plus loin : « Or oïez si onques si horrible trahison
fut faite par nulle gent! » La narration de Villehardouin n'est que l'événement lui-même, sur lequel se projette un rayon de son âme loyale. Le
laconisme de notre chroniqueur va si loin, qu'on se demande parfois même
s'il admire les prouesses qu'il raconte. Il décrit une action héroïque simplement et sans fleurs de rhétorique. Lorsque les croisés, trompés par
l'empereur, lui dépêchent trois messagers pour le défier dans son palais,
au milieu de sa cour et de son armée, Villehardouin, bien qu'un des trois
ambassadeurs, ne se départ pas de son flegme, et résiste à cette tentation
de charlatanisme à laquelle, placés dans les mêmes circonstances, tant
d'autres écrivains auraient facilement succombé. C'est sans hyperboles et
sans métaphores qu'il reproduit les paroles de son collègue Quesnes de
Béthune. Les croisés chercheront désormais à faire à l'empereur le plus de
mal possible, « et ils le lui mandent, parce qu'ils ne feroient mal ni à lui
ni à d'autres, tant qu'ils ne l'eussent défié; car ils ne firent onques trahi-

son, ni en leur terre n'est-il accoutumé qu'ils le fassent. » Deux pages plus loin, l'historien nous initie à l'infâme trahison du Grec Murtzuphe, qui, préposé à la garde de l'empereur Alexis, le tue pendant son sommeil. Ce beau contraste entre les mœurs des peuples ne frappe pas Villehardouin; les éléments en sont dans son récit comme dans la nature; aucune réflexion ne les signale, aucun rapprochement ne les met en relief. La roideur que plusieurs critiques lui reprochent donne au récit une allure vive et militante.

Le style de notre conteur est grave, mais non compassé. Les phrases sont brèves et nettes, les tournures alertes et peu variées. Le bon maréchal a peu de formules à son service; son admiration, comme son armure, se plie toujours aux mêmes charnières. Il nous invite constamment à *ouïr une des plus grandes merveilles*; à *voir le miracle de Notre-Seigneur; le huz* (bruit) *du combat ou de l'assemblée* sont toujours *aussi grands que si la terre se fondît*. Comme ses confrères, les autres chanteurs héroïques, il emploie les formes de la narration orale. *Or oyez; or sachez; pourrez savoir, seigneurs; pourrez ouïr étrange prouesse*. Il leur emprunte même des phrases toutes faites et passées dans le domaine public des trouvères. Villehardouin est l'historien, poëte encore, d'un monde réel et cependant épique.

Nul monument ne saurait donner une plus juste idée de la société féodale, où la foi religieuse introduisait une discipline que la royauté seule, livrée à ses propres forces, n'aurait pu maintenir. Que de difficultés à vaincre pour rassembler à Venise les seigneurs confédérés! les uns veulent s'embarquer à Marseille, les autres parlent des ports de Flandre, ceux-ci préfèrent la Pouille. Après le départ, mêmes obstacles à surmonter pour retenir sous la même bannière tous ces paladins autonomes. Villehardouin nous entretient sans cesse de ceux qui veulent « l'ost dépecer ». A Zara, la défection devient imminente; à Corfou, les mêmes tentatives se renouvellent, plus menaçantes encore : plus de la moitié de l'armée forme le projet d'abandonner l'entreprise. Il faut que les chefs aillent trouver les dissidents, se prosternent à leurs pieds, moult pleurant, et les attendrissent pour obtenir leur obéissance. Alors les barons se consultent et décident d'en appeler au pontife suprême. Quatre messagers envoyés vers le pape reçoivent de sa bouche une parole d'ordre et d'union. Aussitôt les scissions disparaissent, et l'armée s'ébranle (1).

Après la conquête et l'élection de l'empereur, Villehardouin raconte l'odyssée des croisés. Il les accompagne dans les provinces de l'empire, où ils s'éparpillent. Il court avec eux d'assaut en assaut, multiplie les siéges, les combats, les faits d'armes; il poursuit çà et là ces aventureux cheva-

____

(1) Demogeot et Mennechet. Nous empruntons à ces écrivains érudits une bonne partie de leurs appréciations.

liers, devenus ducs d'Athènes ou comtes de Lacédémone; il partage si bien
leurs périls, qu'un jour, escorté du marquis de Montferrat, il va mourir
dans une misérable embuscade dressée par les Bulgares.

Telle est l'œuvre de Geoffroy de Villehardouin; narrateur fidèle des événements, le maréchal de Champagne n'en altère jamais la physionomie.
Loin de vouloir plier les faits à ses idées préconçues, il se dissimule derrière eux et les laisse parler tout seuls. Cette méthode historique n'est autre
que la « méthode objective » si vantée par les Allemands qui prétendent
l'avoir découverte. Le mot n'est pas tout à fait inexact : MM. Gervinus et
Mommsen ont découvert, en effet, leur système dans le chroniqueur français Villehardouin.

IX

JOINVILLE

Quand on passe de Villehardouin à Joinville (1), on s'aperçoit qu'on a
franchi près d'un siècle. C'est le temps où les saints des cathédrales s'affranchissent de cette roideur qui trahit l'influence byzantine et se revêtent
de grâce et de douceur. L'historien n'est pas seulement le guerrier brave
et sage, qui, dans ses narrations, va toujours droit au fait, sans retard,
sans digression, sans préoccupations personnelles; c'est un causeur naïf
qui déroule pour vous tous ses souvenirs; qui se raconte lui-même, non
par vanité, mais par abandon, par confiance, par le besoin si français de
mêler sa personne à tout ce qu'il raconte. Joinville est le vrai créateur des
Mémoires. Un charme tout particulier circule dans ces récits où la personnalité de l'écrivain se mêle, où ses impressions et ses aventures se confondent avec les « gestes » des héros. N'est-on pas heureux, par exemple,
de rencontrer dans la vie de saint Louis l'aveu touchant de l'émotion
qu'éprouva Joinville lui-même, quand il partit avec le roi pour la Terre-
Sainte? Il avait préludé au grand pèlerinage d'outre-mer par de pieuses
visites aux églises voisines de son château. « Et ainsi que je allois de Bleicourt à Saint-Urbain, dit-il, et qu'il me falloit passer auprès du chastel
de Joinville, je ne osai onques tourner la face devers Joinville, de peur
d'avoir trop grand regret, et que le coeur me attendrît, de ce que je laissois mes deux enfants et mon bel chastel de Joinville, que j'avois fort au
coeur. »

Ne craignez pas toutefois qu'égarée dans une stérile causerie, la mémoire

(1) Né en 1223, mort en 1317. Voir Demogeot, *passim*.

perde rien chez Joinville du haut intérêt de l'histoire. Doué d'une souplesse merveilleuse, l'écrivain s'élève et redescend tour à tour ; sa plume obéit à toutes les impulsions des événements, à tous les souffles de sa pensée. Elle montera même jusqu'à la poésie, quand il lui faudra décrire quelque scène frappante.

Écoutons-le raconter le départ de la flotte.

« Et tantôt le maître de la nau s'écria à ses gens qui étoient au bec de la nef : « Est-ce votre besogne prête ? Sommes-nous à point ? » Et ils dirent que oui vraiment. Et quand les prêtres et les clercs furent entrés, il les fit tous monter au château de la nef, et leur fit chanter au nom de Dieu qui nous voulut bien tous conduire. Et tous à haute voix commencèrent à chanter ce bel hymne : *Veni, creator Spiritus*, tout de bout en bout, et, en chantant, les mariniers firent voile de par Dieu. Et incontinent le vent s'entonne dans la voile, et tantôt nous fit perdre la terre de vue, si que nous ne vîmes plus que le ciel et la mer, et chacun jour nous éloignâmes du lieu dont nous étions partis. Et parce veux-je bien dire que icelui est bien fol, qui sut avoir quelque chose de l'autrui, et quelque péché mortel en son âme, et se boute en un tel danger. Car, si on s'endort au soir, nul ne sait si on se trouvera le matin au sous de la mer.

« ... Toutes les naus se partirent et firent voile, qui étoit chose plaisante à voir. Car il sembloit que toute la mer, tant qu'on pouvoit voir, fût couverte de toiles, de la grande quantité de voiles qui étoient tendues au vent, et il y avoit dix-huit cents vaisseaux que grands que petits. »

Pour mieux saisir le caractère distinctif de Joinville, rapprochons de ce passage un morceau analogue de Villehardouin.

« Adonc furent départies les nefs et les huissiers (vaisseaux de transport garnis d'*huis* ou de portes) par les barons. Ha Diex ! tant bon y eut mis ! (Tant de choses précieuses y furent mises !) Et quand les nefs furent chargées d'armes et de viandes et de chevaliers et de sergents, et les écus furent prétendus environ des bords et des chaldéals (dunettes) des nefs, et les bannières dont il y avoit tant de belles ! Ne onques plus belle estoire (flotte) ne partit de nul port.

« ... Et le jour fut bel et clair, et le vent doux et souef ; et ils laissèrent aller les voiles au vent. Et bien témoigne Joffroy, le maréchal de Champagne, qui cette œuvre dicta, qui onc ne ment à son escient, si comme cil qui à tous les conseils fut, que onc si belle chose ne fut vue. Et bien sembloit estoire qui terre dût conquerre, que tant que on pouvoit voir à l'oeil, ne pouvoit-on voir sinon voiles de nefs et de vaisseaux, si que le cœur des hommes s'en réjouissoit moult. »

Entre ces deux descriptions les différences sont frappantes. La plus

remarquable peut-être, c'est, d'un côté, l'aisance de langage avec laquelle
Joinville développe ses impressions, ses images, ses réflexions pieuses et
naïves, de l'autre l'espèce de contrainte qui pèse encore sur son devan-
cier. Villehardouin éprouve évidemment les mêmes émotions, mais il
semble désespérer de les rendre. Il a recours aux exclamations : « Ha
Diex ! » aux expressions largement collectives : « Tant bon y eut mis ! »
aux louanges vagues, quoique exagérées : « Ne onques plus belle estoire !... » On chercherait en vain chez lui ces détails familiers et pitto-
resques qui font un vrai tableau de la description de Joinville. Il aperçoit
bien une grande quantité de voiles, mais il ne rencontre pas la comparaison frappante de son successeur ; il ne retrouve pas la belle peinture du
maria undique et undique cœlum. Enfin, le cœur tout réjoui de ce jour
pur, de cet air doux, de ce magnifique spectacle de la flotte, qui part
pleine d'espérance, impatienté de ne pouvoir exprimer tout cela, il a recours à son grand moyen descriptif : il vous jure sa parole de chevalier
que tout cela était fort beau (1).

Plus libre et, en quelque sorte, plus épanoui dans son style, Jehan de Joinville l'est également davantage dans sa pensée. Il réfléchit, il commente, il
compare, il moralise. Souvent même, il ne recule pas devant une digression,
quand elle lui paraît opportune ; il introduit dans son récit ce que nous
appellerions un peu ambitieusement des « recherches ». Il examine l'état
de l'Orient à l'époque de la croisade d'Égypte, les princes qui y régnaient ;
il nous entretient de l'origine des Assassins, de l'origine des Tartares ; il
nous parle des sources du Nil et des phénomènes de l'inondation. Ce qu'il
n'a pu voir de ses yeux, il le recueille volontiers de la bouche de ses compagnons d'armes ; il va ramassant sur sa route les récits, les anecdotes,
les merveilles des voyageurs ; en cela la marche de Joinville s'achemine
déjà vers celle de Froissart.

Mais ce qui n'appartient qu'à lui, et ce qui fait de son livre une œuvre
inimitable, c'est le caractère de l'auteur, dont chaque page nous révèle
quelque aimable trait, c'est ce mélange gracieux d'enjouement et de sensibilité assaisonnée par un grain de la fine naïveté champenoise. Élevé à la
cour de l'élégant Thibaut de Champagne, perfectionné par le commerce
d'un esprit juste et élevé comme saint Louis, Joinville joint au sérieux
d'un homme pratique quelque chose de la vivacité légère des troubadours.
Son histoire n'est plus une chanson de geste, c'est quelquefois un charmant fabliau. Au plus fort du danger, sa gaieté ne l'abandonne point.
Environné de Sarrasins qui le harcèlent, lui et son cousin le comte de
Soissons, quand ils « sont retournés de courir après ces vilains », ils se
trouvent d'humeur à échanger de joyeux devis et à se dire : « Laissons
crier et braire cette canaille, encore parlerons-nous de cette journée en-

_____

(1) Voir Demogeot et Ed. Mennechet.

semble devant les dames. » Cette gaieté de caractère rend plus touchante
la sensibilité qui s'y mêle ; on voit qu'elle est exempte de toute affectation
et s'exprime en traits simples et rapides. Pendant une épidémie, Joinville
était bien malade : « pareillement l'étoit son pauvre prêtre (chapelain). Un
jour advint, ainsi qu'il chantoit messe devant le sénéchal couché dans
son lit, quand le prêtre fut à l'endroit de son sacrement, Joinville l'aperçut si très-malade, que visiblement il le voyoit pâmer. » Joinville se lève
aussitôt, court le soutenir. « Et aussi acheva-t-il de célébrer sa messe, et
onques puis ne chanta, et mourut. Dieu en ait l'âme. » Nul n'était mieux
fait que Joinville pour comprendre le cœur « du bon saint homme roi ».
Quand le prieur de l'Hôpital vint demander à saint Louis « s'il savoit
aucunes nouvelles de son frère le comte d'Artois, le roi lui répondit que
oui bien, c'est assavoir qu'il savoit bien qu'il étoit en paradis ». Le prieur
essaya de le réconforter en faisant l'éloge de la valeur que le roi avait
montrée, de la gloire qu'il avait acquise en ce jour, « et le bon roi répondit
que Dieu fût adoré de tout ce qu'il avoit fait. Et lors lui commencent à
cheoir grosses larmes des yeux à force, dont maints grands personnages
qui virent ce, furent moult oppressés d'angoisse et de compassion. »

Saint Louis est l'âme de cette composition, comme de cette époque historique : il forme l'unité de cette œuvre, comme celle de la France. L'ouvrage de Joinville reproduit dans sa marche, dans son intérêt, l'image de
ce qui se passait alors dans la nation. Tout se groupe autour d'un seul
homme, les détails se subordonnent et s'organisent relativement à un
centre. Villehardouin avait merveilleusement peint l'indépendance féodale ; Joinville, même par la forme biographique qu'il a choisie, exprime
déjà l'importance croissante de la royauté. Après l'exemple si encoura-
geant de Villehardouin et de Joinville, un chroniqueur, si habile latiniste
qu'il fût, était obligé de recourir à la langue vulgaire pour transmettre à
la postérité ses impressions et ses souvenirs. L'histoire ne se compose pas
seulement du simple récit des faits, elle recueille avec soin les paroles
des acteurs qui s'agitent sur la scène du monde. Comment alors renoncer
au précieux avantage de les reproduire sous leur forme originaire ? N'est-ce
pas changer la physionomie d'un personnage que de le draper dans un
costume qui ne lui appartient pas ? Or la vérité du langage importe bien
autrement à la fidélité historique, et l'un des premiers devoirs de l'historien, c'est, comme le dit M. Demogeot, de conserver aux paroles de ses héros
leur véritable caractère.

X

FROISSART

Froissart a peut-être mieux que tout autre envisagé sous ce point de
vue le devoir de l'historien. Né à Valenciennes vers l'an 1337, notre futur
annaliste reçut de son père, pauvre peintre en armoiries, le nom obscur
de Jehan Froissart, qu'il devait rendre à jamais illustre. On peut croire
que ses vers seuls n'auraient pas sauvé son nom de l'oubli, mais il paraît
qu'ils ne nuisirent pas à sa fortune. Alors, parmi les roturiers, le poëte
était le seul qui pouvait, grâce à quelques ballades, s'élever aux postes
les plus élevés et conquérir les plus précieuses prérogatives. Les ponts-
levis des châteaux s'abaissaient devant le psaltérion du trouvère comme
devant la bannière du chevalier, et, dans les cours, il marchait souvent
de pair avec les favoris des princes et des rois, quand il n'était pas lui-
même en possession de toute leur faveur.

Le jeune Froissart, que son père destinait à l'Église, ne sentait point
en lui les vertus nécessaires au sacerdoce. Les vers, les chants et les
joyeux déduits avaient seuls des charmes pour le jeune clerc. Force lui
fut cependant de se soumettre; mais, nous savons le déclarer, Froissart
ne fut homme d'Église que de nom; c'est lui-même qui l'avoue naïvement
dans ses vers. Ils n'offrent guère qu'un intérêt biographique : ils nous
font connaître les goûts, les penchants et le caractère du poëte, mais
ils ne donnent qu'une médiocre idée de son talent. Sa véritable vocation était d'écrire l'histoire. Ses talents naissants furent encouragés par
le premier seigneur auquel il s'attacha. Le sire Robert de Namur, remar-
quant dans le jeune poëte une ardeur singulière à s'enquérir des moindres
péripéties de la guerre ouverte entre la France et l'Angleterre, l'engagea
vivement à s'en faire l'historien. Froissart accepta cette mission en homme
qui se croyait digne de la remplir; mais disons tout de suite qu'il ne sut
atteindre ni à la mâle simplicité de Villehardouin, ni à l'exquise bonhomie
de Joinville. Pour emprunter à la langue courante un de ses mots sinon
les plus académiques, du moins les plus connus, Froissart fut plutôt ce
que nous appelons un « reporter » qu'un véritable historien. Il est diffus,
prodigue de mots et de détails. Les objets se présentent en foule et tous à
la fois sous sa plume, il les accueille avec complaisance, les place tous au
premier plan et détruit ainsi la perspective; il ne sait ni résumer ni
abstraire. Dans certains chapitres on trouve plusieurs histoires différentes

commencées, interrompues, reprises, discontinuées de nouveau. « Par compensation, jamais, jamais peut-être narrateur, comme le dit très-bien M. Demogeot, n'eut une imagination plus heureuse et plus vive ; il voit tout en image, et donne à tout une forme dramatique. » Cette qualité est le revers brillant des défauts de Froissart. Notre chroniqueur peint toutes choses par impuissance de rien généraliser ; il décrit la circonférence de l'histoire, parce qu'il ne peut pénétrer jusqu'au cœur. Sa prolixité n'est aussi que l'excès d'une qualité. On croit voir le naïf et charmant verbiage d'une voix d'enfant. En racontant les faits dont il a été le témoin, Froissart ne se croit pas obligé de les soumettre à un examen critique et d'en discuter les conséquences et les causes ; il s'assujettit moins encore à les subordonner au triomphe d'une idée politique quelconque ; il prend les événements et les hommes comme ils sont, ou du moins comme on les lui montre. Il ne s'enferme pas dans son cabinet pour compulser, commenter de vieux parchemins, et démêler ce qu'il y a de vrai dans les légendes des aïeux. Il se met à la recherche des faits, comme un chasseur qui poursuit sa proie, sans se laisser effrayer par aucune fatigue, ni rebuter par aucun obstacle.

A-t-il une bataille à décrire, c'est aux lieux mêmes où elle s'est livrée qu'il va se renseigner : il interroge les collines et les plaines témoins de cette lutte, et s'il rencontre quelque pâtre ou quelque soldat acteur de ces combats sanglants, il ne les quitte pas qu'il n'ait arraché à la simplicité naïve de leurs récits des secrets que les capitaines ont souvent tant d'intérêt à cacher. S'il y a des portraits à peindre ou des caractères à tracer, il n'attend point que les modèles se drapent devant lui et prennent à ses yeux une attitude héroïque ; il les saisit à l'improviste, au moment où, ne se doutant pas qu'on les regarde, ils se laissent voir tels qu'ils sont. Il aime les seigneurs, les princes et les rois ; mais l'éclat des cours ne l'éblouit pas au point de fermer les yeux sur les vertus des simples bourgeois.

Peu d'historiens ont poussé plus loin que Froissart l'art de charmer les lecteurs par la variété des tableaux qu'il met sous leurs yeux. Qu'il raconte la mort de Charles V ou les brillantes fêtes de la cour de Gaston de Foix, le sublime dévouement des bourgeois de Calais ou la sombre tyrannie de Pierre le Cruel, la noble captivité du roi Jean ou la courtoisie chevaleresque du prince de Galles, la rude vaillance de du Guesclin ou le courage du Prince Noir, toujours Froissart se rend maître de son lecteur, le captive et le séduit.

La Chronique de Froissart embrasse tous les grands événements qui agitèrent les principaux États de l'Europe depuis l'an 1322 jusqu'en 1400. C'est l'histoire de la lutte acharnée qu'excita entre la France et l'Angleterre la question de succession au trône de France, et qui ne se termina que par la miraculeuse intervention d'une jeune fille envoyée de Dieu.

On a fait à Froissart, dit M. Mennechet, le reproche d'être trop par-
tial en faveur de l'Angleterre; il faut dire pour son excuse qu'il était
comblé de bienfaits par la bonne reine Philippe de Hainaut, épouse d'É-
douard III. A la cour d'Angleterre, comme à celles du duc de Brabant
Wenceslas et de Gaston Phœbus, comte de Foix, on accueillait en Froissart plutôt le poëte que l'historien. Sa *Plaidoirie de la Rose et de la Vio-
lette*, son *Orloge* et son *Traité de l'Épinette*, et même son roman poétique
de *Méliader* lui valurent plus d'applaudissements à l'étranger qu'en
France, où les fléaux apportés par l'invasion ne laissaient guère le loisir
de songer à la poésie. On doit savoir gré à Froissart de s'être souvenu
qu'il était Français et de n'avoir point sacrifié à la vanité du poëte la conscience de l'historien. N'est-ce pas à lui que nous devons tous les détails
du combat des Trente, si glorieux pour la chevalerie bretonne? Qui peut
lire sans émotion et sans orgueil le récit du dévouement des six bourgeois
de Calais? Ce beau morceau fait admirablement ressortir le talent de
notre chroniqueur.

Après avoir réduit Calais par la famine, le roi d'Angleterre Édouard III,
irrité de la longue et héroïque résistance des habitants, déclare qu'il
n'épargnera la ville qu'à condition qu'on lui livrera six des principaux
citoyens. Dès que cette réponse est connue, six bourgeois se dévouent et
quittent la ville, la tête et les pieds nus et une corde au cou.

« Le roi, dit Froissart, étoit à cette heure en sa chambre, à grand' compagnie de comtes, de barons et de chevaliers. Si entendit que ceux de
Calais venoient en l'arroy qu'il avoit devisé et ordonné; et se mit hors et
s'en vint en la place devant son hôtel, et tous ces seigneurs après lui, et
encore grand'foison qui y survinrent pour voir ceux de Calais, ni comment
ils finiroient; et mêmement la reine d'Angleterre, qui moult étoit enceinte,
suivit le roi son seigneur. Si vint messire Gautier de Mauny et les bourgeois delez lui qui le suivoient, et descendit en la place, et puis s'en vint
devers le roi et lui dit : « Sire, vecy la représentation de la ville de Calais
« à votre ordonnance. » Le roi se tint tout coi et les regarda moult felle-
ment (cruellement), car moult héoit (haïssait) les habitants de Calais
pour les grands dommages et contraires que au temps passé sur mer lui
avoient faits. Ces six bourgeois se mirent tantôt à genoux par devant le
roi, et dirent ainsi en joignant leurs mains : « Gentil sire et gentil roi,
« véez nous cy six qui avons été d'ancienneté bourgeois de Calais et grands
« marchands; si vous apportons les clefs de la ville et du châtel de Calais,
« et les vous rendrons à votre plaisir, et nous mettons en tel point que
« vous nous véez, en votre pure volonté, pour sauver le demeurant (reste)
« du peuple de Calais, qui a souffert moult de grieftés (malheurs). Si
« veuillez avoir de nous pitié et mercy par votre très-haute noblesse. »
Certes, il n'y eut adonc en la place seigneur, chevalier, ni vaillant homme,

qui se pût abstenir de pleurer de droite pitié, ni qui pût de grand pièce
parler. Et vraiment ce n'étoit pas merveille; car c'est grand'pitié de voir
hommes de bien cheoir et être en tel état et danger. Le roi les regarda très-
ireusement (en colère), car il avoit le coeur si dur et si épris de grand
courroux qu'il ne put parler. Et quand il parla, il commanda que on leur
coupât tantôt les têtes. Tous les barons et chevaliers qui là étoient en
pleurant prioient si acertes (sérieusement) que faire pouvoient au roi
qu'il en voulût avoir pitié et mercy; mais il n'y vouloit entendre. Adonc
parla messire Gautier de Mauny et dit : « Ha, gentil sire, veuillez référer
« (retenir) votre courage; vous avez le nom et la renommée de souveraine
« gentillesse et noblesse, or ne veuillez donc faire chose par quoi elle soit
« amenrie (diminuée), ni que on puisse parler sur vous en nulle vilenie.
« Si vous n'avez pitié de ces gens, toutes autres gens diront que ce sera
« grand'cruauté, si vous êtes si dur que vous fassiez mourir ces honnêtes
« bourgeois, qui de leur propre volonté se sont mis en votre mercy pour
« les autres sauver. » A ce point grigna (grinça) le roi des dents et dit :
« Messire Gautier, souffrez (taisez-vous); il n'en sera autrement, mais
« qu'on fasse venir le coupe-tête. Ceux de Calais ont fait mourir tant de
« mes hommes, qu'il convient ceux-ci mourir aussi. »

« Adonc, fit la noble reine d'Angleterre grand'humilité, qui étoit dure-
ment enceinte, et pleuroit si tendrement de pitié, que elle ne pouvoit se
soutenir. Si se jeta à genoux par devant le roi son seigneur, et dit ainsi :
« Ha, gentil sire, depuis que je repassai la mer en grand péril, si comme
« vous savez, je ne vous ai rien requis ni demandé; or vous prie-je hum-
« blement et requiers en propre don, que, pour le fils de sainte Marie et
« pour l'amour de moi, vous veuillez avoir de ces six hommes mercy. »

« Le roi attendit un petit à parler, et regarda la bonne dame sa femme,
qui pleuroit à genoux moult tendrement; si lui amollia le coeur, car ennis
(avec peine) l'eut courroucée, au point où elle étoit; si dit : « Ha dame,
« j'aimasse trop mieux que vous fussiez autre part que cy. Vous me priez
« si acertes que je ne le vous ose esconduire (refuser); et combien que je
« le fasse ennis (avec peine), tenez, je les vous donne, si en faites votre
« plaisir. » La bonne dame dit : « Monseigneur, très-grands mercis. »
Lors se leva la reine et fit lever les six bourgeois et leur ôter les che-
vestres (cordes) d'entour leur cou, et les emmena avec li (elle) en sa
chambre et les fit revêtir et donner à dîner tout aise, et puis donna à
chacun six nobles et les fit conduire hors de l'ost (armée) à sauveté; et
s'en allèrent habiter et demeurer en plusieurs villes de Picardie. »

Terminons ces remarques en citant quelques lignes de Montaigne. Il ne
sera pas sans intérêt d'entendre la naïveté savante et réfléchie du XVIe siècle
juger la naïveté candide du XIVe. « J'aime les historiens ou fort simples
ou excellents. Les simples qui n'ont pas de quoi y mêler quelque chose du

leur et qui n'y apportent que le soin et la diligence de ramasser tout ce
qui vient à leur notice, et d'enregistrer à la bonne foi toutes choses sans
choix et sans triage, nous laissent le jugement entier pour la connaissance
de la vérité. Tel est, par exemple, le bon Froissart, qui a marché en ses
entreprises d'une si franche naïveté, qu'ayant fait aucune faute, il ne
craint aucunement de le reconnaître et corriger en l'endroit où il en est
averti, et qui nous représente la diversité des mêmes bruits qui couroient,
et les différents rapports qu'on lui faisoit. C'est la matière de l'histoire
nue et informe ; chacun en peut faire son profit autant qu'il a d'entendement. »

XI

LE THÉATRE

Ainsi que l'histoire, le théâtre a pris naissance dans l'Église. Les
pompes du culte n'étaient qu'un long et divin spectacle dont nos religieux
ancêtres épiaient avec joie le retour. Toutes les fêtes de l'année étaient
pour eux comme des drames liturgiques qui embrassaient à la fois le ciel
et la terre. C'était, à Noël, l'office du *Præsepe* ou de la Crèche ; celui de
l'*Étoile* et des trois rois Mages, au jour de l'Épiphanie ; celui du Sépulcre
et des trois Maries, à Pâques ; véritable poëme en action où l'on voyait,
par exemple, les trois saintes femmes représentées par trois diacres la
tête voilée d'un amict, « pour compléter la ressemblance, » dit le rituel. Ce
drame est un des plus anciens ; on le jouait, dès le x⁰ siècle, à la cathédrale de Sens.

Les trois diacres, vêtus comme nous venons de le dire et tenant dans la
main des fioles pleines de parfums, se dirigent vers le grand autel qui
figure le sépulcre et chantent :
« La prescience divine a choisi pour le court espace d'un samedi, non
loin de la cité sainte, un jardin,
« Jardin moins remarquable par la douce variété de ses fruits que par
son étendue, qui l'égale à l'Élysée.
« Là un grand décurion et un noble centurion ont enseveli la fleur née
de la vierge Marie dans leur propre tombeau.
« Or cette fleur, qui fleurit dès le commencement des siècles, a refleuri,
le troisième jour, hors du sépulcre, aux premières lueurs de l'aube. »
Un enfant de chœur, vêtu d'une aube et d'une étole, assis sur un pupitre à gauche de l'autel, figure l'ange et, s'adressant aux trois Maries :
« Qui cherchez-vous dans le sépulcre, ô servantes du Christ ? »

Les trois Maries fléchissent le genou, et répondent tout d'une voix :

« Jésus de Nazareth, le Crucifié, ô habitants du ciel! »

L'ange alors, soulevant le tapis de l'autel, comme s'il regardait dans le sépulcre :

« Il n'est point ici, il est ressuscité comme il l'avait prédit; allez, annoncez qu'il est ressuscité. »

Les trois Maries redescendent vers l'entrée du chœur en chantant :

« Le Seigneur est ressuscité aujourd'hui ; il est ressuscité, le lion fort, le Christ, Fils de Dieu. »

Mais deux vicaires, vêtus de chapes de soie, les arrêtent et les interrogent :

« Dis-nous, Marie, qu'as-tu vu dans le chemin?

— J'ai vu le sépulcre du Christ vivant, répond la première, j'ai vu la gloire du Christ ressuscité.

— Témoins en soient les anges, ajoute la seconde, le suaire et les vêtements.

— Le Christ est ressuscité, dit la troisième, le Christ, notre espérance; il précèdera les siens en Galilée. »

Les deux vicaires reprennent :

« Mieux vaut croire ce témoin unique, Marie, qui est sincère, que la tourbe menteuse des Juifs. »

Tout le clergé s'écrie :

« Nous savons que le Christ est vraiment ressuscité des morts; ô Roi victorieux, aie pitié de nous! »

Puis on entonne le *Te Deum*.

Comme on le voit, nous ne sommes pas en présence ici d'un drame, d'une de ces interpolations appelées « tropes » ou « séquences », qui s'introduisirent peu à peu dans l'office, à partir surtout du x⁰ siècle. Mais bien avant, des mélodies extra-liturgiques avaient été chantées dans l'Église; c'est ainsi que nous voyons, en 587, deux cents religieuses déclamer un poëme élégiaque aux funérailles de sainte Radegonde, et, plus tard, les moines de Cluny réciter des dialogues rhythmés à la cérémonie qui fut célébrée sur la tombe de saint Odilon.

D'abord fort courts, ces poëmes prirent peu à peu plus d'importance, et l'Église, pour les rendre accessibles à la foule, qui commençait à ne plus comprendre la langue liturgique, les rédigea mi-partie en latin, mi-partie en idiome vulgaire. C'est ce qu'on appelait les épîtres farcies, *epistolæ farcitæ*.

Mais bientôt une nouvelle transformation s'opère; les églises ne sont plus assez vastes pour servir de théâtre au drame; c'est sur la place de la cathédrale que se donne le spectacle, et les bourgeois se mêlent aux ecclésiastiques. Mais, en sortant de l'église, le mystère ne perd pas son caractère sacerdotal. Un lecteur placé sur le théâtre lit, avant chaque scène, le texte des saintes Écritures d'où elle est tirée.

Un des plus anciens mystères est *le Jeu de saint Nicolas,* par Jean Bodiau, ou Bodel d'Arras. On le jouait la veille de la fête du saint, et, quand toute la ville était réunie sur la place, le *prêcheur,* chargé d'exposer au public le sujet de la pièce, ouvrait ainsi la représentation :

> Oyez, oyez, seigneurs et dames,
> (Que Dieu soit gardien de vos âmes !)
>   Pour édifier ce manoir,
> Nous voulons vous parler ce soir
> De saint Nicolas le confès,
> Qui tant beaux miracles a faits.

Puis, pour épargner au public peu expert le travail de démêler lentement une pénible intrigue, le *prêcheur* racontait, à la manière des prologues de Plaute, tout ce qui allait se passer sur la scène.

Le sujet de cette composition est la conversion d'un roi d'Afrique amené à la vraie foi par un miracle de saint Nicolas. En voici l'analyse :

Un roi d'Afrique est informé qu'une armée de chrétiens a pénétré dans ses États ; à cette nouvelle il entre en fureur, et, s'adressant à une idole nommée Tervagan, il la menace de la faire fondre si elle ne vient pas à son aide. L'idole répond par un double signe : elle rit et pleure. Le roi, stupéfait, dit à son sénéchal :

> Senescal, que vous est avis ?
> Tervagan a plouré et ris.

Le sénéchal, après avoir fait jurer au roi qu'il ne se fâchera pas, lui répond : « Les ris de Tervagan signifient que les chrétiens seront vaincus par vous, et ses pleurs que vous, roi d'Afrique, abandonnerez Tervagan pour le Dieu des chrétiens. » La première partie de la prédiction ne tarde pas à s'accomplir. Les chrétiens sont cernés de toutes parts ; rien ne peut les sauver du massacre qui les menace.

Ici se trouve une scène dont l'effet devait être grand devant des spectateurs qui avaient toujours présent à la mémoire le récent désastre de Mansourah.

LES CHRÉTIENS PARLENT

> Saint sépulcre, aidez-nous !... Allons, amis, courage !
> Sarrasins et païens accourent pleins de rage :
> Voyez leur fer briller ; mon cœur bondit de joie,
> Qu'aujourd'hui la prouesse au grand jour se déploie :
> Contre chacun de nous est une armée entière.

UN CHRÉTIEN

Seigneurs, n'en doutez point, c'est notre heure dernière.
Je sais qu'en combattant pour Dieu nous y mourrons.
Je vendrai bien mon sang, si ce fer ne se rompt.
Rien ne résistera, ni casques ni hauberts.
Au service de Dieu nous tomberons offerts;
Paradis sera nôtre, à eux seront enfers :
Ils s'élancent sur nous, qu'ils rencontrent nos fers.

Qu'on se figure, comme accompagnement de ces beaux vers, l'attention religieuse de la foule, l'attendrissement des dames, les acclamations des jeunes gens, dont plusieurs peut-être avaient assisté et pris part à cette lutte héroïque. Eschyle, dans la tragédie des *Perses*, se contentait de faire raconter le combat de Salamine devant le peuple vainqueur; le poëte français nous rapproche encore plus de l'événement : le combat se passe sur la scène, comme les batailles de Shakespeare. En outre, la situation est ici plus touchante que chez le poëte grec; car les guerriers chrétiens vont tous mourir; mais, comme la victoire de Salamine, leur mort est un triomphe.

Un ange descend du ciel au milieu du combat et fait déjà planer l'immortalité sur leurs têtes.

L'ANGE

Soyez tous assurés de cœur,
Et n'ayez ni doute, ni peur ;
Je suis l'envoyé du Seigneur,
Qui vous mettra hors de douleur.
Ayez des cœurs fiers et croyants
En Dieu. Quant à ces mécréants
Qui vous attaquent à grands cris,
N'ayez pour eux que du mépris.
Exposez hardiment vos corps
Pour Dieu; car c'est ici la mort
Dont tout le peuple mourir doit
Qui aime Dieu, et en Dieu croit.

UN CHRÉTIEN

Qui êtes-vous, beau sire, vous qui nous confortez,
Et si haute parole de Dieu nous apportez?
S'il est vrai le secours que vous avez promis,
Nous recevrons sans peur nos mortels ennemis.

L'ANGE

Je suis ange à Dieu, bel ami,
Celui qui m'envoye c'est lui.
Ne craignez rien, ne doutez plus ;
Car Dieu vous a faits ses élus.

> Marchez d'un pas ferme au martyr.
> Pour Dieu, vous allez tous périr;
> Mais les cieux vous sont préparés.
> Je m'en vais à Dieu : demeurez.

Quand on entend un pareil langage, on est forcé de convenir que l'élévation de la pensée et la noblesse du style ne datent pas seulement du xviie siècle. Le pauvre lépreux Jean Bodel, qui met de si magnifiques sentiments dans la bouche de ses héros, vaut bien, à nos yeux, les poëtes tragiques de l'époque de Louis XIV. *Polyeucte, Athalie, Esther* sont assurément des drames supérieurs au *Jeu de saint Nicolas;* mais n'est-ce pas Jean Bodel qui a ouvert la voie dans laquelle Corneille et Racine sont entrés? N'a-t-il pas trouvé des accents cornéliens avant l'auteur de *Polyeucte,* et la grâce racinienne avant le poëte d'*Athalie?*

Certains mystères du moyen âge étaient de véritables synthèses religieuses. Tel était le mystère de la *Passion.* Le drame avait souvent plus de soixante mille vers; et trois à quatre cents acteurs, improvisés pour la plupart, concouraient à la représentation, qui durait quelquefois quarante jours, et jamais moins de vingt.

Les seigneurs, les prêtres, les magistrats tinrent souvent à honneur d'y figurer. Les villes rivalisaient de munificence pour donner à ces spectacles religieux une grandeur et une majesté dignes des personnages qui y figuraient. Quand une représentation du mystère de la Passion devait avoir lieu, elle était annoncée dans toute la province trois mois d'avance. On choisissait ordinairement une place publique ou une plaine voisine de la ville; on y construisait un immense édifice en bois dont la hauteur dépassait les maisons les plus élevées. Cet édifice tout entier constituait la scène. Il était divisé en étages, quelquefois au nombre de cinq et même de neuf, et chaque étage se subdivisait en appartements, en places, en temples, non pas à l'aide de toiles peintes, mais au moyen de séparations en planches. L'étage le plus élevé représentait le paradis, le plus bas figurait l'enfer, et les étages intermédiaires représentaient les divers lieux où se passait le drame; en sorte que, lorsque le lieu de la scène changeait, il ne s'opérait aucun changement de décoration, les personnages passaient seulement à l'étage qui représentait le nouveau lieu de l'action, et le drame s'y continuait sans que l'intérêt eût été compromis par une maladroite interruption.

Quant aux coulisses, il n'y en avait point, et rien n'était moins nécessaire : des banquettes placées latéralement à droite et à gauche du théâtre recevaient successivement tous les personnages, quand ils avaient fini ou suspendu leurs rôles. Lucifer venait sans rancune s'y asseoir à côté de saint Michel, et Pilate près de Barabbas, le tout à la vue et à l'édification du public. Du reste, les acteurs formaient eux-mêmes un second public qu'il n'eût pas été charitable de priver du spectacle; leur nombre était si considérable, que l'on pouvait dire avec raison que la moitié de la ville était chargée d'amuser l'autre. Et cette charge n'était pas un jeu : les artistes de ce temps-là portaient fort loin le zèle de leurs fonctions et le désir d'imiter la nature. Une chronique nous apprend que, dans un *Jeu de la Passion,* « fut Dieu un sire appelé Nicole, lequel était curé de Saint-Victor de Metz, lequel fut presque mort en la croix pour parfaire le personnage du cruci-fiement. » Judas fut saisi d'une dangereuse émulation : « Il fut presque mort en pendant; car le coeur lui faillit, et il fut hâtivement dépendu et porté en voie (emporté, *portato via*). » Le zèle des spectateurs n'était pas moins admirable : les journées ne suffisaient ni à la représentation du mystère, ni à l'épuisement de leur curiosité. La nuit venue, on coupait l'action n'importe à quel endroit, et l'on se donnait rendez-vous au dimanche suivant. Nul ne manquait à l'heure dite, et l'on continuait quelquefois pendant plusieurs mois, sans fatigue et sans impatience, l'interminable drame.

La Renaissance porta un coup mortel aux mystères. Le temps n'était plus où les classes aristocratiques accueillaient avec enthousiasme les manifestations de la foi; les beaux esprits se moquaient des représentations naïves, et le procureur général de Paris, se faisant l'interprète de la cour, s'élevait contre les acteurs, « gens, disait-il, non lettrés ni entendus en telles affaires, de condition infime, comme un menuisier, un tapissier, un vendeur de poisson, qui ont fait jouer les Actes des Apôtres, en y ajoutant plusieurs choses apocryphes. » Il n'en fallait pas tant pour discréditer les pauvres confrères de la Passion. Quand la cabale des courtisans et des lettrés eut bien persiflé ces braves gens, un arrêt du 17 novembre 1548 vint enlever au peuple les drames liturgiques, et remplacer le Christ, la Vierge Marie et les apôtres par Cléopâtre, Agamemnon, Médée, César et Didon.

Voilà ce qu'on appelle la Renaissance (1).

XII

FERVEUR LITTÉRAIRE ET SCIENTIFIQUE DU MOYEN AGE
— BIBLIOTHÈQUES MONASTIQUES ET PUBLIQUES

La plupart des écrivains modernes ne semblent pas avoir une idée bien nette de la vaste propagande scientifique et littéraire dont le moyen âge fut le signal, ni de la sphère étroite dans laquelle s'agitait

______

(1) Voir M. Marius Sepet, *le Drame au moyen âge,* et M. Demogeot.

la science avant l'avénement du christianisme. Dans l'antiquité, les
livres étaient si rares et leur diffusion si limitée, que les littérateurs
les plus éminents étaient non-seulement inconnus de leurs contemporains, mais encore se coudoyaient souvent dans la vie quotidienne, sans
soupçonner mutuellement leur existence. Ainsi Pline ne cite pas une seule
fois Strabon, et Galien ignore complétement Arétée. Au moyen âge, au
contraire, à peine les grands principes de fraternité chrétienne se sont-ils
infiltrés dans les veines du corps social, que d'un bout à l'autre de l'Europe les mains se tendent et les cœurs cheminent à travers la nuit l'un
vers l'autre. Bien que séparés par les plus grandes distances, les religieux
et les savants se communiquent leurs travaux et forment en Europe une
immense république littéraire.

Schlegel fait remarquer qu'à partir de Charlemagne la circulation des
manuscrits fut chez les nations occidentales plus active et plus féconde
qu'aux époques les plus favorisées de l'antiquité. Les écrits de la Grèce et
de Rome trouvèrent des lecteurs et des scholiastes dans des contrées où,
sans le christianisme, leurs titres mêmes ne seraient jamais parvenus.

C'est à la sollicitude éclairée des abbayes que nous devons la conservation des monuments de la littérature profane. Un des règlements les
plus rigoureux de la législation monastique faisait un devoir aux moines
de perpétuer les manifestations de la pensée humaine. Pendant la période
initiale du moyen âge, les églises sont les premières archives intellectuelles et, si je puis ainsi dire, le tabernacle de la science. C'est à elles
que les clercs confient la garde de leurs copies et de leurs livres. Plus tard,
à mesure que les communautés religieuses se groupent autour des temples,
les bibliothèques émigrent des sacristies dans les couvents. Complétement
abandonnées à la vigilance et aux pieux soins des cénobites, elles échap-
pent à toutes les chances de destruction, que multiplient autour d'elles
une société encore inculte et un gouvernement souvent précaire.

En dehors des abbayes et des couvents, on ne rencontre dans tout le
nord de l'Europe aucune collection de livres. Jusqu'au XIIe et même au
XIIIe siècle, dans les manoirs comme dans les châteaux, toute la bibliothèque se compose d'un ou de deux volumes; c'est, outre le missel, un
roman de chevalerie, *Tiran le blanc* ou *Huon de Bordeaux*, que l'on conserve au fond d'un coffret cadenassé, espèce de sanctuaire, d'où le châtelain ne l'extrait que pendant les longues veillées décembrales, lorsque
sa famille, rangée en hémicycle autour du foyer, se réchauffe devant un
feu de genêts secs.

Les deux siècles qui précédèrent l'avénement de Charlemagne furent
loin d'être favorables aux manuscrits. Un grand nombre périrent dans les
incendies allumés par les barbares, d'autres furent altérés par des copistes
ignorants ou peu soigneux. Le mal était si grand que, sur plusieurs

points, tous ces trésors littéraires et scientifiques menaçaient de disparaître. Heureusement l'intervention d'Alcuin porta remède à ce désordre. Sauver les œuvres de l'antiquité religieuse et profane fut la préoccupation constante du savant moine. Sous ses ordres, un grand nombre de religieux travaillèrent à la transcription des manuscrits, et, gagné par ses leçons, le grand empereur lui-même n'hésita pas à seconder de tout son pouvoir cette renaissance intellectuelle. Nous trouvons dans les *Capitulaires* de Charlemagne une ordonnance curieuse qui témoigne à la fois de l'étendue du mal et de l'efficacité du remède. En voici le préambule :

« Charles, avec l'aide de Dieu, roi des Francs et des Lombards, et patrice des Romains, aux lecteurs religieux soumis à notre domination... Ayant à cœur que l'état de nos églises s'améliore de plus en plus, et voulant relever par un soin assidu la *culture des lettres qui a presque entièrement péri par l'inertie de nos ancêtres*, nous excitons par notre exemple même à l'étude des arts libéraux tous ceux que nous y pouvons attirer; aussi avons-nous déjà, avec le secours de Dieu, exactement corrigé les livres de l'ancienne et de la nouvelle alliance corrompus par l'ignorance des copistes (1). »

Les barbares qui se partagèrent l'empire romain ne paraissaient obéir à aucune inspiration religieuse; leur but n'était pas d'imposer des croyances, mais de dicter des lois, et encore l'ambition politique n'occupait-elle chez ces natures primitives qu'un rang tout à fait secondaire. Ce que les Huns, les Suèves, les Vandales, etc., voulaient avant tout, c'était mettre un terme à leur vie nomade, et s'installer sur des territoires plus prospères que le sol natal. Domptés par le christianisme, ces vainqueurs s'assimilèrent donc sans difficulté les doctrines des vaincus, et, Sicambres adoucis, présentèrent humblement leurs fronts à l'eau lustrale. Ainsi s'explique l'attitude relativement modérée des barbares, et les rares actes « de vandalisme » auxquels se livrèrent les conquérants. Il est, en effet, hors de doute aujourd'hui que les compagnons de Genséric, par exemple, ne perpétrèrent pas tous les crimes dont certains annalistes ont chargé leur mémoire; la savante *Histoire romaine à Rome*, d'Ampère, a définitivement débarrassé l'histoire de ce lieu commun. L'invasion prussienne et la Commune nous ont d'ailleurs fourni des sujets de comparaison qui nous interdisent d'être trop durs pour les Goths.

Les églises abritaient les principaux dépôts de manuscrits, et les prêtres étaient spécialement commis à leur garde; la soldatesque respecta les sanctuaires et les livres. La science profita de l'immunité dévolue à l'Église. Si le patrimoine intellectuel de l'humanité ne disparut pas dans le cataclysme où s'abîma l'empire romain, ce fut donc encore le clergé qui le sauva de cette catastrophe.

(1) Baluze, *Capitularia regum Francorum*. Paris, 1780; t. I, p. 203.

Le calme revenu, les cellules des moines se transformèrent en autant
de laboratoires, où, du matin au soir, la plume courut sur le papyrus, et
multiplia les exemplaires des livres sacrés et profanes.

Mais entrons ici dans quelques détails.

Presque toutes les communautés renfermaient deux sortes de *scriptoria*,
ou chambres destinées à la transcription des manuscrits. L'une était grande,
commune à tous les copistes; l'autre, plus étroite, était occupée par
les chefs de la communauté et réservée à la méditation et à l'étude. Dans les
abbayes cisterciennes, les *scriptores* travaillaient isolément dans de
petites cellules, séparées les unes des autres, et gardaient le plus profond
silence. Les cellules étaient ordinairement situées dans la partie la plus
retirée du monastère. Les moines âgés qui, le plus souvent, vivaient dans
ces petits laboratoires, n'étaient pas astreints à un travail aussi rigoureux que les autres scribes. Leurs occupations étaient plus douces et de
moins longue durée.

L'autre *scriptorium* était une salle vaste et commode, garnie de pupitres et meublée de bancs, sur lesquels pouvaient prendre place un
grand nombre de copistes. Au xᵉ siècle, certaines cathédrales possédaient
une salle analogue. Le manuscrit original était confié au scribe le plus
instruit, qui, tout en écrivant, dictait à haute voix le texte à ses confrères.
Grâce à cette méthode, la reproduction d'un livre était aussi rapide que
multipliée; mais le système de transcription collective ne fut pas toujours
mis en pratique, et, le plus souvent, chaque moine travaillait séparément
à la copie d'un seul ouvrage.

« Ne vous troublez point de la fatigue du travail, disait Thomas
d'A-Kempis en s'adressant aux jeunes moines, car Dieu est la cause de
tout ouvrage bon, et il en rendra à chacun sa récompense dans le ciel,
selon la piété de son intention. Quand vous serez morts, les personnes
qui liront les livres que vous aurez élégamment copiés prieront pour
vous; et si celui qui donne un verre d'eau froide ne perd pas sa peine, à
plus forte raison celui qui donne l'eau vivante de la sagese ne perdra
point sa récompense dans les cieux. »

Si l'on veut contempler une des plus belles œuvres sorties des *scriptoria*
du moyen âge, il faut aller se faire montrer à la bibliothèque du cloître
San-Lorenzo de Florence la copie sur vélin de tous les Pères de l'Église
latine, et chez les chartreux de Ferrare le splendide livre de chœur et la
Bible en vingt-deux volumes que possède ce monastère.

Parmi les scribes de Cluny, un des plus célèbres était le moine Albert.
Son chef-d'œuvre fut une Bible, dont il exécuta lui-même la reliure et
qu'il incrusta de béryle. Il l'avait lue deux fois d'un bout à l'autre, et
deux fois corrigée; quand son travail fut terminé, il se jeta aux pieds des

anciens de Cluny, et leur demanda le secours de leurs prières, « afin d'obtenir pour son père et pour lui le pardon du Père des miséricordes. »

L'activité et le produit du travail, dans un *scriptorium*, dépendaient bien souvent de la situation financière de la maison ou de la bonne volonté de l'abbé. Il arrivait parfois que les communautés fissent de leurs travaux de transcription une branche de revenu, et ajoutassent aux produits de leurs terres les bénéfices de leurs plumes. Mais le *scriptorium* était plus fréquemment entretenu par des ressources spécialement consacrées à cet usage. Des laïques, amis des lettres, léguaient, les uns des terres, les autres des dîmes aux *scriptoria* des monastères. Robert, l'un des chefs normands de la conquête, donna deux parts de la dîme d'Hasfield et de Redburn pour l'entretien du *scriptorium* de Saint-Albans, et le couvent de Saint-Edmond reçut un legs de deux moulins.

C'est à l'abbé qu'appartenait l'administration du *scriptorium;* lui seul désignait aux scribes les ouvrages qu'ils devaient transcrire, et décidait de l'heure à laquelle commençaient leurs travaux. Dans le but de prévenir les distractions, l'abbé, le prieur, le sous-prieur et le bibliothécaire avaient seuls le droit de pénétrer à toute heure dans le *scriptorium*. Surprenaient-ils une faute pendant la lecture, ils avertissaient aussitôt le délinquant. D. Martène cite à ce propos un joli trait d'un moine: Jacques, abbé de Villemoustiers, au viiie siècle, était si délicat, que pour ne pas humilier le moine qui lisait mal, il ne le reprenait jamais qu'en particulier.

Le plus profond silence, avons-nous dit, devait régner dans le *scriptorium*. Afin que cette règle fût sévèrement observée, on avait soin d'en écrire le texte sur tous les murs. Le silence était le meilleur moyen d'obtenir des copistes une reproduction exacte de l'original. On employait encore d'autres moyens pour préserver de toute altération le texte des manuscrits. A la fin de leurs copies, les transcripteurs s'adressaient à leurs successeurs; ils les adjuraient au nom des saints, au nom de Jésus-Christ lui-même, de respecter le sens et de ne pas toucher aux mots. Voici comment s'exprime Œlfric, en terminant la préface de ses *Homélies :*

« Je vous adjure, ô vous qui transcrivez ce livre, par Notre-Seigneur Jésus-Christ et sa cour glorieuse qui doit juger les vivants et les morts, de le faire avec soin et avec la plus grande correction. Ne manquez pas d'insérer cette injonction à la fin de la copie que vous ferez. »

A l'abbaye du mont Saint-Michel, les copistes furent tellement nombreux sous le gouvernement de l'abbé Robert de Thorigny, que les contemporains donnèrent au moustier normand le nom flatteur de *Cité des Livres*. Parmi les ouvrages qui furent transcrits par les scribes montois, on compte : les *Homélies* de saint Grégoire le Grand, écrites par les moines Gualterius, Hilduinus, Scollandus, Ermenaldus, Osbernus, tous enfants

de l'abbaye montoise; les six livres de saint Augustin contre Julien, les
œuvres de saint Ambroise et de saint Augustin, écrites par le célèbre calli-
graphe Frotmondus. Ce dernier termine ainsi son travail : « *Si tu cherches,
ô lecteur, à connaître l'écrivain, sache que Fromond s'est appliqué à
écrire ce livre tout entier.* » On remarque encore le beau traité de saint
Augustin contre Fauste, achevé par un moine qui, se recommandant au
souvenir du lecteur, nous indique aussi son nom : *O vous qui lisez, souvenez-vous du copiste; si vous désirez le connaître, apprenez que c'est
la plume de l'humble frère Cyralda qui a renouvelé cette œuvre.*

En Angleterre, nous voyons l'abbaye de Saint-Albans jouer le même
rôle que chez nous le monastère michaëlesque. Cinquante-huit livres y
furent copiés sous un seul abbé, et plus de vingt-quatre ouvrages y furent
transcrits du temps de Henri VI.

L'*Histoire littéraire* porte à quarante mille pour la France seulement le
nombre des copistes qui travaillaient au XIIᵉ siècle dans les monastères.
Chaque scribe avait ses attributions spéciales. A l'un était départie la
mission d'écrire les feuilles; aux autres, celle de les enrichir de miniatures; celui-ci devait relier, celui-là rubriquait les titres, c'est-à-dire les
coloriait en rouge. Tous les manuscrits exécutés, soit à l'extérieur, soit
à l'intérieur des monastères, étaient confiés au bibliothécaire.

Les chroniqueurs contemporains témoignent de la ferveur scientifique qui animait les communautés religieuses. Dans tous ces laborieux
alvéoles d'un monastère vibrait un cœur de prêtre et une âme d'artiste.

Les moines se prêtaient généreusement leurs livres, et se communi-
quaient avec joie leurs découvertes. Une correspondance très-étendue
et de mutuels envois de manuscrits mettaient en rapport les couvents les
plus éloignés. A cette époque, un seul volume en remplaçait vingt de nos
jours. Le livre en vogue circulait de monastère en monastère, et devenait
en quelque sorte une publication périodique, dont chaque communauté
prenait copie pour l'annexer à sa collection particulière. Souvent même, il
était stipulé qu'une transcription exacte serait, au moment de la restitution, jointe à l'original, comme une sorte d'acquit des droits d'auteur.
Ajoutons que les livres n'étaient fournis qu'après un engagement écrit de
les rendre.

D'après Hallam, on ne comptait pas moins de dix-sept cents manuscrits dans l'abbaye de Peterborough. Les bibliothèques des Frères Gris,
à Londres, celles de l'abbaye de Leicester, du prieuré de Dover, de Crowland, de Wells, etc., contenaient des collections très-estimées ouvertes à
tous les fidèles. L'abbaye de Crowland possédait plus de sept cents livres,
dont trois cents in-folio, qui ne pouvaient être prêtés sans la permission
de l'abbé; cette formalité n'était pas exigée pour la communication des

psautiers, poëtes, littérateurs, etc., mais à la condition que l'emprunteur
restituât ces livres dès le lendemain (1).

La bibliothèque de l'abbaye de Saint-Victor, à Paris, était ouverte au
public trois jours par semaine (2). Plusieurs bibliothèques publiques
étaient attachées à quelques églises de Paris. Baptiste Goy, le premier
curé de la paroisse de la Madeleine, laissa ses deux bibliothèques à
l'église, l'une pour l'usage du clergé, et l'autre destinée aux fidèles (3).

La bibliothèque de Marcelli, à Florence, fut fondée par un vertueux
prélat de cette ville. L'inscription suivante atteste que cette collection
Marcelli avait surtout en vue l'utilité des pauvres :

> « *Publici et maxime pauperum utilitati.* »

> « A L'USAGE DU PUBLIC, MAIS DES PAUVRES SURTOUT. »

Aussitôt que les manuscrits furent placés sous la tutelle de l'Église,
les plus illustres personnages ne dédaignèrent pas de les réviser. Saint Jérôme et saint Augustin s'étaient chargés de ce soin. Charlemagne les
imita. On cite un texte d'Origène corrigé de la main du grand empereur,
et c'est à lui que l'on doit l'introduction du point et de la virgule dans les
manuscrits. On raconte aussi qu'à l'exemple de leur père les filles de Karl
le Grand travaillèrent elles-mêmes à la transcription des manuscrits.

Sous Charlemagne et ses successeurs, le palais des rois de France et
leurs *villæ* ou maisons de campagne formèrent comme des foyers lumineux
où convergeaient tous les rayons de la science humaine. Mabillon cite
soixante-trois palais ou maisons de campagne où travaillaient des scribes
et d'où émanaient des chartes royales.

En Orient, même ardeur scientifique. Le caractère religieux et presque
sacré que l'on attachait aux travaux scripturaires, le grand nombre de
points sur lesquels les manuscrits étaient disséminés, le respect dont les
guerriers et les conquérants eux-mêmes entouraient les savants, tout con-
courait à favoriser la transmission des dépôts littéraires. Alexandrie, avant
d'être incendiée par les Sarrasins, contenait sept cent mille volumes.
Pergame en renfermait deux cent mille. Constantinople était plus riche
encore : on copiait nuit et jour les trésors de l'antiquité et des traditions
chrétiennes dans les îles de la mer Égée, dans les couvents de l'Asie
Mineure et dans les villas de Byzance. Montfaucon cite plus de cinquante
de ces sanctuaires de la science, situés dans la seule Calabre et aux environs de Naples; tout son chapitre intitulé : *Des endroits et des pays où*

(1) Ingulph, 105.
(2) Lebœuf, *Histoire du diocèse de Paris,* t. II, 3.
(3) *Ibid.*

l'écriture grecque fut en usage, donne les renseignements les plus curieux sur les copistes de l'Hellade. Sur le promontoire du mont Athos, qui poignarde la mer Égée, s'élevait un monastère, où la reproduction artistique des livres formait l'occupation exclusive des moines.

Certains monastères du moyen âge étalaient avec un luxe inouï le catalogue de leurs richesses littéraires. Afin qu'il ne pût échapper aux regards, les moines l'inscrivaient sur les vitraux des bibliothèques, et au-dessus des versets qui désignaient chaque livre le bibliothécaire ajoutait parfois le portrait de l'auteur. Il suffisait de fixer les yeux sur la verrière pour y trouver l'énumération du trésor intellectuel qu'elle abritait.

Un abbé français, appelé Udon, avait découvert un moyen bien simple d'enrichir sa bibliothèque. Tous les prieurs et tous les curés qu'il nommait étaient tenus de lui payer leurs redevances annuelles en livres. D'autres abbés l'imitèrent. A Corbie, chaque nouveau religieux donnait un volume à son couvent. L'abbé Meinier, de Saint-Victor de Marseille, prit des mesures aussi simples que sensées pour prévenir les déprédations dont son couvent était quelquefois victime. Tous les ans, un moine inventoriait la bibliothèque et en comparait l'effectif à celui du catalogue. Grâce à ces précautions ou à d'autres analogues, les bibliothèques cénobiales s'accrurent rapidement et perdirent peu de livres.

Des prieurs, des évêques et des prêtres fondaient aussi des bibliothèques, qu'ils léguaient à des écoles ou transmettaient à des couvents. Un prévôt de la cathédrale de Verdun, appelé Guillaume, possédait, au commencement du xii⁰ siècle, une bibliothèque si considérable, qu'on la comparait hyperboliquement à celles de Ptolémée Philadelphe et d'Eusèbe de Césarée.

Saint Louis, pendant son expédition d'Orient, prit la résolution de former une bibliothèque, composée principalement d'ouvrages théologiques. Tant que le saint roi vécut, cette collection demeura ouverte aux savants, aux professeurs et même aux étudiants; après sa mort elle fut répartie entre plusieurs monastères.

C'est à saint Louis qu'on attribue généralement la création de la première bibliothèque publique. Au commencement du xiv⁰ siècle, cette bibliothèque ne comprenait encore que quatre manuscrits classiques, ceux de Cicéron, d'Ovide, de Lucain et de Boëce.

En 1373, Charles le Sage installa dans une des tours du Louvre une collection de neuf cents volumes, et chargea de leur garde son valet de chambre, Gilles Mallet. A peine investi de ces fonctions, Gilles Mallet s'occupa de dresser le catalogue. A cette époque, les livres n'avaient point encore de titres distincts, et les relieurs réunissaient souvent sous la même couverture les ouvrages les plus disparates. Là, c'est un volume qui renferme en même temps la *Genèse* et les *Commentaires* de César; un autre s'ouvre par le *Deutéronome*, continue par une *Histoire romaine*, et se termine par la légende de Merlin, etc. etc.

En 1300, la bibliothèque académique d'Oxford se composait de quelques traités renfermés dans des coffres et déposés dans la crypte de l'église Sainte-Marie. Celle de l'abbaye de Gladstonbury possédait, en 1248, quatre cents volumes, parmi lesquels figuraient Tite-Live, Salluste, Lucain, Virgile, Claudien et d'autres anciens. Il n'est pas probable, à la même époque, que l'Angleterre possédât une autre collection d'une valeur analogue. Richard de Bury, chancelier d'Angleterre sous Édouard III, n'épargna rien pour acquérir une bibliothèque. Mais les bons ouvrages étaient encore si rares et si chers que, pour acquérir trente à quarante volumes il donna cinquante livres pesant d'argent à l'abbé de Saint-Albans.

L'Allemagne était moins favorisée que l'Angleterre. L'électeur palatin Louis lègue, en 1421, sa bibliothèque à l'université d'Heidelberg. Cette collection comprenait cent cinquante-deux volumes, dont quatre-vingt-neuf sur la théologie, douze sur le droit canonique et le droit civil, quarante-cinq sur la médecine, et six sur la philosophie.

L'Italie, au contraire, surpassait de beaucoup la France, l'Angleterre et l'Allemagne. Un simple savant, Niccolo Niccoli, fit don de huit cents volumes à la république de Florence. Ce Niccoli n'a presque rien publié ; mais il conquit, comme copiste et comme correcteur de manuscrits, une réputation de savant et de docteur. Dans le siècle précédent, Coluccio Salutato était parvenu à rassembler huit cents volumes.

Les papes, les évêques et les clercs étaient naturellement les créateurs les plus zélés des bibliothèques. Pour se procurer des manuscrits précieux, ils n'épargnaient ni temps, ni soins, ni argent, et à peine avaient-ils formé une collection d'une certaine valeur, qu'ils en gratifiaient les églises les moins privilégiées.

Nicolas V promit cinq mille ducats à celui qui découvrirait un manuscrit, en langue hébraïque, de saint Matthieu, et quand les savants de Constantinople s'enfuirent devant les Turcs, ce fut lui qui leur ouvrit le premier un asile. Un autre pape, Grégoire X, fut le patron et le protecteur des hommes de lettres de toute la chrétienté. Dans une bulle datée de 1241, cet illustre pontife informa les fidèles que les églises de Russie et de Livonie étaient sans ressources, et jura de leur envoyer des livres ou de leur fournir des copistes. Des indulgences étaient accordées à ces œuvres.

Bède fait mention du grand nombre de livres que les saints évêques apportaient de Rome en Angleterre quand ils y faisaient un voyage. Saint Osmond, évêque de Salisbury, réunit des savants et les retint auprès de lui par ses libéralités. Il forma une riche bibliothèque, et non-seulement

transcrivit un grand nombre des livres, mais il en relia plusieurs de ses
propres mains.

XIII

PRIX DES LIVRES. — IMPRIMERIE

Bien que l'acquisition des livres fût difficile et onéreuse, les détenteurs
d'une bibliothèque ne négligeaient rien pour leur donner encore plus de
prix. Au travail du scribe s'ajoutait souvent celui de l'ornemaniste, qui
blasonnait d'arabesques d'or la couverture. Odofred raconte que, pendant
son séjour à Paris, il recevait de sa famille une pension de cent livres
par an; mais « cette somme, ajoute Odofred, ne me suffisait pas : je faisais,
en effet, orner mes manuscrits à la manière des autres étudiants. » Ces
volumes se faisaient remarquer, tantôt par leurs ornements fantastiques,
tantôt par leur dimension gigantesque. Des manuscrits gaufrés, enluminés,
dorés, coûtaient souvent des sommes énormes; le prix d'un in-folio s'élevait ordinairement à 4 ou 500 francs de notre monnaie.

L'université d'Oxford reçut d'Humphrey, duc de Glocester, un don de
six cents volumes. Sur ce nombre, cent vingt furent évalués à mille livres
sterling (25,000 francs). Et cependant les livres étaient loin d'atteindre,
en Angleterre, le prix qu'on leur donnait de l'autre côté des Alpes. Il
résulte des comptes du riche monastère de Bolton que, vers le milieu du
xive siècle, on n'avait acheté que trois ouvrages en quarante ans. Un de ces
ouvrages était le *Liber Sententiarum* de Pierre Lombard; il avait coûté
quarante livres sterling (1,000 francs de notre monnaie).

Au xie siècle, Grécie, comtesse d'Anjou, achète un recueil des *homélies*
d'Haimon d'Halberstadt pour deux cents brebis, un muid de froment, un
autre de seigle, un troisième de millet et un certain nombre de peaux de
martre (1). Pour transcrire une Bible, on demande à Bologne quatre-
vingts livres. Les Camaldules paient plus de cent florins, au xiie siècle,
la copie d'un missel constellé de miniatures et de majuscules d'or.

C'est du xie au xiie siècle que le luxe des manuscrits est à son apogée.
Alors les manuscrits se surchargent presque à chaque page d'ornements
gothiques, se fleurissent de vignettes, se parsèment d'armoiries, s'émaillent
de dessins coloriés et d'initiales d'or, etc. Dans les marges, les enlumi-

_____

(1) Mabillon, *Analecta.*

neurs accumulent tant de peintures, que le texte disparaît sous les fleurs.
Tous les seigneurs veulent posséder une collection de livres « *babuinés* »
de figures marginales. Ce luxe, porté plus loin en Italie qu'ailleurs, envahit
rapidement la France ; témoin les deux manuscrits du Saint-Graal, dont
l'un est irradié de cent vingt-cinq miniatures dorées, et l'autre de cent
vingt-sept, sans compter les capitales héraldiques qui écussonnent le
texte. Tels sont aussi les quatre Évangiles, en lettres d'or, qu'achevèrent,
en moins d'une année, de 1213 à 1214, les copistes de l'abbaye de Haut-
Villers, sous l'abbé Pierre Guy ; l'exemplaire de la Bible exécuté vers
1239 à l'abbaye du Parc, et qui depuis a servi aux Pères du concile de
Trente ; enfin, le *Passionnaire,* ou recueil de cent trente vies des saints, écrit
à Haut-Villers, en 1282, sous l'abbé Thomas de Moremont. A la fin du
moyen âge, l'art de l'enlumineur prit une telle place, que des réclamations
s'élevèrent. Plusieurs instituts religieux, les Dominicains, par exemple,
inquiets de voir les vignettes usurper les deux tiers des pages, interdirent
les ornements superflus aux copistes de leur ordre, et leur recommandèrent de s'appliquer plutôt à former des caractères lisibles que des initiales armoriées.

La Bibliothèque nationale de Paris possède de magnifiques échantillons
de l'art du copiste ; on cite surtout un évangéliaire, un exemplaire des
Épîtres et Évangiles, provenant du fonds de Soubise, un Virgile, un
Térence et plusieurs manuscrits sur vélin, presque du temps de Charlemagne. Les couleurs sont actuellement aussi radieuses et aussi pures qu'il
y a dix siècles. Quand on compare les chauds reflets de ces enluminures
aux nuances fuligineuses de la peinture moderne, quels contrastes et
quelle différence !

Bien que l'imprimerie appartienne par ses progrès à la Renaissance,
par ses origines elle se rattache incontestablement au moyen âge. Nous ne
pouvons donc nous dispenser d'en dire un mot. Le premier livre qui sortit
des presses de Jean Füst ou Faust fut le *Doctrinale* du moine franciscain
Alexandre, de Villedieu (1). Dès 1454, un couvent de moines augustins
du Rhaingau utilisait l'invention nouvelle. Quelque temps après, pa-
tronné par l'abbé de Westminster, Thomas Miling, introduisait l'imprimerie en Angleterre, et l'abbaye bénédictine de Saint-Albans s'initiait à
l'art de Faust et de Gutenberg. En Italie, ce fut le monastère de Sainte-
Scolastique, près Subiaco, qui fit fonctionner la première presse. Enfin,
en Islande même, les caractères mobiles furent propagés par un évêque.

____

(1) Un habitant de Villedieu (Manche), M. Dupont, possède un des deux exemplaires
qui survivent encore de cette édition.

XIV

CONCLUSION

Si les limites imposées à ce travail ne nous interdisaient pas une plus longue excursion sur le domaine de la littérature et de l'art, nous verrions que, dans toutes les branches de l'activité humaine, le moyen âge déploya un génie dont aucune époque n'a surpassé la hardiesse. Supériorité aussi légitime qu'explicable! En vertu des liens solidaires qui unissent l'ordre intellectuel à l'ordre moral, il était naturel que les conceptions de cet âge de foi s'élevassent à la hauteur de ses doctrines. L'artiste égala le penseur. Les architectes, les sculpteurs, les peintres et les poëtes croyaient à la vérité des dogmes dont ils manifestaient les symboles; leurs créations s'irradièrent de l'idée divine qui éclairait leur âme. Vertus surhumaines et livres immortels, épopées chevaleresques et poëmes lapidaires, tout proclama, durant cette période héroïque, l'hégémonie de Dieu et de l'Église. Pendant que saint Thomas d'Aquin construit l'architecture de sa Somme, une spirale de saints et d'ascètes monte vers le patriarche d'Assise. A l'heure où Dante évoque les souvenirs du passé et les visions de l'avenir, mille basiliques pyramident dans l'air, étincelantes de la couleur des fresques et de la pourpre des verrières. Taillées dans la pierre ou écrites sur le vélin, sculptées dans le bronze ou tracées sur la toile, toutes les manifestations de l'art sont des prières et des hymnes; elles émanent de Dieu et remontent vers Lui.

FIN

TABLE

CHAPITRE PREMIER

L'ÉGLISE

I. — Rôle de la papauté. 7
II. — Les Conciles du moyen âge. 14
III. — Du Clergé. 24
IV. — Le milieu social. 33
V. — Rôle des moines. 39

CHAPITRE DEUXIÈME

L'ORGANISATION GOUVERNEMENTALE

I. — La royauté mérovingienne. . 49
II. — Les Carlovingiens. 56
III. — Les Capétiens. 61
IV. — Saint Louis, type du roi. . 69
V. — Conception catholique du pouvoir. 74
VI. — Les rois chrétiens. 84
VII. — Organisation féodale. . . . 87
VIII. — Serfs, roturiers et bourgeois. 93

CHAPITRE TROISIÈME

L'ORGANISATION JUDICIAIRE

I. — La justice sous les deux premières races. 103
II. — La justice féodale. 110
III. — Haute, moyenne et basse justice. 119
IV. — La justice ecclésiastique. . 121
V. — Le jugement de Dieu. . . . 130
VI. — Guerres privées. 137

CHAPITRE QUATRIÈME

L'ORGANISATION MILITAIRE

I. — L'armée féodale. 149
II. — L'armée monarchique. . . . 151
III. — L'armement offensif et défensif sous le régime féodal. — Les armes des seigneurs. 156
IV. — Les armes des soldats. . . 161
V. — Les bouches à feu. 164
VI. — Les milices communales. . 165
VII. — Troupes soldées. 169
VIII. — Corps mercenaires. — Compagnies d'ordonnances. 171
IX. — Les francs-archers. — Leur décadence. — Les Estradiots. . . 173
X. — Hiérarchie militaire. 176
XI. — Le maréchal. 178
XII. — La chevalerie 179
XIII. — Réception des chevaliers. 182
XIV. — Prérogatives des chevaliers. —Extension de l'ordre.—Sa décadence. 187
XV. — Décadence de la chevalerie. 189

CHAPITRE CINQUIÈME

LES ARTS

I. — Harmonie de l'architecture et du culte. 193
II. — Les basiliques. 195
III. — L'art ogival. 201
IV. — Les cathédrales en France et à l'étranger. 204
V. — Les principaux édifices gothiques. 207
VI. — Concours des populations. . 211
VII. — La sculpture. 214
VIII. — La sculpture dans les premiers siècles de l'Église. 215
IX. — Statues des cathédrales. . . 220
X. — Peinture. 222
XI. — L'art italien. 226
XII. — Peinture sur verre. 229
XIII. — Mosaïque. 231
XIV. — Orfévrerie. 232
XV. — Musique. 237
XVI. — Les Séquences. 242
XVII. — La gamme et le déchant. 244

CHAPITRE SIXIÈME

LES SCIENCES

I. — Gerbert. 249
II. — Influence de la philosophie scolastique sur les sciences. 256
III. — Le bienheureux Albert le Grand. 262
IV. — Saint Thomas d'Aquin. . . 272
V. — Roger Bacon. 273
VI. — Célébrités scientifiques du moyen âge. 280
§ I. — Géographie. 282
§ II. — Médecine. 290
§ III. — Astrologie et astronomie. 296
§ IV. — La chimie. 300
§ V. — La théologie scolastique. 303

CHAPITRE SEPTIÈME

LA LITTÉRATURE

I. — Avénement du christianisme. 313
II. — Les écoles épiscopales et monastiques. 314
III. — La langue romane et les trouvères. 318
IV. — La Chanson de Roland. . . 321
V. — Le cycle breton. 323
VI. — Les troubadours. 329
VII. — La poésie allemande. — Les Minnesingers. 331
VIII. — La poésie anglaise. . . . 337
IX. — L'histoire monastique. . . . 339
X. — L'histoire profane. —Villehardouin. 341
XI. — Joinville. 345
XII. — Froissart. 349
XIII. — Le théâtre. 353
XIV. — Ferveur littéraire et scientifique du moyen âge. — Bibliothèques monastiques et publiques. 358
XV. — Prix des livres. —Imprimerie. 367
XVI. — Conclusion. 369

5032. — Tours, impr. Mame.

BIBLIOTHÈQUE ILLUSTRÉE

3ᵉ SÉRIE

VOLUMES GRAND IN-8º JÉSUS, ORNÉS DE 4 BELLES GRAVURES SUR BOIS

BARON DES ADRETS (LE), Épisode du commencement des guerres de religion du XVIᵉ siècle, par Théophile Ménard.

BLANCHE DE CASTILLE (HISTOIRE DE), par Jules-Stanislas Doinel, ancien élève de l'école des Chartes, bibliothécaire-archiviste de Niort.

CHEVALIERS DE RHODES (HISTOIRE DES), par Eugène Flandin, auteur du *Voyage en Perse*; quinze bois dans le texte et quatre hors texte.

COLBERT, ministre de Louis XIV, par Jules Gourdault.

COMTE DE TYRONE (LE), ou l'IRLANDE ET LE PROTESTANTISME AU XVIᵉ SIÈCLE, par C. Guenot.

CONTES ARABES tirés des **MILLE ET UNE NUITS**, traduction de Galland, revue et accompagnée de notes et éclaicissements d'après les Orientaux, par Raoul Chotard.

ESPAGNE (L'), Mœurs et paysages, histoire et monuments, par l'abbé Léon Godard; illustrations par GUSTAVE DORÉ.

FABIOLA, ou l'Église des Catacombes, par son Ém. le Cardinal Wiseman, Archevêque de Westminster; traduit de l'anglais par M. Richard Viot.

GÉNIE DU CHRISTIANISME, par M. le vicomte de Chateaubriand.

GODEFROI DE BOUILLON, par Alphonse Vétault, ancien élève pensionnaire de l'école des Chartes.

HISTOIRE NATURELLE EXTRAITE DE BUFFON ET DE LACÉPÈDE, orné de nombreuses illustrations dans le texte.

ITINÉRAIRE DE PARIS A JÉRUSALEM, par M. le Vᵗᵉ de Chateaubriand.

JEANNE D'ARC, par M. Marius Sepet, ancien élève de l'école des Chartes; 4 gravures.

JEUNESSE DU GRAND CONDÉ (LA), par M. Jules Gourdault.

JOSEPH DUPLESSIS, ou LE FUTUR MISSIONNAIRE EN CAFRERIE; par J.-E. Roy.

LEÇONS DE LA NATURE (LES), par L. Cousin-Despréaux.

LE MOYEN AGE ET SES INSTITUTIONS, par Oscard Havard.

LES ÉCRIVAINS FRANÇAIS DU XVIᵉ SIÈCLE, choix de morceaux avec une Introduction de brèves Notices et des Notes, par Raoul Chotard.

LES PLUS BELLES CATHÉDRALES DE FRANCE, par M. l'abbé Bourassé; gravures sur bois dans le texte et hors texte.

LES PREMIERS APOTRES DES GAULES, par l'abbé Et. Georges (de Troyes.)

LES SAINTS ÉVANGILES, d'après la Vulgate, trad. nouvelle par MM. Bourassé et Janvier, chanoines de l'église métropolitaine de Tours.

LOUIS DE LA TRÉMOILLE, ou les Frères d'armes; histoire chevaleresque du temps de Louis XI et de Charles VIII; par Théophile Ménard.

MARTYRS (LES), par M. le vicomte de Chateaubriand.

MES VOYAGES AVEC LE DOCTEUR PHILIPS dans les républiques de la Plata; par Armand de B***.

QUATRE DERNIERS PAPES (LES), par son Ém. le cardinal Wiseman.

QUINZE ANS DE SÉJOUR A JAVA; Souvenirs d'un ancien officier de la garde royale, recueillis et publiés par J.-J.-E. Roy.

RÉVOLTE AU BENGALE (LA) **EN 1857 ET 1858**, Souvenirs d'un officier irlandais, par Arthur Mangin.

ROME. Lettres à un ami, par M. l'abbé Roland; quatre gravures sur acier.

SAINT LOUIS ET SON SIÈCLE, par le vicomte Walsh; 4 gravures.

STÉPHANIE VALDOR, par Mᵐᵉ la comtesse de la Rochère.

SUGER, par Alph. Vétault, ancien élève pensionnaire de l'école des Chartes.

SULLY ET SON TEMPS, d'après les mémoires et documents du XVIᵉ siècle, par M. Jules Gourdault.

VOYAGES DANS LE NORD DE L'EUROPE. — UN TOUR EN NORWÉGE, UNE PROMENADE DANS LA MER GLACIALE. (1871-1873), par Jules Leclercq.